[美]埃伦·加林斯基（Ellen Galinsky） 著
徐洁 译

青春期的内心世界

倾听、理解和创造共同的解决方案

中信出版集团 | 北京

图书在版编目（CIP）数据

青春期的内心世界：倾听、理解和创造共同的解决方案 /（美）埃伦·加林斯基著；徐洁译 . -- 北京：中信出版社 , 2025.3. -- ISBN 978-7-5217-7307-1

Ⅰ . G782

中国国家版本馆 CIP 数据核字第 202535T79S 号

THE BREAKTHROUGH YEARS: A New Scientific Framework for Raising Thriving Teens
Text Copyright © 2024 by Ellen Galinsky
Published by arrangement with Flatiron Books. All rights reserved.
Simplified Chinese translation copyright © 2025 by CITIC Press Corporation
本书仅限中国大陆地区发行销售

青春期的内心世界——倾听、理解和创造共同的解决方案
著者： [美]埃伦·加林斯基
译者： 徐洁
出版发行：中信出版集团股份有限公司
（北京市朝阳区东三环北路 27 号嘉铭中心　邮编　100020）
承印者： 河北鹏润印刷有限公司

开本：787mm×1092mm 1/16　　印张：37　　字数：654 千字
版次：2025 年 3 月第 1 版　　　　　印次：2025 年 3 月第 1 次印刷
京权图字：01-2025-0988　　　　　　书号：ISBN 978-7-5217-7307-1
定价：79.00 元

版权所有·侵权必究
如有印刷、装订问题，本公司负责调换。
服务热线：400-600-8099
投稿邮箱：author@citicpub.com

致我的孙子们：

安东尼奥，在你迈入成年之际，我与你共同完成了这本书的早期创作。
扎伊，当你踏入青春期的门槛，这本书将陪伴你，以及全球的青少年。
感谢布兰登·阿尔米，你始终如一地支持我。

本书赞誉

我始终认为，青少年的心理问题需要得到整个社会更多的理解、关心与关怀，而不应该仅仅是关注。青少年所表现出来的心理问题往往是我们整个社会的问题，是成人社会的一面镜子。成人社会的空虚化、庸俗化、浮躁化都会对青少年的心理健康产生不良影响。成年人不停地追问"我们的孩子怎么了"，其实，我们更应该问问"我们成人社会到底怎么了"。

关于青春期的书籍与论述，在浩瀚的书海中屡见不鲜，但能够系统性地将青春期的种种挑战串联起来，提出既基于科学又贴近青少年心声之解决方案的著作，却是凤毛麟角。《青春期的内心世界》一书，打破了传统青春期论述更多强调问题与挑战的片面性，以一种前所未有的开阔视野，将青少年面临的诸多挑战视为成长路上的宝贵磨砺，是塑造坚韧个性与自我认知的契机。该书的作者以深厚的心理学底蕴，将最新的科学研究成果与青少年的真实体验巧妙融合。此书不仅是对青少年成长路径的一次深度剖析，更是关于青少年心理健康福祉的一份宝贵手册。

——张日昇　北京师范大学教授，《咨询心理学》作者

青春期，这个常被比作人生旅途中不可避免的暴风骤雨的阶段，总

是让人联想到叛逆、冲动和混乱。无论是通过亲身经历，还是从心理学的课堂、家长的谈话，甚至是流行文化的描绘中，我们都或多或少听说过这样的叙述。但这样的描述真的全面吗？青春期是否可能同样孕育着成长、探索和发现自我的宝贵机会？

《青春期的内心世界》勇敢地提出了一个全新的视角，将青春期誉为"突破之年"，以积极的眼光来探索和理解青少年的成长旅程。作者通过与青少年及其家长的深入访谈，为我们揭开了青少年心理需求的神秘面纱，展现了他们的内心世界和成长的需求。

我相信，当你翻开这本书，细细品读青少年真实而深刻的心声时，你会开始理解他们对于生活中各个方面的渴望和追求。在这些追求中，他们展现出了对成为一个有责任感、有担当的成年人的渴望和努力。

所以，我强烈推荐这本书给所有对青少年发展感兴趣的读者。无论你是家长、教育工作者、心理学家，还是政策制定者，或者只是对青春期这一特殊阶段充满好奇的读者，本书都将为你提供宝贵的洞见和指导。

——方晓义　北京师范大学教授，教育部长江学者特聘教授，北京师范大学婚姻家庭研究与咨询中心主任，北京师范大学高中生发展指导研究中心主任

近年来，青少年心理健康问题日益凸显，成为社会关注的焦点。从学业压力到人际关系，从家庭矛盾到网络成瘾，青少年面临着前所未有的挑战。

埃伦·加林斯基在书中强调了家庭、学校和社会在青少年成长中的重要作用。家庭是青少年成长的摇篮，父母的态度和行为对青少年的心理健康有着深远的影响；学校则是青少年学习知识和技能、培养社交能力的重要场所；而社会则为青少年提供了更广阔的舞台和更多的机遇。

这是一部值得每一个关心青少年成长的人阅读的著作。它以独特的视角、科学的态度和实用的解决方案，为我们揭示了青少年成长过程中

的心理变化和需求，提供了基于最新科学和青少年自身的突破性解决方案。它告诉我们，要理解青少年，就要走进他们的内心世界，倾听他们的声音，感受他们的喜怒哀乐。只有这样，我们才能真正地理解他们，帮助他们克服成长中的困难，实现自我突破。我深信，这本书能够为更多的青少年带来希望和力量。

——乔志宏　北京师范大学心理学部党委书记、教授，北京师范大学学生心理咨询与服务中心主任

随着社会压力增加、生活节奏加快，青少年实际上面临的心理问题日益严重——抑郁、焦虑、失眠、网络成瘾、校园霸凌、厌学、拒学等现象频发。极端事件也时有发生，这些问题不仅影响到孩子的健康成长，也给家庭和社会带来了沉重的压力。

究竟该如何支持青少年呢？我想，第一步是更好地去理解他们。

本书清晰地描绘了青春期孩子的内心世界，帮助父母们不仅仅是旁观，更有能力真正走进孩子的内心，理解他们的成长历程和需求。作者并没有停留在传统的"问题应对"模式，而是通过科学的研究，详细阐述了青春期孩子的五大核心需求，揭示了青春期这一独特阶段的潜力和希望。对于所有青少年家长和教育者，这本书是一个不可或缺的指南，它为我们提供了应对孩子情绪波动和心理压力的实用策略，也让我们看到了青春期孩子在经历这些挑战时蕴藏的无限可能。

——蔺秀云　北京师范大学教授，教育部青年长江学者，中国心理学会婚姻家庭心理与咨询专业委员会副主任委员兼秘书

青春期是人生发展的关键窗口，也是充满挑战的过渡阶段。儿童发展专家埃伦·加林斯基以认知神经科学的最新研究为基础，粉碎了我们对青少年的刻板印象，提供了一套全新的框架，并辅以丰富的真实案例，帮助父母、教育者和社会更好地理解青少年的身心成长需求，助力他们

在学业、心理和社交等方面全面发展。如果你关心如何帮助青少年度过这一重要阶段，如何和他们建立新型关系，这本书将为你提供深刻的洞见和实用的建议。

——钱婧　北京师范大学教授、博士生导师，《钱婧老师的会客厅》播客主播

很多父母在养育孩子上存在一个误区，那就是认为身体的茁壮成长比心理健康更重要。其实，心理健康对孩子的长远发展起着关键作用，而青春期又是健康人格形成的关键时期。一个充满包容、理解和关爱的青春期，能让孩子终生受益。这本书中的真实案例不仅让我们看到青春期孩子在"想什么"，也分析了他们"为什么想"，并告诉我们"该怎么做"。读完这本书，相信每一个父母和教育者都能走近孩子、走进孩子。

——陈行甲　公益人，作家

我们希望孩子成为什么样的人，自己首先要成为什么样的人。当我们对处于青春期的孩子感到焦虑时，不如先问问自己：我们希望被怎样对待？这本书正是围绕这一朴素的道理展开的，但作者的探讨并未停留在表面，而是结合大量的实证调查和理论研究，条分缕析地为我们拆解出与青少年相处的方法和心态。我们要坚信，每个孩子都有与生俱来的善良和无限发展的潜能，我们只要找到方法，就能让孩子在青春期破茧成蝶。

——刘长铭　北京金融街润泽学校总校长，北京市第四中学原校长，中国教育学会高中教育专业委员会理事长

我深信好的关系才是好的教育。我深知焦虑、迷茫、无助、不靠谱常常伴随着青春期。这个时期的孩子不仅面临着身体和心理的巨大变化，

还承受着来自学业、家庭和社会的多重压力。在这一阶段和孩子建立起相互信任的、充满爱的关系，对孩子的长期发展至关重要。《青春期的内心世界》正是为那些希望更好地理解和引导青少年的父母、教师所写的。相信这本书能架起一座理解青春期的桥梁，让青春期的孩子安全度过青春期。

——詹大年　昆明丑小鸭中学校长

不说教、不煽情，用研究数据和实战工具直击青春期养育痛点。破除刻板印象，用科学对话青春期，这是一本真正让父母"听懂"孩子心声的指南。不只解决问题，更激发潜能：让青春期成为人生跳板。书中颠覆性观点在于：青春期不是需要"熬过去"的阶段，而是孩子发展韧性、创造力和社交智慧的黄金期。当孩子说"你们就是不理解我"时，作者的研究揭示了这句话背后的真实诉求——青春期不是叛逆的代名词，而是大脑重塑、自我认知形成的关键窗口。这本书基于作者对青少年行为长达7年的追踪研究，结合上千名青少年的真实心声，彻底打破了"青春期=麻烦期"的偏见。通过脑科学数据和行为分析，作者证明：父母若能掌握青少年心理发展的底层逻辑（如情绪波动与大脑前额叶发育的关系），就能将冲突转化为成长的契机，让父母直观看到孩子的隐藏需求。如果你厌倦了鸡汤式的育儿建议，这本书将以理科思维重塑你的养育观——用信息对称取代猜忌，用策略取代焦虑。

—— Caroline 涵涵姐　知名女性成长自媒体人，长销书作者

"你这个年龄段的人，想告诉美国成年人什么？"作者和团队向年青一代抛出了一个好问题。在研究和访谈的基础上，他们发现，孩子们希望大人知道有关他们的五件事。

这些年，我深度访谈了全国150多名学生，这五件事同样被高频提及：我希望获得成年人的理解；我希望被倾听，能平等对话；我希望

大人们不要轻视我们；我希望更好地认识自己；我希望具备迎战未来的能力。

所以，当阅读《青春期的内心世界》时，我特别惊喜地发现，这本书同样反映了中国少年的心声！可以说，处理好这五件事，我们就能获得通往青春期孩子内心世界的护照。

——陈瑜　家庭教育平台"少年大不同"创始人，家庭教育畅销书《少年发声》系列丛书作者，国家二级心理咨询师

作为一名职场教育机构的创始人，在服务了超过5万名学员后，我有一个切身的观察：我们所有工作人员，在陪伴每个人真正实现他的生命理想（诸如得到更好的职位，与同事和老板建立和谐相处的关系，找到第二职业曲线和加薪）之前，总是需要跟他一起探索他的生命情感——多数是跟父母的关系。

如果这部分没有被完整探索，一个人在行为改变过程中，常常容易被卡住，会退缩，不管他是30多岁还是40多岁。

我们常常跟他说这句话，"你可以试着重新养育自己一次。"我们知道，每个成年人的心底，都有一个不会被说出来的心愿："如果我能得到不一样的对待方式……"

比如，当我们在青春期时，因为某些事情情绪激动，我们听到的不是"这有什么好难过的""你看别人都没事"，而是"你能跟我说说发生了什么吗？"——因为在青春期，一个人需要对社交和情感环境保持高度敏感性，这样我们便能辨别安全和危险、重要与不安，这对我们日后进入社会发展"情商"有极大的帮助。"敏感也可以是敏锐。"

比如，当我们在青春期突破常规做了一些事情时，我们听到的不是"你到底在想什么，你总是这么鲁莽"，而是"自己想办法，这很好。看看哪些地方需要我帮忙"，这样在这个过程中，我们便可同时收获体验带来的自我效能感和他人支持带来的亲密感。"鲁莽也可以是探索。"

虽然人生没有机会重来，但好消息是，如今，我们都已经为人父母，

这是一次重新审视生命的机会。带着"自己曾经也是个孩子"的心情，去倾听身边的那个青少年吧，带着保持终身学习的心态，去跟他"好好说话"吧。因为，充满爱的家庭关系，永远是我们每一个人心底最柔软也是最坚实的支撑。

——崔璀　优势星球发起人，Momself创始人，优势管理研究者

这本书最宝贵的地方是能让家长听到大量来自青少年的真实声音。青春期阶段几乎所有的矛盾都来自一个悖论：青少年被当作孩子来对待，却被期望表现得像个成年人。家长无论明白了这个悖论的哪一端，都可以极大改善亲子关系。几乎所有家长都希望孩子在青春期阶段全力以赴地学习，却很少有人知道孩子特别想学的是什么。本书将为你揭开孩子内心五彩斑斓的世界。

——姜振宇　微反应科学研究院院长，心理科普作家

这本书不是教你培养"优秀"的孩子，而是养育健康成长的孩子。"优秀"是少数人的标签，但茁壮成长的青春期却让孩子受益终生。如今，"内卷"的压力使得青少年心理问题越发突出，而家长们往往不知所措，陷入育儿焦虑。这本书正是为解决这些难题而来，它跳出功利化的养育怪圈，将目光聚焦于青少年的心理健康，为青春期孩子的父母提供可操作的方法和建议，帮助孩子塑造健全的心智，掌握生活与学习的技能，更加自信从容地融入家庭、拥抱社会。

——Tina大王　伴鱼创始合伙人，头部教育博主

亲爱的父母，打开这本书，就打开了一扇门，您可以走进青春期孩子色彩斑斓又光怪陆离的心灵宇宙，您将走上重建亲子关系的觉醒之旅。埃伦·加林斯基将神经科学与上千个真实故事编织成无所不在的指南针，

孩子那些您不能理解的情绪风暴，在神经突触生长的视角下，都化成您可以破解的成长密码，您会从青春期有如火山一样爆发的裂痕下，看到涌动着的蓬勃生命力。这本书会告诉您，最好的教育，是让孩子在躁动欲飞的成长季节，一回头始终能看到父母坚定支持的目光，让焦虑化作共情，父母敞开的怀抱，不再是束缚孩子的绳索，而是无形的托起孩子翱翔的风。

—— 王阳　资深媒体人

目　录

推荐序　教育是两代人的共同成长 / 袁希　　　　　V
译者序　青春期的礼物——从挑战到突破　　　　　VII
引　言　我们会给孩子留下一个什么样的世界　　　XI

第一章　了解我们的成长

"突破之年"研究　　　　　　　　　　　　　　003
青少年面临的问题　　　　　　　　　　　　　　007
父母的思考：我们如何应对挑战　　　　　　　　009
青春期是突破的时期　　　　　　　　　　　　　011
学习的高峰期　　　　　　　　　　　　　　　　019
从发展障碍到发展需求　　　　　　　　　　　　031
如何看待青少年大脑　　　　　　　　　　　　　039
重新思考青春期：看到积极面和阻碍因素　　　　047

第二章　倾听我们，双向沟通而不是单向灌输

父母的思考：我们会受群体文化影响	055
父母是青少年大脑的雕塑师	057
育儿策略：倾听、理解和创造共同的解决方案	069
将青春期作为复原期	080
技能培养机会：把挑战变为学习技能的机会	092
可能性思维	099
青春期的友谊	114
积极的冒险	124
数字世界中的青少年	137
创造一个更友好的世界	153
重新思考青春期：从个人到环境	162

第三章　不要对我们抱有成见

父母的思考：不要事先评判	171
我们对青少年是否有刻板印象？	177
青少年主义的影响	182
歧视的破坏力	190
日常歧视：隐藏在显而易见的地方	197
重新思考青春期：从平均到个性	202

第四章　我们正在努力理解我们自己和我们的需求

父母的思考：每个年龄段的人都有基本需求	211
心理需求是成长的必需品	213
需求1：关爱性关系——归属感和支持的需求	219
需求2：能动性——对自主和尊重的需求	242
需求3：掌控感——挑战和效能感的需求	273
需求4：身份认同——探索"我是谁"的需求	304
需求5：目的性——探索目标和做出贡献的需要	337
重新思考青春期：从"孩子们做得怎么样"到"我们做得怎么样"	356

第五章　我们喜欢学习生活和学习技能

父母的思考：技能在生活中的重要性	364
培养基本执行功能技能	366
生活和学习技能1：设定目标	378
生活和学习技能2：观点采择	392
生活和学习技能3：沟通与合作	407
生活和学习技能4：问题解决	426
生活和学习技能5：迎接挑战	458

结　语　给外孙的一封信	501
附录 1　"突破之年"研究项目	505
附录 2　"突破之年"受访研究人员	507
注　释	513

推荐序
教育是两代人的共同成长

当我们提起青春期，许多中国父母眼前总会浮现出这样一幅画面：紧闭的房门、激烈的争执、失控的情绪，以及永远亮着屏幕的手机。在传统教育观念中，这个特殊成长阶段往往被简化为"叛逆期"的代名词，家长们将孩子的情绪风暴视为需要矫正的偏差，将学业压力下的焦躁解读为意志薄弱的表现。这种单向度的认知模式，如同无形的枷锁，既禁锢了孩子的成长空间，也让无数家庭陷入"越管教越失控"的困境。

《青春期的内心世界》试图带领读者穿透表象的迷雾，用神经科学的探照灯照亮青春期躁动背后的真相。最新的脑成像研究揭示，青少年大脑正在经历一场堪比宇宙大爆炸的剧烈重构——前额叶皮质与边缘系统的发育时差，造就了他们独特的决策机制；多巴胺受体的密集分布，塑造出对新鲜体验的强烈渴求。当我们惊讶于孩子突然关闭心门时，或许更应意识到，这恰是大脑突触修剪过程中建立独立认知的必经之路。

书中呈现的实证研究颠覆了传统教育认知：那个因沉迷游戏而拒绝沟通的少年，其行为背后是尚未成熟的前额叶难以抵御即时反馈的诱惑；那个在餐桌上突然情绪爆发的少女，实则是杏仁核对压力激素的过度敏感所致。这些发现不是为问题开脱，而是为理解搭建桥梁——当我们将"叛逆"重新定义为"成长中的调试"，教育的视角便从对抗转向了共舞。

在"内卷化"教育愈演愈烈的当下，本书对当代教育生态提出了深刻反思。当孩子们在清晨 6 点的晨读中迎接黎明，在深夜台灯下送走星辰，他们失去的不仅是充足的睡眠，更是大脑发育必需的多元化刺激。神经科学证实，长期高压环境会导致海马萎缩，持续应激状态将改变前额叶神经元的连接方式。那些被压缩的体育课、被取消的春游、被无限推迟的博物馆之行，本应是培育创造力与社会认知的沃土。

书中特别强调"规范教育"的革命性力量。在数字化浪潮冲击下，要求子女放下手机的父母，自己是否能在餐桌上停止刷短视频？强调时间管理的家长，是否向孩子展示过如何高效处理工作？教育从来不是单方面的规训，而是两代人共同进化的历程。当我们批评孩子缺乏责任感时，或许更应反思：可曾给过他们参与家庭决策的机会？当抱怨子女不懂感恩时，是否创造过共同承担家庭责任的场景？

这部著作最动人的启示在于：青春期不是需要熬过的寒冬，而是破茧成蝶的关键蜕变期。边缘系统与前额叶的发育竞赛，既带来情绪管理的挑战，也孕育着无限可能——此时形成的神经连接模式，将深刻影响个体终身的认知风格与情感模式。书中收录的干预案例显示，获得科学支持的青少年，其大脑灰质密度增长比没有获得支持的青少年高出 23%，这印证了"理解即疗愈"的教育真谛。

在尾声部分，作者引领我们仰望教育的星空：当父母学会用神经发育的刻度丈量成长，用脑科学图谱导航沟通，那些曾经的棘手"问题"，都将显影为独特的成长密码。这本书不仅是解码青春期的科学指南，更是重塑亲子关系的邀请函——邀请我们以学习者的姿态，与孩子共同完成这场充满惊喜的神经探险。

期待每位翻开这本书的读者，都能获得重新凝视青春的勇气。当我们放下"叛逆"的刻板标签，以敬畏之心聆听生命拔节的声音，终将理解：青春期不是亲子关系的试炼场，而是两代人共同成长的神圣仪式。

袁希

水卢科技教育有限公司总裁

艺圆艺术创始人

译者序
青春期的礼物——从挑战到突破

青春期常被描绘为风暴和压力交织的阶段，被贴上"叛逆""混乱""难以控制"的标签。我们习惯用负面而刻板的目光审视它，仿佛它是父母教养中的一场暴风雨。《青春期的内心世界》深入探讨了青春期这一阶段的重要性和潜力，超越了我们对青少年常见的刻板印象，揭示了这一时期蕴含的无限可能。

这本书以温暖而坚定的语言告诉我们：青春期是生命中不可多得的礼物。在这段旅程中，每一个青少年都像春日初绽的嫩芽，怀抱着对世界的好奇与探索。他们的思维，他们的大脑，他们的心灵，都正经历着一场无声却深远的重塑。大脑可塑性强、执行功能技能处于关键发展期，以及青少年对自身和周围环境的敏感性，都为他们的成长创造了独特的机会。这种理解为家长和教育者提供了新的视角，让我们能够以更积极、更支持的方式看待和引导青少年。

这本书特别吸引我的一点是，它不仅仅依赖于学术研究的理论框架，还通过实地调研和访谈，将科学与现实紧密结合。作者与上千名青少年及其家长深入对话，通过数据验证青少年的核心需求——关爱性关系、能动性、掌控感、身份认同和目的性。这些需求在大数据分析中显现为推动青少年成长的关键动力，也得到了心理学领域关于"自我决定理论"的支持。

这本书不仅是一本关于青少年成长的指南，更是一座连接科学与现实的桥梁。我相信，无论你是家长、教育者，还是对青少年发展感兴趣的读者，都能从中获得新的视角和深刻的启发。它告诉我们：青少年不是不成熟的"未完成品"，而是充满潜力的"正在进行时"。正是在这一阶段，我们有机会成为他们生命中的灯塔，引导他们走向自我发现与成长的广阔天地。愿这本书帮助我们看见青春期的科学本质，也帮助更多青少年走向他们生命中的突破时刻。

书中最让我感动的是直接呈现了多位青少年的声音。当听到他们说"我们比你们想象的更聪明""请倾听我们，理解我们"时，我仿佛听到了每一个成长中的灵魂的呐喊。这些声音不只属于书中的青少年，也属于我们身边的每一个孩子。他们渴望被看见、被尊重、被关爱。这是多么纯粹而真挚的期望，却往往被成人世界的繁忙和惯性忽视。书中那位17岁女孩的心声，至今让我记忆深刻："我希望我、我的朋友和同学的烦恼都能被认真对待。"这是青春期的呼唤，也是每一颗敏感灵魂的诉求。愿这本书能成为开启对话的桥梁，让我们和青少年不再彼此疏离，而是彼此成就。

这本书不只写给家长和教育者，也写给每一个曾经是青少年的人。它让我们回首过往，重新拥抱那段不完美但充满可能性的时光。更重要的是，它带着无限的希望，为我们指明如何帮助下一代走得更稳、更远。希望每一位读者都能从这本书中找到自己的感动与启发。愿它为你打开新的视野，成为陪伴青春期的指南，也成为治愈你心中未尽青春之憾的温暖之书。它让我们看见，青春期并非难以逾越的"灾难"，而是帮助年轻人走向人生辉煌的"突破之年"。

翻译这本书的过程，也是一次全新的学习旅程。我们为每一个研究结果背后隐藏的复杂性而感叹，也为书中展现出的对家庭教育和社会问题的关注而感动。书中作者对青少年心理健康问题进行了深入探讨并提出解决方案，这些内容基于最新的统计数据，展现了当代青少年面临的真实挑战，并为家长提供了切实可行的支持方法。相信本书的内容也会为中国的家长、教育者带来新的启示和指导。

北京师范大学心理学部作为全国儿童青少年心理发展领域的领军者，其卓越的研究和实践成果一直备受瞩目。此次，我们非常荣幸地邀请到了学部的四位重量级专家——张日昇教授、方晓义教授、乔志宏教授和蔺秀云教授为本书撰写推荐语。这四位教授不仅在学术界享有盛誉，更是我本人在北师大学习和工作期间的良师益友，他们的教诲和指导让我受益匪浅。在此，我向他们致以最诚挚的感谢！作为儿童青少年心理健康领域的权威专家，他们的推荐语不仅精辟专业，更能为读者提供深刻的洞见。相信通过仔细品读他们的推荐，读者们能够更快速、更深入地理解本书的核心价值。

感谢中信出版集团的信任，能够将《青春期的内心世界》中文版翻译的任务交给我。本书的翻译过程，由我和我的研究生团队共同完成，他们的参与为本书中文版的顺利问世做出了卓越贡献，在此向他们表示衷心感谢。他们的心理学专业背景和优秀的英语语言基础为本书的翻译质量提供了重要的保证。他们是汪珈尼、刘璐、梁俊豪、居怡宁、黄安安、宋宛霖、吴雨涵、马晓晴。翻译过程还经过了多次术语统一、语言校正、统稿等过程，由汪珈尼、徐璐和我共同完成，最后由我完成了对全书的三次审校。

当然，由于水平有限，翻译文稿难免会有不完美或不恰当之处，恳请广大读者批评指正，期待未来有机会继续精进和完善。

引　言
我们会给孩子留下一个什么样的世界

"等着看吧"

我仍然清晰地记得，那天我们从医院带着初生的儿子回家，我轻轻地抱着他，坐在摇椅上，享受着这份难得的宁静。这时，一位朋友来访，为我们家的新成员送上祝福。他在对我儿子赞不绝口之后，却留给我一句让人难以释怀的话："等到他青春期的时候再看吧！"

作为一位新手妈妈，和所有新手家长一样，有时我会忧心忡忡。我的儿子早产，这让我无时无刻不在担忧：如果他不健康、不强壮怎么办？如果他的成长跟不上其他孩子怎么办？我们仿佛即将入狱一样，被这句"等着看吧"宣判了。

"等着看吧"这句如同警铃一样的声音在我耳边一次次地敲响，似乎在我每一次为孩子的成长欢喜或为育儿过程中的挑战苦恼时，都会被人提起，提醒我即将到来的动荡的未来："等他到了青春期，你就知道了！"

几年后，这样的言论不仅仅体现在我儿子身上，甚至在我女儿成长的关键时刻——比如她摇摇晃晃地迈出生命中的第一步，或在她任性的学前年纪——也同样频繁地出现。每当这些时刻，总会有人说："等她青春期的时候再看吧！看她那时会惹出什么麻烦！"

暴风骤雨

100多年前,还没有我们现在所熟知的"青春期"这个概念。比如说,我有许多生活在19世纪的亲戚从童年起就直接承担了成年人的责任。到了20世纪初,情况发生了变化。这时,我的大多数亲戚在他们十几岁的时候都没有外出做工,他们在学校待的时间更长,进入劳动力市场的时间也更晚。在此期间,青春期作为生命中一个独特阶段的观念开始占据主导地位。[1] 1904年,斯坦利·霍尔的两本著作出版,[2] 他的开创性研究将青春期的风暴与压力带入了公众视野,这一观点持续影响着人们对青春期的认知。我们也因此听了这么长时间的"等着看吧"的警告。

到了21世纪,随着科学研究方法的精进[3]和积极青少年发展观的传播[4],研究者们开始从关注青春期的风险转向探索其中的希望和潜力。

青春期的希望

如今,我们已经认识到青春期是大脑发育的敏感时期,几乎与生命早期的基础阶段一样重要。尽管青春期的跨度在世界各地有不同的标准,但通常以性发育为起点,以承担成人责任为终点。在美国,青春期的结束年龄在25岁左右。在这个定义下,青少年约占美国人口的1/4。[5]

青春期时期个体的大脑可塑性增强,脑神经发生大量变化。和生命早期一样,青春期也是人们对所处环境特别敏感的时期。[6]

数十年的研究还表明,执行功能技能(一套核心的注意力调节技能)对学生的学校表现甚至一生的成功都至关重要,它的作用要比智商或社会经济地位更为关键。[7]这些技能在童年时期就开始发挥作用,我们应该尽早促进和提升孩子的这些技能,这也是我之前的著作《心智在形成——每个孩子都需要的七项基本生活技能》(*Mind in the Making: The*

Seven Essential Life Skills Every Child Needs）的主题。

然而，我们不能止步于此。与童年早期一样，青春期是学习执行功能技能的黄金时期。此时，大脑的高速公路尚在建设中[8]：前额叶皮质（执行功能的中心）迅速发育，上皮层（与认知控制相关）和下皮层（与情绪反应、奖励和学习相关）之间的联结也得到了加强。[9]

研究人员将青春期描述为机会与脆弱并存的时期，[10]因为青少年的发展存在积极或消极两个方向。

我们面临的社会挑战

当今社会，我们在抚养青少年时面临着许多现实挑战。首先是心理健康问题的增加。根据美国疾病控制与预防中心2021年的调查，42%的高中生表示在过去一年中经历了持续的悲伤或绝望感，导致无法正常参与日常活动，这比2011年的28%显著增加。[11]类似的调查结果给我们敲了一记警钟，因为大多数心理健康问题是在24岁时出现的。[12]

另一个挑战是学业成绩。虽然新冠疫情期间美国学生的学业成绩普遍有所下降，但学业成绩不均衡的现象一直存在，[13]并且获得好成绩的压力可能使人筋疲力尽。公众讨论的焦点通常集中在谁应该为此负责上，是社交媒体改变了孩子的大脑，还是过于强调成就的文化，或者是现代生活的孤独与分裂？

本书与你读到的大多数关于青春期的书和文章截然不同：

- 大多数图书只关注青春期的单个挑战，而本书着眼于将这些挑战联系在一起。
- 大多数图书只是抱怨这些挑战，而本书提供了基于最新科学和青少年自身的突破性解决方案。本书关注的焦点是如何为青少年创造一个满足他们需求的环境，帮助他们提高生活和学习技能，促进他们的学习与成长。

这些是当务之急。从童年到成年这个阶段是我们有机会帮助年轻人在现在和未来取得成功的关键时期。其间，年轻人开始懂得他们是谁、什么对他们有意义、他们擅长什么以及如何应对挑战。这个时期也可以是疗愈期，让青少年有机会从早期的逆境中恢复过来。总之，青春期是一个充满无限可能的时期。

我撰写本书时，我的好友凯伦·戴蒙德递给我一张纸条，上面写着：

我们会给孩子们留下一个什么样的世界？
以及，
我们会给这个世界留下什么样的孩子？

这些简单而真实的问题激发了我写作本书的热情。

我的科研冒险之旅

我从事的是一种名为"公民科学"的科学研究。在公民科学中，传统上作为研究对象的人成为研究的共同创造者和合作者，利用他们的生活经历来为研究问题、研究设计和研究结果的解释提供信息。

2015年，我开始这项研究，与来自美国和其他国家的38名14~18岁的青少年进行了焦点小组访谈，问了他们几个问题："关于自身的成长发展，你想知道什么？当我采访研究青少年发展的人员时，你想让我问他们什么？"一些青少年说他们想知道为什么成年人不理解他们，为什么成年人对青少年有如此多负面的看法？

你可能听过你生活中的年轻人问过这样的问题："你为什么不理解我？"但也许——只是也许——事情不像我们所认为的"到了青春期，青少年就会说出这样的话"这么简单。这就是为什么我认为研究是一种冒险。它会带你去一些你不知道的地方。

我将这项研究称为"突破之年"（The Breakthrough Years）。因为青春期对于青少年积极成长是一个关键期。显然，大多数人都不了解正常的青少年成长，这反过来严重抑制了我们帮助青少年积极成长的能力。

在接下来的几年里，我采访了45位青春期研究的领头人，并阅读了数百位其他研究者的文献。他们的前沿发现和鼓舞人心的见解（大部分出现在难以获取的学术书籍、文章和期刊中）都浓缩在本书中。

2019年，我和我的研究团队[1]对美国1666名9~19岁的青少年[2]及其父母进行了基线定量研究。第二年夏天，我对这个群体中的56名家长和他们的52名青少年进行了质性访谈，询问他们对初步调查结果以及出现的新问题的看法。

随后，新冠疫情降临，2020年8月，我们对其中的1115名父母及其孩子进行了后续定量研究，看看他们的情况如何。我的团队还设计了一项行为研究，其中包括对2019年11月至2020年1月6个州9所学校的223名青少年（六年级、九年级和十二年级学生）的执行功能技能进行评估。

我们在基线研究中向年轻人提出的问题包括："有关你这个年龄段的人，你想告诉美国成年人什么？"

他们希望我们知道的5件事——他们向成年人传达的信息——与青春期研究的新发现以及父母的期望非常一致。这些信息构成了本书的结构，有着独特的贡献。以下是一些重要信息。

---

[1] 我们的研究团队包括：布兰登·阿尔米，他当时是明尼苏达大学青少年发展学术领域的博士生，现为密歇根州大急流城海伦·德沃斯儿童医院的儿科神经心理学家；还有菲利普·泽拉佐，他是明尼苏达大学的发展社会认知神经科学家。我们的"家庭与工作研究所"（FWI）团队包括艾琳·拉姆齐、珍妮·波特诺夫和马琳·格里菲斯；他们在FWI开始这项工作，在我担任贝佐斯家庭基金会首席科学官的六年间一直与我共事，现在他们又回到FWI与我一起工作。
[2] 本书将青春期界定为一个起始于青春期生理发育的阶段，并且指出，与过去相比，当代青少年的青春期似乎来得更早。基于此，我们的研究涵盖的年龄段从9岁的儿童开始。青春期不仅包括了青少年时期（13~19岁），还延伸至他们刚刚开始担负成人责任的年纪。虽然我们的研究主要关注19岁以下的青少年，但我在书中也会分享一些关于20多岁年轻人的研究成果。

引言　我们会给孩子留下一个什么样的世界

信息一：
了解我们的成长

在回答关于"你想告诉美国成年人什么"的开放式问题时，21% 的青少年希望成年人知道：你们不了解我们的聪明和我们的成长过程。

他们反复提到："我们比你们想象的更聪明""年轻并不意味着不聪明""我们很有智慧，我们需要被倾听"。他们强调："理解我，理解我们。"

那么成年人如何理解青少年呢？在基线研究中，我们向家长提出了一个开放式问题以了解更多信息：

当你听到"青少年大脑"这个短语时，你会想到哪些词语？

我们并没有询问他们自己孩子的大脑，而是在询问他们对青少年大脑的普遍印象。调查结果显示：

- 只有 14% 的家长使用了积极的词语，如"探索""创意""有趣""未来"。
- 27% 的家长使用了中性词语，如"成长""变化"。
- 另外 59% 的人使用了负面词语，如"健忘""愚蠢""无知""易分心""骄傲自满""脾气暴躁"。

通过观察家长们对青少年大脑的实际描述，我们可以进一步了解家长的想法。其中最常见的词语是"不成熟"，占 11%。有 8% 的人使用了否定式前缀"未""不""缺乏"等，包括：

未成形的

未开发的 / 不发达的

未完成的

不完整的

缺乏经验的

不思考的 / 不聪明的

这些词语表明，许多成年人正在用成人的标准来衡量青少年，并寻找他们的不足之处。

也许这个概念会让我们回想起早些年的情景，当时人们直接从童年进入成年。也许是因为青少年看起来像成年人，所以我们根据外表来评价他们。又或者是我们的成人经历掩盖了我们对青少年时期真实情况的记忆。其中会有很多原因。

但是，青少年并不等同于成年人。当婴儿通过经历陌生情境产生焦虑反应的过程来学习信任时，我们不会说他们是不成熟的学步期儿童；当学步期儿童通过说"不，不，不"来学习自己可以和不能控制什么时，我们也不会说他们是不成熟的学龄前儿童。这些年幼的孩子正在按照他们所处的发展阶段做他们应该做的事情——这些事情是必要的，可以促进他们的大脑发育。然而，太多人认为青少年是不成熟的成年人，尽管他们和年幼的孩子一样，正在按照他们的大脑引导他们的方式行动（值得一提的是，在早些年，这种看法被认为是正确的，当时的社会几乎没有为青春期划定明确的边界）：

- 他们正在探索更广阔的世界，因此需要对社交和情绪相关的情境高度敏感。
- 他们需要成为环境的感知者，以确定什么是好的、什么是令人担忧的，并做出强烈的反应，因为他们的父母并不一定能为他们提供帮助。
- 他们需要探索自己的身份，并努力理解成为自己的过程以及成为自己的结果意味着什么。因此，他们对那些他们认为重要的事情以及能够帮助他们弄清楚这一点的经历高度敏感。

对青少年的理解不足可能会影响我们对他们的反应和交谈方式，并可能产生长期的影响，正如接受我们访谈的一位 17 岁女孩所说：

我希望我、我的朋友和同学的烦恼都能被认真对待。

我试过很多次和家长谈论让我感到难过的事情（通常都是情感上的痛苦），但他们总是说："每个人都会经历这些，你会没事的。"我觉得这样说很不对,也不尊重我的感受,而且会破坏我们之间的信任。类似这样的话真的很伤人。仅仅因为别人经历过同样的事情就说我的问题不算什么,这是错误的。根本就不应该这样。

还有那种"至少你没有什么什么"的说法,也会让人受伤。因为别人的痛苦不严重就否定他们的感受,这是我在周围人中看到的最自私的事情。同情、共情和爱才是正确的回应。但在我认识的人中,我看不到足够的爱。自私永远存在,即使自私从来不是他们的本意。

由于青少年的问题没有得到认真对待,我们只好假装一切都好。我们微笑、点头,点头、微笑,但内心却充满痛苦。"这就是你的青春激素在作祟!你会挺过去的。""每个人都会经历这个阶段。"但是,即使每个人都经历过,也没有人应该独自承受。为什么要孤立一个正在挣扎的人呢?我对父母的信心越来越少了。我知道这是他们说的"所有青少年都要经历的叛逆阶段"。如果"叛逆"意味着为自己挺身而出,那么我宁愿叛逆。如果这能让我的弟弟们保有一线希望,如果这能让我的妹妹们感受到被爱,那我就会继续"叛逆"。五年来,我的感受被忽视,这已经造成了伤害。五年来,在我崩溃并号啕大哭一个小时之前,有人告诉我"没事",这已经留下了伤害的印记。一生都在听的"明天会更好"不过是一次又一次的谎言。

只有当我们真正了解青少年及其成长过程以后,我们才能更有效地与他们交流,正如下一条信息所揭示的那样。

信息二:
倾听我们,双向沟通而不是单向灌输

我们的研究数据显示,有 9% 的青少年要求成年人倾听并与他们沟通。他们写道:"请询问我们的意见并倾听我们的想法!"他们的诉求是合理的。当成年人和青少年之间发生冲突时,最有效的方法是支持其自主性。这种方法可以：
- 为青少年提供适当的自主权与能动性——这是他们基本的发展需求。
- 帮助青少年学习如何自己解决问题，而不是让成年人代为解决问题。

这个方法对成年人也很有效，因为他们通过设定目标和基本规则，帮助青少年获得技能和经验，同时也能解决眼前的问题。

为什么这种方法对于解决冲突如此有效？研究发现，支持自主性的方法有助于发展执行功能技能[14]，并通过培养自我调节技能（而不是通过惩罚、哄骗或替他们完成来管理他们）帮助年轻人茁壮成长[15]。然而，仅仅提供自主权是不够的，思维也非常重要。

可能性思维（Possibilities Mindset）就是成长型思维（"事情是可以改变的"）加上自我效能感（"我能做出改变"）。[16]这种思维体现在当遇见障碍时，我们怀有好奇的心态（而不是感到受到威胁），相信自己能够弄清楚如何克服障碍。

信息三：
不要对我们抱有成见

当被问及他们想告诉美国成年人什么时，青少年们写道，并不是我们所有人都遇到了麻烦，也不是我们所有人都在做你们觉得在我们这个年龄段的人都会做的事情。例如：
- 承担不健康的风险：我们并非都是社交软件上那些寻求刺激的冒险者。
- 吸毒：我们并非都是吸毒者。
- 被贴标签：我们能够为世界做出的贡献远远超出许多人的想象。有时候感觉每个成年人都认为我们这一代是只想索取的人。
- 制造麻烦：并不是所有的孩子都是麻烦制造者或不负责任的熊孩子。
- 沉迷于科技：我们不会沉迷于社交媒体，我们不会过度卷入，我们的手机不会定义我们，互联网也不会成为我们看世界的尽头。

他们的话语中透露出两个核心信息：首先，"不要以少数人的行为来评判我们所有人"；其次，"不要用如此消极的眼光看待我们所有人"。实际上，研究显示，38%的青少年希望成年人能够超越成见，不要对他们一概而论、做出负面假设或有刻板印象，而要看到他们的优点和潜力。

我们的研究揭示了年龄歧视的普遍性，它比我们想象的更为顽固。我们使用一种标准的歧视测量方法，询问人们经历过的别人表现得好像他们比自己好、把自己当成不聪明的人等歧视行为的频率[17]，发现有73%的青少年至少经历过一种歧视，其中年龄是歧视出现频率最高的原因。在9种歧视类型中，有6种是由年龄引发的。

可能一直以来都存在歧视，但我们现在明确知道这种歧视对人们是有害的。研究表明，无论是年龄歧视还是其他形式的歧视，都会对青少年的身体健康、睡眠质量和心理健康产生负面影响。现在是正视这一问题，为每一个年轻人提供平等和尊重的成长环境的时候了。[18]

信息四：
我们正在努力了解我们自己和我们的需求

当听到"归属""支持""尊重""贡献"这些词时，它们可能只是与我们擦肩而过，与我们无关，好像我们无所归属，不被尊重，或者无法以我们的方式对世界产生影响。这些是各个年龄段的人都拥有的基本需求，特别是对处在青春期这段塑造时期的孩子来说。"基本需求"概念是在自我决定理论基础上经过数十年研究逐步建立的，[19] 它告诉我们心理需求与幸福息息相关。[20] 在研究中，我们扩展了这一概念，列出了五类需求。

五种基本心理需求
1. 关爱性关系（caring connections）

2. 能动性（agency）
3. 掌控感（mastery）
4. 身份认同（identity）
5. 目的性（purpose）

在我们的基线研究中，我们测试了这些需求在多大程度上是通过青少年的人际关系得到满足的（包括在家庭、与朋友、在学校、在校外活动中，以及在网络）。在后续研究中，我们发现那些需求得到满足的青少年更有可能在9个月后的学校和家庭生活中有好的表现。这里的"9个月后"碰巧发生在美国面临巨大挑战的艰难时期——新冠疫情期间，因此这是一个对满足需求重要性的强有力的检验。鉴于我们对青少年期脆弱性的了解，以及社会中的年轻人在心理健康方面的挑战，这一发现变得尤为重要。满足这些需求有助于青少年茁壮成长！

信息五：
我们喜欢学习生活和学习技能

一般来说，我们通常把青春期视为学习学术知识的时期，这些知识有助于年轻人在成年人世界中站稳脚跟。知识是必需的，但正如前文所述，执行功能技能是学习、适应和拥有积极生活的基础。这些技能对我们的学业、生活成功和幸福至关重要，甚至比我们的智商或社会经济地位更重要。然而，正如一位教育界翘楚最近告诉我的，如果问一群管理者或校长是否了解执行功能技能是什么，很少有人会举手——或者他们会把它与注意缺陷多动障碍（ADHD）等学习困难联系起来。更令人担忧的是，马萨诸塞州的一项人口研究发现，在疫情期间，青少年的执行功能技能显著下降，[21]这很可能是导致他们学业退步的主要原因。这位教育界翘楚继续说："这不是仅仅涉及一部分孩子，而是大多数孩子！"

在本书中，我会基于以下几点讲述执行功能技能和生活学习技能：

生活和学习技能
- 设定并达成目标
- 观点采择
- 沟通与合作
- 问题解决
- 迎接挑战

为了帮助年轻人学习和成长，我们必须促进这些技能的提升。

《青春期的内心世界》并非一本典型的关于青少年的书，因为它既不是一本充斥着坏消息的书，也不是一本充满好消息的书。作为一名母亲和祖母，我一直思考着如何应对挑战，因此我将它打造成了一本真实的"信息书"（你可以使用书里的信息），这些信息融合了青少年和家长们令人惊叹的智慧与经验，结合了基于研究和现实的原则、策略，以帮助青少年茁壮成长。

我希望通过分享真实的信息，能够让更少的人被警告"等到他青春期的时候再看吧！"（我们发现 61% 的父母都被这样警告过），以便让更多人意识到青春期这几年是可以取得突破的重要时期。

那么，让我们从青少年的大脑开始……

第一章
了解我们的成长

"我真搞不懂,成年人怎么就不理解我们年轻人呢,他们自己也曾经年轻过啊。"来自康涅狄格州的16岁女生阿亚娜向我倾诉,"这个问题困扰我很久了。成年人怎么就能忘记自己也曾是个青少年,经历过同样的事情呢?"

我们的谈话涉及了她在学校的生活、和朋友的来往以及恋爱的点滴。阿亚娜会谈及她与父母之间的分歧,然后再次回到她的困惑上:

我们确实有些不同,但我就是搞不懂,他们为何总是用那种眼光看我。然后他们会说,"我理解你的感受",但实际上,他们并不真正理解。

我们许多人都曾听到青少年以某种形式表达出"你不理解我"的感慨。这已成为一个反复出现的主题,其普遍性、紧迫性和深远影响都值得我们深入探讨。这正是"突破之年"研究的核心目标,也是本书的基石。

"突破之年"研究

在"突破之年"研究中,我们向青少年提出了一个问题,旨在深入理解他们希望向我们传达的心声:

关于你们这个年龄段的人,你们想对美国的成年人传达什么信息?

参与这项定量调查的 1666 名青少年来自美国的四面八方,他们的年龄跨度为 9~19 岁。他们居住在山区、沿海、平原,从繁华都市到小镇周边的乡村;他们的经济背景各异,有的来自富裕家庭,有的家境贫穷,还有的处于两者之间;他们的肤色也多种多样。然而,特别引人注目的是,在这个具有全国代表性的样本中,对于这个开放式问题的回答出现了许多共鸣之声。①

当这些青少年提到我们低估了他们的"智慧"时,他们所指的并不仅仅是智商或学术知识。"智慧"在这里代表着他们的身份,以及他们与这个世界互动的方式。

他们坦率地表达了自己的观点:

我们很聪明,并且不坏。

——一名 11 岁男孩②

我们聪明而且尽力了,但我们还是需要爱。

——一名 9 岁女孩

我们坚强、聪明,准备好学习和成长——我们需要支持、爱,以及被当作重要的人对待。

——一名 16 岁男孩

我想告诉他们,我们其实很聪明,我们是下一代,会帮助这个星球。

——一名 14 岁男孩

---

① 在引用"突破之年"调查参与者的话时,我偶尔会纠正一些小错别字、添加标点符号或使用括号添加缺失的单词,以使他们的信息更易于理解,但除此之外,这些陈述与青少年在调查中所写的一样。
② 青少年被要求将自己的性别确定为"男性"、"女性"或"其他",如果是"其他",则询问他们如何自我认同。我在这里和整本书中都使用了他们自我认同的性别。

他们说:"别想当然……":

别那么武断,以为我们笨。

——一名 16 岁女孩

我们比你们(成年人)想象的要聪明。我们不是什么都能做对,但没人能做到这一点。

——一名 13 岁男孩

他们说:"我们不是……"

给我们一个机会。听听我们的声音——我们并不像你们很多人想的那么笨。

——一名 16 岁男孩

我们并不是全都搞砸了——我们中的很多人很聪明,而且总是尽力做正确的事。

——一名 13 岁女孩

"聪明"或"不笨",这两个词出现频率之高,让我感到震惊。实际上,在"突破之年"研究中,有 12% 的青少年特别渴望向成年人传达他们智慧的一面,这一比例在所有针对该问题的回答编码类别中是最高的。①

此外,还有 9% 的青少年希望家长能"更有耐心",正如一位 18 岁男孩所言,他们希望成年人能够理解,他们仍在学习的过程中。

---

① 回答可以用多种方式进行编码或分类。例如,"我们不会犯错"和"我们很聪明"反映了相似但又不同的思想。当我们对青少年的回答进行编码时,我们使用了回答的明显主题来编一级编码;然而,大约 26% 的回答至少有两个编码或类别。在将这些发现转化为百分比时,我们囊括了所有相关的回答,有时是跨编码类别的,比如我们结合了要求成年人不要认为他们很笨的回%答 (12%) 和要求成年人了解他们成长情况的回答 (9%)。我们还排除了没有回答这个问题的人 (19%)。

第一章
了解我们的成长

我们可能有点难搞，但有时候我们真正想要的，就是被理解。

——一名 14 岁女孩

我们还年轻，正在人生路上摸索前行，我们希望得到尊重，也希望你们能理解我们正在经历的事情。

——一名 13 岁女孩

突破之年 研究发现	21% 的青少年希望成年人知道，成年人不理解他们表现智慧和成长的方式。

他们究竟从我们这里接收到了怎样的信息，以至于"聪明"这个词频繁地被提及？或许，当他们的行为或言辞不符合我们的预期时，我们会说"这不聪明"。又或许，我们对他们的期望值本来就很低：

我想告诉美国的成年人，我们这个年龄段的人并不应该被当作两岁小孩来对待。我们很聪明，比一些人认为的要更有智慧。我认为，尽管我们比大多数成年人个头小、力量弱，但我们仍然可以产生巨大的影响。

——一名 10 岁女孩

又或者是期望值高低混合：

我常常看到同一个说法："青少年被当作孩子对待，却被期望表现得像成年人。"我们正在经历一个尴尬的、处于两者之间的学习阶段。让我来解释一下为什么这会让人很受伤。被当作孩子对待让我感到不安，因为当我满 18 岁时，我感觉我好像应该魔法般地立刻变成成年人，并且清楚自己如何规划人生。

——一名 17 岁女孩

很明显，我们成年人并不真正理解这个处于两者之间的学习阶段。

青少年面临的问题

这个问题的答案很复杂，让我们从青少年所面临的现实开始。青少年生活在一个不断被评判的世界中。他们需要面对竞争激烈的考试，这些考试的结果在很大程度上决定了他们的未来。社交媒体的兴起进一步加剧了这种压力，一些青少年在其中精心塑造自己的形象，试图将自己的生活展现得尽可能完美。与此同时，另一些人则感觉自己不够好，受到了众人的评判。[1] 但是青少年很早之前就已经有了这些感受，其中有更深层次的社会因素。

一个多世纪以来，大多数关于青少年的研究都集中在他们情绪的波动和脆弱性上，这些研究主题反映了长久以来社会对青少年的看法。当我在大学主修儿童研究[2]时，我们使用的教科书是从斯坦利·霍尔的著作开始的。霍尔是第一位将青春期作为一个独特发展阶段进行研究的心理学家，他在1904年的著作中将青春期描述为"暴风骤雨"的时期——充满了风暴和压力。[3] 就在几年前，我参加了一次大学同学聚会，我们参加了一场讲座，讲座主要探讨了为什么青少年尽管看似知识渊博，却仍然会做出愚蠢和冒险的决定。

那么，目前这些观点有什么变化吗？有，也没有。

科学热潮

在过去的二十年里，青少年发展研究领域，尤其是大脑发育研究领域，经历了一次革命性的飞跃。这一切得益于大脑成像技术的巨大革新，以及发展领域研究人员与神经科学家之间日益紧密的合作。

21世纪初，天普大学的劳伦斯·斯坦伯格教授及其团队开启了一项开创性的研究。他们发现了一种大脑发育的新模式，他们认为这一模式能够解释青少年为何倾向于进行消极的冒险行为。[4]具体来说，斯坦伯格、杰森·切恩[5]以及团队其他成员[6]发现，大脑的奖励系统比认知控制系统发育成熟得快。

这一发现无疑具有深远的意义。然而，随之而来的是一种青少年形象的广泛传播，它在公众的想象中占据了主导地位，并被研究人员和大众广泛引用。青春期被比喻为一辆失控的汽车：油门（奖励系统）已经发育完善，可以全力加速，令人兴奋；而刹车（认知控制系统）却尚未成熟，存在缺陷；结果就是青少年的冒险行为。

总的来说，天普大学研究团队[7]以及许多其他研究团队的研究已经证实：大脑的奖励系统比认知控制系统发育得更快。但最新的研究指出，这一现象背后还有更深层的机制。在本章中，我将分享一系列关于青少年的研究，这些研究揭示了以下几点：

- 管理情绪的认知控制策略是可以被教授和学习的。
- 奖励系统同时也是一个学习系统，能够促进成长和学习。
- 发展并非一成不变——它存在显著的个体差异，普遍的发展模式并不适用于所有青少年。
- 最重要的是，我们对青少年发展的理解不足，可能会对我们的孩子产生负面影响。

对青少年消极且片面的看法持续存在

媒体，包括许多书籍，都在继续以消极且片面的方式描绘青少年的形象。在2017年10月16日至2018年1月16日这段时间，美国FrameWorks研究所对美国顶级主流媒体和在线新闻出版物中关于青少年的249篇报道进行了编码和分析。研究发现，媒体在报道中讨论青少年负面影响的可能性（48%）是正面影响（21%）的两倍多，并且"通常伴有关于青春期风险的明确用语"。[8]被编码为负面影响的内容包括同辈、帮派、科技、社交和娱乐媒体以及性侵犯者。

这些信息不断强化着公众对青少年的既有假设——正如我在引言中提到的"等到他青春期的时候再看吧"的警告。于是,"随着时间的推移,这样的理解越来越深地刻入了我们的文化之中"。[9]

然而,我们现在明白,这远非故事的全貌:

专家们认为,青春期是一个充满脆弱性和机遇的时期,环境和经历对青少年的发展产生强烈的影响,并最终塑造长期的结果。媒体的叙述……往往只讲述了故事的一半,过分关注青少年面临的威胁,而忽略了他们成长和发展的机会。[10]

在本章的末尾,我将探讨为什么这些负面故事如此根深蒂固且难以改变。但在那之前,让我们先来审视那些为青少年发展带来新启示的研究,它们为我们提供了一个更加全面和平衡的视角,帮助我们重新认识青少年的潜力和可能性。

父母的思考:我们如何应对挑战

> 想象一下,成年后的你面临着不得不走出舒适区的挑战。可能是搬到一个全新的城市,开始一份全新的工作,或是结识一群全新的朋友。面对这些挑战,你是如何克服的?

我向成年人提出这个问题后,收集到了一些故事。

一些人说他们需要鼓起勇气:

我必须鼓起勇气,才能勇敢地迈出第一步。

另一些人则在寻求理解:

我要随机应变。因为我不确定新公司的文化价值,所以我必须观察其他人的反应。我必须倾听他们的意见,并尝试快速理解正在发生的事情,以便做出回应。

工作地点的变化促使一个人试图发现新文化环境中的新规范:

当我要加入一份新工作时,我会自言自语,问自己一些问题,比如:"我的老板会手把手地教我怎么做吗?"我告诉自己,"不,那不会发生"。我需要向老员工请教,以弄清楚被期待的行为是什么。我对自己的无知给予一定的宽容,我允许自己问问题,允许自己探索,允许自己意识到这需要时间。

有承担风险的能力也有助于克服挑战:

我爸爸多年来一直把我们这个大家庭团结在一起。在他去世后,我无法接受这个家庭变成这样,所以我决定搬家。我不得不去寻找新的医生、新的商店和新的能帮助我的人。当我试图熟悉这一切时,我一直回忆我在老家的感觉。这有助于我承担风险,尝试新事物。

一位男士谈到他的心态有多重要:

当我不得不做一些困难的事情时,我会想起我在过去类似的经历中取得的成功。这让我有信心将此视为一次冒险。

当我们勇敢地迈出舒适区,我们会鼓起勇气,试着快速适应社会形势,灵活应对,不断探索和冒险。

对青少年来说,青春期是一个人生阶段——一个不断走出舒适区的漫长过程。随着新事物带来的冲击逐渐平息,这个阶段并不会简单地"完成",相反,它会在接下来的几年里逐渐展开。因为青少年会在青春期(以及以后的生活中)不断地塑造自己的身份,适应新的学校、新的人际关系、新的环境,最终迎接成年的挑战。同样,当成年人接受一份新工作、搬家或前往一个陌生的城市开展工作时,我们也会经历一段既令人兴奋又充满疲惫和艰辛的过程,这正是青春期课题的延续。

青春期是突破的时期

加州大学洛杉矶分校的詹妮弗·西尔弗斯从记事起就一直对情绪感兴趣。她回忆说,她在青春期经历了一段特别困难的时期(在学校遇到麻烦,尝试新事物,被新暗恋对象拒绝),这让她感到"紧张""不知所措""仿佛世界末日来临"!她还回忆说,她的母亲建议她退一步思考:

我母亲告诉我这样的话:"现在你的感受是,这就是生活的一切,但有一天你回头看,你会发现这只是众多经历中的一次。"我记得当时我在想:这一定意味着我今天看待世界的方式在我长大后会有所不同。这让我好奇作为一个青少年有什么独特之处,尤其是为什么很多情绪和感觉如此强烈。这也是我想研究青春期的原因之一。[11]

过度情绪化+易冲动+爱冒险=青春期?

想象一下,你在工作中受到冷落,你在乎的人说了一些刻薄的话,或者有人把你当小孩子一样对待。无论在什么年龄,我们都讨厌自己的强烈情感被忽视。从西尔弗斯的母亲对女儿的反应可以看出,她理解青少年。她没有反驳("别在意了!")或表示轻蔑("你小题大做")。相反,她接受了女儿的感受("现在你的感受是,这就是生活的一切"),并提供了一个工具来重新构建那些令人难以承受的时刻("你的观点可能有一天会有所不同")。

像这位母亲一样的父母和照顾者知道,孩子看待和处理情绪化事件的方式会随着他们的成长而改变,但直到最近,像西尔弗斯这样的研究人员才更准确地了解这种情况会何时发生以及如何发生。她特别关注那些"何时"和"如何"的问题,关注认知重构——重新定义一个人对情绪事件的解释。她的研究让我们将青春期视为真正具有突破性的时期。

重构技术:没有一种放之四海而皆准的方法

最初,西尔弗斯尝试了一些情绪调节技术,这些技术由该领域的两位杰出研究者凯文·奥克斯纳和已故的沃尔特·米歇尔[12]开发。他们发现了一种对成年人非常有效的技术,即让人们想象他们所看到的并非事实(例如,如果你看到某人身上有血迹,想象那是番茄酱,或者想象他们只是在拍电影),但对于儿童和青少年来说,这个方法效果并不显著。不过,他们开发的其他一些技术是有效的[13]。

总体而言,情绪调节可以通过三种方式实现:

第一种方式是通过文字重新解释事件的含义。例如,如果我看到一个看起来病得很重的男人躺在医院里,这可能会让人感到不安。但如果我为自己编一个故事,或者告诉自己,"他正在接受所需的治疗,很快就会康复",这就是一种重新解释事件的方式。

第二种方法是拉开距离。这种方式并不是用语言来改变感受,而是改变我们的观点——退后一步,以一种更加客观和冷静的视角来看待问题。[14]

西尔弗斯发现，这两种重构技术——利用想象力改变观点——对儿童和青少年特别有效。当然，还有第三种方法——恐惧消退：

如果我在搬进新公寓楼后听到一声巨响，一开始它可能会引起恐惧反应。在我听到大约20次之后，我可能会意识到那只是蒸汽通过管道时发出的声音。恐惧只是因为一次又一次地接触它而消失了。

通过研究不同的大脑扫描图像，西尔弗斯研究小组的发现令人惊讶。他们发现与恐惧消退最相关的大脑区域与认知重构无关。相反，在认知重构中激活的是那些支持我们的工作记忆和有助于集中注意力、帮助我们反思正在发生的事情，以及允许我们选择使用何种策略的大脑区域。[15]

因此，在不同年龄段进行情绪管理都是一个刻意的过程，我们将注意力集中在情况的不同方面，思考我们对正在发生的事情的感受，然后选择策略来尝试改变我们的情绪，以更好地实现我们的目标。管理情绪不会自然而然地发生——这是一个需要随着时间的推移不断学习的有意识的过程，这就是西尔弗斯接下来的研究方向。

在经历的背景下研究整个大脑：对青春期新理解的背后

早期的研究倾向于将研究课题集中在大脑的特定区域——例如，将杏仁核视为情绪处理的中心，将海马视为记忆存储的场所，将腹侧纹状体视为大脑的奖励中心，将前额叶（大脑最大的部分，位于我们的前额后方）视为计划、决策、冲动控制和自我理解的场所。

然而，与许多当前青春期研究人员的工作一样，西尔弗斯的研究并未采用这种模块化的观点，而是将视野扩展到了大脑的整体。她形象地指出，传统的观察方法将大脑结构视为"各自演奏独立曲目的单个乐器"。[16]而她提倡的是一种全新的视角，将大脑活动比作"一个演奏着和谐交响乐的完整管弦乐团"。在这个比喻中，大脑的跨区域活动是关键。

我们的大脑总是在我们拥有的经历的背景下不断运作。每个人都是通过大脑内部以及大脑、身体和环境之间的即时互动来探索这个世界，我们不断地根据周围发生的事情做出调整。但直到最近，我们才开始采用这种动态的、多面的、更具建设性的框架来理解青少年的行为。

青少年如何学习管理情绪

为了更好地理解学习过程，西尔弗斯和她的同事将实时大脑成像与不同年龄段青少年的实时反馈相结合，了解他们的感受和想法。[17] 在 2015 年的一项研究中，他们要求实验参与者从"近观"和"远观"的角度观看一些令人不安的照片——这是对拉开距离策略的改良——同时让他们接受功能性磁共振成像（fMRI）扫描，扫描仪会在他们观看照片时拍摄他们的大脑图像。

西尔弗斯解释道：

我们让青少年观察一个令人不快的社交事件，比如有人被拒绝，或者两个人争吵，并教他们两种不同的应对方式。

有时我们让他们想象他们离事件非常"近"——想象事物的声音、气味，想象事件发生时他们就在房间里。

我们指导青少年回应的另一种方式是让他们想象退后一步，减少对自己感受的关注，而更多关注事实。[18]

退一步来看，即从"远观"的角度看，本质上是要求参与者使用拉开距离策略来调节他们的情绪，即"弱化观看这个令人不安的事件带来的情绪影响"，但没有明确告诉他们需要试图控制自己的情绪。

56 名参与者被分为三个年龄组：10~13 岁、14~17 岁和 18~22 岁。[19] 研究者向他们展示了 120 张照片。[20] 在"近观"负面照片时，这三个组报告的负面情绪水平相近。[21] 但当参与者"远观"负面照片时，杏仁核活动会随着年龄的增长而大幅减少。换句话说，青少年年龄越大，越能更好地调节自己的神经活动，远离令人痛苦的场景，这是学习调节情绪的一个关键。

> **重要发现**：有些人可能认为青少年被情绪所束缚，直到 20 多岁才能够理性思考。事实上，这并不是因为前额叶发育不完善，而是因为他们正在学习使用认知控制策略（如拉开距离）来管理情绪，尤其是在青春期这个阶段。

在要求参与者"远观"一张照片大约 30 分钟之后，研究人员再次向他们展示了同一张照片。这一次，参与者只是被要求看着照片。研究结果显示，18~22 岁青少年杏仁核的活跃程度仍然很低，但 14~17 岁青少年的反应却不一样。西尔弗斯说，他们第二次看到令人痛苦的照片时，杏仁核的活跃程度略高一些。

这表明，尽管青少年正在学习管理自己的情绪，但曾经让人心烦意乱的事情如果再次发生，可能会让人感到更加心烦意乱。

> **重要发现**：青少年的情绪高潮可能非常高，低谷也可能非常低。青少年可以学会使用认知控制策略（尤其是拉开距离策略）调节情绪，但这需要时间和经验。

西尔弗斯和她的同事还提出了另一个问题：与令人不安的非社交图像相比，青少年是否对令人不安的社交图像的反应更强烈？为了回答这个问题，他们向青少年展示了"毛毛虫及其他令人毛骨悚然的爬行动物"的图像，并发现 10 岁以上的青少年在面对这些图像时，比面对社交图像能够更容易地控制自己的情绪。[22]

青少年强烈情绪的好处

这些研究揭示了一个事实：随着时间的推移，青少年确实能够学习并掌握那些认知控制策略。

但让我们进一步思考一个问题：青少年拥有强烈的情绪反应是否有其积极的一面？我的回答是肯定的。

青春期是青少年为走向世界做准备的关键时期。他们必须学会找到自己的道路，并与家庭以外越来越多的人建立联系。由于父母不可能总是在身边提供帮助，**青少年需要对社交和情感环境保持高度的敏感性**——识别什么是安全的，什么是危险的，什么是令人不安的，以及什么对他们和他人来说是至关重要的。就像婴儿知道身边哪些人可以信任，幼儿了解自己的能力范围一样，青少年要学会如何与更广阔的世界进行社交互动。加州大学伯克利分校的罗纳德·达尔教授谈到了大脑在童年和青春期期望学到什么，这是一种解释青少年发育的绝妙方式。[23]

青少年的大脑期望通过探索和冒险进行学习。正是通过这种大脑发展，青少年开始理解自己在世界中的位置、与谁相处、自己的能力所在、擅长什么、能做什么和不能做什么，以及自己是谁和不是谁。正如美国国家医学院关于青少年研究的开创性报告所述：

青少年的大脑不是"进阶的"儿童大脑，也不是"未成熟的"成人大脑——它们是专门为满足这个人生阶段的需求而量身定做的……青少年必须探索和冒险，以建立成为高效的成年人所需的认知、社交和情感技能。[24]

青春期被研究人员称为"敏感期"[25]，即人们特别容易从特定类型的经历中学习的时期，因此在这几年中学习调节情绪尤为重要。

青春期是突破之年

青少年对社交场合的强烈反应,正是我所说的发展需求。青少年正在学习自己适合什么样的环境、属于哪个群体,以及谁能真正理解他们。在这个过程中,成年人的反应起着至关重要的作用,它帮助青少年塑造他们对自我的认识。

约翰斯·霍普金斯大学神经科学系主任理查德·胡加尼尔在青少年时期就对自己的发展充满了好奇——这份好奇心最终驱使他走上了科学家的道路。因此,我特别邀请他向 17 岁的自己解释大脑的工作原理。他说道:

人类大脑包含大约 1000 亿个神经元或神经细胞——这是一个令人难以置信的数字。神经元通过电信号相互通信并形成活动通路。这些电信号模式创造了我们的思想——使我们能够移动并对环境做出反应、产生情绪、做出决定以及学习和记忆。

当你学习某件事时,连接这 1000 亿个神经元的突触就会被修改。它们会改变连接性——塑造一个编码记忆的新通路。

婴儿出生时基本上是无助的。他们必须非常迅速地适应和学习,因此会有大量突触生长。之后,突触的数量会随着时间的推移而缓慢地减少,直到 14~16 岁。[26]

这就是为什么说早年为我们的一生奠定了基础。然而,当大脑中的突触连接达到其数量的顶峰时,这并不意味着发展的结束——而是一种发展的转变。此时,大脑正在进行一种精妙的自我优化过程,它以"用进废退"的原则来调整其连接网络(这意味着那些不常用的连接会逐渐减弱,甚至消失)的同时,也在不断建立新的连接。

这种优化发生在整个大脑中,特别是大脑的前部——前额叶皮质——及其与大脑其他部分的连接。来自匹兹堡大学,兼任《发展认知神经科学》杂志主编的比阿特丽斯·卢娜指出,在青春期,将杏仁核与前额叶皮质连接起来以及将视觉系统与前额叶区域连接起来非常重要。她说，这时正在发生的是执行功能技能[27]——一种重要的注意力调节技能，包括情绪调节技能——的进一步发展。我们将在第五章深入介绍。

詹妮弗·西尔弗斯将这种现象称为正在施工中的大脑，脑内的连接通过使用而建立，又随着使用而得到加强。[28] 这还关乎青春期及之后髓鞘的形成。胡加尼尔解释说：

髓鞘将大脑不同部分隔开，就像在两个不同的神经元之间的绝缘电线一样，增强着大脑的连接性和功能。

从这个角度来看，我们可以帮助青少年理解，青春期是学习的黄金时期，包括学习管理强烈情绪的技能。正如西尔弗斯所说：

这看起来就像是一盏灯正在亮起。儿童实际上并不擅长使用这种认知策略来减少他们的负面情绪，而青少年似乎突然具备了这种能力。他们的大脑区域之间正在建立更强的连接，这些相互连接的区域很可能在未来的日子里需要进行交流。

不久前，人们对幼儿时期大脑发育的惊人速度还知之甚少。得益于诸多研究者的不懈努力，人们逐渐认识到生命中最初 3~5 年的重要性。[29] 现在，是时候让每个人都意识到青春期的重要性了，意识到这是一个大脑和心理快速发展的阶段（研究人员称之为"可塑性"），在这个阶段，青少年可以学习到影响他们一生的基础技能和生活方式。

更重要的是，青少年的这一成长突破期也可以成为我们与青少年关系发展的突破期。这是一段我们将携手共进的旅程。

用发展的视角理解青少年

我们可以帮助青少年认识到，青春期是大脑各区域相互连接的黄金时期，此时大脑的高速通道正在被建造。因此，这是学习的黄金时期，包括学习如何管理强烈的情绪。如果青少年表现得好像某次经历就是世界末日，这是正常的。在他们涉足世界的过程中，他们需要对什么是令人不安的、什么是安全的保持敏锐的洞察力。

与其批评青少年的发展需求，不如帮助他们学会在体验情绪和退一步之间找到平衡，这样他们就能应对所面临的挑战。"远观"的视角可以帮助我们所有人处理具有挑战性的情境。在人际交往中，退一步可以给我们更大的空间，让我们思考更有效的回应方式。

学习的高峰期

每 6 名青少年中就有 1 名青少年（近 17%）希望成年人知道他们很聪明。聪明对他们来说意味着什么呢？

"风险与回报"模型的新视角

与詹妮弗·西尔弗斯一样，加州大学洛杉矶分校本科教导主任、心理学教授阿德里安娜·加尔万，也在自己青少年时期的经历中找到了青春期研究的热情[30]。加尔万教授非常怀念自己的青葱岁月，那时，在朋友和老师的鼓励下，她找到了一定程度的自主性。然而，她与父母之间也存在一些文化冲突。她的父母是墨西哥移民，他们的期望与她日益增长的独立需求有着明显差异，比如当她决定离开加州去纽约上大学时。

正如加尔万所说，"（去纽约上大学）是她追求独立的表达，而他们没有准备好"。加尔万小时候很害羞，我很好奇是什么让她有勇气在这个重大问题上与父母意见相左。她将此归功于她的朋友："他们在非常典型的美国家庭中长大。他们经常与父母的观点不一致。我想他们就是我用来为自己辩护的榜样。"除此之外，她的勇气还源于她拥有自己定义自己的热情。

她非常聪明地为自己辩护：她没有直接否定父母的观点，而是将自己想要的东西与父母的价值观结合起来：

我的父母非常关心教育。他们意识到他们移民到这个国家是为了让我上一所名牌大学。他们对我想要这样做感到自豪。

他们只是不想让她去一所离家如此远的大学。

> **突破之年研究发现**　加尔万喜欢她的青少年时代，但在我们的研究中，只有52%的13~19岁孩子的父母对自己的青少年时代有这种感觉。我希望能够改善这一点！

当加尔万还在威尔康奈尔医学院攻读神经科学研究生课程时，青少年的大脑成像研究还是一个新兴领域："当时，人们非常关注幼儿的大脑成像，而对青少年的大脑如何发育了解得不够。"

然而，众所周知，青少年对奖励性体验的反应比儿童或成人更为强烈，这一发现激发了包括加尔万在内的许多研究人员的兴趣，他们开始探索青少年的奖励系统如何与他们享受刺激和寻求负面冒险的行为联系起来。但加尔万最终选择了一条不同的研究道路，并在一次TEDxYouth（泰德青年）演讲[31]中向初中和高中学生阐述了她的观点。

她首先介绍了纹状体——大脑奖励系统的关键组成部分："当你收到你认为有益的东西时，你的纹状体会变得非常敏感，并会释放一种名为多巴胺的物质。"[32]

与许多研究只向参与者展示奖励性事物的图片不同，加尔万的研究团队实际上给了人们一些真实的东西。她问观众："那是什么？"

孩子们兴奋地回答："糖！"

在实验室内，研究人员首先对成年人和青少年进行了一项调查，询问他们对糖的喜爱程度。结果显示，青少年报告自己喜欢糖的程度比成年人高[33]。随后，研究人员利用fMRI技术对参与者的大脑进行扫描（加尔万教授形象地将fMRI比作"大脑活动的快照"），同时向参与者喷洒糖水。这一过程激活了纹状体，而青少年纹状体的活跃程度远超过成年人，那些更偏爱糖的青少年表现出了最强烈的大脑反应。

为了验证青少年对奖励的反应是否不仅限于糖，研究人员尝试了另一种奖励形式。加尔万教授问她的学生听众："还有什么是每个人都喜欢的？"

孩子们异口同声地回答："钱。"

这项fMRI实验涵盖了7~11岁的儿童、13~17岁的青少年以及23~29岁的成年人。[34]加尔万教授进一步解释说：

我们向这三个年龄段的人展示了金钱的图片，以观察青少年的大脑是否比儿童或成年人的大脑有更强烈的反应。结果确实如此。比如，当我们向不同年龄段的人展示一张1美元的图片时，尽管他们看到的是同一样东西，但青少年的大脑处理信息的方式不同——他们有更强的动力去获取奖励。

当研究人员展示亲社会行为（如帮助他人）的图像时，也出现了类似的结果。

这些发现促使加尔万教授和她的团队提出了一个更深层次的问题：青少年似乎对奖励更加敏感，那么这种青春期大脑的变化究竟意味着什么？这引导她得出了一个更广泛的结论：

第一章
了解我们的成长

从本质上讲，这是一种动机系统，它帮助我们接近那些激励我们的事物，同时避开我们不感兴趣的东西。[35]

寻求奖励是件好事

你可能会认为寻求奖励就像青少年沉迷于糖果甚至酒精。他们也许为了和朋友出去玩而放弃家庭作业或课外活动。我们通常对寻求奖励持负面看法，但加尔万教授认为，这种特征实际上是发展的必然需求。她解释了其中的原因。

这很有道理！在青春期，我们变得非常有动力去参与、建立新的社会关系，以及追求能激发我们热情的东西。青春期的动机系统帮助青少年探索新的机会。

关于青少年的很多文章都关注他们的大脑对奖励的敏感性的负面影响，"以解释为什么青少年会做出冒险的选择，将青春期描述为我们必须度过的一段病态时期。因为如果我们放任他们，他们就会做出糟糕的选择"，加尔万说。但是：

大脑根本不是这样运作的！它没有让你做出冒险选择的部分。相反，这种奖励系统有助于青少年学习！

此外，冒险不一定是坏事。积极的冒险行为有利于自身发展，我们将在第二章中看到这一点。加尔万决定去纽约上大学就是积极冒险的一个很好的例子。

突破：与发展需求紧密相关的学习高峰期

我采访过的许多研究人员都经历过像加尔万一样的突破时刻，这使他们以不同的方式看待青春期。

> **重要发现** 从生理上讲，青少年会在这个发展阶段做他们需要做的事——探索机会，以及找到自己在更广阔世界中的位置！

罗纳德·达尔将此描述为青春期的"学习高峰期"。他问我："如果让成年人和青少年学习一项复杂的新技术，比谁更快，你愿意把钱押在谁身上？"[36]

毫无疑问，当然是青少年。

达尔说，青少年可以成为非常灵活的学习者，尤其是当他们的学习与大脑"期望学习"的内容相关时，例如与他们基本发展需求相关的问题，包括对于他们身份的探索。他继续说道：

青少年时期是一段充满强烈学习和探索欲望的阶段，他们在这个时期会不断思考一个问题："在与自己周围同龄人的关系中，我是谁？"

"与其仅仅谈论大脑的单个区域或结构，我们不如尝试用不同的方法来理解青春期独特的学习方式。"达尔教授说：

在青春期，有一组神经回路在评估与个人目标和他人身份相关的信息时显得尤为重要。

奖励、动机和学习之间的重要联系

加尔万和达尔认为，青少年对奖励的高度敏感性与大脑的动机系统密切相关。克拉克大学研究动机的学者温迪·格罗尔尼克为动机下了一个很好的定义：

它关于人们为什么做他们所做的事情——是什么激发和指导了他们的行为。[37]

或者，如耶鲁大学的约翰·巴奇以及纽约大学的彼得·戈尔维策和加布里埃尔·厄廷根所说："社会心理学家使用'动机'一词来描述为什么一个人在特定情况下会选择一种反应而不是另一种反应，或者为什么会很强烈或很频繁地做出特定的反应。"[38]

我们的动机可以是有意识的、经过深思熟虑的，也可以是无意识的。深思熟虑的动机包括：
- 设定一个我们认为对个人有价值的目标。
- 制订计划来实现该目标。
- 期待我们能达到目标，并接受期待的指引。

例如，假设你设定了一个目标：通过锻炼减肥，变得更健康。如果你不制订计划，比如去健身房、爬楼梯、走路，并且如果你不期待自己能坚持这些计划，你就无法实现目标。

巴奇和他的同事们指出了另一个重要因素：在努力实现目标的整个过程中获得建设性的反馈。

在第五章中，我们将深入探讨这个研究的目标，届时我们会详细讨论如何支持青少年发展生活和学习技能，帮助他们健康成长。但现在，让我们先聚焦于"动机"这一主题。

动机产生于我们参与生活时大脑多个区域之间的互动。正如哈佛大学儿童发展中心科学委员会写到的：

> 动机是特定区域的神经元（脑细胞）通过高速神经网络向其他区域发送化学信号的结果，这些信号为未来的信号创建了路径。体验会触发这些化学物质释放，让它们去连接与情绪、记忆、愉悦感和奖励有关的大脑区域。[39]

在这一过程中，参与最多的大脑化学物质包括多巴胺、血清素、去甲肾上腺素、谷氨酸和天然存在的阿片类物质。例如,当多巴胺释放时,它会发出信号,告诉大脑即将发生一些重要的事情——一些我们应该不惜一切代价去追求或避免的事情。

加尔万专注于这些化学物质的作用,特别是"主要化学物质"——多巴胺。

多巴胺对奖励非常敏感,但它在大脑中的作用——对所有年龄段和所有物种来说——是从环境中学习。我开始思考,我们大脑中有一部分——大脑的学习系统——在青春期更容易兴奋,这是一件多么美妙的事情。

这促使我反思我们如何构建青少年的生活。如果我们不专注于青少年的消极面,而是真正欣赏他们的学习能力,这难道不会对青少年以及理解青少年有所帮助吗?[40]

同样,宾夕法尼亚大学的丹尼尔·罗默和他的同事们撰写了一篇关于打破对青少年消极冒险行为的刻板印象的文章,文章中提到的研究表明,多巴胺活性上升不仅为青少年寻求奖励的行为提供基础,也会影响执行功能技能、决策、推理和记忆——换句话说,"控制奖励性体验并从中学习的能力"。[41]

奖励敏感性有助于青少年学习吗?

加尔万和她的同事设计了一个巧妙的学习游戏来研究青少年奖励敏感性的适应能力(而不仅仅是适应不良),[42]重新确定了他们研究的问题:

当青少年学习的东西有奖励时,他们的学习效果是否比成年人更好?[43]

他们的实验包括41名13~17岁的青少年和31名20~30岁的成年人。他们依次单独在实验室里做一个游戏。

参与者看到一系列蝴蝶的照片。每只蝴蝶都与两种不同颜色的花同时呈现。我们要求参与者判断蝴蝶会落在哪朵花上。有时蝴蝶会落在白色的花上，有时落在橙色的花上。随着时间的推移，参与者会学习到蝴蝶更偏爱哪朵花。

每当参与者选择了一个答案时，他们都会看见屏幕上显示"正确"或"错误"。在玩游戏的过程中，他们会通过反复练习，积累蝴蝶喜欢哪种花的信息。结果是什么呢？加尔万说：

我们发现青少年比成年人能更快地学会蝴蝶与花之间的联系，准确率也更高。

研究人员在一些参与者玩这个游戏的同时给他们进行脑部扫描。正如预期的那样，大脑的奖励系统做出了反应，海马（加尔万称之为"学习系统"的区域）被激活。然而，最重要的是，连接这些系统的大脑回路在青少年和成年人中有不同之处：

我们发现，奖励系统和学习系统的交流连接在青少年的大脑中比在成年人的大脑中更强！

| 重要发现 | 青少年特别擅长从经验中学习。 |

这项研究强调了学习的一些关键方面，并说明了探索性学习在青少年时期的重要性：
- **游戏可以促进学习。**一般来说，人们喜欢那些具有挑战性任务的游戏。
- **试错法模仿了现实生活中的经验——从实践中学习。**在每一轮游戏中，参与者都会积累信息，从而提高准确性。

- **及时反馈可以增强学习动力。** 参与者在每一轮游戏中都会得到反馈，这可以激励他们继续前进。

两种类型的动机

动机不是单一的，它可以被分为不同的种类。内在动机驱使我们为了活动本身带来的喜悦或满足感而采取行动，而外在动机则是为了兴趣或满足感之外的某些东西——可能是别人的指示，或者是为了获得奖励、避免惩罚。在这种情况下，你之所以做某件事，是因为不得不这么做。它还可能包括做那些你认为重要或有意义的事，即便这些事本身并不那么有趣。你可能好奇，这两种动机中哪一种更为持久？答案因人而异。温迪·格罗尔尼克这样解释：

当人们出于快乐或兴趣而行动，或者当他们积极主动并怀有明确目的时，这样的行为更有可能持续下去。[44]

自主性是内在动机的关键：

我们需要感受到自主性，这是一个在文献中常常引起混淆的概念。我们所说的"自主"，是指人们需要感到有"选择的自由"。人们需要感觉自己是行动的主导者，而不是被外部力量所推动或强迫。

然而，常见的情况是人们需要去做那些本身没有太多乐趣的任务，面对这样的情况我们该如何是好？这种情况下，你需要帮助青少年理解这些活动背后的目的或价值，这样他们就能带着一种选择性或自主性去参与。成年人可以通过倾听他们的观点、提供合理的解释来支持青少年，而不是简单地施加压力或控制。格罗尔尼克强调：

我认为，我们首先要认识到人具有内在主动性——总是试图解决问题，试图提高自己的能力。我们不必教人们如何拥有内在动机。我们只需要创造条件，让这种动机得以茁壮成长。

那么，这些条件是什么呢？

研究动机的专家加布里埃尔·厄廷根将动机定义为"方向乘以能量"[45]，这意味着，如果我们有一个明确的方向（一个我们关心的目标或愿望），那么我们需要增加的就是实现这个愿望或目标所需的能量和有效策略。

对于外部指定的目标，如学业，厄廷根指出，让这些目标对个人有意义是有帮助的，这样才能激发实现它们的能量和动力。我们将在第四章中进一步探讨这个话题。

因此，无论动机是源自内心还是来自他人，愿望或目标都需要是那些我们真正关心的事情——那些我们深切感受到、出于各种原因而重视的事情。

反馈可以鼓舞人心，也可以相反

学校和家庭应当共同努力，维护和培养青少年的内在动机。哈佛大学儿童发展中心科学委员会警告说，过分依赖外部奖励（如成绩和奖品）可能会"将内在的学习动力转变为对外部认可和赞扬的渴望，或是避免失败和惩罚的心态。虽然外在动机在短期内可能对一些人有效，但它不太可能持久"。[46]

在蝴蝶/花朵游戏中，就有内置的反馈机制——每一轮结束后屏幕上显示的"正确"或"错误"。与成绩或分数不同，这种即时反馈帮助参与者理解如何提升自己的表现，从而增强了他们学习的内在动机。

明尼苏达大学的菲利普·泽拉佐研究了一种针对婴儿的更复杂的反馈形式，但其结果同样适用于稍年长的儿童。在其中一项实验中，学龄前儿童参与了一个规则不断变化的游戏，这增加了游戏的挑战性。[47]

这项实验的亮点在于，它不仅仅告诉孩子们他们的答案是错误的，更重要的是帮助他们理解自己出错的确切原因。泽拉佐和他的同事们将这种方法称为"反思训练"：它使孩子们能够退一步，反思自己的错误。"当你发现问题并进行反思时，你会意识到你不能继续处于自动驾驶状态，"泽拉佐解释说，"然后你会获得更深刻的理解，并能有效地解决冲突。"

我们的研究发现，那些经过训练并且任务表现出色的孩子，他们的大脑也表现出了变化，而这一切都是在短时间内的干预实现的！[48]

因此，这并不是说我们应该避免给孩子们反馈，以免打压他们的积极性，关键在于我们提供反馈的方式。**具体、及时的反馈并不会破坏内在动机。**实际上，它反而能鼓舞人心。值得注意的是，在这些实验中，反馈方式都设计得较为合理，不会让孩子们觉得是自己有问题，也不针对个人。反馈仅仅提供信息，目的是帮助他们从经验中学习如何提升自己。这不是一种评判！

这让我回想起我们对青少年及其对奖励敏感性的判断。如果我们从加尔万做研究的角度来看待青少年：不关注他们的奖励敏感性如何与消极的冒险行为联系起来，而是关注它如何帮助他们学习，那会怎样？

加州大学伯克利分校的琳达·威尔布雷希特指出，这种视角的转变是可能的，这得益于那些能够揭示大脑内部变化的新技术。她表示：

人们很容易只关注消极的一面，认为青少年因为生理原因而短暂地错乱……然而，如果你仔细观察大脑内部正在发生的事情，你可能会怀着一种老母亲看孩子长大般的自豪。在额叶存在的地方并没有黑洞，那里有的是神经元，它们正在做一些看起来非常有创意、聪明和有用的事情。[49]

她写道，神经元"正在如饥似渴地探索它们所能知道的一切"。这就是当青少年用"聪明"这个词时我们需要理解的。他们用这个词的方式与威尔布雷希特和加尔万一样。他们大脑的某个部分比儿童和成年人更容易兴奋，而这会激励他们学习。

如何才能让青少年有动力学习？

在青春期，青少年特别有动力去弄清楚如何在社交世界中生存，自己与他人的关系如何，以及自己的激情所在。加尔万指出：

> 青春期的动机系统正在帮助青少年探索新的机会。[50]

这与加尔万本人在青春期的经历是相称的。她当时想要弄清楚自己是谁，这个动机激发了她对青春期研究的热情。而现在她正在帮助我们认识到青少年的奖励系统推动了他们的学习和发展动力，让他们了解自己是谁、自己的兴趣以及自己在更广阔世界中的位置。这是我们需要帮助青少年培养的智慧。

────────── **用发展的视角理解青少年** ──────────

请记住，当青少年似乎特别有动力或受到奖励的影响时，我们可以将其视为积极因素；对奖励的敏感性可以使青少年成为真正优秀的学习者！奖励系统也是一个学习系统，可以用于成长和学习。

与其批评这个人生必经的发展阶段，不如试着理解他们的聪明才智，并为他们提供建立在内在动机基础上的真实生活体验，提供支持性的、反思性的和积极的反馈，帮助他们更深入地探索世界，弄清自己的兴趣和热情。

从发展障碍到发展需求

"你当时在想什么？！"

你有没有对青少年说过类似的话？

我最强烈的一次想说这句话的时刻发生在几年前，当时我在家里接工作电话时瞥了一眼窗外，看到我的儿子开车上了车道。乍一看这没什么问题，但是……

- 他只有 15 岁。
- 他从来没有开过我们的车——只会启动和关闭引擎！
- 显然，他没有驾照！

我扔下电话，穿着工作服（穿着高跟鞋）跑上陡峭的碎石车道，沿着马路追去，心里充满了恐惧。我跑了大约 400 米，然后看到他慢慢地把车开回了家。他没事。车也没事。我的恐惧转化成了愤怒。

我跳上驾驶座，问（很可能是在大喊）："你当时在想什么？！"

他说他想在车道上练习驾驶，但不知道如何用手动挡倒车，所以他不得不一直向前开，直到找到一个可以掉头的地方。

为什么他不停下来向他父亲或向我求助？他说他知道有时候我们不在他身边，他必须自己想办法。

我的心还在怦怦直跳。但他是对的。

现在回想起来，我对这次经历有了更多的思考。我的儿子在运用"青少年的智慧"——他对自主权的需求压倒了寻求帮助的决定。作为他的母亲，我需要发挥成年人的智慧——"自己想办法很好，但有时即使是成年人也需要寻求帮助"——而不会打击他决定开始自己照顾自己的发展需求。

"你当时在想什么"的时刻催生了"红绿灯研究"，这是由天普大学的劳伦斯·斯坦伯格领导的一系列经典的、激发公众想象力的研究。这些研究开辟了新的路径，即通过改变我们对青少年发展的看法（无论是作为群体还是作为个体）来改变我们与青少年的互动方式。

双系统模型

斯坦伯格的灵感来自他为人父母的经历,他告诉我,他试图弄清楚"为什么像我儿子这样聪明的孩子会做出如此糟糕的选择"。[51] 他给我重述了一遍他在《机会时代》(*Age of Opportunity*)[52] 一书中讲述的故事。故事讲的是他儿子的一次冒险经历。

他的儿子及其朋友们在凌晨两点偷偷溜出一个朋友的家,去拜访一位邻居家的女孩,不小心触发了她家的防盗警报——他们没有意识到警报自动向警察局发出了无声信号。警察局派了一辆巡逻车开到那座房子前。男孩们没有解释他们在做什么,而是跑开了,跑散进了各个街区里。

当我第二天发现这件事时,我说:"你当时在想什么?你在夜里从带了武器的警察眼皮子底下逃跑,而警察们以为他们在处理入室盗窃。你当时到底在想什么?"

他说:"嗯,这就是问题所在。我什么都没有想。"[53]

斯坦伯格的个人和职业经历使他和天普大学的同事杰森·切恩以及其他人开始思考青少年对同伴的负面影响(我们将在第二章中进一步探讨这一点)。他们采用了"红绿灯游戏"来测量,最初这个游戏也被称为"小鸡"。斯坦伯格说:

红绿灯游戏是一种视频游戏,它模拟了任何开车的人都经历过的情况——你正匆忙赶路,你来到一个十字路口,灯变黄了,你是决定冒险闯过十字路口还是踩刹车。

这成为我们测量冒险的主要标准,因为我们可以计算出参与者停车和闯红灯的数量,这是一个简单的冒险测量标准。我们都很喜欢它,因为它与现实世界联系紧密。[54]

他们在青少年和成年人身上用这个游戏进行过多次实验。[55] 实验时,青少年可以独自玩这个游戏，也可以和朋友一起玩。斯坦伯格说：

在玩红绿灯游戏时，青少年在有同伴观察时冒的风险是独自一人玩时的两倍。[56]

研究人员还发现，当青少年在同伴的注视下玩"红绿灯"时，他们的大脑奖励区域比独自玩游戏时更加活跃，但成年人的情况则不然。[57] 这项实验和许多其他类似实验促使研究人员发展出了双系统模型来解释负面冒险行为。这个模型假设奖励系统的唤醒和认知控制系统的成熟发生在不同的发育时间表上。这种发育的不平衡解释了为什么在青春期会有一段时期更容易冒险。[58]

我们知道，当孩子们进入青春期时，性激素影响他们大脑的一种方式是增加大脑奖励中心中神经递质多巴胺的活性，这导致他们更多地寻求奖励。[59]

根据斯坦伯格的说法，有关这一点的最佳描述是"如果一件事情让你感觉良好，那就让它好上加好"。这导致一些青少年去做让他们感觉良好的事情，即使这些事情是有风险的。他发现，奖励敏感性在青春期中后期达到顶峰。斯坦伯格和他的同事（以及许多其他研究人员）还发现，平均而言，前额叶皮质（做决策和认知控制的大脑区域）与大脑奖励系统的发育速度不同，奖励系统的发育在前，前额叶皮质的发育在后，直到20多岁才达到成人水平，尽管其中存在许多个体差异。斯坦伯格说：

当人们进入青春期后期，这些系统之间的连接会大大增强，从而有更多的交流。这使我们能够抑制因奖励系统唤醒而激发的冲动。

斯坦伯格和他的同事[60]对来自非洲、亚洲、欧洲和美洲的11个国家的 5000 多名 10~30 岁青少年及青年进行了基于双系统模型理论的研究。

重要发现	与他们的模型一致，研究人员发现，平均而言，寻求刺激的冲动在青春期早期会有所增加，在 19 岁时达到顶峰，然后下降。相比之下，情绪管理能力从青春期早期到成年早期稳步提高，在 23~26 岁趋于稳定。

斯坦伯格将双系统模型形容为一种"启发式"工具——一种根据众多研究结果提炼出的简化模型。然而，值得注意的是，这个模型主要依赖于对青少年群体在同一时间点的比较分析（即横断研究设计），而不是追踪同一组个体随时间成长变化的纵向研究设计。

尽管如此，双系统模型的提出还是激发了众多学者对其进行验证、提出学术上的挑战，[61] 并催生了新的理论模型，[62] 从而以积极的方式推动了青少年发展研究领域的进步。

这一模型还带来了一些至关重要的进展，比如斯坦伯格在司法系统中倡导的改革。他主张青少年不应被视为成年人，因此在判刑时也不应与成年人同等对待——这一观点帮助无数青少年获得纠错的机会，避免了过于严厉的惩罚。[63]

然而，对这些研究成果也有一些误解。例如，有人错误地认为青少年的前额叶皮质是有缺陷的。这种误解，加上我先前提到的有史以来一直存在的刻板印象——如青少年受激素影响而容易冲动，或者青春期是一个充满风暴和压力的时期——很可能会导致人们忽视**青春期是一个必要的发展阶段，而非发展中的障碍**。换句话说，青少年大脑的发育模式是根据他们的发展需求精心设计的，而非一种缺陷。

父母过度的担忧

在采访过程中,许多研究人员都发现青少年时期的奖励系统活动达到高峰,但大多数人并不认同青少年的判断力会因此受损——他们并非只有冲动而缺乏自制力。重要的是要记住,奖励系统正是推动学习的动力,青少年不仅能学习,也能学会认知控制技巧。

然而,每当我提到我正在写这本书时,我总能听到来自家长们的担忧。一位医生曾表达她对自己即将步入青春期的女儿的担心,她害怕女儿会疏远她,即便女儿目前非常贴心,与母亲关系亲密。她担心"因为大脑中负责思考的部分会比情感部分发育得慢,也就是她的前额叶皮质发育还不完善,她会做出愚蠢的决定"。

这样的言论促使许多青少年发展领域的研究者努力纠正这种对青少年发展阶段的误解。巴纳德学院的 B. J. 凯西和她的同事克里斯蒂娜·考德尔指出,神经生物学研究的成果已经被媒体过度简化并误解。[64] 琳达·威尔布雷希特则警告我们说,我们必须谨慎,不要让这种简化"扭曲了我们对他们的研究和理解"。[65]

在"热"和"冷"的情境中思考

泽拉佐在他的职业生涯中一直致力于研究执行功能技能(有时被称为认知控制技能):

> 执行功能技能奠定了我们学习和适应生活中挑战的基础。所有我们有意识地去做的事情,都需要执行功能技能的支持才能成功。[66]

这些技能在大脑的前额叶皮质和其他相关区域形成。泽拉佐和其他科学家用"热"和"冷"来分别形容高风险和低风险的情境。[67] 这两种情境对我们的执行功能技能提出了不同的要求。泽拉佐和他的同事发现,由童年期逐步向青春期过渡的阶段,这两种情境下执行功能解决问题的能力存在差异。[68]

他们让 102 名 8~15 岁的青少年参加了一些测量"冷的"（低风险的）执行功能技能的任务，例如抗干扰。而其他任务则测量了"热的"（高风险的）执行功能技能，例如赌博。泽拉佐指出：

> 我们发现，孩子们在"冷"的执行功能技能的测量中取得了更大的进步，而在"热"的执行功能技能的测量中，进步的速度更慢一些。[69]

重要发现 当环境压力不大、风险不高、情绪不激动时，青少年完全有能力做出深思熟虑的决定——也就是说，他们能够充分利用执行功能技能。

诚然，生活不是实验场，但那些关于执行功能技能的研究发现，青少年可以在青春期早期甚至更早的时候学会在"热"的情境下使用这些技能。

这与詹妮弗·西尔弗斯的研究相似：青春期是学习使用执行功能技能来管理情绪的黄金时期，管理情绪的方法是退后一步，采取"远观"的方法。我们稍后也会讨论其他方法。

每个青少年都是一个独特的个体

接下来这句话很重要：青少年的发展路径呈现出极强的多样性。英国剑桥大学的萨拉-杰恩·布莱克莫尔在她的著作《青少年大脑使用说明书》[70]中指出，青少年的发展"要比普遍认为的鲁莽和追求刺激的刻板印象复杂得多"。[71]

为了解青少年大脑如何随时间变化，布莱克莫尔、凯特·米尔斯及其团队面临两个主要挑战。首先，他们需要对同一个体进行多次脑部扫描，扫描时间覆盖童年晚期、青春期早期和青春期晚期。其次，他们需要清晰地展示不同脑区域的扫描结果。

在与当时任职于美国国家心理健康研究所的杰伊·吉德及其同事合作的过程中，[72] 他们成功获得了符合研究标准的 33 名个体的扫描数据。如果只看平均值，这项研究的发现的确证实了奖励系统比认知控制系统的发育更早开始。但他们也有一些意外发现，俄勒冈大学的米尔斯和我探讨了这些意外发现。

重要发现	首先，研究人员发现从青春期到成年早期，奖励系统中的某些部分，特别是伏隔核，仍在变化发展。[73] 这表明在这期间，不仅前额叶在发育，奖励系统也在发育。 其次，随着时间的推移，只有一半样本表现出符合平均模式的大脑发育的不平衡。虽然样本量较小，但这表明大脑发育存在着多样性。

第三个发现尤其令人惊讶。在这项纵向研究中，年龄在 23~33 岁之间的参与者被要求回顾他们在青少年时期的冒险行为。结果显示，那些报告在青少年时期有负面冒险行为的个体与他们的大脑皮层下结构在前额叶皮质发育前是否平衡没有明显关联。[74]

布莱克莫尔多年来一直致力于青少年研究，她在她的书中强调了一个重要结论：个体差异与平均值同样重要，甚至可能比平均值更为重要。她指出，青少年的发展路径是极为多样化的，没有一个统一的平均水平[75]。

尽管平均值可以揭示一些普遍规律，但只关注平均值可能会掩盖研究中更深层次的洞察，我把这种现象称为"均值暴政"。因此，记住每个青少年都是一个独特的个体非常重要。

另一个研究小组采用了不同的方法来评估个体发展差异。2021 年，荷兰乌得勒支大学的维姆·米乌斯和其他研究人员（包括来自鹿特丹伊拉斯姆斯大学的伊芙琳·克罗恩），分析了来自全国青少年儿童纵向研究和美国成年初期研究中 7558 名 12~25 岁青（少）年的数据。[76]

> **重要发现** 在所有年龄段的青少年中，有近七成青少年的冲动控制能力与寻求感官刺激的需要一样强，甚至更强。

这篇研究的作者指出，个体之间存在很多差异，而且随着参与者年龄的增长，发展模式也会发生变化，这一发现非常重要。

以发展的视角理解青少年

假设你面前的青少年因为老师或朋友的微小举动而产生情绪波动。我们可能会不假思索地脱口而出："别这么孩子气。这并不是什么大不了的事。忘了它吧。"如果他们对我们的轻描淡写表示反对，我们或许会感到意外。

但是，一旦我们开始理解青少年的发展阶段，我们的反应将会大不相同："我能看出这件事让你感到不安。这是你成长过程中对世界进行探索的阶段，你的大脑正在引导你寻找自己的位置。现在，让我们谈谈你对这件事的看法，以及你认为自己可以采取哪些行动。"

如果把情况设想得更严重一点，一个朋友的恶意排斥让他感到被拒绝。我们可能会本能地告诉他们："别为这个人的想法或行为浪费精力。这对你毫无意义。你能做得更好。"如果他们对我们的话翻白眼或表示我们根本不理解，我们可能会再次感到意外。

但当我们真正深入理解青少年的发展时，我们会以更富有同情心的方式做出反应："我理解你为什么会这么在意。这是青少年特有的情感体验。现在，让我们来探讨一下你希望交什么样的朋友，这样你就可以更清楚自己想要什么样的友情。"

再设想一种情况，一群青少年卷入了严重的欺凌事件。我们可能会不由自主地告诉他们："要勇敢站出来。不要让别人这样对待你。或者干脆无视它。"如果他们回答说："我尝试过，但没用。"我们可能又会感到惊讶了。

然而，当我们深入了解青少年的发展，我们就会认识到，单纯地"对欺凌说不"（或对吸烟、电子烟、毒品等说不）是不够的。研究显示，在青少年时期，单纯依赖意志力说"不"的方法往往效果有限，甚至无效，在某些情况下，可能还会适得其反。[77] 有效的干预措施应该考虑到青少年对自主权的需求，这意味着改变环境因素而不仅仅是改变孩子，并让他们参与到解决方案的制订中来。

理解青少年的发展可以创造一个与众不同的世界。

如何看待青少年大脑

我那时正在参加一个神经科学会议，科学家们就父母如何看待青少年大脑发育的问题展开了激烈争论。在听取正反两方的意见时，我写下了一个问题，用于我们当时正在编制的调查问卷：

当你听到"青少年大脑"这个词时，你会想到什么词语？

我希望这个问题能进一步澄清青少年说的"你不理解我"是什么意思。

我们的研究结果不仅回答了这个问题，还有一些意外收获。这些发现对青少年的健康有着重要的影响。以下是四个值得注意的发现。

发现1：只有14%的父母在想到"青少年大脑"时会使用明显积极的词语或短语，比如：

聪明、智慧、专注

探索、有创意、有趣

未来、有潜力

忙碌、活跃、社交
学习

发现 2：在其余被使用的词语中，父母更有可能使用负面词语（59%）而不是中性词，[1] 比如：
健忘、欠考虑、沉默、无知
冲动、狂野、冒险
心不在焉、困惑、混乱、糊涂
无礼、讽刺、任性
半瓶醋、巧舌如簧、自作聪明
不成熟的、未成形的、未发育的
呆滞、懒惰、不活跃
瘾君子、错误决定、总是盯着屏幕
喜怒无常
尴尬、愚蠢、笨拙

中性词的例子（占 27%）有：
只考虑当下
不像成年人那样思考
发展中的
成长中的
复杂的
年轻的

不幸的是，这一发现并非美国独有。荷兰的研究人员询问了 164 位家长对"青少年大脑"一词的自由联想。家长们对不良行为（例如，暴

---

[1] 在对单词或短语进行编码（即研究人员在这项研究中采用的分析程序）时，我们非常小心，将积极和消极的单词明确编码为积极或消极。如果对单词有疑问或含糊之处，例如"puberty"（青春期），则将其编码为中性。如果删除中性词，那么父母提供的 80% 的单词都是消极的。

躁、粗鲁)的描述比对理想行为(例如,负责任、善良)的描述要多得多。[78]

这项研究结果在当今世界并非独一无二。1987年,公共议程(Public Agenda)进行了一项名为"当今的孩子"(Kids These Days)的研究,并询问美国人对青少年的看法。结果67%的人使用了负面词语,如"粗鲁""不负责任""野蛮",只有12%的人使用了正面词汇。[79]这项研究发生在一个不同的时代,提问的方式也不一样,但统计出来的数据却惊人地相似。

发现3:在所有类别(正面、负面和中性)中,父母用来描述青少年大脑的最常用的单词或短语都与变化有关(35%)。

发现4:19%的单词和短语倾向将青少年描述为成年人——但他们不是成年人。

父母最常使用"不成熟"这个词(11%)。在一个开放式问题中,如此趋同的回答是值得被关注的。此外,还有8%的人使用了否定前缀"未""不""缺乏"等,包括:

未成形的/原始的
未发展的
未完成的
不完整的
缺乏经验的
欠思考的/不聪明的
处于天真无邪的孩子和尚未成为所谓"更明智"的成年人之间
心智尚未成形,非常容易受到同龄人和外界压力的影响
大脑发育不全——他们仍在成长,没有能力关心或理解事物

第一章
了解我们的成长

041

对我来说，这一发现意义重大，因为它不仅关乎我们如何看待青少年，也关乎我们如何看待与青少年的关系。也许是因为青少年看起来更像成年人，有时说话和行为也像成年人，所以我们似乎在用成年人的标准来评判他们，并发现他们有所欠缺。

对我来说，这直指青少年说的"你不理解我"的核心含义。青少年的大脑不是有缺陷的成人大脑，他们的大脑所做的正是他们在这一独特发展阶段应该做的事情：

- 青少年正在进一步融入世界，因此他们需要保持对社交和情感的高度敏感。
- 青少年需要发展出一种像雷达一样的能力来识别什么是安全的、什么是需要担忧的，因为与小时候不同，他们的父母不一定会在他们身边帮助他们。所以他们需要对这些情况做出快速而情绪化的反应。
- 青少年正在探索自己的身份以及做自己意味着什么。因此，他们对那些能让他们探索自己是谁、自己关心什么以及什么激发了他们学习热情的经历非常敏感。他们从新的直接体验中学习，而这通常是通过反复试错的方式进行的。

父母的观点会对青少年的表现产生影响吗？

答案是肯定的。研究表明，父母的观点与青少年的幸福感之间存在显著关联。我们在研究中使用了许多标准化的测量方法来评估青少年的幸福感：

- 在过去一个月体验到积极情绪（如快乐、自信、平静）和消极情绪（如愤怒、悲伤、恐惧、担忧、孤独）。[80]
- 体验到压力（如感到困难重重，无法应对）。[81]
- 尝试各种策略以达成自己设定的目标。[82]
- 在学校的学习投入更多精力。[83]
- 在学校里运用更好的自我控制技能。[84]

考虑到影响幸福感的各种人口统计学差异，我们在统计分析中控制了青少年的年龄、性别、种族/民族和家庭收入水平。

研究发现，当父母对青少年的大脑持积极观点时，这些青少年的自我评价在各项幸福感指标上普遍优于那些父母持消极看法的青少年。

然而，其他因素是否也起到作用呢？例如，与孩子冲突较多的父母是否更可能对青少年的大脑持负面看法？此外，父母对自己孩子的看法是否会影响他们对青少年大脑的总体看法？

为了进一步探讨这些问题，我们进行了二次分析，除了继续控制青少年的年龄、性别、种族/民族和家庭收入，我们还控制了父母报告的亲子冲突水平，以及父母用来描述自己孩子的负面词语，包括8个负面词语（如"冲动/野蛮""叛逆""懒惰"）和8个正面词语（如"有创造力""乐于学习和发现"）。

听起来还不错吧！但你仍然可能会说这些数据是相互关联的——因为我们同时评估父母对青少年大脑和他们自己孩子幸福感的看法，所以不能说到底是什么导致了什么。

你又说对了，但我们有上面提到的同一组父母和孩子9个月后的数据。虽然这仍然不能进行因果解释（原因之一是我们没有干预组和对照组），但研究父母的观点和青少年后来的幸福感之间的关联是对父母观点重要性的有力检验。在这项研究期间，新冠疫情暴发，对许多父母和孩子来说这也是一段关系紧张的时期。

即使有了这些额外的统计控制和两次调查之间的时间间隔，我们也发现，父母用来描述青少年大脑的词语与其子女的情绪和学校参与度密切相关。

突破之年研究发现 ｜ 如果父母用积极的词语来描述青少年的大脑，9个月后，他们的孩子报告的负面情绪（如愤怒、悲伤、害怕、担心或孤独）更少，学习更投入。

总之，对青少年大脑的积极看法与积极的幸福感有关，这意味着家长应该更加关注自己对子女所持的观点。

实验室⟷生活：识别青少年的优势

多年来，许多青少年研究和发展领域的领军人物都反对对青少年持有负面看法。塔夫茨大学的理查德·勒纳是其中最具影响力的一位，他一直致力于创建和倡导一种基于优势的发展理论，即积极青少年发展观。勒纳指出，积极青少年发展观的核心在于识别青少年的优势，并为他们创造一个能够充分发挥优势的环境。[85]

正如青年投资论坛联合创始人、前首席执行官凯伦·皮特曼所说："我们常说孩子是我们的未来，但目前我们并没有真正关注他们的现状。"[86]

青少年对于他们遇到的人、所处的环境和面对的可能性极为敏感，并深受这些因素的影响。他们对探索更广阔的世界充满渴望，对获得尊重、承担责任和迎接挑战充满向往。如果我们不在当下给予他们有意识的支持，他们可能会自行寻找满足这些需求的方式，而这有时可能会妨碍甚至破坏他们的未来发展。[87]

积极青少年发展项目正是为了改变这一状况而设计的。团队成员包括勒纳和他的妻子、波士顿大学的杰奎琳·勒纳，国际青年论坛的创始人里克·利特尔，以及致力于开发一个用来识别和测量青少年优点的理论模型的皮特曼。[88] 用勒纳的话来说，[89] 这些优点包括：

能力（competence）：有效行动的能力，以及在学校、社交场合和工作中顺利生活所必需的技能。

自信（confidence:）：一种内在的自我价值感，对自己作为一个能在正确的时间和地点采取适当行动的人的自我认知——同时明白只靠自己是不可能成功的。

联系（connection）：你需要与家人、老师、教练、导师、宗教领袖和其他人建立积极联系——这些联系需要建立在道德标准之上。

性格（character）：了解并尊重什么是对的、什么是错的，要讲诚信——当这些品质与你的信心和能力结合时，你会成为一个关心他人的人。

关怀（caring）：对他人和世界的同情和同理心——当你将这种关怀与其他优势结合时，你将最终成为一个有益于社会的人。

贡献（contribution）：一种目标感，就像种下一棵你未必能享受到树荫的树。

然而，在他的著作《好少年》（*The Good Teen*）中，勒纳提醒我们也不要过于焦虑：

> 如果你正在阅读这份清单，并担心你家的青少年不具备这些特质，甚至（他们）已经陷入困境——停下来！……根据我的研究成果，你的青少年子女已经具备了以上提到的许多（即使不是全部）优点。"[90]

勒纳知道，青少年无法凭一己之力培养这些优点。他们需要能够激发这些优点的环境和他人的帮助。勒纳希望成年人营造一个包含三大关键要素的环境，这被称为"青少年发展的三大重点"。[91]

首先，青少年在生活中需要与成年人——如老师、教练、宗教领袖——建立良好的、有关爱的和持久的关系，这些成年人能够为他们提供指导，向他们展示成为品格高尚和目标明确的人的重要性。[92]其次，在这些关系中，青少年需要学习关键的生活技能，比如设定和执行优先事项、延迟满足以及承担责任。最后，他们需要有机会以领导者的身份独立练习和运用这些技能。

作为研究者，勒纳抓住了4-H研究团队正在测试这一模型的机会，他和同事们相信，青少年能够在那里获得积极发展的经历。[93]自2002年起，4-H研究已经从美国42个州的7071名五至十二年级的青少年及

3173名家长中进行了八轮详尽的数据收集工作——这是一项全面的研究。研究结果（详述于100多篇学术文章）显示，当青少年与成年人建立了积极的关系，并且有机会学习和应用生活技能时，他们更可能设定并实现自己的目标，更加积极地参与学校生活，并对自己的未来抱有积极的期望。[94]

然而，研究中也有出人意料的发现，勒纳告诉我：

我们发现，许多表现出高度积极行为的孩子同时也展现出一些危险行为，而一些积极发展方面得分不高的孩子却没有表现出危险行为。[95]

这项研究给我带来的重要启示之一是，积极青少年发展是可以大规模应用的。勒纳的研究让我满怀希望，我相信，以后再让父母描述青少年的大脑时，他们使用负面词汇的比例是可以降低的。

有趣的是，勒纳在大学时原本计划成为一名优秀的运动教练，但后来却走上了心理学研究的道路。[96] 从某种意义上说，他正在推动青少年发展领域走向积极的方向。

以发展视角理解青少年

父母会担心孩子，这是很自然的。但如果我们让担心扭曲了我们对青少年的看法，就会妨碍我们帮助他们，进而影响他们。

我们可以通过回顾研究结果来避免陷入负面假设的陷阱：青少年的发展存在极大的个体差异，而这一阶段的生活充满了必要的成长因素。重要的是要记住，青少年能给我们的生命带来活力和快乐，也带来新的学习和成长机会。

当我们利用对青少年大脑发育的深入理解，避免将他们简单视为有缺陷或不成熟的成年人时，我相信我们将能够更加深刻地欣赏这一特殊成长阶段的美好，以及它原本的样子。

046　　　　　　　　　　　　　　　　　　　　　　青春期的内心世界

重新思考青春期：
看到积极面和阻碍因素

在本章的开头我们提到了 16 岁的阿亚娜，她想知道为什么成年人不理解青少年，即使他们自己也曾经是青少年。同样，我一直在想，为什么有人警告新手父母，"等到他青春期的时候再看吧"，而他们自己可能也曾被警告过，当时他们也不喜欢这样。

我还想知道为什么我们中有 59% 的人对青少年的大脑持负面看法。

加州大学洛杉矶分校的安德鲁·富利尼发现，对青少年的消极看法很难消除。他说：

我曾经和家长们讨论过青春期的问题。我向家长们展示了一些对青少年的刻板印象，然后说："看看他们现在的表现。他们在很多方面都比我们这一代人做得好得多，比如在冒险行为、药物滥用、高中毕业率和大学出勤率等方面。"[97]

我认为，我们倾向于对青少年抱有负面看法的原因有 7 个：

1. **我们有必要的保护自己的本能。** 为最坏的情况做好准备，保护好自己是人之常情。因此，负面经历可能比正面经历更加引人注目。这也是为什么坏消息更容易传播。但这种方式也有缺点：如果我们只看到负面的东西，就可能错过积极的东西。甚至，有些讽刺的是，总是看到最坏的情况可能会成为一种自我实现的预言。
2. **我们为他们担心。** 我们有时会考虑或担心最坏的情况，因为我们对自己保护青少年的能力不自信。与我们小时候相比，现在保护青少年的安全更加困难，特别是在风险高和缺少保障的社区环境中。
3. **我们害怕他们。** 有时候，如果我们看到一群精力充沛的青少年冲向我们，我们中的一些人可能会下意识地躲开。事实上，在我们的调查中，有 12% 的青少年表示，在过去一年中，人们至少有一次表现得好像很害怕他们，其中40%的人表示，这种情况每个月都会发生好几次。

4. 如果他们要离开家，我们必须与他们"分手"，他们也必须与我们"分手"。如果我们认为孩子有问题或难以相处，我们似乎更容易放手，让他们离开。

5. 我们将他们的成长视为我们衰老的标志。他们可以在体育方面击败我们，在电脑操作上表现得比我们聪明，吃冰激凌也不会增加体重。他们可以为自己的未来创造各种可能性，而我们则觉得机会越来越少。正如一位父亲所说，孩子们提醒我们，我们都在从出生到死亡的人生旅程中迈向新的阶段。

6. 我们可能很难理解他们的观点。换位思考对成人和儿童来说都很难——我们很难超越我们所知的东西（这被称为"知识的诅咒"）去理解别人所知的东西。例如，许多青少年告诉我，如果他们选择未来挣钱困难的职业（比如成为音乐家、作家或视频博主），他们的家人可能不会支持他们。这是可以理解的——作为成年人，我们希望孩子们有经济上的安全感，这种担忧可能会超过理解他们的梦想。但我们可以做到二者兼顾——帮助他们找到实现梦想的方法，同时也帮助他们找到保障经济条件的途径。

7. 我们用成人的标准来评判他们，并没有完全理解他们的成长过程。这正是本书的目的——帮助我们了解青少年的成长，并利用这些知识改变我们对待他们的方式。还记得詹妮弗·西尔弗斯的故事吗？西尔弗斯的母亲并没有忽视女儿因恋爱分手或朋友拒绝而产生的"世界末日来了"的感受。她能够理解女儿的发展，并告诉女儿，她在未来可能会有不同的感受。[98]

理解我们为何坚持这些消极观点至关重要，因为只有洞察这些原因，我们才能成功地摆脱它们。我们的认知框架——即我们看待事物的方式——对我们的生活有着深远的影响。

研究显示，要实现改变和目标，我们不仅需要保持积极的心态，还需要以现实的眼光看待改变以及看待目标实现过程中的障碍。加布里埃尔·厄廷根开发的干预措施是实现这一目标的最佳途径之一，我们将在第五章中深入探讨她的理念。[99]她的方法告诉我们，我们首先要思考我们想要做出的实际可行的改变，然后设想这些改变成功后我们会体验到的情感（即积极地设想未来）。接着，我们识别出自己和他人可能存在的实现改变的障碍（生动地想象现实中的障碍）。随后，我们制订一个具体的"如果－那么"计划来应对这些障碍："如果遇到这个障碍，那么我将（采取有效的行动或用有效的思考来克服它）。"

通过平衡对未来的积极预期和对现实中可能存在的阻碍的预估，我们能更深刻地理解和应对青少年发展能力和走向世界的过程。而且，非常重要的是，我们可以逐步摆脱那些长期盛行的对青少年的消极看法，转而以一种积极、理解和支持的姿态，陪伴他们成长。

第二章
**倾听我们,
　双向沟通而不是单向灌输**

与我采访过的许多研究人员一样,俄勒冈大学的詹妮弗·法伊弗也是在自己的青春期阶段开始对青春期话题感兴趣。她经常想知道别人是怎么想她的以及背后的原因。她对"思想好像一扇窗户,能让人看到每个人的独特之处"[1]这句话非常着迷。

她回忆说:"当我第一次为一个青少年做磁共振成像扫描时,显示屏上出现的第一幅图像让我记忆犹新。我当时想,'哦,她在这儿,这就是她'。"

随着时间的推移,她意识到自己对大脑的认识并不全面:

我忽略了青少年成长的社会环境。我意识到,行动是大脑与社会环境之间相互作用的结果。这对我来说就是青春期发育的魅力所在!

社会环境指的是青少年生活的环境,即他们生活中的重要关系。一个我采访过的16岁青少年对此提出了一个很好的描述:

我之所以是我,与我遇到的每个人都有很大关系。

在《思考如何超越思考》一书中,安妮·墨菲·保罗对"大脑是一种独立的物质……其被封存于头颅之中"[2]的观点提出质疑,这种观点通常将大脑描述成一台电脑或一块肌肉。这种观点导致了对环境的忽视。持这种观点的学校不考虑孩子们所处的环境(包括学校自身环境)就对孩子们进行评估、打分和排名。

安妮认为,"思维的扩展"意味着我们能够真正"超越自身的极限,不是通过像机器一样加速大脑运转,或像锻炼肌肉一样增强大脑,而是通过在我们的世界中播撒丰富的素材并将它们融入我们的思维中"。[3]

当我们在"突破之年"的研究中询问年轻人"你想对成年人说什么"

时，他们的回答显示，他们生活中的"丰富素材"主要在人际关系方面，尤其是他们和成年人之间的关系，这是他们迫切希望改变的。

正如我们在第一章中看到的，他们传递给我们的第一个信息是"了解我们的成长"和"我们比你们想象的要聪明"。第二个信息是"倾听"。以下是他们的表述：

我们可以提供很多建议——请倾听我们。

——一名 16 岁的男孩

多关注我们，我们希望有更多和家人在一起的时间，一起讨论我们的期待和我们可能面临的问题。

——一名 14 岁女孩

我们需要积极的关注和有意义的指导。

——一名 12 岁女孩

我们有新的想法，我们很重要，我们需要更多关注和包容。

——一名 16 岁女孩

不只是在家里或学校，而是在外面的世界：

我们不是隐形人。在我们需要得到帮助时，请留意我们。别忽视我们。

——一名 10 岁的女孩

不要因为我们还小，就忽视我们这个年龄的孩子。有时我们有非常重要的事情要说。

——一名 15 岁的男孩

我们有发言权。我们有自己的观点。我们并不懒惰。听我们说而不是单向灌输。

——一名 16 岁的女孩

我们虽然和你们有些不同，但你们需要试着了解我们，而不是让我们符合你们的要求。

——一名 18 岁男孩

我们可能不太好理解，我们经历的事情可能听起来很蠢，但对我们这个年龄的人来说经历很重要。

——一名 11 岁女孩

每个人都希望被倾听，即使你不同意他们的观点。

——一名 16 岁女孩

> **突破之年研究发现** 9% 的青少年要求成年人倾听并与他们说话——或者确切地说是与他们沟通，因为他们要求的是对话，而不是说教。

他们的想法让我想起了已故的丹尼尔·斯特恩说的话，他是威尔康奈尔医学院和日内瓦大学的学者，也是一位儿童精神科医生，他说，从婴儿期开始，有效的人际关系的核心在于人们感受到"被了解和理解"。[4]"如果你们真的这样做了，"他说，"这就是我们所有人都想要的"。

在本章中，我们将探讨青少年和父母间可以说什么、做什么，来拉近彼此的距离，以增进相互理解。我们将探讨青少年与同龄人的关系、在网络世界中的关系，同时也探讨那些有助于我们更全面理解儿童发展的科学原理。

父母的思考：我们会受群体文化影响

> 请思考，什么时候你的行为会与平日有所不同，也就是与平日你看待自己的方式有所不同？背后的原因是什么？

当我在讲座中向成年人提出这个问题时，我听到了以下故事。

在上一段工作中，我的上司突然开始对我有意见，我至今仍不明白原因是什么。通常，当我认识的人打来电话时，我都会迫不及待地想和他们通话。但当我在手机上看到我的上司的号码时，我就会口干舌燥、心跳加速，接听电话时我会感到恐惧，我在想她是一如既往地阳光明媚，还是又告诉我我做错了什么。我后来辞去了那份工作，我和老板"和解"了，那些曾经在我脑海中翻腾的有害想法已经消失了，尽管我仍然想知道这是如何发生在我这样一个自认为坚强而积极的人身上的。

一位两个孩子的母亲发现自己正屈服于工作中的文化环境：

我加入了一个工作团队，这个团队似乎被流言蜚语所统治，而其中许多都是恶意中伤。我认为这归结于人们的好奇心。由于没人确定该信任谁，而且彼此之间也不完全坦诚，所以人们总是不断地试图分析对方。我在学校时就厌恶流言蜚语，并一直努力远离它，但最终发现自己也陷入了其中。

疫情改变了一个作家的一切：

疫情前，我喜欢出门见人。疫情期间，我失去了与人相处的兴趣。我喜欢待在自己的小天地里，忘记了我其实是个喜欢社交的人。这真的很奇怪，社交曾经是我生活中如此重要的一部分，现在竟然消失了。

她接着说道：

功能紊乱似乎具有传染性。在某些情况下，你会更倾向于处理表面问题，而不是挑战或改变根本问题。如果你选择对抗大多数人的看法或现状并尝试改变,至少在我所居住的地方,你可能会遭遇打击和排挤,因此你只能选择表面上接受现状,这样至少在公开场合可以表现得正常。

抵抗当前普遍存在的社会准则或行为规范是一件很难的事。另一人说道:

让我感到困惑的是邮件中复杂的政治因素。如果有问题,我知道打电话或直接与对方沟通会更容易解决,我们可以在5~10分钟内解决问题,但我还是像其他人一样发送电子邮件,抄送每一个人,以表明我正在处理问题,同时也为自己留个记录,以防不测。

我们往往认为青少年是被他人"引入歧途",但我们成年人有时也会做一些或大或小的事情,感觉不像是我们自己做的。我们所有人都会受到身边人的影响,无论是我们的老板、同事、邻居、朋友或家人。我们所有人都会受到我们所处的群体文化的影响。

重要的是,我们需要关注青少年,并理解他们和我们一样,也会受到周围环境的影响。但更为重要的是,我们要意识到,这是他们人生中的一个关键时期,他们正在探索"我是什么样的人"以及"我的价值观是什么",我们可以为青少年提供各种体验,帮助他们奠定身份认同的基础,并在此基础上构建自己的人生。

父母是青少年大脑的雕塑师

在我首次研究青少年心声后不久,我就应邀在白宫举办了一次关于青少年议题的会议。在我们的讨论中,一个关键话题是如何解决这样一个现实问题：父母和其他照料者并未完全意识到他们在孩子青春期发展中的巨大影响力。

那已经是二十多年前的事了，但至今仍有一种普遍的观点，认为即使是最乐观的估计，父母对青少年子女的影响力也是逐渐减弱的，而同龄人的影响力则越来越重要。然而，脑科学和其他发展科学表明这种假设是错误的。一篇科学论文从神经科学的角度回顾了有关青春期的亲子关系，得出结论认为，即使在年轻人踏入更广阔的世界时，父母在他们的发展中依然"具有极大的影响力"。[5]

这篇论文由当时在加州大学伯克利分校、现为青少年发展顾问的安娜·苏莱曼和加州大学伯克利分校的罗纳德·达尔撰写，他们发现，当青少年与母亲（研究中更多关注的是母亲而非父亲）关系改善时，与风险和奖励相关的大脑区域的神经反应会"更加温和"，不再像以前那么激烈，而与自我控制相关的反应也得到更好的发展。[6]

父母对青少年的冒险行为和自我控制的影响

和许多人一样，北卡罗来纳大学教堂山分校的伊娃·特尔泽最初也把神经科学的研究重点放在负面风险、奖励和认知控制上。然而，她现在开始相信，第一章中讨论的双系统模型，即奖励系统先于认知控制系统成熟的观点，需要进一步检验和修正，原因有二。[7]

首先，她清楚地认识到，青少年的发展不仅仅涉及这两个系统，这反映出一种古老的观念，即认为情感和理性之间存在冲突。她指出："有更多的神经区域参与其中。"

其次，她明白，大脑的奖励区域要比之前想象的复杂得多。在第一章中，我们回顾了阿德里安娜·加尔万的研究，她的研究指出，奖励系统在帮助青少年学习方面发挥了至关重要的作用。特尔泽继续在这方面进行了大量研究，更完整地讲述了青春期大脑发育的故事。

对红绿灯游戏的改进——让父母参与其中

特尔泽和她的同事们想知道，在红绿灯游戏中，观察青少年的人换成父母而不是同伴，会发生什么情况？请记住，在那些研究中，当青少年被同龄人观察时，他们会做出更多具有不良后果的冒险行为。"在游戏过程中，如果是父母在场，"特尔泽思考道，"青少年的冒险决策会减少吗？"[8]

2015年，他们对25对14岁的青少年和他们的母亲进行了研究。[9]这个数字虽然小，但对于当时高强度、高成本的脑部扫描实验来说，这已经很不错了。参与者玩了两次红绿灯游戏，一次在母亲的观察下，一次独自进行。[10]

在这个游戏中，目标是尽可能快地完成驾驶路线，以赢取更多的钱。显然，选择不停车而直接通过交叉路口是最快的选项，但它带来了负面风险——可能发生碰撞，从而导致6秒的延迟。而选择在交叉路口停车虽消除了碰撞的风险，但会带来3秒的延迟。

正如研究人员预测的那样，相比于独自完成游戏，当母亲在场时，青少年做出的消极冒险行为的频率更少。母亲们简直就是负面风险的克星！

脑部扫描也验证了这一点。之前的研究表明，当青少年与同龄人在一起时，大脑的一个重要奖励中枢（腹侧纹状体）会被更强烈地激活，而当他们独处时则不会。在本研究中，大脑扫描结果显示，当母亲在场时，腹侧纹状体和杏仁核（大脑情绪处理系统的核心结构）的激活程度较低。正如特尔泽所说的那样，"妈妈在场让冒险失去了乐趣！"[11]

此外，研究人员还发现，当青少年在母亲陪伴下做出安全决策时，他们更有可能激活大脑中的另外两个重要区域：

- 腹外侧前额叶皮质，通常被认为与自我控制有关；
- 内侧前额叶皮质，通常被认为与评估冒险行为的成本和收益以及理解他人的观点相关。

最新奇的发现是什么呢？锻炼自我控制可以带来回报！研究人员发

现,当母亲在青少年做安全决策的过程中在场时,大脑中涉及奖赏和认知控制部分间的联系会更加紧密。这表明,母亲的存在有助于提高青少年进行认知控制的成就感。[12] 因此,正如加尔万发现的那样,奖励系统不仅可以促进学习,还可以使自我控制变得令人满足和愉悦。

> **重要发现** 虽然有些人可能认为年轻人的自我控制能力较弱,但研究表明,父母能够影响青少年的大脑,改变他们对消极冒险行为的思考和推理方式。父母可以成为青少年大脑的雕塑师。

是否任何成年人都会起到相同的效果?

为探究此问题,特尔泽及其同事进行了一项后续研究。[13] 在这项研究中,23 名 15 岁的青少年参与了红绿灯游戏,游戏过程中,有时母亲在场,有时一位青少年驾驶方面的专家在场。为了确保每个青少年在母亲和专家陪伴下的体验完全相同,他们按照同样的剧本组织游戏。此外,参与者还在屏幕上看到了一张专家的照片,但从未亲眼见过此人。最终的结论是,母亲对青少年的影响比这位陌生成年人的影响更大,且更为有效。这项实验的标题强调了其结论:"母亲仍是最了解孩子的人。"

父母积极影响力的三大关键因素

特尔泽和她的同事们想知道,随着时间的推移,亲子关系的质量将如何影响消极冒险行为。在 2015 年的一项研究中,[14] 他们用三个因素来评估亲子关系的质量:

1. 坦白的频率,包括青少年主动向父母讲述他们的朋友、班级以及与老师的关系的频率。
2. 家庭冲突的频率,包括青少年与父母发生争执或被误解的频率。
3. 青少年感受到父母支持的频率,包括青少年在困难时刻父母倾听以及给予他们指导的频率。

研究人员发现，亲子关系质量包含的这三个因素间存在相关性。也就是说，向父母透露更多信息的青少年通常家庭冲突较少，受到的支持更多。因此，他们将这些因素结合起来，作为衡量积极亲子关系的标准。

这项研究分为两个阶段，包括 23 名十年级和十一年级的青少年。18 个月后，当这些青少年处于十一年级和十二年级时，他们再次回到实验室。这一次，特尔泽及其同事想要了解：

- 随着时间的推移，亲子关系质量的改善是否会导致青少年消极冒险行为的减少？
- 如果亲子关系质量发生改变，大脑是否也会出现相应的变化？

与之前的红绿灯游戏不同，这次研究人员使用了"气球模拟风险任务"（Balloon Analog Risk Task，BART）。特尔泽描述了这个测量方式：[15]

参与者在计算机屏幕上看到一个虚拟气球，他们的任务是给气球充气。每次充气，他们可以赢得 25 美分，充的气越多，赢得的钱就越多。但如果充气过多，导致气球爆炸，他们将失去之前积累的所有钱。

特尔泽和其他研究人员使用 BART 是因为其他研究发现，在 BART 上冒更多风险的年轻人更有可能在现实生活中采取消极行为，如吸烟或吸毒。[16]

研究人员发现，最初的亲子关系质量与青少年冒多少风险并无关联。[17] 但随着时间的推移，当亲子关系在接下来的一年半内变得更加融洽时，青少年在 BART 上冒险的可能性就会降低。

他们的大脑研究结果与行为研究结果相吻合。当父母和青少年建立起更融洽的关系时，大脑奖励系统在 BART 活动中的激活程度就会下降。用特尔泽的话说，"大脑实际上正在改变它在风险情境中奖励的反应方式"[18]。

但在实验室外的消极冒险行为又如何呢？

研究团队向参与研究的青少年询问了关于饮酒、鲁莽驾驶和不安全性行为等行为。特尔泽报告说父母参与程度越高，消极冒险行为越少。

在另一项研究中，特尔泽和她的同事们发现[19]反过来情况也如此：如果青少年与父母的关系恶化，青少年的行为就会变得更消极和冒险。

在这两种情况下，无论是积极还是消极的关系变化，青少年的冒险行为和大脑都会相应地发生变化。

父母如何回应呢？

作为一个青少年的父母是一种什么样的体验？如果你在和朋友聊天，你会怎么说呢？

以上是我在进行后续电话访谈时对56名父母提出的第一个问题，我当时正在为本书进行全国代表性基线调查。

许多父母使用了"具有挑战性""艰难""充满压力"等词语。正处于困难时期的父母描述了一些问题，有的很严重，但大多数是与社交媒体、家庭作业、保持室内整洁有关的问题，以及一般的不听话问题。以下是查尔斯的回答，他生活在新泽西州，有一个11岁的女儿。

她总是——我应该用什么词来表达呢？——质疑权威。这其实是件好事。我希望她成为一个独立的女性，但作为父母，这非常困难，因为她总是质疑我的判断，并且不尊重我的价值观。

那些目前没有遇到困难的父母给出了发人深省的回答。尽管他们普遍认为，作为青少年的父母是"充满压力"或"艰难"的，但他们的话语中透露出一些共同的主题。以下是马修的回答，他有一个15岁的儿子，也来自新泽西州。

他是个好孩子。我们非常幸运。他成绩优异，就读于一所为有天赋的孩子设立的高中，我们为他感到自豪。他没有惹麻烦。他真的是个好孩子，我们很高兴。

泰德是一个 17 岁少年的父亲，来自加利福尼亚州：

他与一般青少年有所不同。他不喜怒无常并认真对待学业。他是个好孩子。

"他是个好孩子。""她是个棒极了的孩子。""他与一般青少年有所不同。""我们很幸运。"这里有一个潜在的假设：如果没有发生负面事情，我们就是"幸运的"。

我不禁想问：现实又是怎样的呢？对父母和孩子来说，青春期在多大程度上充斥着激烈情感对抗？

关于敌意与冲突的研究结果

在我们进行的全国代表性的基线研究中，我们向父母和青少年提出了有关亲子冲突的相同问题，这些问题在伊娃·特尔泽的研究中也使用过。

父母和他们的孩子时常会有分歧和冲突。请问在过去的一个月里，以下情况在你和_____（你的父母或你的孩子）之间发生过多少次：
1. 互相冷战（故意不与对方说话）。
2. 互相投以厌恶的目光或对彼此翻白眼。
3. 激烈争吵或打架。
4. 非常生气。

我们要求他们按照 1~5 的评分标准进行打分，其中 1 表示"从不"，5 表示"几乎总是"。以下是我们的发现：
- 平均而言，父母报告的冲突总分为 6.19，而青少年报告的冲突总分略高于父母，为 6.42，在 4 个问题的满分为 20 分的情况下，表明冲突并不是很多。

- 更重要的是，青少年和父母对于他们经常发生冲突的频率基本上达成了一致——他们的答案之间呈现出中等到较强的相关性。①

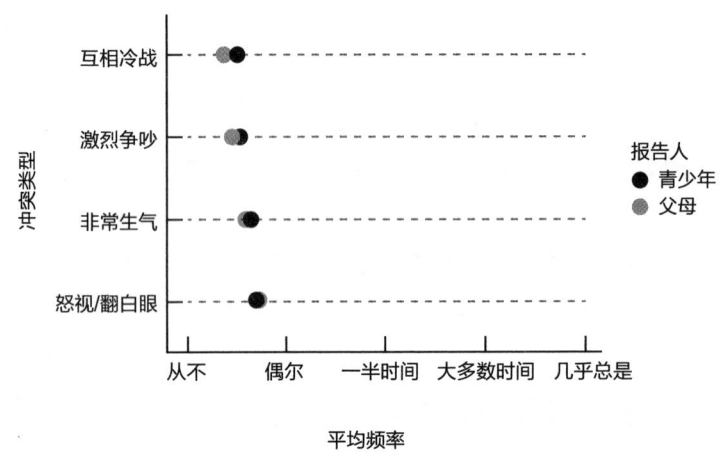

图1 父母与青少年之间的冲突

有些父母和青少年对所有四个冲突问题的回答都是"几乎总是"，有 30% 的青少年和 27% 的父母则表示"从不"。需要注意的是，平均值掩盖了差异，但我们的研究结果表明，大多数家庭都或多或少存在一些冲突，但没有经常发生冲突或冲突持续不断。我们观察到，随着年龄的增长，冲突逐渐增多，但男女青少年或父母报告冲突的频率并无差异。不过，我们确实发现，不同性别组合（如父亲和女儿）所报告的冲突略少于同性别组合（如父亲和儿子）。在所有四种组合中，我们发现儿子和母亲报告的冲突最少。

父母与青少年的关系

在我们的调查中，96% 的青少年表示他们与父母的关系至少在某种程度上是融洽的，其中 67% 的人表示与父母相处得"非常好"。只有 4%

---

① 父母和青少年打分之间的整体相关系数为 r=0.58，这意味着它们常常同时出现，因此这是一种非常牢固的联系。

的青少年回答"不是很好"或"很不好"。

父母方面的情况也类似：98%的父母表示他们与青少年子女的关系至少还过得去，其中78%的人表示与青少年子女相处得"非常好"。只有2%的父母表示"不是很好"或"很不好"。

突破之年研究发现 | 我们从一个有代表性的全国青少年和父母群体的数据中发现，冲突发生的频率并没有我们想象的那么频繁。在后续的电话访谈中，我向一些父母询问了对这一结果的看法。其中一位家长的回答代表了许多人的观点，她说："你的意思是生活并不像电视上展示的那样？"我们从框架研究所的媒体分析中得知，这位家长的观点是正确的：媒体过分强调了负面性。

冲突可能很少发生，并不意味着它的影响就会减弱。回顾我自己作为青少年和父母的相处经历，我发现争吵的影响会像地震的余震一样绵延不绝，回荡不止。

《他们不再理我了：理解孩子的中学时期》一书的作者朱迪丝·沃纳解释了为什么冲突会对我们产生如此深远的影响。当中学生在面对严苛且无情的同伴评价时，会经历"尴尬、痛苦的自我意识和严重的不安全感"，[20] 他们的情绪可能会波及父母，并让父母在情感上回到中学时代的自己。[21] 沃纳告诉我：

> 孩子们做出了家长最害怕和不喜欢的行为，随后家长以某种方式——甚至以孩子预期的方式——做出反应，从而引发孩子们更多的这种行为。[22]

如何才能打破这一恶性循环呢？

第二章
倾听我们，双向沟通而不是单向灌输

处理冲突的最佳做法

俄勒冈大学的尼古拉斯·艾伦在其关于从童年到青春期过渡的研究中，探讨了如何处理冲突。

艾伦是少数研究神经科学和亲子关系的学者之一，如他所言，"每次的研究结果都显示，父母在青少年生活中的重要性非常显著"，并且"在许多研究中，青春期的亲子关系比同伴关系更能预测孩子的心理健康问题"。[23]

艾伦认为，此类研究结果和社会认知脱节的一个原因是我们对特定"文化观念"的认同。

有观念认为青春期全是关于同伴的，父母不再重要。我稍微夸张了一点，但这确实是人们在谈论青春期时给人的感觉。

> **突破之年研究发现** ｜ 37% 的家长认为他们对青春期孩子的影响很小。

艾伦解释了为什么父母对青少年的影响大于同龄人的影响。

我们认为其中一个原因是青少年的人际关系不稳定——朋友来来去去。结交新朋友，失去旧朋友，再结交其他朋友。而父母则是稳定存在的。

假设有一个朋友与你断交——无论是柏拉图式的友谊还是恋爱关系。在这个时候，能否得到父母的支持、建议和照顾，会对孩子的成长起到非常重要的调节作用。

艾伦和他的团队从观察家庭互动"现场"开始，研究如何避免冲突。[24]

我们邀请人们来到我们的实验室，并要求他们就特定任务进行对话。例如，解决他们之间的冲突，或共同计划一次有趣的活动，或回忆家庭过去的时光。[25]

他们将这些互动录制下来，然后进行详细分析。他们还研究了这些互动是否能预测青少年的心理健康状况以及他们的消极冒险行为，如药物滥用。[26] 他们的综合数据包括基因构成和脑部发育。他们发现，艰苦的家庭环境与遗传风险相结合增加了问题出现的可能，而积极的养育方式会降低出现问题的可能性。

这些发现使艾伦和他的同事们总结出了减少冲突的三个关键点。

关键点1：当出现分歧时，保持积极态度并对你的孩子抱有积极的期望。[27]

想象一下，父母和孩子因为房间不整洁而产生分歧。那些对孩子抱有最坏想法的父母可能会说：

你不整理房间，这让我非常生气。你这样已经很长时间了，似乎没有任何改进。这是完全不能接受的，但我不知道该怎么办，因为我已经跟你说了很多次，你却没有任何进步。我真的很生气。

相反，艾伦说，那些对孩子抱有积极期望的父母可能会这样说：

听着，我希望你能整理房间，这是一个我们需要解决的重要问题。我知道你可以做到，因为以前我让你做的事，你都能做到。如果我们齐心协力，集中精力处理这个问题，我相信我们能取得很大的进展。你是个很棒的孩子，而且我爱你，但我们需要把这件事当作一个重要问题来对待。

关键点2：与孩子共度美好时光，不要破坏这种美好的体验或变得消极。

当有机会和孩子一起享受美好时光时，要保持积极，不要让冲动破坏这一过程。

假设一家人计划外出就餐，但他们没有享受即将一起进行的活动，而是因为每个人想去的地方不同而争吵起来。最终，家长说："既然大家都无法达成一致，也没有人会开心，那我们哪儿也不去了。"

相反，他们可以轮流决定去哪里吃饭。

关键点 3：当青少年表现出攻击性行为时，不要让冲突升级。

如果你的孩子对你说了些难听的话，不要以牙还牙。保持冷静、坚定和公事公办的态度。

数据显示：父母真的很重要

如果说有什么能够表明父母的重要性，那就是青少年是否愿意与我们共度时光。

突破之年 研究发现	• 只有 7% 的青少年认为他们和母亲在一起的时间太多，3% 的青少年认为和父亲在一起的时间太多。 • 72% 的青少年认为他们和母亲在一起的时间刚刚好，61% 的青少年认为和父亲在一起的时间刚刚好。 • 而 21% 的青少年认为他们和母亲在一起的时间太少，36% 的青少年认为和父亲在一起的时间太少。

几乎所有青少年都希望与父母共度时光，尤其希望与父亲有更多的相处时间。

我和你们一样，阅读过不少批评亲子关系过于紧密的育儿文章，认为这种关系是过度参与。但我坚信，问题的关键在于我们如何处理这种紧密关系：父母和青少年子女之间可以保持紧密关系，并且父母愿意在这种关系中让青年少年获得更多自主权和独立性……或者不这样。

促进积极的关系

没有什么比一个目中无人、好斗的青少年更能激起我们的情绪，让我们觉得自己又回到了那个天不怕地不怕的年代。我们想在讨论结束时发表最后的意见或结论，想让那个我们为之付出却不知感激的孩子感受到我们的痛苦。退后一步并保持成年人的姿态，确实需要良好的自我控制。

不仅仅是青少年在成长，作为父母，我们也在成长。青春期是一个学习如何专注于自身优点的时期，寻找降低攻击性的方法，抵制破坏美好时光的诱惑。这是一个寻找和欣赏阳光的时刻，即使暴风雨即将来临。

育儿策略：
倾听、理解和创造共同的解决方案

青少年育儿的三大关键点

在突破之年的访谈中，我在基线调查后向青少年和家长询问了相处的重要技能和策略，结果发现他们的观点非常一致。以下是青少年最认可的技能和策略：

1. 多倾听，少说话。
2. 用"当我还是个孩子时"的心态去倾听，而不是用成年人的心态去倾听。
3. 创建一个家庭问题的解决机制，让青少年有发言权。

关键点 1：多倾听，少说话。

来自加利福尼亚州的 12 岁男孩约书亚表示，如果父母不愿倾听，孩子就不想说话——就是这么简单。来自北卡罗来纳州的 14 岁男孩罗伯特说，倾听意味着对孩子的想法和感受抱有真正的兴趣，并且"真的想更多地了解你的孩子"。

蒂姆是一位来自佐治亚州的 17 岁男孩，他认为在回应之前倾听是关键：

有时你只需要倾听，而不是立即进行管教或指导。

弗吉尼亚州的 13 岁男孩戴维表示，当父母和青少年互相倾听和交谈时，他们的关系会变得更亲近。

杰西卡·莱希曾是一名教师，也是极具启发性的《失败的礼物》(*The Gift of Failure*)[28] 一书的作者。她告诉我，当她在社区演讲时，会遵循一个流程，先与学生交流，并邀请学生发电子邮件告诉她他们真正想让父母知道的事情，因为当晚她将与父母进行交流。[29]

她听到最多的一句话是"我不是你想象中的那个孩子"。学生告诉她，"我觉得自己没有被看见、没有被听见"。她对父母的建议是倾听，了解什么对你的孩子是重要的（而不是什么对父母最重要）。当你在看手机、点头却没有真正倾听，或者试图把话题转向他们的学习成绩而不是他们关心的事情时，孩子们会觉得你没有真正倾听。

多听少说需要我们控制自己的情绪，这样我们才不会急于评判、转移话题或者替孩子（而不是与孩子一起）解决问题。莱希表示，她发现父母的倾听是让青少年取得成功的关键。

关键点 2：用"当我还是个孩子时"的心态倾听，而不是用成年人的心态去倾听。

这也是约书亚独到的见解。来自密歇根州的 16 岁少年露西的母亲将其描述为"用你的心去倾听，才能理解孩子真正的愿望、渴望和需求"。这意味着要将每个孩子视为独特的个体,并理解他们所处的发展阶段。

我们如何运用成年人的心态至关重要。当然,我们需要提供指导和规则,但我们要深刻理解青少年的特点。这一点至关重要,因为"没有人——无论是成年人还是孩子——愿意被别人评判",来自亚利桑那州即将16岁的莉泽特观察道。

她说得很对。只有当我们感到被理解——感觉到被欣赏、被接纳、有归属感,并且自己的声音被听到时,我们才能敞开心扉,学习并改变。莉泽特继续说:

> 也许你并没有做一些很正确的事情,但如果你能感觉到父母站在你这边并能理解你,他们可以用他们的智慧和爱来抵消或对抗那些不好的事情所带来的负面影响。

14岁的罗伯特说,以接纳的方式倾听他的想法"具有很强的激励作用",能激励他向好的方向转变。

现在让我们来看看以"当我还是孩子时"的心态倾听到底意味着什么。

- **察言观色。** 如果你的孩子变得沉默寡言,似乎在生气,像气垫船一样徘徊不定(好像有心事),或者突然冒出个问题,他们可能是在寻求对话。这是一个不容错过的机会。
- **为对话创造合适的环境。** 这意味着要选择一个时间或地点,保证不被打扰或中断,比如散步、开车或其他能够让你们完全专注于对话的活动。
- **将对话纳入日常生活,并成为育儿过程中的常规部分。** 在各个年龄阶段,我们都依赖于日常规律——能够预知何时会发生什么。如果能有一个固定的交谈时间——比如用餐时间、周五晚上的比萨时间、遛狗时等——有机会分享一次成功、一个挑战和一个新的可能性或者让你心存感激的事物,那么开放式沟通就会成为家庭生活中可预见的一部分。

- **分享但不要把自己的经历强加于人。**有时候以孩童的心态去倾听意味着你会通过谈论自己的经历与孩子进行沟通。重要的是不要认为自己的经历会和你的孩子一样。来自马里兰州的 12 岁女孩汉娜想和父亲谈论中学的事情，但又担心父亲会说，"你的中学经历可能会很糟糕，因为我当时也如此"。相反，她希望父亲能告诉她，"我的中学时期很艰难，但你的可以完全不同，让我们来谈谈为什么吧"。
- **了解父母成长的过程。**在我对父母成长的研究中，[30] 我发现先入为主的反应，如"应该怎么样"，塑造了我们对自己和对孩子的反应与回应，无论是重大的事件，如中学升学，还是较小的事，比如你的孩子喜欢穿什么衣服。我们将这些期望作为衡量父母成功的标准。一个期望的落空可能会带来愤怒、悲伤和失落——但这正是父母成长的关键时刻。如果你发现某个期望让你感到困惑，问问自己这个期望是否现实可行。如果是的话，就努力改变自己去实现它；如果不是，就尝试调整期望，让它更具可行性。
- **避免追求完美。**孩子会犯错，而追求完美是一种不健康的期望。来自纽约北部 15 岁的男孩马克对比了两种类型的父母：一种是"希望我们永远完美"的父母，另一种是帮助孩子努力做到最好但不期待完美的父母。他认为，父母如果认识到追求完美是不健康的，并对孩子说"好的，下次尽量做得更好"，这样会更好些。
- **建立一个双向的安全区。**保持开放，让孩子们感到可以坦诚告诉你一些你可能不愿意听到的事情。同时你会明确表示，为了他们的安全，必要时你会采取行动。
- **不要以暴制暴。**即使孩子在表达强烈的情绪时，也要承认他们的感受。必要时，可以暂停对话，待心态平复后再继续讨论。倾听孩子的感受至关重要，但这并不意味着要过度迁就他们的情绪。当你觉察到这种情况时，可以说："我听到了，我能理解。等你准备好尝试解决问题时再告诉我。"
- **始终如一、保持冷静并且在场。**尤其在你们经历困难时期时，孩子会感激你始终如一地在场。梅琳达的父母离婚时发生了很多争吵和纠纷，起初她对父亲非常愤怒，拒绝与他交谈。但她的父亲依然坚持出现在她面前。回顾过去，父亲说，当时决定一如既往地出现，并尽量在梅琳达无视他时保持冷静，这一做法改变了一切："这让我和女儿在三年后的今天，有了我从未想象过的关系。"

- **虚心接受反馈**。来自密歇根州的16岁少年安德鲁因感染住院治疗后突然患上了焦虑症。他康复的关键在于其父母对反馈持开放态度——只要表达得当。以下是他的叙述：

我会注意到他们身上一些我并不赞同的行为。比如，有段时间，我发现妈妈总是试图找出事情的起因。如果我心情不好或怎么了，她就会说："这是因为你昨晚没睡好。"或者："是因为你饮食不当。"我可以告诉她我观察到的事，她也会倾听。她现在改变了，不再那么做了。我觉得这对我真的很有帮助。

我还记得我的母亲对我提出的育儿反馈持开放态度。我的反馈必须以尊重的方式表达，母亲并不总是采纳我的观点，但她总是认真倾听。我认为这是她给予我最宝贵的礼物之一。

──────────── **培养换位思考的能力** ────────────

你可能会享受这个换位思考的练习。来自范德堡大学的维尔玛·麦克布莱德·默里及其同事们，在他们创建的"非裔美国家庭支持"（SAAF）计划和最近的电子健康计划"非裔美国人成功之路"（PAAS）中，通过使用这一练习帮助父母或主要照料者提升育儿技能。

闭上眼睛，回忆一下10岁、11岁或12岁的自己：[31]

- 你当时在想什么？
- 你的经历是怎样的？
- 你与同伴的关系如何？
- 你担心的是什么？

- 你对父母以及他们对你的反应有哪些顾虑？

  现在，想象一下你的青春期孩子，反思你的经历，以及你的孩子可能正在经历的事情：

- 你将如何回应？
- 根据你对那个年龄段的记忆，你希望自己当时如何被回应？

  询问你的孩子，他们需要从你这里得到什么才能获得成功，并与他们分享你的发现。

  这个练习正是换位思考技巧的精髓所在。

关键点3：创建一个家庭问题的解决机制，让青少年有发言权。

正如一个青少年对我说的那样，如果问题出在我们身上，那么我们也应该是解决方案的一部分。

当我们与孩子发生冲突时，我们作为父母想要成为孩子北极星的期望似乎与现实相距甚远。安娜的家庭就是这种情况。

安娜是4个孩子的母亲，她有一个25岁的儿子，一个17岁的女儿和一对13岁的双胞胎。他们住在明尼苏达州一个中等规模的小镇上。她将自己的原生家庭描述为一个严厉的家庭：

> 我4岁的时候，如果我表现得很活跃、大声说话或者调皮，我就会被皮带抽打。对一个4岁的孩子来说，活跃、大声说话，有时甚至令人讨厌，这些都是正常表现。我想我的父母有一种幻觉，认为只要打我屁股，就能让我表现得更像个成年人。

安娜说得没错。当我们不理解和不尊重孩子的发展规律时，我们可能会将正常行为误解为异常，并期望一个4岁的孩子能表现得更懂事或成熟，或者期望一个青少年表现得像成年人一样，就像我们在第一章中所看到的那样。

安娜说她丈夫的原生家庭与她的截然不同："他来自一个情感克制、

沉默寡言的家庭。父母从不动手打人。"然而：

在这两个家庭中，孩子的感受都没有受到重视。当我受到惩罚时，我的感受并不重要。如果他受到惩罚，他的家人也不多说什么。他们认为"就应该是这样的"，你要接受它，然后继续生活。

当他们结婚时，他们致力于建立安娜所说的自己的家庭传统，这样他们就能按自己的方式抚养孩子。他们一致认为应倾听并接纳孩子的感受。安娜设立了一个目标：她希望以自己的方式抚养孩子。

我对丈夫说："我不能让我们的孩子哭着入睡，让他们觉得妈妈很可怕，只是因为他们在墙上涂鸦或做了一些孩子可能做的事情。"

每当回忆起被皮带抽打时的痛苦和情感被忽视的情景，安娜都会感到孤立无援，这促使她成为自己想成为的父母，但这还不够。观察那些她所认为的榜样家庭会有帮助，但这也不够。她丈夫的支持也有帮助，但还是不够。于是，安娜向一位心理治疗师寻求帮助，给予她宝贵的指导。

安娜说，这些支持系统帮助她努力实现自己的期望。年龄的增长也帮助她在养育孩子的过程中减少激烈反应，更加有意识地教育孩子。

安娜认识到，她的父母在他们所拥有的知识体系内已经尽了最大努力，因此获得更多信息对她来说至关重要。作为一名公共卫生护士，她告诉我："我在很多时候都在处理儿童保护和社会服务问题。我经常参加培训，学习如何管教孩子，了解什么方法有效，什么方法无效。"因此，她从未打过她的孩子。

最近，她25岁的儿子来探望她。"我仍然会鼓励他表达自己的感受。"她说。在那次探望中，儿子告诉她，尽管她没有举起拳头，但她却经常提高嗓门："也许你不应该大声喊叫，妈妈。这在我的成长过程中并不奏效。你怎么能认为这种方式会对年幼的孩子有效呢？"

她回答说:"你是对的,你说得太对了。"她承诺会进行"合作性对话",而不是吼叫。

共同解决方案的实践

安娜所谓的合作性对话,对于来自加利福尼亚州的 12 岁男孩约书亚来说,就是开放式沟通:

开放式沟通不是对孩子们说"不要这样做,不要那样做",而是倾听他们的想法,并采纳孩子们解决问题的建议。

我称之为"共同解决方案"的说法,是我多年来使用的一种方法。我发现共同解决方案对青少年特别有效,因为:
- 它给予青少年适当的自主权和代理权——这是青春期基本的发展需求。
- 它帮助青少年学会如何自己解决问题,而不是让成年人为他们解决问题。

它对成年人也有效,因为:
- 他们负责设定目标和基本规则。
- 在解决眼前问题的同时,帮助青少年获得技能和经验。

我将以安娜家庭中的一个问题——打扫屋子——为例。我相信你懂得那种感觉:你回到家时,发现房子一团糟,因为孩子们"忘记"做家务。过去,安娜曾试图解决这个问题。她说:"我们尝试过制订计划、时间表和其他方法,但从未奏效!"

与其沮丧地放弃,自己打扫卫生或实施惩罚(不做家务就不能用电子设备),不如另想对策。基于对自己的新期望,她决定用合作性对话代替吼叫。

步骤 1:陈述问题,确定目标。
共同解决方案的第一步是以家长的角度描述问题,然后提出目标。

以下是安娜的描述：

我向孩子们解释了我每周一到周五的工作时间——40个小时。我没有时间做所有的事情。承担这么多责任给我带来了很大的压力。这也是他们的家，我告诉他们，他们自己可以做很多事情，因为他们具备了独立的能力，而且他们长大后也必须学会做这些事情。

重要的是：
- 安娜描述问题时没有指责或批评（比如，没有说"你们把房子弄得一团糟""你们很懒"）。
- 她从自己的角度描述问题，对自己的感受负责："我没有时间做所有的事情""承担这么多责任给我带来了很大的压力"。
- 她阐明了她的目标：让孩子参与打扫卫生是非常重要的，因为这也是他们的家。
- 她指出，这样做将有助于他们适应成年后的生活。

采用共同解决方案时，要牢记一些基本原则，例如不责备或批评他人，并与家人分享这些原则。我发现，最有效的方式是在家庭会议中进行，而不是在情绪激动的时刻。如果情绪高涨，可以设定晚些时候再讨论，就像安娜最初所说的那样："我现在很生气，所以我不会回应。等我冷静下来我们再谈。"

由于小时候没人倾听她的声音，安娜一开始过度纵容了孩子们的感受。现在，她带着理解去倾听并承认他们的感受，但不会让他们沉溺其中。

步骤2：让每个人都参与提出可能的解决方案。

安娜13岁的双胞胎和17岁的女儿并不需要家庭会议——他们分配了家务活，并确定了每个人的责任。

在我的家庭中，如果每个孩子在家庭会议上都集思广益，共同解决方案就能发挥最佳效果。我会把他们的想法列成一张清单——无论这些想法多么不切实际或愚蠢，都不做评价。提出的解决方案越多越好。把方案写下来有助于在讨论中专注于问题、解决方案和事实，而不涉及个人的情感、态度或评价。如果难以找到解决方案，简要讨论一些古怪的方案可能会缓解紧张气氛。将问题缩小到可控范围内也可能是有效的。

步骤3：考虑每个潜在解决方案的利弊。

接下来，讨论每个解决方案对父母和孩子的影响。如果你的孩子难以站在别人的角度考虑问题，他们可以进行角色扮演，假装自己是那个人。同样重要的是，在讨论中尽量使用第一人称"我"[32]进行表述——作为成年人，什么对你适用，什么对你不适用——并要求孩子们也这样做。避免批评，传达可以解决问题的信心是关键。

步骤4：选择一个解决方案加以尝试。

接下来，你可以以写下大家都能接受的解决方案。如果头脑风暴清单上的解决方案都行不通，那就继续尝试，直到找到一个适合所有人的解决方案为止。

如果你认为某种情况（比如违反宵禁[①]）需要承担后果，你可以请孩子和你一起集思广益："如果违反宵禁，你认为怎样做才算公平？"这样一来，惩罚的决定就不会受愤怒情绪的影响，也不会不切实际或不合理。我们的目标是确保后果公平、一致且可行。

步骤5：必要时评估解决方案，如果它不起作用，返回步骤2。

将共同解决方案看作一个过程，一个不断迭代的过程，而不是惩罚的过程，这一点至关重要。如果方案不奏效或陷入僵局，可以再次召开家庭会议，共同找出新的解决方案，然后重新开始这个过程。采用共同解决方案需要练习，但这是值得的，因为它帮助我们成为我们想要成为的那种父母。

[①] 此处宵禁指儿童和青少年晚间必须回家的时间。——编者注

实验室⟵⟶生活：对青春期的信念如何影响我们的沟通

来自费城儿童医院的儿科医生肯尼斯·金斯伯格，他是《恭喜，你有了一个青少年》(*Congrats—You're Having a Teen!*)一书的作者，这是一本我视为珍宝的书。他认为我们对青春期的信念影响了我们为人父母的方式：

如果你认为青少年情绪失控（全速前进，没有刹车），你就会用一种方式与他们沟通。但如果你理解他们大脑中情感部分的精彩之处，你就会采用另一种沟通方式，一种尊重他们直觉和反应能力的方式。[33]

对于我所说的"发展需求"，在创建了家长与青少年沟通中心的金斯伯格看来，这是非常智慧的提法。他写道，年轻人"善于读懂社交暗示，对言语和非言语信号高度警觉"。[34]

金斯伯格发现，当父母不理解这一点时，孩子的行为就可能会激怒父母，或者父母可能会采取一种居高临下的语气，试图控制或平息现场。[35] 在这种情况下，金斯伯格指出："你会剥夺年轻人的安全感、自主感和自信心。当然，年轻人也会因此做出消极的反馈。"如果你理解了年轻人的发展过程，你就可以变得包容和温暖：

当你把年轻人视作他们自己生活中的专家，并以一种真正尊重的方式让他们参与决策和解决问题时，他们就能保持平静。

促进倾听和理解，创造共同解决方案

肯尼斯·金斯伯格的愿望是让父母知道他们对孩子来说有多重要以及如何展现其重要性。这也是我的愿望。

在撰写本书的过程中，我以一个孩子和成年人两种心态去倾听，这让我能更好地理解研究结果与父母和青少年的心声之间的联系，从而找到可行的解决方案，朝着

我的愿望努力。

当你阅读接下来的章节时，在你思考自己的青春期、你生活中的青少年以及你与青少年的互动时，我希望这些联系会对你有所帮助。要知道，和孩子们在一起的每一天都是新的，而且什么时候开始都不晚。

将青春期作为复原期

检验我们的养育策略和社区支持

立志成为什么样的父母，永远不会太晚，但对于那些在婴幼儿时期遭受过沉重压力的孩子来说，父母能产生多大的影响呢？

多年来，我听到一些早期儿童教育的倡导者争辩说，到了青春期再行动就太晚了。甚至在谈论逆境时使用的词语，比如"有毒的压力"，听起来都像是致命的。在青春期，孩子是否有可能从被虐待或被忽视等不良经历中复原？如果可以，又该如何实现呢？

令人振奋的消息是：**逆境并非宿命**。在一份关于青春期的报告中，美国国家科学院、工程院和医学院进行了一项评估，该评估针对建立在青少年可塑性基础上的计划和干预措施，揭示出影响年轻人积极心理和生理的可能性，以帮助他们茁壮成长。[36] 他们总结道：

虽然预防早期生活逆境是最理想的，但研究表明，在青春期和后续发育阶段仍然有可能改善和纠正不健康的发展轨迹。[37]

我们将探讨父母和社区可以做些什么来抵消逆境的影响，以及青春期为此提供的机会。这些研究带来的启示可以激励所有人，无论青少年早年经历过什么，在青春期都有修正的机会。

青春期：修复早期负面影响的机会？

梅根·冈纳来自明尼苏达大学，她在心理学和发展心理神经内分泌学领域拥有独特的背景，发展心理神经内分泌学研究内分泌系统或激素系统、神经系统和心理学之间的关系。尽管她大部分关于压力的研究都集中在幼儿身上，但她越来越多地将目光转向青春期，看看在青春期的变化是否有助于改变儿童应对压力的方式。

冈纳认为，"压力是指对你的身体施加的要求，或你对这些要求的期望超出了你的能力时发生的情况"。[38] 当你的身体或心理健康受到威胁时，就会产生压力。

为了理解压力带来的影响，让我们想象一下，在某个晚上，你意识到有人在街上跟踪你，此时你会感到肾上腺素激增——这是战斗-逃跑反应。[39] 信息会迅速传递到大脑思维和推理区域（大脑皮质）以及情感和记忆区域（边缘系统，包括杏仁核和海马）。你开始专注于让你害怕的事情：这是否会有危险？[40]

同时，身体中的其他系统也被激活，包括下丘脑-垂体-肾上腺轴（HPA）系统。下丘脑和大脑其他部分会向脑垂体发送信息，脑垂体会激活肾上腺的外层部分，即肾上腺皮质系统，释放皮质醇和其他糖皮质激素。

皮质醇作为压力激素，能调动脂肪和葡萄糖，为应对危险提供能量，并抑制免疫系统，改变许多脑区的活动，包括与记忆和情感有关的脑区。战斗-逃跑反应带来的影响是将大脑从"立即思考，稍后行动"转变为"立即行动，稍后思考"的反应方式。皮质醇会帮助你建立起对威胁和反应的记忆，当再次遇到类似威胁时，你就会更快地做出反应，或者完全避免此威胁。[41]

假设现在跟踪你的人转向了另一条街，你意识到危险已经过去，随着其他方面的变化，下丘脑会向你的 HPA 系统发送信号，减缓反应，你的皮质醇水平开始下降。

冈纳将应激系统称为"快速启动－关闭系统"。[42]它迅速启动，然后一旦感知到危险消失，就会抑制反应。但如果压力持续存在，这一系统就会频繁启动，身体和大脑的功能会被改变。

如果儿童幼年时期面对的压力是巨大且频繁的，之后随年龄的增长才逐渐缓解，会发生什么呢？

20世纪90年代中期，冈纳为寻求此问题的答案，前往罗马尼亚孤儿院一探究竟。她看到孩子们在拥挤不堪和不人道的环境下生活。即使他们的生理需求得到满足，他们也无法和他人建立关系来满足心理需求，这可能会改变他们的大脑结构，导致非典型的生物和行为发展。[43]

在这些儿童被领养后，逆境有所缓和——这些儿童往往被充满爱和关怀的家庭领养。然而，应激反应仍然存在。

冈纳和她的同事们创建了一个登记表，收录了全球6000名国际孤儿院收养的儿童，并进行了多项研究。[44]他们发现，在那些关怀质量最差的孤儿院中，经历了两年或更长时间的情感剥夺和被忽视的儿童，可能会出现应激反应迟钝或降低（低活跃）的情况。冈纳解释道，在条件恶劣的孤儿院，应激源无处不在，孩子们的身体最终不得不减少对刺激的反应——这或许是大自然保护他们大脑和身体的方式。[45]而这种钝化效应会在儿童离开孤儿院后持续数年，这表明幼年时期有一个敏感期，在这一时期，应激反应迟钝似乎已经形成。[46]

反应迟钝的应激系统可能会让人觉得这些孩子在面对挑战时显得消极被动，但实际情况比这还要糟糕。冈纳和其他研究人员发现，与社会经济状况相似但由亲生父母抚养的儿童相比，那些应激反应迟钝的孩子面临着一系列风险：

（他们）被发现更容易出现社交和情感问题行为，更难理解社交暗示，更容易在与同龄人交往时遇到困难，并且在建立和维护健康的社交关系方面也有困难。[47]

在当时还是研究生的嘉莉·德帕斯奎尔的带领下，冈纳及其团队发现了连锁效应：那些应激反应迟钝的幼儿，他们的社交能力较差，[48] 在幼儿园更难以调节情绪和行为，[49] 青少年时期更容易出现社交焦虑。[50]

重要的是，他们的实验室研究发现，这些幼儿在被领养到新家庭后，养父母的抚养质量对他们的发展有显著影响。例如：

- 敏感的养父母提供的更有秩序的抚养方式，可能会培养出情绪调节能力更好的孩子。[51]
- 养父母在日常生活规律性上保持一致，可能会让孩子拥有更好的控制能力，减少注意力缺陷问题。[52]
- 养父母提供支持并提供有规律、有秩序和设定适当界限的抚养方式，可以降低孩子社交不当行为的可能性。[53]

尽管如此，应激反应迟钝的情况仍会持续数年，这使得冈纳不禁思考："孩子离开福利院去一个生活富裕、父母养育质量得分（普遍）较高的家庭，仍然不能修复这一生理轴，那么还有其他方法可以做到吗？"[54]

她和同事们想到的"其他方法"就是青春期。他们假设"青春期将出现一个窗口期，使得应激系统可以重新校准"。

为了验证这一假设，他们进行了一项研究，招募了 299 名 7~15 岁的儿童和青少年，其中 129 名是幼儿时期在孤儿院中度过之后被领养的孩子，170 名则是由亲生父母抚养长大的孩子。在接下来的两年里，他们参与了三次特里尔社会压力测试（Trier Social Stress Test）——"文献中最可靠的压力测试之一"。[55]

提到特里尔测试，可能会勾起很多人对校园生活的回忆（或噩梦）。参与者被要求做一个 5 分钟的演讲，向假想的同学介绍自己，陈述一些能获得友谊的事情，以及关于自己的几件不太好的事情。

他们有 5 分钟的时间准备和写笔记，但不能在演讲过程中使用笔记。如果他们在演讲过程中停顿，他们会被要求"多说一些"或者"继续"。

演讲后，参与者被要求做高难度的心算题并大声回答。当他们出错时，研究人员会说："错了，重来。"

这是一个充满压力的情境。我看到参与者在测试过程中不停地搓手并来回走动。他们被要求在实验室里5次留下唾液，以便研究人员测量他们的皮质醇水平。在压力情景下，大约需要25分钟，皮质醇会达到峰值。

结果如何呢？研究人员的假设得到了验证。"我们发现了重要的重新校准证据！"[56]冈纳感叹道。青春期为年轻人提供了一个发展新的应激反应的机会。

尽管这些数据令人振奋，[57]但冈纳指出："这并不完全是一个'从此幸福快乐的故事'。"[58]

他们的团队进行了后续研究，以探究这些青少年应激反应的增加（即现在是正常值）是否意味着行为问题的减少。他们研究了外显问题，比如对抗性、挑衅性和攻击性，发现应激反应的增加与更多的对抗性问题无关，反之亦然。

然而，这却与内化问题（如抑郁和焦虑）有关。应激反应增加与这些问题的增加相关，反之亦然：内化问题也与应激反应的增加相关。[59]但他们指出，这些青少年中只有3%~4%会被归类为临床水平的抑郁或焦虑，需要专业治疗。显然，这些青少年现在必须学会管理他们对压力的钝化反应。

> **重要发现**　这些研究共同证实，任何时候开始都为时不晚——幼年极为糟糕的经历所造成的后果是可以减轻的。但这需要父母在幼儿期和青春期进行积极的教养，以使其应激系统恢复正常。

冈纳的团队研究了未经特别训练或干预而自然形成的养育方式，发现这种养育方式可以影响那些从孤儿院领养的儿童。但如果能找出早期养育中的重要因素并加以强化，会发生什么呢？这一直是斯坦福大学教育专家菲利普·费希尔的研究目标。

费希尔认识到，养育应激反应迟钝的孩子可能具有挑战性，正如他所说的那样，孩子们在"封闭"状态中——他们很难注意到或回应他人的呵护，这反过来又会让父母更难察觉到孩子传递的这些"微弱信号"或保持积极态度。[60]

费希尔团队选择的育儿策略是"发球和回球"——当孩子主动与父母互动（发球）时，父母则以关心和支持的方式进行回应（回球），从而促进更积极的互动。[61]

FIND（拍摄互动以促进发展项目）旨在让幼儿的父母意识到发球和回球的重要性，并增加这种互动。父母将孩子与自己的互动录下来；研究人员观看视频，找出存在发球和回球的时刻，向父母展示并进行指导。[62] 费希尔说，结果是"神奇的"：根据对 FIND 的初步评估，认为增强意识和改变行为是可能的，并且这些变化与父母自身大脑的积极变化有关。[63] 费希尔说：

我们看到了大脑激活水平的变化，这些变化发生在自我控制周围的大脑区域。我们知道，自我控制是执行功能中非常重要的一部分。所以这是一个非常令人兴奋的发现。[64]

尽管尚不清楚类似 FIND 这样的干预措施是否会带来长久的幸福，因为这些干预措施尚未经过长期测试，但很显然，对那些曾被忽视的儿童来说，改变是可能的。如果说有任何例子可以检验育儿策略，这两个无疑是其中的典范！

实验室⟵⟶生活：从逆境中恢复，家庭和社区的作用

另一个可以检验育儿策略的例子是"非裔美国家庭支持"（Strong African American Families）（SAAF）项目及其最新的电子健康版"非裔美国成功之路"（PAAS）项目。美国国家科学院、工程院和医学院关于青春期的共识报告将 SAAF 作为一个令人信服的例子，说明该计划能够在青春期利用大脑的可塑性来克服逆境的影响，"影响的不仅有行为，还有系统的生理健康，从而确保了青少年的茁壮成长"。[65]

SAAF 和 PAAS 这两个项目在偏远的贫困非裔美国家庭中进行，对象包括年轻人及其父母或监护人。其中一个环节的重点是帮助生活在贫困非裔家庭的年轻人应对他们和家人会受到的种族歧视。该环节的主要内容是教导他们如何在逆境中生存和茁壮成长。

SAAF 的共同开发者和 PAAS 的主要开发者维尔玛·麦克布莱德·默里表示，自 1995 年 SAAF 项目启动以来，推动项目进行的一个关键问题是"我们所说的规范性的、良好的沟通和支持性的养育方式是否会使遭遇逆境的孩子们的状况有所缓解"。[66]

"我是由一位克服了逆境的母亲抚养长大的。"默里说道。默里的母亲在 8 岁时成为孤儿，"我的母亲和她的两个姐妹失去了父母。社区里的家庭抚养了这三个女孩，并将她们培养成功能良好的女性，她们长大、结婚并抚养了非常有成就的孩子"。[67]

默里表示，母亲与自己的孩子分享她的人生经验是自然而然的。

我从小就被她灌输这样一种信念：无论你身处何种环境，你都可以成功。

但单靠自己是无法成功的，社区的作用至关重要。

最重要的是身边有支持你的人，能帮助你在逆境中生存和茁壮成长。

默里大学毕业后在孟菲斯市中心做青少年工作者，他亲眼见证了在不幸中仍能蓬勃发展的可能性。虽然这些年轻人大多成长在极具挑战性的环境中——贫困及其伴随的各种困难——但许多人正因为他们所处的特定环境而得以生存和茁壮成长。这很像园艺工作。她说：

当小小的种子被放入土壤中时，它们被置于泥土和黑暗中。但如果有光照射，它们最终会生长并茁壮成长。

默里在康涅狄格大学斯托斯分校开始了她的学术生涯；后来她搬到了佐治亚大学，并与吉恩·布罗迪和其他研究人员一起开展了一项研究，该项目聚焦于生活在贫困中并遭受歧视的美国偏远非裔家庭和年轻人。从1995年开始，这一研究关注的关键问题是：什么样的保护性过程可以帮助这些年轻人茁壮成长？

他们设计了一项涉及约1000个家庭的纵向研究，事实上，他们识别出一系列因素（保护性过程），这些因素能够持续预测年轻人的积极结果，随后，这些因素被用于指导SAAF和PAAS项目。SAAF项目工作人员在700个家庭中进行了随机试验，其中有350个家庭接受该计划，其余350个家庭作为对照组。

SAAF计划在儿童进入初中后大约10岁或11岁时开始。默里认为这是一个"发展的转折点"，"它提供了一个崭新的环境和社会时期"，年轻人将由此经历新规则、新朋友、新老师和新机遇。[68]在这一时期，在行为模式变得更加固化前进行干预，有助于对青少年进行积极的塑造。

这种干预是全面性的，包括父母/监护人及其子女。父母和子女要先分开会谈，然后再一起参加会谈。对于父母/监护人，这个为期7次的计划侧重于正面（而不是惩罚性）管教，为孩子提供情感支持，对父母进行积极监督。[69]对家长/监护人的干预还包括角色扮演、设定明确期望、避免出现消极情况的发生（如酗酒）、性方面的沟通策略，以及促进积极身份认同和学校参与。

青少年和家长/监护人可以向辅导员学习（或相互学习），也可以通过在线的PAAS课程，或通过程序化的虚拟化身进行互动交流。比如，在一次关于青春期发育的PAAS会话中，一个虚拟化身的父亲说，当他"看起来像个成年女性"的女儿想坐在他的腿上时，他感到很不自在，于是就把她推开了。另一个虚拟化身的家长提醒他，这样做可能会被女儿视为拒绝。另一个虚拟化身的家长建议给女儿一个大大的拥抱，表示自己是一个充满关爱和有感情的父亲，如果比起让女儿坐在他腿上，这样做会让他更舒服的话。[70]

在这些课程中，青少年了解到遵守家庭规则的重要性，从而避免偏离未来目标的情况。他们还学习抵制酒精和其他毒品以及应对同辈压力的策略。此外，他们还学习如何选择可能成为好榜样的朋友，以及如何在遇到歧视时避免受到负面影响。

在分开学习一段时间后，父母和孩子们会聚在一起，练习他们在各自课程中的所学内容。每一个干预措施的设计都旨在改善沟通。例如，在最后一节课中，父母和孩子各自写下一份包含力量、成长和能力的家庭信条，然后共同撰写一份互相认可的信条。

结果如何？根据父母和青少年的调查报告，SAAF和PAAS项目确实改善了沟通。反过来，这种沟通的改善对预防消极风险行为也产生了促进作用。[71]

> **重要发现**　其他分析显示，被分配到实验组的青少年抵抗逆境的能力（评估和避免负面风险）和自我调节能力表现得更好。[72] 他们在学校更加投入，不太可能因种族歧视而受到负面影响，[73] 并且在学业上更加成功。[74] 积极的生理结果包括：减少了低度炎症，降低了早期逆境与糖尿病前期之间的关联，并促进了脑部的积极发育。[75]

鉴于她的母亲就是由社区抚养长大的，默里在SAAF和PAAS项目中强调社区的重要性也就不足为奇了。但出于研究目的，如何定义和衡量社区的影响呢？在这方面，默里受到了集体效能研究的启发。

集体效能的力量

与默里一样，我也受到了集体效能研究的启发。《纽约时报》2004年的一篇文章称其为犯罪学领域最出色的研究之一。[76] 集体效能是指邻里之间的社会凝聚力，以及他们为了共同利益对他人子女进行干预的意愿。几年前，我找到了费尔顿·"托尼"·厄尔斯，他是"集体效能"概念的提出者之一，如今他已从哈佛大学退休。他首先介绍了他提出这一概念的初衷：

我在纽约东哈莱姆担任儿童精神科医生的初期，就非常清楚地认识到，邻里关系——无论是积极的还是消极的——对儿童的生活至关重要。[77]

集体效能包含的并不仅仅是常见的人口统计学变量：

你的收入水平、种族/民族或移民身份并不那么重要。这些可能是影响因素，但即便在某些富裕社区，人们也会有感到不安的时候。而在贫困社区，也可能存在高度的共享和社会活动，孩子们可能会感到很安全，尽管他们并没有豪车、豪宅之类的东西。

厄尔斯和当时在芝加哥大学、目前任职于哈佛大学的罗伯特·桑普森等人，在芝加哥进行了一项长达十年的大规模研究。他们假设集体效能与积极结果相关，[78]这些结果被定义为邻里间的互相信任、分享共同价值观，并愿意为共同利益采取行动，比如监督孩子和维护公共秩序。[79]

该团队编制了一份全面的多因素社区数据图，包括财富、教育水平、居住稳定性、犯罪率、种族构成、移民身份等诸多因素。[80]他们对芝加哥343个社区的社会活动和社区自然风貌进行了录像，并对大约8000名社区成员进行了调查。厄尔斯描述了他们关于集体效能提出的问题类型：

- 假设一个年幼的孩子过马路需要帮助。在社区里，人们是否有可能会介入并帮助那个孩子？
- 如果你看到一个小孩逃学、乱涂乱画、对长者不敬——你是更可能袖手旁观还是会有所回应？[81]

该团队基于这些问题和其他问题，对每个社区的集体效能水平进行评分。

> **重要发现** 在 1998 年为美国司法部撰写的一份报告中，研究人员总结了他们的研究结果：集体效能得分高的社区比得分低的社区犯罪率低 40%。[82]

厄尔斯、桑普森和他们的同事在研究文章中谨慎地指出，"认识到集体效能的重要性并不意味着可以忽视社区层面的不平等"。[83] 研究发现，集体效能确实因社区而异，当社区成员在贫困和移民问题上挣扎时，其集体效能得分较低。

> **重要发现** "集体效能，而非种族或贫困，是整体暴力犯罪率的最大单一预测因素。"[84]

这项研究得出的结论是：并不存在不可挽回的"坏"孩子。每个孩子的幸福与其自身、家庭、学校以及社区紧密相关（包括社区的集体效能）。[85]

社区对青少年的影响

默里和同事们通过观察与集体效能相关的两个概念来评估社区的影响：

- **社区凝聚力**：衡量父母和青少年感受到的邻居支持的程度，以及他们是否觉得自己在需要帮助时可以依靠邻居。
- **集体社会化**：衡量邻居是否像对待自己的孩子一样帮助抚养其他人的孩子。[86]

我自己就是在这样的社区中长大的，所以当我和丈夫诺曼有了孩子后，也希望我们的孩子能在这样的社区里生活。我向备选的社区居民提出三个问题：（1）在这个社区里，你可以做自己吗？（2）如果凌晨两点遇到紧急情况，你能放心地给邻居打电话求助吗？（3）他们会帮助你，你也会帮助他们吗？经过一年多的寻找，我们找到了一个地方，那里的人们对这些问题的回答都是"是"，我们在那里抚养了我们的孩子和孙子。几乎每天我都对我称之为家的地方心怀感激，因为它给了我和我的家庭很多支持。

默里的研究发现，对男孩来说，拥有一个支持性的社区尤为重要。她推测这或许因为男孩比女孩更早地寻求从家庭中独立出来，他们更需要家人以外的人关注他们。

默里和加州大学欧文分校的神经精神病学家乌玛·拉奥目前正在进行一项评估，该评估针对的是 PAAS 电子健康计划对青少年认知和情绪调节的影响。他们对参加该项目前后的青少年进行了功能性磁共振成像扫描，以了解该计划对大脑功能连接的影响。这种连接特性与在危险情况中拥有更好的应对技能有关。根据默里的说法：

我们看到了大脑的决策过程发生了惊人的变化。通过参与 PAAS 电子健康计划，年轻人获得了抗风险技能，能够评估潜在的危险，并立即决定避免这些风险。这解释了为什么该计划是使青少年远离危险的重要途径。更重要的是，我们能够了解不同的课程会对不同的孩子产生怎样的影响。[87]

最后，默里的梦想是，这项工作将推动该行为干预成为一种行为精准医疗方式。

──────── **推广育儿策略** ────────

当被问及最重要的育儿策略时，青少年告诉我们他们希望我们倾听他们的心声。无论是冈纳还是默里的研究都表明，倾听有助于我们对青少年保持敏感，了解他们生活中正在发生的事。

青少年也希望我们能以理解青少年发展的角度来倾听他们——既要用"当我还

是孩子时"的心态，也要用成年人的心态来倾听。

青少年希望我们也能让他们参与到规矩的讨论中来。成年人应该保持一致，设立边界，并解释处罚的原因，但父母也应该让青少年参与到问题的解决，让他们学会在成长过程中应对挑战的技能。

正如厄尔斯所说，如果我们关心孩子的积极发展，我们不仅要关注我们的家庭，还要关注我们周围的人和社区。发展始终是与人际关系相关的。

技能培养机会：
把挑战变为学习技能的机会

我们在上一节探讨的三种关键育儿策略，展现了一种应对青少年挑战的独特方法。在这里，我们将从"技能培养机会"入手，探讨这种方法的独特之处。

1. 它基于一个认知：挑战可以成为机遇。
   以青少年玩电子游戏而忽视作业、拒绝打扫卫生、拒绝参加聚会或更严重的挑战为例。与其把这种行为视为惩罚的理由，不如将其视为传授青少年学习如何管理自己行为的机会。
2. 以发展为前提。
   青少年需要感受到他们在生活方式上有一定的选择权。实际上，我们所有人都有自主性和能动性的需求，青少年尤为明显。这种方法满足了这种需求。
3. 它以积极资源发掘为灵感。
   它关注的不是青少年做错了什么，而是专注于他们可以利用的技能，以便他们自己解决挑战，同时在成人设定的边界内工作。在这方面，它深受积极青少年发展运动的启发。

4. 它基于实证的研究。

这种方法基于一个相对新的研究领域,即自主支持或自主支持性照料,它适用于家庭、教师以及所有与儿童和青少年一起工作的人。我们将从研究入手,简要探讨其在幼儿中的应用,然后深入研究青少年阶段。

恰到好处的帮助:支持自主性如何促进执行功能技能的发展

斯蒂芬妮·卡尔森是研究幼儿支持自主性照料的先驱,但当我 2008 年首次在明尼苏达大学与她相遇时,她正沉浸在执行功能技能的研究中(详细内容请参阅第五章)。

卡尔森和其他研究者一直在研究执行功能技能,正如她所说:

> 现在有相当多的证据表明,幼儿时期的执行功能技能可以预测以后的学术成就、学校出勤率以及大学毕业情况。纵向研究显示,早期的执行功能技能可以预测以后的身体健康甚至财务状况。[88]

在新西兰达尼丁进行的一项研究追踪了 1000 多名在同年同一城市出生的儿童从出生到成年的情况。

重要发现	达尼丁研究团队发现,那些在早期缺乏自我控制(执行功能技能之一)的儿童,在成年(在 32 岁进行评估)后,健康状况较差,财富水平较低,并且犯罪率较高。[89] 无论智商或社会阶层如何,这一发现都是一致的。在比较同一家庭中成长的兄弟姐妹时也是如此:自制力较强的孩子在 32 岁时的表现要好于自制力较差的兄弟姐妹。

鉴于这项研究和其他许多研究都表明了执行功能技能的重要性。卡尔森想知道是什么帮助了孩子们学习这些技能。卡尔森与蒙特利尔大学的安妮·伯尼尔及其他人开始寻找答案，主要通过观察父母（最初是母亲）如何管理子女来寻找答案。[90]

多年来，研究人员观察到了三种育儿风格。卡尔森用她自己的话解释了这些风格：

- 一种风格是过度控制，即照料者替孩子做事情，而不是真正让孩子发挥主动性。
- 另一种风格是管理不足，自由放任。这意味着对孩子的所作所为不闻不问，甚至在孩子遇到困难时也不提供帮助。
- 第三种风格我们称之为支持自主性，认识到孩子需要发挥积极性，让他们自己努力解决问题。但同时也让孩子知道，在需要时你会支持他们，并提供足够的帮助。[91]

研究人员进而发现，第三种风格——支持自主性育儿方式——对孩子的生活有积极的影响。也许你会想：这种风格会不会让儿童习惯于按照自己的方式做事，不听父母的话？

事实恰恰相反，支持自主性育儿方式实际上是让儿童或青少年学会管理自己的行为，同时成人给予指导并设立规则。事实上，研究表明，接受支持自主性育儿的孩子更有可能遵守父母定的规则，即使家长没有事先强调他们也能做到。[92]

支持孩子自主性的父母不仅在任务中培养了儿童的工作记忆、认知灵活性、自我控制和反思等执行功能技能，还通过给孩子提供选择、接纳孩子的观点，让他们体会到成就感，从而提升孩子的能力和主动性。[93]

孩子的良好执行功能技能是否可能部分归因于他们与父母共享的基因，而不仅仅是学习的结果呢？例如，也许那些实行支持自主性育儿实践的父母就具备了良好的执行功能技能，他们的孩子也继承了这些技能。我曾参与过一项针对这一问题的研究。

> **重要发现** 支持自主性育儿方式是儿童执行功能技能的预测因素,甚至超过父母自身的执行功能技能。[94] 虽然这些技能可能在一定程度上是遗传的,但与支持自主性养育有明显的关联——研究表明,这种方式是可以被教导的。[95]

与他们一起解决问题,而不是替他们解决问题

克拉克大学的温迪·格罗尔尼克是研究支持自主性养育方式的先驱。在纽约罗切斯特大学攻读研究生期间,她开始与爱德华·德西和理查德·瑞安合作,开展了经典的动机研究。[96] 研究表明,提供外部奖励会降低我们内在的动机。她说:

如果有人在做一些真正有趣的事情,你开始奖励那个人做这件事,他们的动机就会改变。

例如,他们在玩拼图,你说:"每拼出一幅图给你 5 美元。"当然,他们会拼出更多的图,因为每个人都喜欢钱。当实验结束时,虽然他们可以继续拼图或做其他游戏,但那些拿到奖励的人就不想再拼图了。[97]

格罗尔尼克想:"从亲子关系的角度来思考动机问题,会不会很有趣?"

动机驱动行为。格罗尔尼克感兴趣的是人们重视自己所做的事情并感到兴奋的动机,无论这种动机最初是来自内心还是他人。她说:"这种行为很可能会持续下去。人们更有可能为此感到快乐,增强幸福感。"

由德西和瑞安提出的自我决定理论认为,[98] 人的动机是内在的心理需求。就像生物存活需要水、食物和住所一样,满足我们的心理需求能使我们茁壮成长。格罗尔尼克将其称为"成长、正直和幸福所需的营养"。[99] 我们将在第四章探讨充分满足需求的重要性,在此仅做简要概述。

自我决定理论确定了三个基本需求：

- 我们需要**联结感**：体验到被珍视和被爱，有归属感，而不是感到不重要和被疏远。[100]
- 我们需要**自主性**：有选择的权利和能对自己的行为负责，而不是感到压力和受到控制。
- 我们需要**胜任感**：体验到效能感和有能力，而不是感到自己是无能的、没有能力去影响我们的世界。

作为基本需求，联结感、自主性和胜任感不仅仅是美好的体验，这些需求的满足对于人们坚持参加活动和全面发展至关重要。格罗尔尼克说："在不同年龄段的人群以及许多不同文化中，都有大量的信息显示，满足这三个基本需求的人会体验到更多的幸福感。"[101]

格罗尔尼克和其他研究支持自主性育儿的人明确指出，支持自主性并不是"让孩子为所欲为"，也不是让孩子自由放任地做自己的事情，而是帮助孩子感受到选择的权利。格罗尔尼克表示，这意味着要理解年轻人，为他们提供选择，与他们一起解决问题，而不是替他们解决问题。和卡尔森一样，格罗尔尼克将控制放在连续体的另一端：

> 控制意味着对别人施加压力，从自己的角度与他人互动。这是替孩子解决问题，使用的是诸如"你必须""你最好"等控制性的语言。[102]

她承认，作为父母，我们中的许多人都会使用这种控制性的语言，因为我们感受到压力，觉得风险很大。而最典型的高风险例子莫过于家庭作业。

在一项研究中，格罗尔尼克和她的同事们研究了父母帮助孩子完成家庭作业的影响。[103] 研究人员给一组三年级的学生和其父母布置了家庭作业，并告知其中一半的父母，他们需确保孩子掌握这些知识，并且孩子们随后会接受测试；另一半父母则仅被告知这是一项共同完成的任务。

然后，研究人员比较了两组父母的行为，结果大相径庭。对孩子的表现有压力的父母倾向于为孩子解决问题,而且更具指导性;事实上,他们比那些没有压力的父母要严厉得多。他们还发现,这组儿童独立完成任务的能力较弱。

显而易见的是,当父母感到自己(而不仅仅是他们的孩子)会在孩子的家庭作业方面被评估时,他们更倾向于替孩子解决问题,而不是与孩子一起解决问题。支持自主性不仅能让青少年感到有选择权和成就感,还能切实改善他们的学习过程。[104]

这同样适用于教师。正如格罗尔尼克指出的那样:"许多研究表明,当教师在课堂上更多地支持学生的自主性时,孩子们就更有可能投入学习中。"[105]

格罗尔尼克在有自己的孩子之前就进行了早期研究。她目睹了父母的控制欲,当时她觉得自己永远不会成为那样的父母。但生活总会给我们上一课,让我们在自动驾驶模式和自我控制之间挣扎,做我们认为正确的事情。[106]

当我有了自己的孩子后,我对父母有了前所未有的理解。

在我们赶时间的时候,我确实会帮孩子们系鞋带。我也曾有过确保他们的家庭作业全对,并让他们坐在那里直到完成的时刻。我想告诉他们穿什么最好看。在很多情况下,我并没有真正把这些冲动变为行动,但我惊讶于自己竟然有如此强烈的感受!

格罗尔尼克不仅帮助她的孩子学习技能,她自己也在学习各种技能。在《关于不良行为的好消息》(*The Good News About Bad Behavior*)一书中,[107] 记者凯瑟琳·雷诺兹·刘易斯描述了围绕这类研究兴起的一种运动,这类研究正在改变美国父母对"管教"的看法。相应地,孩子的不良行为被视为"一个谜题的线索,只有在孩子的参与下才能解开这个谜题。这是一个帮助孩子发展重要技能的机会"。

这就是为什么我称这些为"技能培养机会"。我们不仅培养了青少年,也在提升我们自己的能力。

回顾多年来的研究——尤其是卡尔森、格罗尔尼克等研究者如何在他们的研究中衡量这些技能——我和我的团队根据斯蒂芬妮·卡尔森的反馈意见,确定了五项基本策略,以帮助青少年和父母在充满挑战的时期提高技能。

促进技能培养机会:
五项基本策略

这五项技能培养机会基本策略可以帮助你培养支持自主性的养育技能。

1. 反省自己

试着找出你对这种情况做出此类反应的原因。这种情况对你意味着什么?

记住,如何看待行为决定着我们会如何做出回应。我们面对孩子挑战性时刻的反应将为他们如何学会解决问题定下基调。

2. 以青少年的视角看问题

试图弄清楚为什么你的孩子会这样做,他们的目的是什么,以及他们在成长过程能做什么和不能做什么。然后,在理解这一点的基础上做出回应,包括什么是孩子最佳的学习方式。

这是另一种多听少说的方式,用"当我还是孩子时"的心态去倾听,而不仅仅是成年人的心态。

3. 分享理由

解释你的观点——你的期望是什么以及原因。你的行为是可预测的,并以有助于你的孩子发挥积极作用的方式分享理由和限制。

大量研究表明,如果孩子了解为什么要求他们做事,以及他们的行为会对他人产生什么影响,那他们更有可能遵守要求。

4. 共同解决问题并提供选择

让青少年发挥积极作用,共同参与解决问题(包括提供选择),而不是替孩子解决问题。

这是共同解决方案的核心,它提供了一种在面对棘手问题时解决问题的框架。

5. 搭建脚手架

在你的孩子已经做得很好的基础上,跟随他们的步调,为他们提供有一定难度但又不过于困难的挑战，让他们有机会施展和运用自己的生活和学习技能。

在青少年学习自己的事情自己做的过程中，我们要为他们提供支持。

试试"技能培养机会"。它们对你有效吗？

可能性思维

16岁那年我认识了诺曼，他后来成了我的丈夫。那时我们只是朋友，他带我去他家，但事先并未通知他的家人。

当我们走上门廊的台阶时，恰好碰见我未来的小姑子（我称她为凯）匆忙下楼。她打扮得一副典型的叛逆青少年的模样：头发高高梳起，浓妆艳抹，穿着极短的短裤和低胸紧身上衣。

紧随其后的是我未来的婆婆（我称她为罗丝），她大喊道："你要是敢穿成这样离开，你就永远——永远——别想再进这个家！"

凯继续往前走。罗丝停了下来，但依旧在喊："别想回家！门会锁上的！"罗丝注意到了我，我们互相介绍了一下。她对我说的第一句话就是关于凯的："她从不听话。她知道她穿成这样像什么吗？"

我不知道当时自己怎么了。或许是因为我的母亲和许多老师都鼓励我自我表达。我从罗丝的激烈反应中感受到，她以前在这场争论中输过，而凯最终总是会被允许回家。所以我问道："你为什么说会把她锁在外面？我打赌你不会这么做。"

罗丝沉默了。诺曼看起来很惊讶，而罗丝的回答更让他吃惊："那我该说什么？"她问道。

她竟然在听一个青少年的意见，我想。这真是令人印象深刻。

我已经不记得自己当时给了什么建议。我只记得罗丝听得很认真，问了很多问题，并说她愿意尝试，因为她之前的方法显然是无效的。

凯和她母亲之间的争吵仍在持续。显然，她们彼此都很关心对方。在凯进入青春期后，她们的关系变得更加亲密。在罗丝生命的最后几年里，她们形影不离。然而此刻，她们却被困在这场没有赢家、只有输家的战斗中。

诺曼常说："母亲真的相信批评孩子会让他们变得更好。这可能是她成长过程中习得的经验。她只是在做她所知道的事情。"

后来我才了解到，诺曼也曾经受过批评。当他做错时（比如他把车撞凹了，打碎了一只心爱的杯子，或是忘记做答应过的事情），他认为自己理应受到批评，他会拼命逼我去批评他。而当我被激怒时，我有时也会批评他，但这肯定是不必要的。

这两种模式——罗丝和凯，以及我和诺曼之间的模式，都帮助我看到，尽管我们有改变的愿望和良好的意图，但过去的经历、习惯和模式会时常冒出来影响甚至阻碍改变，使我们陷入痛苦的循环，只有输家，没有赢家。

这些经历最终孕育出"可能性思维模式"（possibilities mindset）的概念，这个概念认为改变是可能的，而且你有能力做出改变。这也是一种好奇的心态，你会将困境视为挑战，而不是威胁。

可能性思维模式

- 事情可以变得不同，可以变得更好。
- 我努力理解为什么会发生这种情况，以及我可以做些什么来改善局面。
- 我相信自己能够振作起来，找到应对的方法。
- 将孩子的挑战视为一个机遇，让自己改变，找到解决办法。

当我们感到自己的行为无关紧要——看不到自己所做的事与孩子的反应之间的联系时，就会导致希望的丧失和"逆境思维"的形成，即认为改变是不可能的，无论如何你都无法实现。这是一种缺乏好奇心的心态，你不会去关注为什么会发生这种情况，反而会觉得受到了威胁。

逆境思维模式

- 事情不会改变——以后也将一直如此。
- 我不关注事情发生的原因及其本质。
- 在我人生的这个阶段，我不认为自己能够改变或有太多选择去处理这种情况。

当我开始进行定性研究的访谈时，我没想到会发现一个新概念。我只是想更好地理解家长在与青少年子女发生冲突时的内心活动。随着和家长交谈的深入，我越发意识到我需要超越日常冲突，去关注我们失去理智的那些时刻，因此我开始向家长们询问这方面的情况。

我所说的失去理智，并不是指崩溃、争吵、大声喊叫、变得悲伤或者沉默，尽管这些时有发生。我指的是那些我们变得被动而不是积极主动的时刻、成为自己不想成为的父母的时刻。我开始怀疑，在这些时刻，我之前提到的共同解决方案、自主性支持和技能培养机会等育儿方法并不能真正起到作用。

我的直觉告诉我，这中间存在一种基于特定信念和假设的世界观。这是一种思维，而且很重要。如果我们能更好地理解它，或许我们就能够应对这些时刻，然后就能够运用这些育儿策略。

我将分享我在采访和后续研究中获得的答案。

是什么导致失去理智？

艾达住在路易斯安那州的西北部。她形容自己 14 岁的女儿阿莉莎是个"固执"的孩子。当阿莉莎想做某件事时，她无论如何都不会让步，这导致这对母女间经常发生争吵。在最近的一次冲突中，阿莉莎跑到她姑妈家"避难"，艾达发现后继续与她争吵，直到艾达发现自己竟重复了她母亲曾对她说过的话：

下次你再不告诉我就离开这座房子，我就报警，让警察把你带走。

她警告阿莉莎:"你犯法,就得付出代价。"

对孩子的担心让我们更容易失去理智

艾达担心自己 14 岁的女儿太过天真,当她发现阿莉莎在网上访问成人网站,并在社交媒体上发布自己跳舞的视频时,这更加剧了她的担忧。她开始监控女儿的在线帖子,并对所看到的内容表示反感:

她们表演的那些街头舞蹈让我觉得很低俗。女儿会把视频发布在 Instagram(照片墙)上。我对她说,"不行,宝贝。你不能这样做"。我说,"外面有些变态会看这些视频。想想他们有多容易就能找到你"。我告诉她,"你要提升自己,让自己成为一个值得钦佩的人"。

艾达认为她的女儿是一个跟随者,而不是一个领导者。阿莉莎刚进入一所新学校,艾达还不了解女儿朋友们的家庭背景,但她觉得那些父母似乎非常纵容——让他们的孩子"晚上想待多晚就待多晚"。艾达试图通过分享自己的生活经验来警示女儿,好让女儿对这个世界有所戒备。她也试图成为一个榜样。但阿莉莎并不听她的话:

她会说,"嗯哼,妈妈",女儿对我说的每句话都是这样。如果她想做什么,无论如何她都会去坚持。

艾达和阿莉莎之间真正令人担忧的冲突,揭示了可能导致我们失控的另外两个因素。

成年人的期望是诱因

当艾达告诉阿莉莎,如果她再离家出走就会报警时,阿莉莎对她大发雷霆:"你总是想报警。啥事都要报警!"艾达反驳道:

不,我没有总是说我要报警。我说的是,如果你表现得符合你的年龄，不像个小孩那样，我就不需要报警。

这次沟通揭示了另一个可能导致家长与青少年子女发生冲突的因素。正如你在第一章中看到的，家长会以这样一种视角来评价他们的行为，即青少年是不成熟或有缺陷的成年人，这种视角隐含着他们应该表现得更成熟，但他们却没有做到。

我曾说过，我们用期望值来衡量自己的成功或失败。[108] 期望与现实之间的差距可能导致冲突，但也可能带来成长。

突破之年研究发现 | 29% 的家长完全同意或基本同意"当孩子做错事时，[①] 我觉得以他们的年龄，他们应该表现得更好"。另有 42% 的家长略微同意这一观点。

化挑战为机遇

来自密歇根东部的露西是两个孩子的母亲，她一直在努力给她 16 岁的大儿子安德鲁更多的自主权和决策权。最初阻碍她的是她对儿子的期望。她说："我基于自己作为青少年时的经历来设定期望。"但这并不奏效。

青春期的女孩和男孩的经历是不同的。而且，他显然也不像当年的我。我那时更喜欢社交，一切都围着朋友转。我的儿子却不是这样。他非常内向，他有一个 4 人小圈子，都是从小学和初中时期就认识的。我一直试图把他变成另一个人。经过多次争执后，我意识到我必须改变。

---

① 在调查中，我们使用相同的语句"当孩子做错事时"来提出"可能性思维模式"的问题，这样家长们就有了一个一致的回答框架。在新的研究中，我们将措辞改为"当我遇到具有挑战性的情况时……"

我们心中常常有一个假想的"正常"标准,这可能会妨碍我们接受孩子本来的样子。当露西意识到自己的期望不合理时,她开始学会放下这些期望:"在这个年龄段,他已经是一个独立的人了。"

反思——暂停——可以让我们像露西那样重新思考期望与现实。

就在他即将上高中的时候,我意识到还有四年时间他就要上大学了。他们不再是小孩子了。他们将继续前行,而你别无选择,你也必须跟上他们的脚步。

这就是父母成长的本质——我们的孩子在成长和变化,而我们也必须成长和改变。

在意识到这一点后不久,安德鲁因单核细胞增多和链球菌感染住院,这引发了他的焦虑症。他显得特别脆弱。就像艾达担心阿莉莎一样,露西也开始为安德鲁担忧。她的第一反应是试图为他解决一切问题,结果再次回到了"针锋相对"的状态。

露西有了第二个领悟——安德鲁必须在管理自己的焦虑方面扮演关键角色。圣诞节前,他们去看了医生,医生建议他采用无麸质和无乳制品的饮食方案。

安德鲁泪流满面。他明白医生为什么要他这么做,但他说:"我觉得这不公平。我觉得我做不到。"

我们进行了交谈,并最终达成了妥协。他答应圣诞节前戒掉乳制品,然后在圣诞节后戒掉麸质食品。安德鲁坚持了一段时间的饮食计划,但情况并未好转。

安德鲁的焦虑还"引发了其他的问题,他担心感染,并拒绝去上学"。由此,露西制定了一个基本规则——他必须去上学:

我们不希望他待在家里,因为我们不想让他的焦虑和强迫症占据上风。我们希望他能够逼迫一下自己。他必须培养足够的勇气和力量来克服恐惧。而他做得很好。

为了满足他的自主权,露西和丈夫要求安德鲁自己想办法处理学校的问题。安德鲁制定了一系列令人印象深刻的策略,包括使用折叠文件夹携带学习用品,以免学习用品接触到光秃秃的桌子。

疫情期间,安德鲁的焦虑再次发作,他和世界上的其他人一样,不仅担心自己会被看不见的病毒传染,而且深受那些不断接收到的危险信息的困扰。

他还学会了另一个技能:为自己发声,表达自己的需求、意见或感受。有一天我们在看关于冠状病毒和死亡人数的新闻,他说:"能不能关掉新闻?我现在真的无法再忍受听到这些消息。"他能够为自己的情绪和心理健康设定边界。

安德鲁并不是唯一一个对负面新闻做出反应的人。一项关于疫情和心理健康的研究发现,限制耸人听闻的新闻报道可能有助于保护儿童和青少年的心理健康。[109]

认识到青少年在成长过程中需要更多的自主性和能动性,这帮助露西不再试图通过为安德鲁解决问题来帮助他,而是让他有机会自己解决问题。即便如此,正如露西所说,这也并不容易。如果我们认为自己的孩子是脆弱的或难以应对困境,并深深为他们担忧,那么我们就很容易尝试为他们解决问题。

突破之年研究发现 | 48%的家长完全或基本同意"当孩子做错事时,我想保护他们,不让他们失败",31%的家长勉强同意这一观点。

作为父母担心被评判

伊桑是两个男孩的父亲,两个儿子分别为 15 岁和 19 岁,住在新泽西州郊区。他表示大儿子很聪明,但事情对他来说却并不轻松。

他是我们的第一个孩子,也许我们太宠爱他了。他语言发育迟缓,还患有癫痫,但并不严重。我不知道这是否影响了他的社交能力或是改变了他的能力。

最近,伊桑读了一篇文章,说让孩子体验失败很重要,他意识到这对他来说是多么困难。

如果他在写论文时遇到困难,我们会帮助他,而不是选择让他拿到差的成绩。我意识到从长远来看,这对他真的没有帮助。然而,我们还是这样做了。我不愿意看到他拿到 B- 或 C 的成绩。也许在某种程度上,如果他得了差的成绩,会间接地反映出我的问题。

孩子课程中的一个 B- 或 C,仿佛是对父母育儿的评分。

> **突破之年研究发现**
>
> 9% 的父母完全或基本同意"当孩子做错事时,我首先想到的是我失败了",而 24% 的父母只是勉强同意这一观点。此外,12% 的父母完全或基本同意"当孩子做错事时,我担心别人会对我产生负面评价",而 29% 的父母只是勉强同意这一观点。

有趣的是,伊桑说他在成长过程中并未受到免于失败的保护:

我的父母并没有那样对待我,实际上这对我帮助很大,因为我看到了自己的失败之处,并更加努力地弥补自己的不足。我知道这不是最好的做法，但我还是这么做了。我不知道为什么，我陷入了这样的模式中。

我问他，如果想改变，可能需要付出什么代价，伊桑回答道：

我不想这么说。对我的大儿子来说，现阶段，我认为我不会改变。对我的小儿子，我们没有那么多干预。在我内心深处，我认为长远来看，小儿子会成功，我担心的是我的大儿子。

我的最后一个问题是："作为家长，你学到的最重要的一件事是什么？"伊桑说道：

我亲眼看到了，我不能为他做一切，他必须学会面对失败。作为父母，我正努力从这种模式中解脱出来。老实说，这真的很难。

伊桑认为这是在帮助他的儿子学会面对失败，而我认为这是在帮助他的儿子学会管理失败和从失败中吸取教训。

感到威胁 vs 感到好奇

在与家长们交谈的过程中，我发现了其中隐藏的许多原因，解释了家长为何会失去理智，但也清楚地感受到了更深层次的东西。我再次怀疑，其中存在一种心态———一种对世界的看法。这种心态至关重要。

当艾达谈到阿莉莎时，她说："她可以改变，但她不愿意。"

同样，伊桑也无奈地承认，他此时此刻不相信自己能改变与儿子相处的方式。

接着是露西和安德鲁。他们也曾陷入一场没有赢家的冲突，但安德鲁的成长过程及其焦虑的发作让露西意识到，她必须采取不同的方式——她必须看见安德鲁原本的样子，而不是她期望中的样子，并让他参与到应对自己的恐惧中。

因此，有时候事情是可以改变的。那么，是什么造成了这种不同呢？

当我以改变的视角来审视家长们的访谈时，答案显而易见：

- **那些感到被困住的父母**觉得他们已尝试了所有的方法，但没有一种方法奏效。
- **那些并没有感觉被困住的父母**似乎拥有一种"好奇"的心态——他们想知道自己或孩子做出这些行为背后的原因，并不断尝试找出答案。
- **那些摆脱困境的父母**往往会从提问题开始。原本感觉到威胁的事情变成了挑战——一个可以克服的挑战。

这很重要，因为感到威胁与感觉好奇是通过大脑中的不同网络活动来实现的。著名作家、加州大学洛杉矶分校的精神科医生丹尼尔·西格尔对威胁和挑战之间的差异有着精辟的论述。威胁会使大脑处于一种于防御、恐惧和关闭的状态，并激活保护性的战斗-逃跑反应，而挑战则会激活大脑，使其处于一种积极、开放、接纳的状态，理想的学习就是在这种状态下发生的。[110]

相信自己有能力做出改变

丽贝卡失去理智的原因是她觉得自己好像撞到了一堵墙。她尝试了不同的方法，但她的三个十几岁的孩子却对她充耳不闻。与此形成鲜明对比的是：

当我感到我的孩子们在听我说话，当他们对我说的话做出反应或是按照我的要求去做事情时，我会感到无比强大。

丽贝卡就是另一个典型的例子：当你相信自己有能力改变情况时，**你便会与孩子重新建立连接。**

马萨诸塞大学波士顿分校的爱德华·特罗尼克研究了父母与子女（尤其是年幼子女）之间的社会连接。[111] 他说这是一个调频的过程。[112] 事实上，特罗尼克发现，调频——修复不匹配的地方——是一个过程。

对父母和孩子来说，这不仅是正常的现象，也是一种积极的学习体验。

当你们重新建立连接时，就是你们创造新事物的开始。如果你们创造了新的事物，你们就获得了成长。

因此，与孩子重新建立连接能为你们双方创造成长和学习的机会。这可以培养孩子的"可能性思维模式"。

我对可能性思维模式的思考，深受以下研究的启发：卡罗尔·德韦克关于成长型思维（事物可以改变）和阿尔伯特·班杜拉关于自我效能感（我相信自己能够做出改变）的基础研究和见解。[113]

对我来说，通过一个家长的故事，将这些观点都串联在了一起。

温暖的避风港

香农和她的丈夫住在美国中西部，他们有三个儿子。香农的改变之旅呈现了逆境思维模式对人们的束缚，以及可能性思维模式所具有的力量。她的旅程始于她的第一个孩子帕特里克：

我给了他太多的压力，要求他事事完美。他是我们的长子。有时他忘了带小号，我就会说，"好吧，我抽空给你送小号"；或者，"你现在是明星橄榄球运动员，英语却不及格，这样你也进不了大学。让我们熬夜把那张试卷做完吧"。类似的事情比比皆是。

香农的童年有个未解决的问题一直困扰着她，就像我们大多数人一样。

我意识到这是基于恐惧的育儿方式。我小时候没有得到很好的照顾，所以我想要照顾好帕特里克。我试图满足自己未满足的需求，但在这个过程中，我却告诉帕特里克他没有能力。

当我问她是什么帮助了她时,她说她转向了灵性和冥想,一切问题都在一个顿悟出现时得以解决:

帕特里克刚刚从高中毕业。我希望他远离那些爱聚会的朋友。我爸爸有一家公司,他可以在那里工作。

我们当时在机场。当他走向登机口时,我突然情绪失控。我觉得我浪费了太多时间在那些无关紧要的事情上。那一刻,我想,"我需要用不同的方式对待他和其他孩子"。

实现"可能性思维模式"并不一定要像香农的"啊哈(顿悟)"时刻那样。这种洞察力和改变的决心可以随着时间的推移逐渐获得。但改变确实需要坚定的承诺,以不同的视角去看待和处理事物。

对香农来说,就像安德鲁的母亲露西一样,改变的动力在于儿子正一天天地长大。帕特里克将在那个秋天去上大学。她没有"在无关紧要的事情上浪费太多时间",而是开始思考自己想成为什么样的父母。

我开始思考我想要什么,并意识到我想成为一个温暖的避风港。我想向我的孩子们展现,在我们这个家庭中,我期望孩子们善良并做出贡献,而不仅仅是表现。表现很重要,但它不是一切。

香农在面对她的第二个儿子布兰登时再次遇到了这个问题。她已经不再是"直升机"父母了,但要学的东西依然很多。

布兰登在17岁时打橄榄球受伤,从那时起事情开始变得一团糟。有一天,他回家后说:"妈妈,我不能再和这些天天谈论他们的路虎车的朋友在一起了。"他当时就读于一所富裕的天主教学校。

他转到当地的高中后,很快开始懈怠。当他年满18岁时,他发现如果他不去上学,学校管理人员也不会打电话给父母,所以他干脆就不再去学校了。每天早上都是一场战斗,香农会对他大喊让他起床去上学,而布兰登则坚决不动:"我不去。"

我会说:"布兰登,你必须起床,必须去上学。"他完全无视我。我越来越强硬,我想通过对他大喊大叫来改变他,这实在是疯狂的想法。

经过几个星期的激烈争吵,他们一家人坐下来商量,最后决定只要他拿到普通教育证书(GED)并考取社区大学就算完成任务。

布兰登完成了GED考试,随即重新陷入了无所事事的状态。由于他曾经是一个救生员,香农建议他成为一名医疗急救人员,但在社区大学上了几节课后,布兰登告诉母亲:"我绝对不愿意再看见在事故中受伤的孩子。"

那时,布兰登对我和丈夫的意见仍然表示尊重,并关心我们的想法。我意识到,如果我们继续按照现在的模式进行下去,我们可能会彻底疏远他。对我来说,那是最糟糕的事情。

我认识一个在成长过程中经常与父母对着干、喜欢参加派对的人。他被家人疏远,二十年来一直流落街头。我想,"你知道吗,布兰登也可能会走上这条路"。

她说,这是她内心的一次观念转变。她曾在这条黑暗的道路上感到愤怒和恐惧。看到自己的一个孩子无法从高中和大学毕业,这让她心碎不已。她担心这种状况会永远持续下去,却无力改变。但是,她学会了放下那种自认为知道他未来应该走什么道路的想法。

如你所见,香农当时处于一种逆境思维模式中,并感受到了威胁:什么都行不通;事情不会有任何改变;我的孩子不会改变,或者无法改变;我不会或无法改变;我无法改变现状。

香农改变的动力来自她的思考:作为父母自己想要成为怎样的人。她无法改变布兰登,她只能改变自己——但作为回应,事情可能会有所不同:

我问自己，作为父母，我的意义何在？我意识到，养育并不是为了让布兰登取得好的成就，让我自我感觉良好，而是为了我们之间的关系——不是他做了什么，而是我们如何相处。

我仍然对他抱有期望：无论发生什么，他应该能够无条件地依靠家人；他应该能够走出去，养活自己，关心自己的工作，并关心他可以做出的贡献。

我必须停下来，放手，然后提出问题。我必须思考新的可能性，而不是"他没有做我认为他应该做的事情，他的生活注定要失败"。我必须在他所处的位置上与他相遇，而不是假设他会过上我为他规划好的生活。

多年来，香农逐渐发现，"可能性思维模式"确实奏效了。布兰登有了自己的公寓，找到了一份工作，并加入了工会。最近，香农看到了她从未预想到的一幕：她的儿子正在为一场考试而努力学习，这场考试可能会为他带来工作上的晋升。

布兰登竟然主动去学习了！那一刻我充满了欣喜——这提醒我，只要我处理得当，艰难的时光终将会过去，而美好的时光应当珍惜。

关于逆境思维和可能性思维模式，数据告诉了我们什么？

我们开发了两个新的量表来评估家长的可能性思维模式和逆境思维模式。[1]我们发现，家长们大多同意可能性思维模式背后的因素，而对逆境思维模式背后的因素持中立态度。

---

[1] 逆境思维量表由两个项目组成，采用六级评分法：(1)"当孩子们做错事时，我担心他们不会改变"；(2)"当孩子们做错事时，我担心他们将来也会这样"。可能性思维量表由四个项目组成，同样采用六级评分法：(1)"当孩子们做错事时，我会思考他们这样做可能的原因"；(2)"当孩子们做错事时，我认为这是一个让我更好理解他们的想法和感受的机会"；(3)"当孩子们做错事时，我知道这只是当时的实际情况，而不会是未来的征兆"；(4)"当孩子们做错事时，我认为这是我改进处理办法的一个机会"。提示一下，我们随后修订了这一测量指标，并正在进行实地测试。

我们发现：

- 在我们进行的一项"参与－警惕"育儿测量方法的后续研究中，可能性思维模式与我们使用的一项测量指标呈正相关（例如，我们问家长"当你和孩子遇到问题时，你们有多大可能一起找到解决办法？"以及"你向孩子解释你的决定的频率是多少？"）。在后续研究中，可能性思维模式还与我们使用的"正念养育"测量方法相关（例如，要求父母回答"当我对孩子不满时，在采取行动前，我会注意到自己的感受"以及"即使我不同意，我也会认真倾听孩子的想法"）。
- 与此相反，逆境思维与这两项育儿测量指标呈负相关。

这个发现令人鼓舞——这些心态与父母的养育方式有关，而这些养育方式在其他研究中，包括那些被证明有助于儿童茁壮成长的研究中，都被证明是有帮助的，比如维尔玛·默里等人的研究。[114]

此外，我们还发现，父母在与孩子发生冲突时，父母的恐惧心理（比如他们害怕自己是失败的父母，担心会受到负面评价、失去控制，认为孩子在和自己对抗，以及认为孩子需要保护）是逆境思维的高度预测因素。

当我们在研究中观察青少年状态（根据青少年自己报告的结果）与父母心态之间的相关性时，我们发现：

- 父母的可能性思维模式与青少年对未来的信心有关，而父母的逆境思维模式则与青少年报告的较低的积极情绪、较多的消极情绪、对未来缺乏信心、更多的压力、与父母冲突较多有关。
- 父母的逆境思维模式与青少年的状态有较强的关联，相比之下，可能性思维模式似乎影响较小，这表明负面认知产生的影响更大。
- 可能性思维模式和逆境思维模式之间并不是紧密相关的，这两种心态在我们身上都不同程度地存在。可以这样理解，每种心态都有自己的"旋钮"，而不是只有一个"旋钮"，一端是逆境，另一端是可能性。这意味着我们可以通过提升可能性或减少逆境来改变我们看待挑战的方式。

促进可能性思维模式

我们从"突破之年"的研究中发现,思维模式很重要。同时,这些研究结果还表明,我们最好设法阻止我们陷入逆境思维模式。

青春期的友谊

在一次青少年研究者和资助者的会议上,我对青少年时期的友谊有了一个顿悟时刻。在破冰活动中,组织者要求我们每个人分享一段青少年时期对我们一生产生积极影响的经历。

以前从未有人问过我这个问题,但在其他人讲述时我花了些时间整理我的想法。一位研究者讲述了他家庭的一个故事:

我有一个哥哥,他有很大的潜力,但在青少年时期他的生活开始面临崩溃的状态。我意识到我的人生道路也可能像他一样。几次不同的经历——能够鼓舞我心的老师,心意相投的朋友,能够引导我的教练,那些幸运或不幸的经历——可以在我们的整个生活中产生不同的影响。

我认为他谈到的关于青少年时期如何塑造我们生活的观点非常正确。当他提到"心意相投的朋友"时,我回想起了我10岁那年的经历。

尽管我不情愿,但母亲还是把我送去了夏令营。为什么我应该离开我在西弗吉尼亚的家,独自坐上火车,远走他乡去和从未见过的人在一起呢?我极度想家,恳求辅导员、营地主任和我母亲让我回家,但都无济于事。

虽然成年人制定了明确的规则,但在很多方面,这个夏令营是由孩子们管理的。营员们有一个"营地委员会",负责解决各种棘手的问题,比如分歧、违规行为等等。另一方面,"调皮捣蛋"以大胆但无害的方式融入了营地生活——偷偷袭击辅导员,从其他孩子那里偷糖果,然后在糖果盛宴上分享"赃物",以及在夏令营最后一天威胁要把新来的营员扔进湖里。我们也不断地通过类似拓展训练的运动和冒险来挑战自己。

因为被困在那里,我慢慢地开始交朋友,特别是凯伦——一个扎着长辫子的女孩,她的床就在我旁边,我还与营地分配给我的一位"大姐姐"做了朋友。多亏了朋友,尤其是凯伦,我才能稍微忍受住营地的生活。

在接下来的几年里,我自愿回到夏令营。在最后一年,我的营友们选举我为营地委员会的联合负责人。那个来自西弗吉尼亚的想家小孩学会了做那些看似难以忍受的事情,并成为一名青少年领袖,这主要得益于其他孩子的支持,以及成年人设定的积极的营地传统和期望。

这是我在会议桌前的顿悟。那么那个长辫子的女孩呢?我们选择一起上大学,成为室友。我是凯伦婚礼上的伴娘,近40年后,当她的丈夫不幸因脑动脉瘤去世时,我是第一个去她身边的人。她也是我婚礼上的伴娘,当我母亲去世时,她开了几百英里的车来陪我。我们会永远互相支持。

带着那个故事和我的顿悟,我审视了关于青少年的研究,提出如下问题:
- 青少年时期的友谊能否成为一种有意识的积极影响?
- 是什么因素造成了积极和消极影响的差异?

社会关系对青少年的影响显然比许多人意识到的更为微妙。

朋友:是行善的助力还是作恶的推手?

当我们想到青少年的友谊时,我们倾向于认为他们容易受到他人的影响——甚至被他人带坏。但是,父母对青少年的普遍看法与他们对自己孩子的看法之间存在差异。

突破之年研究发现	9~19岁孩子的家长中有66%表示,"容易受其他孩子的影响"很好地描述了与他们孩子同龄的年轻人,而只有29%的人认为这个说法适用于他们自己的孩子。

这是一个很大的差距。对我来说,这也表明,在良好的文化环境下,其他年轻人可以产生积极的而不是消极的影响。这就是我在讲述我的夏令营经历时告诉团队成员的内容。我们成年人能不能基于对青少年发展的深刻理解,设计和培养一个发展青少年友谊的环境,以促进他们的自主性、能动性、相互支持、相互尊重并提高他们的能力吗?

我们知道,在青春期,父母的角色至关重要——可能比一些人意识到的还要重要——但同龄人也很重要。回想一下詹妮弗·西尔弗斯的研究,它揭示了青少年大脑对欺凌图片的强烈反应;再回想一下拉里·斯坦伯格的研究,它揭示出仅仅被同龄人观察就会导致青少年在玩红绿灯游戏时采取更多消极冒险行为。

红绿灯游戏捕捉到青少年在被朋友观察的情况下,在关键时刻更容易做出消极冒险选择。但是,青少年在那一刻的选择是仅仅受到朋友观察的影响,还是受到友谊中其他因素的影响?

青少年决策过程中的关键因素:同伴排斥与包容

詹妮弗·法伊弗怀疑,仅仅是身边有同龄人这一点并不能完全解释问题,因为这忽略了群体环境。在那一刻群体中发生了什么?过去又发生了什么? [115]

在2013年的一项研究中,[116] 法伊弗与她的团队深入探讨了即时的社交情境对青少年决策的影响,尤其是围绕"社交拒绝和排斥是否会影响青少年的选择"这一问题进行了探讨。法伊弗强调:

这是一个关键议题，因为排斥现象在青少年中普遍存在，对他们来说，获得同龄人的认可是一件极其重要且常引起他们焦虑的事情。[117]

研究中，20 名 14~16 岁的青少年被告知他们将通过网络与两个不同州的同龄人玩游戏。实际上，这些所谓的同龄人是由研究人员精心创造的虚拟角色，以确保每个参与者都能获得一致的社交互动体验。

为了与这些虚拟同伴"相识"，参与者们录制了简短的视频，介绍自己的名字和兴趣爱好，并填写了一份关于自己的问卷，其中一些问题用来评估他们对同伴影响的敏感程度。

首先，参与者在没有旁观者的情况下练习了红绿灯游戏。随后，他们观看了由计算机生成的同伴轮流进行的游戏，以营造出一种互动的感觉。接着，青少年在两个虚拟同伴的"注视"下进行了红绿灯游戏。

紧接着，他们参与了一个名为"Cyberball"的游戏，[118] 其中同样的两个虚拟同伴以动画形式出现在屏幕上，他们和参与者在第一轮游戏中互相传球，但在第二轮游戏中，参与者遭到了明显的排斥。

之后，参与者在虚拟同伴的"注视"下再次玩红绿灯游戏，目的是观察被排斥经历如何影响他们在面对黄灯时选择冒险的倾向。

法伊弗及其同事观察到，在遭受排斥后，青少年倾向于做出更多的消极冒险行为，例如更频繁地闯黄灯。然而，这种反应并非在所有青少年中一致。法伊弗解释说：

那些更容易受到同伴压力影响的青少年，在被社交排斥之后，他们的冒险行为有所增加。当他们感到被排斥时，他们更倾向于在下一轮游戏中做出更加冒险的决定。

| 重要发现 | 被同伴排斥所带来的影响并非单纯地导致消极冒险行为，而是存在更为复杂的动机。同伴影响的重要性在此过程中不容忽视。 |

这对于与青少年生活息息相关的人来说并不意外。事实上，青少年的当前状况以及他们的过往经历共同决定了他们对于排斥的敏感度。

在法伊弗及其团队进行的扩展研究中，他们招募了 122 名年龄在 11~17 岁的青少年，[119] 研究发现，如果青少年认为参与某些消极冒险行为（如饮酒、违法和药物滥用）能够提升他们的社交地位，也就是说，如果他们认为这些行为能带来社交上的益处，那么他们更有可能实施这些冒险行为。相对地，那些未看到社交利益的人则不太可能投身于这些消极行为。

然而，青少年之间的个体差异非常显著。研究指出，那些曾经遭受同伴欺凌或虐待的青少年更倾向于认为采取冒险行为会带来更大的社交利益，这表明经历过同伴伤害的青少年更容易受到同伴影响，从而参与消极冒险行为。

同伴关系的质量如何影响消极冒险行为？

你会如何描述青少年时期与朋友之间的积极关系？那么消极关系呢？

伊娃·特尔泽及其研究团队将关系质量定义为感受到支持，而与朋友之间没有冲突是积极同伴关系的核心。[120]

在 2015 年的研究中，他们招募了 46 名九年级和十年级（14~16 岁）的青少年，对这些因素进行了研究。参与者被要求在每晚睡前记录他们当天是否与朋友发生过任何冲突，比如争吵。

同时，他们还需要完成一份问卷，以评估在过去一个月内从朋友那里得到的支持（例如，"我需要交谈时可以依赖朋友"，或"我的朋友表现出他们理解我"）。一年后，他们再次完成了相同的任务。

在这两个时间点，他们还报告了与朋友共度的时间。几个月后，他们填写了关于参与消极冒险行为频率的问卷，并参与了 BART 风险游戏（一个给气球充气的游戏，但过度充气会导致气球爆炸）。

研究结果表明，那些经常与朋友发生冲突的青少年在 BART 任务中表现出更多的冒险行为，并且在现实生活中也报告了更高的消极冒险行为。然而，如果他们拥有更多支持性的关系，即使在冲突中，他们也不太可能做出消极冒险行为。

| 重要发现 | 尽管有人可能认为青少年与朋友共度的时间会影响他们的消极冒险行为，但研究结果表明，真正起作用的是来自朋友的支持，而非共处的时间。[121] |

荷兰鹿特丹伊拉斯姆斯大学的伊芙琳·克罗恩通过对儿童的长期研究，也得出了相似的结论：

我们发现，那些拥有更高质量友谊的儿童，其内侧前额叶皮质的发育速度更快。我们认为，这可以解释为在一个安全和支持性的环境中成长有助于儿童大脑的发育。[122]

| 突破之年研究发现 | 29%的青少年表示他们的朋友总是能给予支持，41%的人表示大部分时间如此，合计达到70%。此外，16%的人说朋友支持的次数大约占一半，11%的人表示偶尔得到支持，而3%的人表示从未得到支持。 |

亲密关系的影响

安娜·苏莱曼多年来一直负责管理校园健康诊所并对学生进行健康干预。尽管亲密关系是年轻人极为关注的问题，并且美国疾病控制与预防中心（CDC）的最新数据显示，21%的高中生有过性行为，[123]但令人惊讶的是，关于这一领域的研究却相对匮乏。[124]因此，苏莱曼对40名15~19岁的青少年进行了研究，让他们反思自己的亲密关系，并探讨他们对约会和性行为的潜在态度。[125]

在她的研究中,苏莱曼揭示了青少年形成恋爱关系的多重动机,但出人意料的是,这些年轻人在选择约会对象时,并没有深入考虑对方的特质。她还观察到,尽管父母可能会设定关于约会的规则,但他们往往不会引导孩子深入思考约会对象的特质。这一发现提示成年人,我们应该把握机会,向孩子提问:"在一段关系中,对你来说什么是重要的?"或者"你爱这个人的什么?"苏莱曼指出,如果我们不帮助他们审视自己的价值观,我们将会错失一个宝贵的教育时机。

朋友的影响与父母的影响:更清晰的理解

我们之所以专注于与年轻人讨论约会的规则,可能是因为我们深受一种观念的束缚:担心其他孩子会对我们的孩子产生不良影响,因此我们专注于保护他们。为了更直接地探讨朋友与父母的影响,北卡罗来纳大学教堂山分校的伊娃·特尔泽、凯西·杜和伊桑·麦考密克在2020年进行了一项研究[126],招募了39名青少年及其父母,并提出了以下问题:

(1)年龄稍小的青少年,12~14岁,如何在保持自我(也就是忠于自己的观点)与适应他人之间取得平衡,特别是当他们的态度相互冲突时?

(2)他们何时改变自己的态度?

(3)如果他们改变自己的态度,是受父母的影响大还是受同龄人的影响大,他们更有可能转向积极还是消极的行为观念?

研究人员特意选择了这个年龄组,因为研究表明12~14岁的孩子特别容易接受新体验。在研究中,他们首先要求青少年和他们的父母对列表里超过100种日常行为进行评分,这些行为包括积极行为(如在学校努力学习,参加志愿服务)和消极行为(如吸烟,考试作弊),评分范围从1(非常糟糕)到10(非常好)。

两周后,青少年们回到实验室,研究人员通过展示照片和录音向他们介绍认识了一个"同伴"。实际上,这个"同伴"是研究团队创造的,与研究参与者年龄、种族/民族、性别相同。

实验在大脑扫描仪中进行。研究人员提供了一个屏幕,上面列出了每一种行为(例如喝酒和开车)。在每个行为上方,参与者能看到父母和"同伴"对这一行为的评分,并被要求再次进行评分。有可能的结果是:参与者会给出与两周前相似的评分(他们之前没有看到自己的评分),或者他们可能受到父母或"同伴"评分的影响。

主流观念认为他们会受到父母或"同伴"观点的影响,但情况并非必然如此。研究人员发现,65%的参与者的评分在两周内没有变化,这表明他们忠于自己真正的观点,即使在看到和他人的意见不一致的情况下。

那些向"同伴"看法靠拢的人可能会朝着积极的方向发展,比如当"同伴"给出积极评价时,这些人在做志愿工作等积极事情上的评价会比之前更加积极。研究人员还发现,"同伴"的评价并不比父母的影响力更大。

> **重要发现**
>
> 虽然"同伴"通常被视为会带来消极影响,但这项研究揭示了青少年更有可能以积极的方式受到影响,而不是消极的方式。尽管在"突破之年研究"中,66%的父母报告称与他们孩子同龄的青少年"容易受他人影响",但在这项研究中,65%的青少年实际上在测试中坚持了自己最初的观点。

再次强调,存在个体差异

你有多个孩子吗?如果你像我一样有多个孩子,你可能会告诉我这些孩子彼此之间有多么不同,甚至在很小的时候就开始出现差异了。我的孩子们当然也是如此。哈佛大学的儿科医生杰克·肖恩科夫说:"科学正在疾呼这一事实。"

如果孩子们生活在相同的环境和条件下，他们最终会有相同的生活结果吗？当然不会。有些孩子对周围发生的事情更敏感，有些孩子则表现得随遇而安。有些孩子更容易生病，有些则较少生病。他们都是同一个家庭的孩子。[127]

肖恩科夫说，"科学开始在分子层面解释这个常识性的观察——理解相同的经历如何与每个孩子独特的遗传潜能相互作用，并且这种遗传潜能又随着孩子们在发展过程中持续经历的体验和人际关系而不断被塑造"。

我们已经看到，在我提到的一些研究中，一些青少年比其他人更容易受到同伴的影响。伊娃·特尔泽和她的团队已经探索了是否有神经生物学标志物可以帮助解释这些差异。他们从心理学、生物学、遗传学和神经科学中发现的证据令人鼓舞。这是一个新的领域，他们写道，研究人员才刚刚开始"打开箱子"。[128]

他们的团队正在进行与这个主题相关的多项研究，[129] 并且他们已经开始根据大脑扫描结果将青少年分类为在神经层面上高度敏感和不敏感的人。[130] 他们发现，那些在敏感性上得分较低的青少年在面对亲社会和反社会同伴群体时受到的影响较小。而对于高敏感的青少年来说，情况与之相反：如果他们接触到反社会规范，他们更有可能做出更多反社会行为，但如果他们接触到亲社会规范，他们更有可能表现出亲社会行为。

特尔泽总结说，这不是坏消息。实际上，这是非常好的消息：

更高的神经敏感性并没有使青少年处于风险之中。最重要的是，高度敏感实际上可以让年轻人在良好的环境中有更突出的表现。我认为这才是关键。[131]

你可能听说过用"兰花型儿童"（那些受环境影响高的儿童）和"蒲公英型儿童"（那些受环境影响较小的儿童）[132]来描述孩子们的这些差异。但即使有特尔泽的研究，我对将儿童归入某个群体仍然持谨慎态度。我知道人们有一种思维定式，认为"一旦是兰花，永远是兰花"，但事情不见得一定是这样的。哈佛大学已故学者杰里·卡根针对气质的纵向研究发现，一些婴儿确实比其他婴儿对环境的反应更大——当他们对新体验感到难过时，会表现出躯体上的焦虑，所以他们倾向于以一种保守的方式行事，直到他们感到舒适为止。但他们不一定一直这样。卡根告诉我："一开始，100个婴儿中会有20个这样；到了青春期，他们中的7个会非常内向，其他13个看起来'正常'，但也并不是特别大胆和外向。"他说，生物因素只是一个"推力"，而不是最终的判决。[133]

加州大学戴维斯分校的杰伊·贝尔斯基直接研究了兰花型儿童和蒲公英型儿童的问题。[134]他的研究表明，并非环境的所有方面对不同儿童都有相同的影响。他还发现绝大多数青少年既不像兰花（估计为7%）也不像蒲公英（估计为10%），大多数人是他所说的"马赛克"。

关键是不要根据孩子的某一个特征来定义他们，或将他们放进一个牢固的盒子里贴上标签，而是要理解并不只有一种存在方式，差异——或者就像贝尔斯基所说的"马赛克"——才是正常的。

促进发展积极的友谊

和许多研究一样，对青少年时期友谊的研究通常会以"这要看具体情况"作为结论。青少年是否容易受到朋友的负面影响或受到积极影响取决于他们的生物学和神经学因素以及他们过去的经历和他们目前的情况，也取决于他们周围成年人的情况。

虽然我们不能改变过去，但我们可以做些事情来改变现在和未来。我们已经讨论了教养和问题解决的策略、技能培养机会，以及我们可以应用的可能性思维。我们还可以创造合适的交友环境，一个有积极的冒险机会让青少年可以选择，并支持他们设定和实现目标的环境。这也是接下来我们将讨论的内容。

积极的冒险

在一次学校的露营旅行中，12 岁的英格丽被她最好的朋友怂恿去做一些冒险的事情。这件事情发生在英格丽和一群女孩在木屋外玩绳球的时候，她和她最好的朋友以及一些"人气女孩"一起住在这个木屋里。

我最好的朋友和所有人气女孩从木屋走出来，她悄悄对我们说："来吧，我们要去营地的男生那边。"
我说："什么？"
她说："来吧，她们都这么做。"

英格丽只有几秒钟的时间做决定。就风险而言，这不是一个风险很大的消极冒险，但对英格丽来说，这很重要。

我说："你可能会被抓到。我不会这么做。"
她说："来吧，这会很有趣。"
我说："绝对不行，你也不应该那样做。"
她说："尝试一点新东西嘛。"
我说："我会尝试新东西，但我不会去男生的营地。"

英格丽能够迅速做出决定，是因为她的父亲在班级旅行前和她谈过关于可能出现的诱惑和后果，其中包括被开除。

英格丽试图说服她最好的朋友，但她还是去了，英格丽认为，因为她想融入人气女孩群体。最终，因为有成年人在男生营地站岗，所以没有发生什么。当女孩们看到他时，她们就跑了回来。

英格丽能够列举出做冒险事情的后果，因为她事先已经仔细考虑过了。如果她被开除，她可能不得不转学，失去亲密的朋友，并在学校档案里留下被开除的记录。她对自己说："我为什么要冒如此大的风险，只

124　　　　　　　　　　　　　　　　　　　青春期的内心世界

是为了去营地的另一边?"

英格丽和她父亲的关系是建立在彼此信任的基础上的。她形容他是一个"严格的家长",但认为他是站在她这边的。他们的关系已经远远超越了"良好"这个标准。

- **她的父亲帮助她考虑了可能的场景和后果**——这是许多青少年教养项目所提倡的策略。同样重要的是,他是以一种实事求是的方式做到的,并未夸大其词。
- **她在生活中有机会做一些同样令人兴奋、令人恐惧和"冒险"的积极事情**。参加戏剧课为她提供了一个激动人心的机会去挑战对舞台表演的恐惧。她非常害怕,但表演让人感到满足,所以她和她的戏剧老师以及其他学生一起练习,直到她能够在观众面前唱歌和跳舞。因为英格丽在生活中有了这些积极的冒险行为,她就没有太多去冒消极风险的想法。

让我们假设许多青少年需要一些令人兴奋、恐惧、刺激的经历,这是他们正在考验自己。[135]这些经历和提供这些经历的环境可以帮助他们成长和学习。[136]那么问题来了:什么样的冒险将带来学习和成长,我们如何提供这些冒险?这些问题对激励和塑造青少年冒险行为的内外部因素提出了新的见解,也是我们将在本节中探讨的内容。

重新定义"冒险"

我认真考虑过"积极的冒险"这一表达。我有一些同事认为"冒险"这个词可能会引发负面的和错误的假设,认为青少年是消极冒险者,因此不应该使用这个词。

我最后还是决定坚持使用"冒险",但我尝试通过囊括生活中积极冒险的时刻来扩展它的含义。所以让我们用新的视角来看待冒险。

简单来说,冒险是一个结果不确定的行动——好的、坏的或中性的。北卡罗来纳大学的娜塔莎·杜尔和天普大学的拉里·斯坦伯格[137]认为冒险就是回报(获得的可能性)加上成本(损失的可能性)。两者的多少可能不同，也许两者都没有，获得的回报或付出的成本是不确定的。加州大学洛杉矶分校的阿德里安娜·加尔万补充说，因为你不知道会发生什么，你必须相信自己的观点，所以你很脆弱。[138] 丹尼尔·西格尔在他的书《青春期大脑风暴》中写道："冒险为僵化的行事方式注入了新的生命力。"[139]

学会勇敢

由于青少年比年幼的孩子或成年人有更多的冒险行为，一些人认为青少年相信自己对危险的免疫力更强。否则，他们为什么要看恐怖电影或乘坐可怕的游乐园设施呢？但这种解释被证明是不对的。加州大学伯克利分校的罗纳德·达尔发现，青春期的激素，包括睾酮，似乎增加了大脑中恐惧回路的激活程度，使它们对威胁更加敏感，而不是敏感度更低。[140]

事实上，达尔和他的同事已经注意到这在研究中一直是一个经久不衰的悖论。[141] 研究表明，青少年通常非常清楚做危险事情的后果，[142] 例如与鲨鱼一起游泳或从屋顶上跳下——尽管他们可能比成年人需要更长的时间来思考他们的答案。[143]

那么，如果他们知道（或被告知），为什么他们仍然要冒险，甚至是做一些危险的事情呢？在一项关于激素和大脑随时间发展变化的研究中，达尔和他的同事意识到这个悖论是完全合理的：

随着这些激素——睾酮和青春期分泌的其他激素水平的上升，激活奖励和兴奋中枢的能力也在上升。[144]

达尔和他的同事一直在研究"这两组回路——恐惧回路和奖励兴奋回路——究竟是如何随着青春期的到来更多地相互作用的。"[145] 他继续说：

孩子们想要刺激的感觉。没有恐惧就没有刺激。他们乘坐过山车和看恐怖电影并不是因为他们无所畏惧，而是因为他们喜欢刺激。[146]

达尔将研究人员所说的感觉寻求——寻求新颖和刺激体验的倾向[147]——视为适应性的，因为它使年轻人学会面对恐惧。本质上，他们学会了勇敢。他参考了马克·吐温的观点，认为勇气是对恐惧的掌控，而不是消除恐惧。[148] 达尔说：

克服恐惧的想法在所有文化中都受到钦佩。英雄是在关键时刻表现勇敢的人——无论是消防员、士兵还是帮助他人的民间英雄。勇敢是一种受人尊敬的品质。

你是如何学会勇敢的？不是通过无所畏惧，而是通过学会在害怕时也做正确的事情。如果你不练习，又怎么能做到呢？[149]

这就是英格丽努力克服在舞台上表演的恐惧时所做的事情。

重要发现 | 有些人认为青少年对恐惧免疫，但事实并非如此。青少年可以强烈地感受到恐惧，但他们被驱使去学会克服它，尝试变得大胆。这可以被视为必要的发展步骤。

青少年个体对奖励的敏感性是否不同？

鉴于个体发展的差异性，伊芙琳·克罗恩想要进行纵向研究——跟踪同一拨孩子的成长。这在神经科学领域里是一个昂贵的建议，但正如她所说，"如果我们真的想回答发展问题，那么我们就需要纵向研究"！[150]

克罗恩的梦想在 2011 年成为现实。在研究开始时，"大脑时间"（Braintime）项目共追踪了 299 名青少年，时间跨越了他们的青春期（8~25 岁）。

在一项使用该样本的研究中，由当时克罗恩在莱顿大学（现在在阿姆斯特丹自由大学）的博士生芭芭拉·布拉姆斯[151]领导的研究人员采用了254名青少年参与者的数据。他们专注于大脑奖励回路中的一个重要区域——伏隔核（NAcc）。这个大脑腹侧纹状体的区域对激素（如睾酮）的变化非常敏感。研究人员要探究青春期伏隔核活动随年龄发生的变化（包括睾酮水平的变化），因此参与者分别在研究刚开始和开始两年后进行了测量。

在两次测量过程中，参与者在扫描仪的注视下完成一个赌博任务，并进行之前提到过的BART气球测试。研究人员还通过他们的唾液收集了睾酮样本。研究发现，大约从10岁开始，男孩的睾酮水平急剧上升，而女孩的睾酮水平上升幅度较小。女孩的睾酮水平在15岁左右趋于稳定，而男孩的睾酮水平在大约18岁时才趋于稳定，这表明男孩的睾酮变化轨迹不仅更陡峭，而且持续时间更长。

和预期一样，研究人员发现，随着青少年进入青春期，他们对奖励的敏感性逐渐增加（通过伏隔核激活程度可以看出）。这种敏感性在青春期中段（15~17岁）达到顶峰。但另外两个发现更令人惊讶：

- 并非每个青少年都是消极的冒险者。有些人增加了冒险行为，有些人则减少了冒险行为。
- 睾酮水平较高的个体——无论男孩还是女孩——面对奖励时伏隔核激活程度更高。

就像预期的那样，青少年对奖励的敏感性和冒险行为存在明显的个体差异，睾酮水平是另一个可能产生差异的因素。

但这还不是故事的全部。

文化也影响冒险行为

在全世界的文化中，青少年在青春期对大脑发育和激素变化有不同的反应。有趣的是，这也与睾酮水平有关。

那么睾酮到底做了什么？达尔给出的结论很深刻：

它是一种激活社交动机的激素——寻找社会联系，了解并寻找社会地位。这是一个非常有趣的故事！[152]

睾酮在婴儿与照料者建立重要关系时升高，然后下降并保持在低水平，直到青春期再次上升。上升首先发生在女孩身上，因为她们更早开始青春期，然后男孩才开始。虽然睾酮增加了寻求感觉的需要，从而为年轻人提供了学习勇敢的新机会，但达尔表示，它在青春期还扮演了另一个角色：

睾酮使个体变得敏感，使其有动力去寻找受人钦佩的方法，并对被贬低或不被尊重非常敏感。[153]

达尔在参加一个佛教会议时听到了一个故事，这是他最喜欢的一个关于在不同文化中人们对赞赏反应的故事。美国研究人员讨论了睾酮在青少年进入中学阶段的作用，在中学阶段，受人钦佩与合群和社会地位相关。根据达尔的说法，佛教僧侣告诉会议参与者，在寺院里，男孩们会竞争谁更善良和有同情心，因为这些是在那个环境中被人钦佩的方式。

社会环境极大地影响着大脑系统和行为。例如，如果社会对男孩表现出自信比对女孩表现出自信有更多的钦佩，他们便会在行为中表现出自信来。生物学驱使所有性别的年轻人寻找自己的定位，但文化塑造了这种定位的表达方式。

消极冒险行为有多普遍？

自1991年以来，美国疾病控制与预防中心的青少年冒险行为调查一直在追踪美国高中生的消极冒险行为。[154]

他们2019年的数据显示，典型冒险行为的流行率徘徊在5%~9%：很少或从不系安全带为5.9%，酒后驾车为5.5%，吸烟为8.8%。[155]

表1是他们关于药物滥用的最新数据，数据比较了2011—2021年的

情况（注意："正在"定义为在过去一个月内至少一次）。[156]

表1　美国青少年药物滥用调查数据（2011—2021）

高校学生的比例	2011年总计	2013年总计	2015年总计	2017年总计	2019年总计	2021年总计	趋势
正在饮酒	39	35	33	30	29	23	▽
正在使用大麻	23	23	22	20	22	16	▽
正在使用电子烟产品①	—	—	24	13	33	18	◇
曾使用非法毒品	19	16	13	13	13	13	▽
曾滥用阿片类药物②	—	—	—	14	14	12	▽
正在滥用阿片类药物③	—	—	—	—	7	6	◇

资料来源：
美国疾病控制与预防中心，
"青少年冒险行为调查：
数据汇总和趋势报告：2011—2021"。

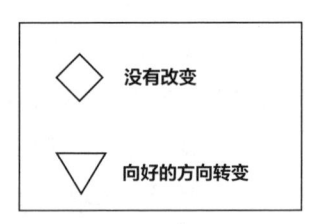

◇ 没有改变

▽ 向好的方向转变

需要注意的重要一点是，这些消极冒险行为中有许多随着时间的推移而有所下降，这意味着美国文化似乎正在影响青少年的行为。

青少年为什么会冒险？

正如我们看到的，一些研究青少年的研究者已经改变了他们对冒险行为的看法，[157]包括伊芙琳·克罗恩。

---

① 在2015年引入变量。
② 在2017年引入变量。
③ 在2019年引入变量。

在我们的研究中，我几乎在所有青少年身上都看到了对奖励的敏感性，但真正的冒险行为——鲁莽的、寻求刺激的、叛逆的冒险行为——我们只在一小部分青少年身上看到过。我在想，"为什么他们都对奖励有敏感性，却只有一小部分人做出过度的冒险行为？"[158]

这让克罗恩迎来了突破性的时刻：

我现在认为这有助于你变得好奇，去探索不同的选择，寻找不同的替代方案，找到你在新的社交世界中的道路。

重要发现	奖励敏感性通常被视为导致消极冒险行为的因素，但现在它也越来越被视为促使青少年进行探索、发展新友谊、发现新兴趣和尝试新事物的因素——所有这些都是发展所必需的。

超越"肩上的天使"：青少年做决策的新模型

青少年发展应该被视为奖励系统和认知控制系统之间冲突的结果，这一观点受到了一定的挑战，其中包括詹妮弗·法伊弗和尼克·艾伦。[159] 法伊弗认为"把自我调节网络比作'肩上的天使'是错误的"。[160]

自我调节网络可以使你做出计划来实现任何类型的目标，包括"青少年的父母可能不会赞同的目标"。法伊弗说道。同样，腹侧纹状体——大脑奖励系统的关键部分——也在青少年做出无私的选择、服务于他人时有所参与。事实上，这两个系统都可以引导青少年做出杰出贡献，或者危害社会；[161] 这两个系统不一定是相互冲突的。

在谈论青少年时最常提到的是所谓的"蜥蜴脑"（情感大脑）和"巫师脑"（认知控制系统）之间的冲突。尽管教育工作者告诉我，他们试图确保蜥蜴脑不被视为不好的或原始的，巫师脑不被视为好的或高级的，但我发现人们在使用这个类比时，往往倾向于这样简化这两个概念，将情感与理性的冲突作为青少年发展的关键主题。显然，我们需要新的科学模型来解释这一切。[162]

这正是法伊弗和俄勒冈大学的艾略特·伯克曼所面临的挑战。他们创建的模型有几个显著特点。第一，由于青少年做决策时大脑的许多区域都参与其中，他们将其模型描述为"统一大脑"。[163]法伊弗解释说：

> 所谓"统一"，指的是大脑中实际上有一个系统，它整合并计算所有不同的价值输入。这些输入的价值是关于不同的行为选择是如何为不同的、潜在的竞争目标服务的。

尽管其他人可能将决策视为非此即彼的选择——不是感性的就是理性的。但实际情况更为复杂，这个模型认识到了这一点。[164]

第二，当青少年做决策时（不管是学习还是参加聚会），他们会权衡各种价值输入（例如，他们如何适应聚会上的人，拥有愉快时光的概率，不学习的负面影响，等等）。重要的是，所有这些不同的价值输入都影响他们的决策选择。这就是为什么法伊弗和伯克曼称之为"基于价值的模型"。

第三，在做决策时，青少年正在探索他们是谁以及他们想成为谁。用伯克曼的话来说，是在"尝试不同的身份"。这个模型是建立在青少年探索身份的需求的基础上的[165]。实际上，这个模型从成人视角下的青春期——青少年是不完全的成人——转向了植根于探索、学习和了解自身需求的青少年视角。

重要发现 | 青少年做决策一直被视为大脑情感和理性部分之间的冲突，但新的研究指出了大脑很多部分之间复杂的互动，这种互动是由对青少年来说重要的事物所驱动的，因为他们正在探索自己的价值观和身份。

积极的冒险

我们知道奖励的吸引力在青春期增加了。被奖励吸引可以帮助青少年探索和理解他们的可能性，并且这种吸引力在帮助青少年塑造他们的身份方面也发挥了重要的作用。那么如果在合适的环境中，人们为青少年提供许多积极的冒险经历，帮助他们建立自己的身份，又会发生什么呢？

在2019年的一篇文章中，[166]北卡罗来纳大学的博士后娜塔莎·杜尔和她在天普大学的博士导师拉里·斯坦伯格报告说，通过文献搜索，他们只发现了三篇关于积极冒险的研究，相比之下，关于消极冒险的研究有数千篇。让我强调一下：只有三篇关于积极冒险的研究！这三篇研究表明，更有可能做出积极冒险行为的青少年同样也更有可能做出消极冒险行为，可能是因为他们总体上更具冒险精神。[167]

如果年轻人有更多的机会去做出积极冒险行为，这是否有助于以建设性的方式引导他们冒险的冲动呢？在2020年，杜尔和斯坦伯格继续对223名16~20岁的青少年进行了研究。[168]其中，他们对积极冒险行为的测量包括：

- **活动**，比如参加一门对课程内容一无所知或者看起来很有挑战性的课程。
- **行为**，比如即使有人不同意，也要为自己认为正确的事情站出来发声。
- **关系**，比如在不确定其他朋友会如何反应的情况下，与一个新人开始交友。

他们发现，积极和消极的冒险行为都与更高程度的感觉寻求有关，但积极的冒险者不太可能冲动，他们在BART任务或红绿灯任务上得分更低，并且他们在校园活动中参与度更高。

这是一个重要的发现，对定义什么是合适的环境有很大帮助。而这些环境可以是在家里、在社区，也可以是在学校。杜尔说："学校可以通过课外活动为学生提供积极冒险的机会，比如体育、戏剧、学生记者团和学生会。同样，学校也可以提供更多的高级课程和更多的课堂参与机会。"[169]

好的、坏的和有趣的

2016 年，伊娃·特尔泽调查了有关边缘系统（该系统是奖励敏感性的基础）的现有研究。虽然旧观点认为这个系统与冒险行为增加有关，但特尔泽强调，这个系统也可能与冒险行为的减少有关。[170]

这一发现推动产生了对青少年发展的更具建设性的看法。

它挑战了得到广泛支持的"青春期是一个高度脆弱时期"的思维定式，表明如果这些冒险行为被用来造福他人，那么传统上被视为消极的冒险行为可能会促进积极的发展！[171]

不仅如此。在 2020 年，特尔泽和克罗恩以及他们的同事发表了一项关于冒险和积极（即亲社会）行为的研究。[172] 由莱顿大学的尼尔特耶·布兰肯斯坦领导的这项研究追踪了"大脑时间"项目（也就是前文提到的纵向研究）中 210 名青少年的数据。

他们对亲社会行为的测量包括年轻人做以下事情的频率：
- 为了帮助朋友或同伴实现他们的目标而牺牲自己的目标。
- 帮助朋友找到解决他们问题的方法。
- 在朋友或同伴需要帮助时资助他们。

特尔泽在总结研究发现时说，积极和消极的冒险行为"都倾向于通过一个相似的行为特征来预测"。

什么特征呢？它不仅仅是寻求感觉，它是寻求乐趣！

这些研究人员将寻求乐趣定义为对奖励的渴望和追求有趣奖励的意愿。例如，"如果我认为这会很有趣，我就愿意尝试新事物"。

帮助他人是有益的，并且可以很有趣。伊娃·特尔泽分享这些新结论时充满兴奋。

青少年特别适合做一些以帮助他人为目标的冒险行为。例如，当今的年轻人正冒着极大的个人风险对抗种族主义、气候变化和枪支暴力！[173]

我敢打赌你能想到很多这方面的例子，比如帕克兰学校枪击案后站出来反对枪支暴力的年轻人，以及反对种族主义和气候变化的所有种族群体的年轻人。但这也不必是很大的行动。当我和我的密友潘妮·阿姆斯特朗在高中做社区工作时，我们就做出了积极的冒险行为。

| 重要发现 | 并非所有冒险行为都是消极的。积极的冒险行为可以造福个人，也可以造福社区。 |

实验室⟷生活：阿斯彭挑战赛

走出舒适区总是好的。我推动自己走出舒适区，这让一切变得更好。它给了我更多的自信。[174]

多米尼克·戈登，一位费城的高中生，这样描述她参加阿斯彭挑战赛的经历。阿斯彭挑战赛是一个为青少年提供积极冒险项目的典范。正如项目主任凯蒂·菲茨杰拉德所说，它"为年轻人提供了一个平台，让他们为解决社会最棘手的问题提供解决方案"。[175]

自2012年由阿斯彭研究所和贝佐斯家族基金会联合创立以来，阿斯彭挑战赛已经与城市学区建立了合作关系，每两年为一个周期。赛事组织方会在选定的地区邀请20所高中参加，每个学校的参赛队伍都由8名学生和2名教育工作者组成。

阿斯彭挑战赛不仅有智力挑战，还有社交挑战，因为参赛学生来自不同的年级，彼此之间不一定认识。这个为期8周的项目包含了7个阶段：[176]

1. **发现问题**。参赛学生了解他们的社区及其挑战。

2. **获得灵感**。20 支队伍在一个社区的论坛上聚集，在这里，来自当地和全国的思想领袖会向各团队发起挑战，让他们为自己社区的一个特定问题提出解决方案。
3. **设计解决方案**。团队有一周时间选择一个挑战，起草计划方案并设定目标。例如，华盛顿特区的一个团队选择了缺乏儿童游乐场的问题；芝加哥的一个团队选择了城市街道照明遮挡夜空的问题；肯塔基州路易斯维尔的一个团队选择了学生缺乏心理健康资源的问题。
4. **接受指导**。接受一次关于如何向社区利益相关者展示他们的解决方案的指导。
5. **外联和社区参与**。团队通过活动、会议和媒体来参与他们的社区。例如，在芝加哥，致力于夜空问题的团队与市长会面，讨论解决方案。
6. **展示和竞选**。团队将他们的解决方案呈现给评委小组，评委根据"创造力、可行性、可持续性、团队合作"评出获胜者。
7. **反思和成长**。20 支队伍会面，反思他们从这次经历中学到的领导力。

迄今为止，参与的地区包括洛杉矶、丹佛、华盛顿特区、芝加哥、费城、达拉斯、路易斯维尔和迈阿密。

自成立以来，不同层次的思想领袖已经发布了许多非常引人注目的挑战。例如，在 2019 年路易斯维尔的比赛中，来自加州大学伯克利分校大善科学中心的记者杰纳拉·内伦伯格提出一项让学生去除心理健康污名化的挑战。来自路易斯维尔杰斐逊敦高中的团队创建了一个名为"没有审判的保护伞"的播客，学生可以通过它匿名分享与心理健康有关的故事。他们还在学校传播积极信息和"赞美板"。[177]

阿斯彭研究所的约翰·杜根正在评估阿斯彭挑战赛，作为他的持续领导力研究的一部分。他和他的团队发现，在短短八周内，参与的高中生在他们测量的领导力维度上取得了进步，进步幅度等于甚至超过了一部分年长的大学生一年的进步。

四年后的研究进一步揭示了这种经历的持久影响：参与者继续在领

导效能（他们能够成功的信念）和社会视角方面取得进步，并且更有可能在学生和社区组织中参与和担任领导角色。[178]

来自路易斯维尔的高中生德文·威廉姆斯通过阿斯彭挑战赛证明了积极冒险行为的力量，他说：

通过阿斯彭挑战赛，我认为我更能经历逆境……它教会了我们坚持不懈，它教会了我们奉献……我将带着它们度过余生。[179]

显然，并不是每个社区都能参与阿斯彭挑战赛，但社区领袖和教师可以从中获得灵感，了解创造"合适的同伴环境"意味着什么，在这样的环境中，年轻人茁壮成长，并根据环境调整他们的活动和工作。

———— 促进参与积极的冒险 ————

如果你的生活中有青少年，你可以帮助他们做出什么样的积极冒险行为，以建设性地引导他们的精力和勇气，并引导他们从消极冒险行为中走出来呢？有没有冒险可以提供乐趣和挑战？有没有冒险可以造福他人？如果有更多的人愿意提供帮助，世界会变得多么美好！

数字世界中的青少年

当我演讲时，无论听众是谁、演讲主题是什么，我总会被问到一个问题："你对数字世界有什么看法？"然后，人们会毫不犹豫地列出一系列潜在的危险：欺凌、上瘾、捕食者、心理健康问题（如焦虑和抑郁）、注意力不集中、肤浅得无法与人联系沟通或理解复杂问题——这还只是冰山一角。

如今的青少年是在数字世界中长大的。根据 2022 年皮尤研究中心对 13~17 岁青少年人群的研究发现，自 2014—2015 年以来，拥有智能手机的人数增加了 22%（从 73% 增至 95%）。[180] 在这段时间里，每天至少上网一次的比例也从 92% 增加到 97%。2021 年"常识媒体"（Common Sense Media）的一项研究发现，2019—2021 年（新冠疫情期间），8~12 岁儿童的每日屏幕总使用时间从 4 小时 44 分钟增加到 5 小时 33 分钟，13~18 岁儿童的这一数字从 7 小时 22 分钟增加到 8 小时 39 分钟。[181] 米切尔·普林斯坦、杰奎琳·内西和伊娃·特尔泽分享了这个令人震惊的新闻：

> 流行病学数据表明，青少年每天通过电子媒介平台与同伴沟通的时间可能比他们睡觉、上学或与成年人互动的时间加起来还要多。[182]

直到现在，在儿童发展问题上，很少有研究结果和成年人的担忧产生了如此激烈的冲突，但相关研究已经开始跟上步伐。

老师们很担心学生。例如，尽管皮尤研究中心 2012 年调查的 2000 多名中学教师中有 77% 的人认为，互联网对学生的学习习惯产生的影响大部分都是积极的，但他们仍然担心它影响青少年的认知发展：

- 87% 的人认为互联网的广泛使用正在创造"容易分心、注意力集中时间短的一代"。[183]
- 86% 的人报告说，"今天的学生太沉迷互联网，需要更多远离数字技术的时间"。
- 64% 的人表示，今天的数字技术"更多的作用是分散学生的注意力，而不是在学术上帮助他们"。

而这些担心都是来自高级课程班和国家写作项目社区的优秀学生的老师！

关于这一点父母也很担心。媒体报道呼吁进行"数字排毒"[184]，并称父母应聘请教练让孩子们远离屏幕。书籍和电视节目详细阐述了所感知到的危险，并提出这样的问题："我们和孩子是不是处于危机之中？"[185]

许多概述性研究说"不要担心"

美国国家医学院 2019 年关于青少年的科学共识报告《青春期的承诺》表示，至少就当前所知而言，没有什么好担心的：

尽管有许多关于社交媒体可能对青少年整体福祉产生有害影响的担忧，但还没有出现强有力的证据证明这一点。[186]

牛津大学的艾米·奥本和安德鲁·普赖比斯基在经过了严格的统计控制后对三个大型研究的 17247 名学生的数据集进行分析，得出了类似的结论。这些数据集包括记录使用屏幕时间的时间日记（即青少年在过去的 30 分钟、一小时或两小时内是否使用了屏幕），以及一般屏幕使用情况（即回答关于使用的非时间相关的问题）：

研究发现，在青少年中，数字屏幕使用和他们的福祉之间几乎没有实质性的显著且负面的统计学关联。[187]

在另一项样本量超过 355000 名青少年的大型研究中，与屏幕使用时间相比，我们之前讨论过的各种冒险行为（如药物滥用或打架）与青少年福祉的负相关性在所涉及的三项研究中表现得更为显著。将屏幕使用时间看作非冒险活动是最能说明问题的例子：

福祉和科技产品使用的负相关关系几乎与福祉和定期吃土豆的负相关关系差不多。

说到吃土豆！报告接着描述，"简单的行为，如充足的睡眠和定期吃早餐，与所有数据集中科技产品使用的平均水平相比，与福祉有更多的正相关"。[188]作者总结了他们的分析结果：

证据表明，科技产品的影响可能在统计学上是显著的，但这种影响是微小的，几乎没有实际价值。这些结果提供的证据与以前的心理学和流行病学研究一致，这表明数字屏幕使用时间和儿童表现之间的关联并不像许多人认为的那样简单。

但另一方面，美国外科医生维韦克·默西在 2023 年发布了一份关于社交媒体的报告，指出社交媒体可能对青少年的心理健康造成伤害。[189]

那到底谁的说法是对的？我们是否应该对此担心？本节将讨论三个关键问题，尽管这方面的研究结果仍在不断更新。

新研究的新名称：数字媒体

首先，我们到底在研究什么？是屏幕使用时间还是社交媒体使用——两者都侧重于在线使用的时间吗？伊娃·特尔泽说："如果你想了解营养对儿童发展的影响，你会只看他们花了多少时间吃东西吗？"[190]当然不会。

因此，用于描述最近新研究的名称正在改变。内西、特尔泽和普林斯坦写道，有越来越多的研究旨在摆脱屏幕使用时间的概念，"而是关注为什么数字媒体的使用可能促进或破坏青少年的心理福祉，以及它是如何产生影响的"。[191]

数字世界如何影响青少年的发展？

在许多方面，网络世界的互动与线下世界的互动截然不同：

- 数字世界是公共的，观众可能数量庞大。

- 它是永久性的：很难删除一个帖子。
- 它通常缺少人际线索和提示。
- 它是针对特定背景（时间、地点或体验）创建的，但可以在不了解背景的情况下被解释。
- 它内置了反馈机制，可以点赞或评论。[192]

因此，数字世界正在以可能更好，也可能更坏的方式影响着青少年的关键发展过程：

- **身份探索**。青春期是探索身份的时期，是一个问"我是谁？""我想成为谁？"的时期。从积极的角度来看，数字世界提供了一个更大的世界去探索；从消极的角度来看，许多青少年（和成年人）会在帖子中美化自己，展示他们最好的一面和最好的生活。此外，广告和媒体公司只会展示完美的身材。这些网络形象和不断美化的内容有可能通过展示脱离现实或无法达到的标准，损害青少年对自己形象的认知。[193] 洛根·莱恩，一位最终放弃社交媒体的布鲁克林青少年回忆说："我明显地对自己感到不满意。我不断地被提醒我可以成为更好的样子，更漂亮的人、更文艺的人，我对自己不是这样的人产生了羞耻感。"[194]

- **想象中的观众和关注**。青少年倾向于在他们的脑海中加入想象中的观众，想象人们正在看着他们并评论他们，正如塔夫茨大学的戴维·埃尔金德多年前所说的那样。[195] 网络很容易让想象中的观众成为真实的人，不管是认识还是不认识的人，他们评论、点赞或分享青少年的帖子，对帖子做出各种各样的回应。

- **对自主性和能动性的需求**。青少年有一种基本需求，即他们在所做的事情上有一些选择（自主性），并且他们可以向外产生影响（能动性）。网络环境可以成为满足这些需求的一种方式。[196] 另一方面，青少年主要使用的社交媒体网站［根据皮尤研究中心的调查，主要是 YouTube（优兔）、TikTok（抖音海外版）、Instagram 和 Snapchat（色拉布）］[197] 是商业类的。它们的目的是销售，并且它们对青少年有着很强的吸引力。青少年不喜欢被操纵。人们知道这些网站使用算法来捕获有关他们的数据，以便将他们转化为消费者，以及保持他们对应用程序的注意（例如，无限滚动），这些通常不是父母和青少年欢迎的。[198]

- **自我表露。**自我表露——青少年与他人分享自己的个人信息或秘密——可以成为在人际关系中找到归属感的基石。在对125名五年级和六年级女孩的研究中，[199]詹妮弗·法伊弗发现，面对面的"分享自己是一种加强关系和加深各种亲密关系亲密度的方式"；此外，这些更强的关系可以让青少年免受心理健康问题的影响。[200]当这些关系发生在线上时会发生什么？如果青少年在分享更个性化的观点时被排斥会发生什么？在未来，成年人会希望大家看到他们以前在网络上展示的那个还是青少年的自己吗？

- **社会地位和反馈。**在青春期，激素和其他生物学变化提升了社会关系、社会地位、被尊重、接受和拒绝在青少年心中的分量。[201]网络世界以量化的方式来评估地位和归属感——通过点赞的数量和点赞者——为青少年发展过程带来了新的潜在好处和潜在伤害。[202]伊娃·特尔泽发现，一些青少年在神经生物学上对同伴影响和地位更敏感，对他们来说，这些网络动态可能会有更强的影响。[203]

- **找到"像我这样的人"。**在线下世界中感到孤独、不同、被污名化或被排斥的青少年可以在网络上找到朋友。普林斯坦、内西和特尔泽写道，这可以提供"资源共享和情感验证，这在其他情况下很难获得"。[204]相反，许多校园枪击案背后的故事是，一个怀着愤怒和复仇心的年轻人找到了一个网络社群，进一步点燃了他们的怒火。

面对这些问题时，你会多频繁地觉得"我的成长过程没有这个情况，我不确定如何处理它"？这是一个新世界，引发了许多新问题，我们将通过查阅对三个关键问题的科学研究来探索这些问题。

问题1：数字媒体会损害青少年的福祉吗？
这是许多家庭、专业人士和政策制定者都关心的核心问题。我将从一些旧的研究开始，因为它们说明了在媒体上花费时间的必要性。以下这项研究是密歇根大学的伊桑·克罗斯十多年前开始的。他在我们谈话时回忆说：

社交媒体为我们提供了一个有新问题的世界。这是人类开启的互动新方式。在你的一生中，你有多少机会说我们正在经历一个从根本上改变我们作为一个物种进行互动方式的时代？对我来说，这是一件令人震惊的事情！[205]

当克罗斯和他的同事们查阅文献时，他们发现大多数研究是横断研究（在某一时间点进行）。这些研究询问年轻人（通常是大学生）他们多久使用一次社交媒体，以及他们使用后的感觉。总体而言，许多研究结果是自相矛盾的：1/3 得出了积极的结论；1/3 的结论是消极的；还剩 1/3 的研究告诉我们，"这要视情况而定"。[206]

克罗斯团队得出结论，需要用一种不同的方法开展研究。在 2013 年的一项研究中，[207] 他们对 82 名大学生发送了文本消息（这叫经验抽样），了解他们使用脸书的情况（当时的主要平台——但如果今天进行这项研究，可能是 YouTube、TikTok 或其他平台），他们在脸书之外与他人的互动情况以及从早上到午夜、每天 5 次、持续 14 天的心情。在经验抽样之前和之后，参与者完成了有关个人福祉和生活满意度的问卷调查。这项研究揭示了一个相当清晰的模式。克罗斯说：

你使用脸书越多，你的积极情绪下降越多，你之后会感到更糟！[208]

这项研究证实了父母的担忧，并上了头条新闻。但克罗斯不相信社交媒体的使用就那么简单。例如，他们发现，人们会以不同的方式使用社交媒体。他怀疑这一点可能很重要：

你可以被动地使用脸书——只是滚动浏览主页推送的新闻和他人的

个人资料,看看发生了什么,看看你的亲戚和你社交网络中的朋友的近况。或者你可以主动地使用它——与他人交流,交换信息,发布信息。

这个研究团队预测,被动使用与较低的幸福感相关。在2015年的实验中[209],克罗斯要求参与的84名大学生被动或主动地使用自己的脸书订阅号10分钟。之后,重新评估研究参与者,询问他们感觉与他人的联系有多少,以及他们的生活与他人相比如何。最后,参与者在当晚9点收到了一份调查问卷。

克罗斯的预测是准确的——被动使用脸书的大学生报告的幸福感更低。在第二个实验中,为了找出原因,89名大学生在6天内每天收到5条短信。除了第一项研究中的问题,他们还被问,"自从我们上次提问以来,你有多羡慕别人?"[210]克罗斯指出了两个重要发现:

首先,我们的研究发现,大多数人在使用脸书时,其实更多是在被动地浏览。

实际上,参与者在脸书上的被动浏览时间比主动互动的时间要多出大约50%。他进一步解释说:

其次,这种被动的科技使用方式会引发更多的嫉妒情绪,这也就解释了为什么随着时间的推移,人们在被动使用脸书时会感到越来越糟。[211]

重要发现	仅仅使用社交媒体并不会影响大学生的幸福感,如何使用它也很重要。这些研究表明,被动使用社交媒体可能会对年轻人的福祉产生负面影响。

尽管这项研究提供了关于主动和被动使用之间的重要区别,但我认

为如果今天进行这项研究，研究人员可以并且应该对社交媒体上的"主动"使用有更细致的理解。发布精心策划的个人最佳形象与以创造性和表达性的方式使用社交媒体之间存在很大不同。此外，今天的研究人员也应该考虑这两种社交媒体使用方式对不同年龄段的青少年的影响。

研究人员目前正在致力于解答的一个关键问题是寻找因果关系，特别是在 2023 年美国疾病控制与预防中心的青少年冒险行为调查数据发布之后。该数据显示，在 2021 年，有 42% 的高中生报告说他们经历了持续的悲伤和绝望感，比 2011 年的 28% 有所上升（我将在第四章和第五章中讨论这些发现）。[212] 许多人看到了社交媒体使用与心理健康水平下降之间可能存在的因果联系，包括圣迭戈州立大学的心理学教授珍·特温格（《i 世代报告》的作者），[213] 以及纽约大学教授乔纳森·海特（《娇惯的心灵》的合著者）。[214] 特别令人不安的是，心理健康水平的下降与数字技术的传播平行发生。

如果一定要给出一个简单的"是"或"否"答案，布朗大学的杰奎琳·内西认为"社交媒体本身不会导致心理健康问题"，然而研究表明二者存在相关性。内西继续说："在社交媒体上花费更多时间与心理健康水平更差在统计学上存在显著（但非常小）相关性。"其他的方面也很重要，例如青少年自身的特质以及他们如何使用社交媒体。[215]

最近一篇研究对 25 项相关研究的综述进行了分析（我们已经到了需要分析不同综述的阶段），这篇研究表明，情况是复杂的。大多数研究综述得出结论，社交媒体与青少年福祉之间是弱相关或不一致的，尽管有些文章发现这些关联令人担忧。[216] 他们指出，即使是微小的影响也可能影响许多年轻人。

外科医生默西在他 2023 年 5 月的报告中承认了这种情况的复杂性，他写道，尽管我们还不能完全理解社交媒体对青少年心理健康的影响，社交媒体对一些青少年来说可能是积极的，但公众需要知道"有充分的迹象表明社交媒体也可能对儿童和青少年的心理健康和福祉造成深远的伤害"。[217]

美国心理学会在 2023 年 5 月的共识声明中更加谨慎地表示："社交

媒体的影响可能取决于青少年可以在网上做什么和看到什么、青少年一直以来的优点和弱点，以及他们的成长环境。"[218] 此外，该学会还强调社交媒体的影响取决于年龄——青春期早期比青春期晚期的风险更大。

和其他人一样，他们说社交媒体不是心理健康水平下降的唯一贡献者，并且写道："睡眠不足与青少年大脑神经发育的中断、青少年的情绪功能以及自杀风险有关。"[219]

在考虑青少年的心理健康时，我仍然担心很少有研究人员和政策制定者关注父母工作压力这一因素。这是我长期以来一直关注的问题，也是我一直在努力与来访者解决的问题。1999年，[220] 全国代表性研究显示，如果孩子们有机会许下一个愿望，以改善父母工作对他们生活的影响，在三至十二年级，有高达34%的学生希望他们的母亲能够减轻疲劳和压力，而希望父亲同样如此的比例为28%。我们在突破之年研究中重复了这个问题，发现最多的回答（40%）是青少年希望他们的父母不再那么劳累和有压力。①

突破之年研究发现	我们发现，当青少年报告他们的父母有压力时，他们在我们测量福祉的所有结果上都表现不佳。

这些数据表明，在考虑青少年心理健康时，需要考虑社交媒体之外的其他因素。值得庆幸的是，伊娃·特尔泽和她的同事们已经对儿童从三年级开始进行纵向研究，并使用了严谨科学的方法，包括大脑扫描。[221]

我问特尔泽，根据她现在所知道的，当她自己的孩子成为青少年时，她将如何对待数字世界。她回答说，她不认为数字世界是完全好或完全

---

① 虽然百分比似乎在上升，但我们无法直接比较这些研究结果，因为1999年的"问问孩子们"研究是分别询问母亲和父亲的，而2019年的"突破之年"研究是询问父母的，没有区分母亲和父亲。

坏的，所以"我不知道我是否会抵制我的孩子使用社交媒体"。相反，她告诉我，她会讨论如何以合适的方式使用它，并警惕"让你深陷其中，带你进入内容黑洞的算法"。

问题2：数字媒体如何影响青少年的学习？

既然信息已经变得触手可及，那么我们的记忆能力——认知的关键——会受到影响吗？为了解决这个问题，哥伦比亚大学的贝琪·斯派洛[222]和她的同事们要求本科生阅读40条令人难忘的琐事信息，比如"鸵鸟的眼睛比脑袋大"。然后参与者被要求将这些信息输入计算机。一半人相信计算机会保存输入的内容，另一半则认为他们的打字记录会被删除，每组有一半人被明确要求记住这些琐事。

随后，研究人员让所有参与者尽可能多地写下他们能记住的信息。那些被告知自己的输入不会被保存的人，无论他们是否被告知要记住它，都记住了最多的信息。根据研究人员的记述，那些"认为他们以后可以随时查找这些琐事信息的人，显然没有努力去记住"它们。[223] 在这项系列研究的另一个实验中，研究人员发现，研究参与者更好地记住了文件夹的名称而不是信息本身。

的确，俄勒冈大学的神经科学家凯特·米尔斯写了两篇关于数字世界对青少年的影响的高质量综述，[224] 她说这些发现表明青少年正在适应新科技。

这可能意味着认知能力的变化——也许我们现在更擅长找出在哪里找到信息，而不是记住一切。[225]

> **重要发现** 尽管人们担忧互联网的可及性可能会削弱我们的记忆能力，但互联网的影响似乎取决于我们的期望——我们需要记住信息，还是只需记住如何找到这些信息。

第二章
倾听我们，双向沟通而不是单向灌输

虽然快速的智能手机搜索可能有助于记忆回忆性的内容,但手机和媒体还有许多其他方式可能会妨碍学习或完成任务。在 2018 年常识媒体进行的一项调查中,只有 31% 的年轻人报告说他们在做作业时总是将手机调成静音；31% 的人有时会这样做；37% 的人说他们几乎从不或从不这样做。然而,他们自己承认,57% 的人强烈同意或在某种程度上同意,使用社交媒体经常在他们应该做作业时分散他们的注意力！[226] 媒体多任务操作是有害的还是无害的？或者青少年是否有在不同的任务需求之间切换的能力？

梅利娜·昂卡弗是从事相关研究的研究人员之一。当她还是一个青少年时,她想成为一名神经外科医生或神经学家,可以治疗记忆障碍,这个梦想是在她看着她的祖母遭受帕金森病的一种变体时产生的。[227]

当她正在准备医学院入学考试时,她的一位神经外科医生邻居靠在栅栏上说:"如果你想真正地尊重和延续你祖母的遗志,你应该致力于构建知识体系,而不仅仅是成为一名实践者。"因此她没有申请医学院,而是去了研究生院学习神经科学。

昂卡弗对祖母遗志的承诺促使她写了一篇关于学习中注意力分散的论文。她发现了一个有趣的现象:

一些杰出的研究发现,如果你的注意力被分散,真正捕捉并转化体验为记忆的可能不是海马,而是大脑中的其他学习系统,这个系统相对不那么灵活。因此,你的记忆形成过程会有所不同——可能不够深刻,且往往不具备持续性。

就像伊桑·克罗斯认识到社交媒体正在改变人们互动的性质一样,昂卡弗认识到了社交媒体正在改变人们的注意力。尽管她对媒体多任务操作感到担忧,但她注意到大多数人都会这样做。[228]

斯坦福大学的昂卡弗与安东尼·瓦格纳和其他同事一起,于 2016 年 [229]、2017 年 [230] 和 2018 年 [231] 写了一系列的媒体多任务操作研究综述。在 2018 年的综述中,她和瓦格纳报告说,尽管数据较少并且结果是混合的，但似乎有足够的证据表明，在青春期和成年期，重度媒体多任务操作者（在不同研究中以不同的方式测量，所以没有真正的标准，除了他们可能比其他同龄人做更多的多任务操作）可能会更难保持注意力或在分心后再回到之前做的任务上来。

在对斯坦福大学本科生进行研究时，[232] 昂卡弗和她的同事发现，长期多任务操作者对让人分心的信息的反应更大，并且更难在一项任务上保持专注。她将这项研究扩展到三年级、五年级和七年级的孩子，她和她的同事发现媒体多任务操作与工作记忆能力的降低相关，但与过滤干扰的能力无关。[233]

> **重要发现** 有一些信号警告，长期媒体多任务操作可能对技能学习产生负面影响。昂卡弗说，在我们知道更多关于这一内容之前，谨慎的选择是限制进行多任务操作。

昂卡弗目前担任 AERDF（高级教育研究与发展基金）的研究与发展部门负责人。AERDF 是一个国家级非营利教育研究与发展项目，致力于解决贫困学生在教学和学习过程中遇到的问题。[234]——她的工作真正尊重了她祖母的遗志。

问题 3：父母如何管理数字世界？

在一项探索这个问题的研究中，杨百翰大学的劳拉·帕迪拉-沃克和她的同事对 681 名 13 岁的青少年及他们的母亲追踪调查了两年。他们发现了父母用来管理媒体使用的四种策略：[235]

- **限制性媒体监控**：通过设定规则来控制孩子们可以接触到的内容类型，或者限制他们使用媒体的时间。
- **积极媒体监控**：通过促进孩子们的学习与批判性思维能力来帮助他们成为明智的媒体使用者。
- **媒体共用**：这种方法涵盖了第三和第四策略，包括共同观看、共同聆听和共同阅读等策略。它可以分为两种形式：一种是**连接性共用**，其目的是与孩子们建立联系并就内容进行讨论；另一种是**被动共用**，例如父母和孩子同时观看同一电视节目，但不就内容进行讨论。

除了测量青少年的屏幕使用时间，研究人员还要求他们说出他们最喜欢的三个电视节目和电子游戏，并由评估员评估内容中的暴力程度。

研究结果显示，青少年的母亲很少只使用一种监控策略——不同的情境需要不同的策略。因此，研究人员将研究重点放在母亲策略使用的主要风格上。结果表明，积极媒体监控和连接性共用与更少的媒体使用、更低的攻击性以及更多的亲社会行为有关。研究人员说，限制性媒体监控似乎并未有效减少媒体使用，可能是因为它与青少年对自主权的渴望相冲突。[236]

下面，我分享一个基于证据的倡议，以促进建设性的媒体使用。

实验室⟷生活：将常识媒体应用于媒体使用

作为一名家长和一位长期致力于儿童权益的倡导者，吉姆·斯蒂尔看到科技正在改变孩子们的成长方式——本质上，他们有另一对父母。他在 2002 年为了号召大家行动起来写了一本书，《另一个家长：媒体对孩子影响的内幕》（*The Other Parent: The Inside Story on Media's Effect on Children*）[237]。

2003 年，斯蒂尔自己采取行动，创建了一个名为"常识媒体"的非营利组织。这个组织的核心是一个展示媒体评论的网站。琳达·伯奇，一位联合创始人，回忆起小时候，父母需要媒体的评价来评估哪些电影、电视节目、电子游戏和图书可以与他们的孩子分享。[238] 正如他们现在的口号所说，"评论孩子感兴趣的内容（在你孩子陷入其中之前看看）"[239] 公众立即接受了这个组织的观点，因为他们意识到保护儿童的必要性。作为该组织的首席战略和发展官，伯奇说他们的关注点更为广泛：

我们的目标是给父母、教师和孩子们树立信心和提供技能，以健康和负责任的方式引导快速发展的科技和媒体世界。

当我们在学校做演讲时，我通常会排在一位法律工作者之后，这位法律工作者在刚才的演讲中让家长们对性侵者与媒体和技术对孩子们大脑产生的影响感到恐慌。然后我的工作就是说："你真的需要拥抱孩子们的生活，了解媒体和技术的重要性，并和他们一起做出决定，使其发挥积极作用。"[240]

他们进行的一项全国家庭调查显示，父母需要客观的建议——不是从道德角度或过度保护的角度提供的建议。"每个家庭的价值观都不同，每个孩子都不同。"伯奇说。常识媒体的目标是提供正确的信息，以便家庭弄清楚什么对他们来说是最好的。现在他们每年能影响到1.25亿个家庭。

他们工作的另一个支柱是为学校提供的数字公民课程。伯奇再次强调，虽然时代的主题是保护孩子们免受危险，但他们的方法是帮助孩子们获得在数字世界中所需的技能。

在创建课程时，常识媒体不仅仅依靠常识——他们还通过与哈佛大学"零点项目"的霍华德·加德纳等研究人员合作，引入了深入的研究视角。今天，全球有102000所学校的100万名教师在教授这个课程。[241]

促进数字世界的积极使用

相比数字世界，其他儿童发展问题很少能引起更多的关注。一些年轻人已经采取了自己的行动，开始组织团体来抵制社交媒体（见第五章关于卢德俱乐部和"科技政治"团体的内容）。这是我们所有人——成年人和青少年——都需要解决的问题，以确保它不会伤害年轻人。我们可以将我们的担忧转化为技能培养机会。

- **联系**：找到将青少年的兴趣与他们想要见的人或他们想要探索的主题联系

起来的方法。

- **创造力**：不要只做媒体的使用者，要帮助青少年成为媒体的创造者，制作视频或艺术作品，开发游戏，与他人合作来了解如何改善他们的社区。

- **贡献**：有很多方法可以利用科技做出贡献，例如在线辅导他人，教授别人自己喜欢的东西，或解决社区问题。

- **控制**：对青少年来说，使用媒体是会上瘾的，这并不奇怪，因为开发者就是这样设计的。与其依赖设定规则和限制时间（限制性媒体监控），还不如与我们的孩子一起制定共享的家庭规则和家庭媒体使用计划。与其与他们对更多媒体使用时间的要求进行斗争，不如通过之前提到的"共同解决方案"这样的方法，引导他们思考如何利用自制力并转向其他活动。通过这种方式，我们能够更积极地参与到媒体监控中。

- **树立榜样**：我们在使用社交媒体时，应该在孩子面前表现得更为谨慎。美国心理学会的报告指出，有证据显示，我们的行为可能会影响青少年对社交媒体的使用习惯（比如在使用社交媒体时忽略了孩子）。[242]

- **明智公民**：我们可以通过讨论社交媒体的益处和风险、讨论以适合青少年年龄的方式保护其个人信息的重要性，以及讨论如何应对网络欺凌或不适当的内容和交往，帮助青少年成为数字世界的明智公民。[243]

- **关机时间**：我们发现，在数字化生活中设定一些无科技时段（比如晚餐时间和睡前一小时）是会让人感到自由的。媒体创作者蒂芙尼·施莱恩本人在她的家庭中就设定了无科技时段，她将其称为"24/6"，即每周有一天所有屏幕都关闭。她在同名书中分享了这种生活方式带来的积极成果。[244]

作为数字世界里的明智公民，对我们来说重要的是鼓励青少年进行线下互动并支持他们发展兴趣特长。多年来，我们的研究发现，事业发展较好的成年人并不仅仅以工作为中心，而是有多个中心，有多种兴趣。[245] 我们需要帮助孩子们也成长为"多中心"的个体。

创造一个更友好的世界

对一个想改善自己生活的人来说,让他提出一个愿望是很有效的,因为愿望有时以令人惊讶的方式揭示了什么是重要的。出于这个原因,我们在大多数研究中都询问了青少年的愿望。在本研究中,我们问青少年:

如果你有一个愿望(除了有很多钱),可以改善你们这个年龄段的人的生活,那会是什么?[①]

他们的回答主要是关于人们如何对待彼此的。

愿望:突破之年研究发现

有很大比例的青少年希望有一个更和平、更宽容、更友好的世界,20% 的人希望别人善良:

人们会友好相处。

——一名 16 岁的男孩

即使是对待你讨厌的人,也要互相尊重。

——一名 12 岁的女孩

对每个人都要友善,给他们一个平等的机会,不管他们是谁。

——一名 10 岁的女孩

他们特别提到不八卦、不以貌取人或按受欢迎程度进行评判,并呼吁结束偏见和歧视、减少欺凌:

[①] 这个问题的确切措辞(特别排除了金钱作为潜在的愿望)是由我在进行研究之前访谈的年轻人建议的。

不要贬低或谈论别人。友好一点。

——一名 17 岁的男孩

人们会喜欢每一个人（就像一见钟情的对象），无论种族、体重、身高、肤色、头发、青春痘或任何东西。

——一名 11 岁的女孩

我希望每个人都知道他们是平等的。这样就没有一个人会对别人刻薄，也不会再有种族主义或歧视。

——一名 10 岁的男孩

我希望仇恨会消失。

——一名 9 岁的男孩

首先，不要以为你的孩子只想着要钱！这很不礼貌！我希望同龄人喜欢我，喜欢世界和平。

——一名 9 岁的男孩

我希望有一种方法可以取缔和制止欺凌行为。每个人都能够按照自己的意愿生活，而不是被取笑。

——一名 16 岁的女孩

突破之年研究发现 | 20% 的青少年希望用更多的友好、善良和礼貌来改善他们这个年龄段的人的生活。另外 4% 的青少年希望欺凌能够停止，有一个"不存在欺凌的空间"。

另有 4% 的青少年的愿望与前文提到的他们对成年人的要求相同——"倾听我们，理解我们"：

我希望长辈们能更努力地理解我们这一代人。我们通过社交媒体和电视接触到的东西太多了，他们根本不知道我们到底在想什么。

——一名 17 岁的男孩

我希望能许下无限多的愿望。但如果我必须选择一个，那就是希望成年人在我们说出问题的时候开始倾听我们。

——一名 14 岁的女孩

青少年的共同愿望是希望我们能够善待他们。然而，一个有警示性的现象是，在我所进行的质性研究访谈中，有些人表示他们认为社会不可能朝着更文明的方向进步。这种观点令人担忧，因为青少年往往是社会变革的推动者；这是引导他们积极冒险的动力，是让世界变得更美好的有效方法。

尽管目前还不清楚这种悲观观点的普遍程度，但根据我过去几年的个人经历，我完全能理解这种想法。随着美国的政治言论变得越来越充满仇恨、无情和暴力，成年人也会开始怀疑文明进步的可能性。然而，为了给年青一代一个我们希望他们能够继承的世界，我们必须尝试。目前有一些努力为我们的尝试提供了希望。

实验室⟵⟶生活：改变冲突文化

提高文明程度不仅仅关乎个人的变化。它不仅取决于我们做什么，还取决于其他人如何回应。这种变化需要改变全社会的行为模式，"这是行为科学中最难以捉摸和最重要的目标之一。"普林斯顿大学的伊丽莎白·利维·帕鲁克、罗格斯大学的哈娜·谢菲尔德和耶鲁大学的彼得·阿罗诺写道。[246]

法律可以以"自上而下"的方式使全社会产生变化，但是自愿的变化呢？帕鲁克和她的同事们注意到三种不同的方式：

- **一次一个人。**这种方法通过说服性的信息、环境提示（例如标明"儿童玩耍，开车慢行"的标志）和同伴影响（代言人反复重复信息）来影响个人。
- **大型活动。**这些活动旨在覆盖很多人。在我经验中比较成功的例子之一是"指定司机活动"（Designated Driver Campaign）。该活动始于斯堪的纳维亚，后来传播到加拿大，并由哈佛大学的杰伊·温斯顿将其带到美国。温斯顿将这场活动的成功归因于它有一个一致和广泛传播的信息,包括公共服务公告和在 160 个黄金时段节目中展示指定司机的相关案例。温斯顿说,正确的信息和信息传递者至关重要。同样重要的是,指定司机不能是聚会中的扫兴者或者在人际关系中泼冷水的人:

相反,(他们)必须被定位为社交群体中不可或缺的、重要的和受欢迎的成员——他们每个人都在轮流保护他们的朋友。[247]

这个 20 世纪 80 年代的活动被认为是交通死亡人数大幅下降的原因。[248] 但是,在当今分散的媒体市场上要筹集资金进行大规模的活动并不容易。这就引出了第三种方法:

- **正确的信使,正确的信息,在正确的地方**。帕鲁克、谢菲尔德和阿罗诺使用这种方法"与表现出新行为的个体建立社交网络,并依靠社交过程来传播行为。"[249]

这个研究团队之前发现,那些在同龄人中更有可能被"注意到"的青少年——社交影响者——有着巨大的影响力,可以改变冲突文化。[250] 他们随后在新泽西州的 56 所中学对 24191 名学生进行了干预,试图把冲突文化改变为文明文化。[251] 学校被随机选为实验组学校或对照组学校。研究人员强调了几个导致他们成功的关键因素。

首先,他们选出了这些高效的信使(社交影响者)。他们调查了每个学校的每个人,要求他们提名过去几周内相处最多的 10 名学生——无论是在校内、校外还是在线上。"利用学生的社交网络选出信使是这次研究真正的创新点。"帕鲁克说。他们指出,如果由成年人选择信使,他们可能选择好孩子,但当学生选择时,他们选出的领导者"正好处于学生冲突的中心","这些学生的行为会受到更多关注"。[252]

在实验组学校,他们选择了一组学生,并随机将该组的一半学生分配为"种子组"(即播种变化的群体)参与反冲突干预。每个种子组随机分配了一定数量的社交影响者,使研究人员能够测试拥有更多社交影响者的群体与拥有较少社交影响者的群体的影响。种子组接受了"扎根"培训,这是一个反冲突项目,提供处理学生冲突的培训和信息传播活动材料的模板。

第二个重要因素是让有影响力的成年人参与进来。新泽西州的州长最近要求所有教师都接受反欺凌培训,不过并没有资金支持。这个项目使学校能够遵守规定,因此学校领导也参与了进来。

第三个重要因素是让学生参与这个过程。帕鲁克说,改变年轻人社会规范的最好方法是让他们自己发声——"草根方法可以非常有力"。[253]

在整个学年中,每个实验组学校的种子组都开展了信息传播活动。例如,一场活动使用了带有"#iRespect"标签的海报,突出了实验组学生的故事。另一场活动给那些处于冲突中、正在接受干预的学生发放了橡胶手环。研究人员认为,这种积极的识别方式真正改变了校园冲突文化,通过反对冲突是"学校社交网络中的规范"的认识,从而改变了他们"延续和容忍"冲突的倾向。[254]

还有一个"扎根日",鼓励学生签署声明,承诺他们将为学校中的某个人做一些好事。

与对照组学校相比,实验组学校的学生经过这次干预,他们的冲突减少了25%。当种子组拥有更多的社交影响者时,效果更强。结论是什么呢?结论就是社交影响者可以改变冲突文化。[255]

其他愿望

青少年的其他主要愿望是让世界变得更安全。7%的人希望为有需要的人提供住房、食物和工作:

我希望每个人都有足够的食物,有一个温暖的地方睡觉。

——一名17岁的男孩

我希望我能帮助所有的孩子拥有和我一样多的东西,比如干净的水。

——一名13岁的男孩

如果我能许一个愿望来改善同龄人的生活，我的愿望将是我能找到一份能帮助很多人的好工作。

——一名 9 岁的女孩

12 岁的孩子比人们认为的更聪明。我希望有更多的活动让我这个年龄段的人参与，比如保护他人。大多数团体和活动都集中在 10 岁以下和 15 岁以上的人群。

——一名 12 岁的男孩

另外 5% 的人希望治愈身体疾病和精神疾病：

我希望我们能终结癌症、饥饿，为所有年轻人提供良好的教育。

——一名 15 岁的女孩

保持健康，因为生病很糟糕。

——一名 14 岁的女孩

我希望为像我这样听力有困难的孩子提供助听器，这样他们就可以像我一样说话了。

——一名 10 岁的女孩

我希望终结每年夺去儿童生命的疾病并发症。

——一名 12 岁的男孩

突破之年研究发现 | 7% 的青少年希望解决身体需求——食物、水、住所和工作，另外 5% 的人希望终结像癌症这样的疾病。

其他愿望包括：希望地球健康；希望弱者和不幸的人过上更好的生活；希望每个人都有关爱他们的父母；希望每个人都有学习的机会；希望每个人都能心理健康，不再抑郁；希望每个人都能享受艺术。

这听起来是否过于利他主义？可能吧。也有一些青少年希望他们更有魅力、有一个伴侣、更受欢迎。有些人希望不必上学或做家庭作业、有更大的房子或汽车、有更多的愿望和礼品卡，以及更多的钱给自己。然而，这些愿望只占所有愿望的 7%。大多数愿望都期待对自己和他人有益的改变。

有了所有这些推动社会变革的能量，年轻人将有很多机会在成年人的帮助下采取行动，创造他们想要的世界！霍普就是这么做的。

霍普带来希望

当高中课程在新冠疫情期间转向在线平台时，老师们对在线学习的适应速度给洛杉矶高中三年级学生霍普[①]留下了深刻印象：

我被我的老师们的付出感动了，为了让我们实现在线学习，他们付出了很多。

她还看到了别的东西——老师们的家庭生活，当他们试图教导别人的孩子时，一些老师自己的孩子反而没有得到足够的关注。她看到一些老师的孩子每天只有两个半小时的课程，在大部分时间里都无所事事。

我的老师们为我们提供了高质量的在线教育，但很遗憾他们自己的孩子却没能接受到高质量的教育，甚至根本没有得到教育。

最后，她认识到了老师们的巨大压力：

他们都在经受着疫情带来的影响。

[①] 霍普的全名是霍普·辛德曼（Hope Shinderman），现在是一名大学生，我在 2020 年 4 月 11 日采访过她。

她在 2020 年春假前不久有一个想法：为老师们的孩子——以及其他需要的孩子——提供免费在线辅导和小组参与的机会。她说：

我认为这可以减轻老师的负担，为孩子们提供学业帮助和社交联系，并为孩子们的生活创造一些连贯性。

霍普知道连贯性对孩子们有多重要，因为她自己也有学习上的挑战。她知道学校作息的消失会让春假变得非常困难，用最好的方式对孩子们开展教学是十分重要的。

霍普本身不是社区活动家，尽管她在当地参与了几个委员会和组织，但她直到现在从未自己创办过任何东西！

她联系了其他四名同学，邀请他们成为家教，这些同学又邀请了其他人。如果是他们不熟悉的人，他们会对其进行面试，询问他们想如何学习和教学。

接下来，他们联系了他们的老师、他们知道的组织和他们的礼拜场所，在 5 天内，他们有了 32 名家教和 200 名儿童。

这个活动的成功是因为：

- 家教是免费的，但他们请求这些家庭——如果这些家庭可以的话——向他们发起的"GoFundMe 倡议"捐款，以缩小资金缺口。
- 当家庭联系霍普时，她和其他家教取得联系。他们说："我们有一个对西班牙语、数学和生物学感兴趣的四年级学生。有人能教他吗？"
- 她说，她会在几分钟内收到志愿者的回应，然后写信给家长，通过电子邮件介绍家长和家教，以便他们可以联系并安排课程。
- 在辅导正式开始之前，霍普会安排家教、家长和孩子进行一个 15 分钟的视频会议，除了相互介绍，主要是讨论学生想要学习的内容以及他们学习的最佳方式。

霍普谈到想要"释放每个学生的潜力"，"让所有学生都能愉快地学习，尤其是那些被排斥的学生，如神经多样性的学生以及需要学习英语的学生"，她还想"创建一个每个人都可以安全学习的地方"。她和所有家教似乎正在尽一切努力将这些愿望付诸实践。

例如，霍普在与一名六年级学生一起进行论文写作时，她帮助他学习写作技巧，比如对他所读的内容做注解，制作大纲，选择支持他论点的证据，然后进行写作和重写，直到他做对了为止。她小心翼翼地不代替他做任何事情，而是提出指导性的问题，以便"当我不在的时候，他可以自己完成"。

在经历了辅导一名三年级学生学习西班牙语的艰难起步之后，霍普发现如果他们把词汇变成一个游戏，让学生猜单词，学习单词会更有趣。她还正在教授一门关于"历史上的女性"的小组课程，这门课程重点关注来自不同背景的女性变革者。

他们把这次尝试称为"厌倦了无聊"。这个名字非常贴切，因为霍普从各个参与的家庭那里收到的电子邮件说明，他们的孩子现在更加投入地参与到学习中。

所有这些都发生在2020年春假期间。当霍普他们自己的课程恢复时，"厌倦了无聊"还在继续：

家教们继续在午餐时间和放学后与学生一起学习。看到他们如此专注真是鼓舞人心。他们正在利用他们的业余时间使别人的生活变得更美好。

"这就像我的名字，"她说，"我喜欢带来希望。"

霍普现在在纽约市上大学，这个项目的发起者是五名充满热情的高中生，在父母和许多成年朋友的帮助下，现在已发展成为一个有组织的倡议。现在这个组织中有1000多名志愿者为几千名儿童服务。我问霍普是什么促使她在新冠疫情期间创建"厌倦了无聊"，做出这一冒险尝试的。她说：

我成长的环境和家庭都把治愈世界放在首位。基本上，我学到了，无论何时我能够采取行动减轻苦难，我都应当这么做。无论我是在帮助一个人还是 1000 个人，我都在减少世界上苦难的总量。

她会给家长们什么建议？

我认为以身作则至关重要。如果一个人没有看到其他人采取行动，那么他们就不太可能认为这是可行的或正常的。此外，父母保持积极的态度至关重要。如果儿童和青少年经常被告知他们不会产生影响或他们的行动无关紧要，他们就不太可能采取行动。父母应该强调任何小的善行都会对减少世界上的苦难总量产生影响。[256]

朝着一个更友好的世界前进

一名 10 岁的孩子写道："停止彼此仇恨。停止吧！"当我与同事和朋友分享这句话时，许多人认为这种要求改变的呼声很幼稚。当我们忽视它时，说明我们没有尊重我们的青少年。

如果我们不尝试停止冲突，什么都不会改变。

但如果我们尝试——迈出一小步，寻找善良并成为那种善良的人，无论是针对一个人还是 1000 个人——我们将朝着一个更友好的世界前进。在这个过程中，我们将为青少年树立榜样，尊重他们的价值观，并为他们在生活中实践这些价值观赋能。

重新思考青春期：从个人到环境

"他不会有所不同。"学校校长在伊迪丝请求将她的儿子调到另一个班级时说。"我相信他会的，"伊迪丝说，"他在家里不是这样的。"

"我们从不调动孩子,"另一位管理员告诉她,"我们不想开先例。"

伊迪丝很困扰,她的孩子因为学校从未有过班级调换这一先例而遭受折磨。她的儿子从一个精力充沛的五年级学生变成了一个无精打采、绝望的人,并且他大多数早上上学前都会呕吐。

"他在用呕吐操纵你。"一些人告诉伊迪丝。

"但孩子们并不喜欢呕吐。"她回忆自己当时的想法。

最后,在困惑和绝望中,她把儿子转到附近另一所学校。"他是不会改变的"是旧学校的老师临别时说的话。

在新学校的第一天,他的祖母接他时询问了他的情况。"你知道,"他说,"这里的同学实际上喜欢上学。""真的吗?"她说,"为什么?"

"在以前那个学校,你要是犯了错误,他们恨不得开枪打死你。"他回答,"在这所学校,犯错误是可以的。"

这并不是一夜之间的转变。他花了几个月的时间才相信老师可以站在他这边,他不会因为犯错或不知道答案而受到老师和其他孩子的羞辱。

三年后,当他从八年级毕业准备到另一个城市生活时,他在学校的集会上发表演讲,感谢老师和同学。"我的旧学校认为我在另一所学校没什么两样,"他说,"但我做到了。"

个人主义的诱惑

你有没有想过为什么大多数报纸上的文章、电视上的广告或社交媒体上的帖子都是以个人的故事开始的?这就是所谓的"个人画像"。这些个人的故事吸引了我们,让我们想要继续阅读或倾听。

个人主义——在心理学中,我们都是独立的和自力更生的——在美国是一种文化价值。个人主义贯穿于我们构建自身经历的方式之中。我们喜欢谈论因性格和毅力而成功的个人英雄。我们还谈论那些跌倒和失败的个人的故事。当其中一些英雄重新站起来时,他们靠的是自己。他们"靠自己把自己拉起来"。他们是"东山再起的人"。

我们使用这种构建经历的方式来理解我们的世界。当出现问题时，它帮助我们解释原因，就像伊迪丝的儿子在学校遇到困难时一样。学校认为他很倔强、不服从学校纪律、被家长宠坏了。责任被归到伊迪丝这个为了支持孩子而长时间工作的单身母亲的头上。她说："他们总是看着我，好像我做错了什么。"

以个人经历为框架可能会让我们忽视一些非常重要的事情。尽管媒体、我们的历史和我们的民间传说中的许多故事都是以个人画像开始的，但最好的故事会在个人画像旁边编织所谓的"背景"。那就是环境——社会、心理和物理环境。这些环境在每一个个人的故事里展开。正是在那里，英雄吸取了重要教训，变得坚强，或从失败中反弹。就伊迪丝所处的情况来看，环境就是学校环境，其中包括老师、管理员和其他学生。

我从许多人那里听到了像伊迪丝这样的故事。当青少年和老师或学校之间存在不匹配时，责任要么归咎于青少年和家庭，要么归咎于老师和学校。但是，除非我们同时考虑个人和环境，否则我们的理解是不完整的。

棉花糖测试是最好说明儿童发展中环境重要性的例子，[257] 这项经典实验是由已故的沃尔特·米歇尔和他的同事们创造的。在这个实验中，一群4岁的孩子可以选择现在就得到一颗棉花糖，或者如果他们等15分钟，就能得到两颗棉花糖。"孩子们等待的时间越长，"米歇尔解释说，"他们今后的SAT（学术能力评估测试）分数就越高，控制自己的能力也越强，越能成功地追求学业和其他目标。"[258]

如果你所关注的只是个别孩子（以及长大之后）做了什么——那么看起来成功的故事就从那里开始，也在那里结束。但事实证明，不仅仅是孩子的自我控制能力影响他们等待的时间，环境也有影响。如果提供棉花糖的人表现得不可靠（承诺给孩子们一些玩具，但没有兑现），孩子们平均等待的时间只有约3分钟，而如果那个人是可靠的，则能够等待12分钟左右。[259]

在这一章中，我们已经看到了许多类似的研究，表明家庭、朋友和社交媒体如何塑造青少年的行为和态度。我们也看到了我们每个人、所有人都可能发生变化。我们还看到了看似不可能变化的东西，比如学校文化，也可以改变。

我们知道我们可以改变自己，尽管这可能很困难。我们也知道我们不能强迫他人（青少年）改变。但我们可以改变环境。所以，当事情变得艰难时，我们不要觉得已经没有选择。也许我们还没有找到适合的与个人匹配的环境。

只关注个人或只关注环境都是行不通的，同时关注个人和环境才是通往更伟大成就的道路。

第三章
不要对我们抱有成见

第三章

青少年传达的第一条信息——了解我们的成长 / 认识到我们比你想象的更聪明——是这条更广泛信息的一部分：请不要对我们抱有成见。

以下是他们希望我们知道的关于他们是谁以及他们不是谁的信息：

他们希望作为一个年龄群体受到重视和尊重：

我们也是人。

——一名 16 岁女孩

我们并不比你更不值得被尊重。我们并不比你差。我们和你一样都是有价值的人。

——一名 12 岁男孩

因为我们未成年，所以我们被低估了。

——一名 11 岁男孩

他们希望我们明白，他们并不全是懒惰的：

我们并不都是懒惰和疯狂的。

——一名 16 岁男孩

我们正在努力。

——一名 12 岁男孩

我们努力学习，我们关心未来。

——一名 12 岁女孩

他们还想让我们知道，他们中的大多数人并不是自私、无礼、软弱、沉迷于社交媒体的麻烦制造者：

不要以为我们都吸毒或者自私自利。我们中的许多人对别人和对那些比我们更不幸的人都充满了爱和关怀。

——一名 13 岁女孩

我们并不是一群玻璃心。这种说法既粗鲁又刻薄。

——一名 17 岁女孩

我们并没有你想象得那么沉迷于手机。我们也有很多其他事情要忙，请对我们有点耐心。

——一名 15 岁女孩

我们能为这个世界做出的贡献远比你们许多人看到的要多。有时候感觉好像每个成年人都认为我们这一代不过是一群被宠坏的、想要不劳而获的小孩。

——一名 17 岁女孩

我们并不都是 TikTok 上那些喜欢冒险的人。见鬼，我几乎不用社交媒体。

——一名 18 岁男孩

不要因为少数人的行为就对我们所有人进行评判。

——一名 16 岁女孩

他们说他们是负责任的、坚强的，并且很有趣：

我们是负责任且值得信赖的。

——一名 16 岁女孩

我们能够做事并且负责任，同时我们也认识到乐趣是生活的一部分。

——一名 17 岁男孩

类似信息的数量之多以及其中包含的热情，揭示了我们个人以及整个社会都需要关注的一个问题：我们对青少年的看法。

突破之年研究发现	38%的青少年——本研究中占比最大——告诉成年人不要试图简单概念化他们，不要对他们心存消极假设，或者对他们抱有成见，而是去认识到他们的优点。①

父母的思考：不要事先评判

回忆一次有人因为你的外表或声音，或者因为你的背景而对你做出事先评判的经历。你还记得什么？他们是如何对待你的？你是如何回应的？

青少年在生活中遇到的问题与我们的生活有相似之处，因此，将我们的思考建立在这些共同点之上是非常重要的。我在给成年人做演讲时提出过这些问题，我发现这让他们回想起了他们早期的经历，当时其他人对他们的事先评判深深地打击了他们的自尊心。一位50多岁的妇女回忆起她七八岁时的一段经历：

放学后，妈妈来接我，但我先去了趟洗手间。

我走进去，一个我从没见过的女人跟在我后面。我不认识她，她也不知道我是谁。但她以为有一个男孩在女洗手间里面，她非常生气。她说她要打电话给校长。

这一切太可怕了——我还记得，我当时羞愧得满脸通红，感觉就像

---

① 总的来说，这个研究结果结合了调查中的6种编码类别，比如"我们不傻""我们不懒惰""我们不坏"，等等。

是赤身裸体走进了教室。

我冲向妈妈，一时语塞，不知道自己该说什么。妈妈从没见过我这样，她问："发生了什么事？"我告诉她："我不知道我做错了什么。有个女人坚称我是男孩，我试图向她解释我不是。"

妈妈立刻进入了保护模式，和我一起回到洗手间，她的声音坚定有力。那个女人退缩了。然后妈妈把我紧紧抱在怀里，让我哭泣，安慰我说："你是我见过的最美丽的女孩。我不允许任何人否定这一点。"

因为这场误会，学校里的每个人都听说了这件事，每个人都想谈论它。但我不想参与其中，我只想一个人静静，我只是想去趟洗手间。

即使是现在，每当我回忆起这件事，泪水仍会涌上眼眶。我就长这样，外表中性。我很清楚自己是谁。我是一个女人。

另一位女士的故事是这样的：

我12岁从英国来到美国，开始上初中。所有的孩子都挤在教室里。开学第一天，我走进学校，被要求介绍自己。全班因为我的英国口音而哄堂大笑。我哭着跑出教室，一路跑回家。我感到非常尴尬，他们嘲笑我。我说"我不想回学校"，但我知道我必须回去。第二天，每个人都会对我说："说点什么，说点什么。"

对一些人来说，他们的记忆仍然历历在目，包括对性别的假设：

在工作中，人们通常预设我是跑腿的。这让我问自己："我做了什么让别人误会我？"我试图保持冷静，但这确实令人沮丧。

对其他人来说，挑战来源于他们的肤色：

别人听到我的声音和看到我时的反应往往大相径庭。他们喜欢我的声音，会与我互动，直到他们看到我，准确地说是看到我的肤色，他们的态度就变了。

又或者是作为打工人收到的一些让人不安的假设：

在我工作的地方，有些对人的负面假设根深蒂固，无处不在——这个人控制欲太强，那个人不太聪明，另一个人是个事无巨细的管理者。这些成见让我们所有人都时刻保持警惕。

当我们的身份和群体归属被做出预设时，如果这些预设让我们觉得是错误的、压抑的或有害的，它们就会引发尴尬、羞愧、赤裸感、怀疑、沮丧和不得不保持警惕的感觉。这些感觉很强烈，甚至在回忆它们时也是如此。这就是为什么刻板印象和歧视会侵扰我们、让我们感到不安，甚至影响我们的身体健康。

"主义"的起源

当我的孩子和孙子还是婴儿时，我喜欢和他们玩模仿游戏——微笑、摇头、做鬼脸，当他们模仿我时，我会很高兴。

我们经常看到婴儿在模仿。当他们用手摸到电视遥控器或手机时，他们通常会模仿成人的行为。但是婴儿是如何"知道"该做什么的呢？当他们模仿我们用手拿起手机或摇头时，他们真的知道要用身体的哪个部位吗？

要谈论我们——无论是成年人还是青少年——如何看待青少年，我们必须了解年幼的孩子是如何开始形成对自己和他人的概念的。这一切都始于婴儿通过模仿从我们这里获得线索。研究者安德鲁·梅尔佐夫的理论能帮助我们了解幼儿如何形成这些概念。[1] 他提出了一个名为"像我一样发展"[2] 的理论，并开始在 7 个月大的婴儿身上寻找这种行为的神经学基础。[3] 以下是他的发现：

当我们触摸婴儿的手时，我们能够发现婴儿大脑中某个特定区域变得活跃或者好像被点亮了，这个区域通常被称为"手部区域"。

更有趣的是，当婴儿只是看着成人的手被触摸时，婴儿大脑中相同的神经区域也会变得活跃。

这意味着婴儿的大脑在他们能够产生语言或用声音标记身体部位之前就已经在将自己与他人进行比较。婴儿已经能够识别：我的手就像你的手，我的脚就像你的脚，我的嘴唇就像你的嘴唇。

这对社会关系的发展有着深远的影响。婴儿知道，"你和我一样，我也和你一样"。这是人际关系和归属感的重要组成部分。[4]

从婴儿期开始：
- 我们准备好了特别注意那些和我们相似或与我们互动很多的人，并将人们分成不同类别。[5]

并且：
- 我们准备好了对这些相似点和不同点做出判断。[6]

我特意用了"准备好了"这个词。因为这是正常的大脑发育——似乎我们天生就会这样做。

社会观点塑造了幼儿对他人和自己的看法

"孩子们不仅关注谁和我一样，还关注社会如何对待和我一样的人。"梅尔佐夫说，"这就是学龄前儿童和小学儿童与刻板印象开始碰撞的地方。"[7]

佐治亚大学的梅尔佐夫和艾莉森·斯金纳发现，幼儿通过观察人们的互动来"捕捉"他人的观点。他们更喜欢被热情对待的人，而不是被拒绝或冷落的人。[8]

他们还会了解别人对"他们的"群体的看法。梅尔佐夫说：

如果你是一个小女孩，你已经建立了"像我"中关于性别的部分，即其他女性在性别意义上和我一样；现在你非常关注社会如何对待像我这样的人。

你在吸取教训并做出推论——你向社会上的其他人寻求信息和指导。[9]

例如：

如果你是一个女孩，而你所在文化中的人不断传达"女孩不应该学数学"的想法，那么你可能会得出这样的社会推论："好吧，也许如果我想融入社会，我就不应该学数学。"

社会观点可以被改变

梅尔佐夫发现，女孩们在很小的时候就接受了这些关于女孩、数学和科学的社会判断——但重要的是，这些判断是可以改变的。他和休斯敦大学的艾莉森·马斯特发现，如果学龄前女孩了解到和她们一样的人对数学和科学非常感兴趣，她们会在数学和科学活动中坚持更长时间，表现得更好：[10]

让儿童和青少年相信他们是一个对数学、科学和技术感兴趣的社会群体的一部分，这在很大程度上将激励他们的学习、学业选择和对未来的抱负。所有人都想感受到归属感，这是一个基本动机，尤其是对儿童和青少年来说。[11]

种姓

有一种社会对人群进行分类的方式，这种分类被伊莎贝尔·威尔克森等人称为"种姓"（caste）。在她的书《美国不平等的起源》中，威尔克森将种姓比作房子的骨架。她写道，美国的种姓制度"就像房子里的钢钉和托梁一样，我们在家里看不到它们，但它们却是核心。种姓是我们相互区别的基础,是人类等级制度的骨架。"[12]

那么,什么是种姓?用威尔克森的话来说,它是"一种固定的、深入的人类价值排序,预设着某个群体的至高无上,也预设着其他群体的低劣"。[13]

每个社会都有阶层。这些阶层决定了谁拥有更多或更少的权力和资源。组成阶层的因素包括种族、民族、宗教、出生地、语言等等。如果从历史的角度来看,这些因素似乎很随机。

威尔克森区分了种姓和阶层:前者基于我们无法改变的外在特征(如肤色或发质),后者基于我们可以改变的特征(如说话方式、衣着等)。

孩子们如何学习这些等级划分?威尔克森用了一个令人难忘的类比:

在我们的日常生活中,种姓就像黑漆漆的剧院中的一名无言的引座员,他的手电筒照在过道上,引导我们到指定的座位观看演出。[14]

它不仅关乎权力、资源、谁值得拥有这些、谁能得到这些、谁得不到这些,还关乎"尊重、权威和对能力的假设——谁配得到这些,谁不配得到这些"。[15]

而这些——归属感、尊重、自主权和能力——正如我们稍后将讨论的那样,是我们所有人的基本心理需求。

"主义"从何而来

虽然寻找我们与他人的异同点,并将我们和他人划分为不同群体是正常的,但当这些差异充斥着预设和消极情绪时,就会出现问题。这可能成为性别主义、种族主义、年龄主义和其他各种各样的主义的基础。当个人、机构和整个文化认为某个群体不如其他群体时,就会出现主义。[16]

在接下来的内容中,我将展示另一种可能对我们的孩子造成伤害(包括健康伤害)的主义:青少年主义。

青少年主义影响着我们所有人。我们都曾经是青少年,在预设的限制下长大。如果我们有孩子,他们就已经是、现在是,或将来会成为青少年。他们现在或将来会成为决定世界未来的成年人。因此,我们对青少年群体持有的负面刻板印象可能会伤害他们,从而也会伤害我们。

我们对青少年是否有刻板印象?

在我进行的这项定性研究中,几乎所有接受采访的父母和青少年都给出了肯定的回答。

汉克,一位来自佐治亚州、拥有6个孩子的父亲,向我表达了他的看法:

我认为有种刻板印象普遍存在:"孩子们会做出疯狂的事情",或者"孩子们在街区里开车太快"。成年人在谈论孩子时常常会说这些。

南希,一位来自俄勒冈州的18岁孩子的母亲,也谈到了这些刻板印象的普遍性,并对它们可能带来的影响表示担忧:

从朋友和家人那里听到这些是常有的事。我甚至在电视节目中也听到过:所有的青少年都会喝酒,所有的青少年都会偷偷溜出去。父母似乎只是在期待这些事情的发生。我认为这是危险的,因为在我看来,孩子们往往会做他们被期待去做的事情。

在突破之年的定量研究中,超过1/3的青少年表示:"不要对我们抱有成见。"这一点在对他们的定性访谈中得到了进一步证实。来自弗吉尼亚州的15岁女孩布列塔尼告诉我:

我觉得很多人对青少年的看法都很极端，好像你们都站在一边。但事实并非如此。肯定存在中间立场。我一直都站在中间立场上。有很多非常好的孩子。

从这项研究一开始，就能很明显地发现，青少年的脑海中充满了对刻板印象的担忧。当我启动这些研究时，我在焦点小组访谈中询问年轻人，我应该向研究人员提出哪些关于青少年发展的问题，有一个讨论特别引人注目。曾经有一个人对我说：

看看我们——当你让美国成年人想象一个典型的青少年时，我们不会是他们脑海中浮现的那个样子。

这位青少年回忆起自己在学校写过六字回忆录，他说：

我很想知道他们脑子里会想到哪六个词。

那次讨论激发了我一个想法，我觉得我应该问研究人员，当他们听到让他们描述"典型的青少年"（他们研究的对象）时和让他们描述"刻板印象中的青少年"时，他们分别会想到哪三个词。

我问了，并且发现这两种描述之间存在鲜明的对比。

研究人员用来描述刻板印象中的青少年的词往往是负面的：

喜怒无常 / 过于情绪化

喜欢冒险、叛逆

自私 / 以自我为中心

冲动 / 野蛮

笨拙、懒惰

容易受其他孩子影响

研究人员用来描述他们的研究对象——典型的青少年时，最常用的词语往往是积极的：

积极进取、勤奋
有创造力
有趣、好奇、善于社交
对生活充满热情
乐于发现和学习

关于青少年的负面刻板印象到底有多深？

我列出了研究人员最常用的正面和负面词语——总共 16 个。然后，在"突破之年"的基线调查中，我们要求父母以多种方式对这些词语进行回应：

以下哪几个词或短语最能准确描述你孩子这个年龄段的年轻人？

以及：

以下哪几个词或短语最能准确描述你的孩子？

他们可以选择他们想要的所有单词或短语。以下是我们调查的结果，按父母回答的频率从高到低排序：

发现 1：存在消极刻板印象——父母对自己家的青少年的评价和对其他青少年的评价往往存在差距。

- **容易受其他孩子影响。**66% 的青少年家长认为这句话最适合描述他们孩子的同龄人，但只有 29% 的家长表示他们自己的孩子很容易受到其他孩子的影响。
- **喜怒无常 / 过于情绪化。**52% 的家长表示"喜怒无常"和"过于情绪化"是描述他们孩子同龄人的词语。相比之下，只有 42% 的家长这样描述自己的孩子。

- **自私 / 以自我为中心**。虽然 43% 的家长表示"自私 / 以自我为中心"可以很好地描述他们孩子的同龄人,但只有 20% 的家长这样描述自己的孩子。
- **笨拙**。37% 的家长认为他们孩子的同龄人是笨拙的,而只有 23% 的家长认为自己的孩子笨拙。
- **懒惰**。40% 的家长认为他们孩子的同龄人懒惰,28% 的家长认为自己的孩子很懒惰。
- **野蛮 / 冲动、叛逆、喜欢冒险**。在描述孩子的同龄人时,39% 的父母认为他们"野蛮 / 冲动",36% 的父母认为他们"叛逆",32% 的父母认为他们"喜欢冒险",而对自己的孩子这样评价的父母分别只有 17%、14% 和 12%。

显然,这里有一种规律。父母倾向于对孩子的同龄人持负面看法,而不是对自己的孩子持负面看法。这就是刻板印象的来源。刻板印象是一组关于群体或社会类别中成员的品质和特征的概括(例如信念、期望)。这些概括往往被夸大了,它们往往是负面的,即使人们知道某些人没有符合刻板印象的特质,这种概括性评价也难以被修正。[17]

本研究的样本代表了全国范围内 9~19 岁青少年的父母。这意味着它代表了个别父母对自己孩子的看法,也代表了更多父母对自己孩子的看法。综合起来,这些观点可以看作当今父母对青少年的普遍看法。

举个例子,看看本研究中与冒险有关的负面词语——"喜欢冒险"、"叛逆"和"野蛮 / 冲动"。正像我们所看到的那样,这些都是媒体、书籍和研究人员普遍关注的问题。很少有父母使用这些词语来描述自己的孩子——只有 12% 的家长说自己的孩子"喜欢冒险",14% 的家长说自己的孩子"叛逆",17% 的家长说自己的孩子"野蛮 / 冲动"。然而,当描述青少年群体时,这些百分比分别跃升至 32%、36% 和 39%。

将这些数据放入条形图中(见图 2),明显能看出父母对青少年的总体看法与对自己孩子的看法之间的差距,这表明肯定存在消极的刻板印象!

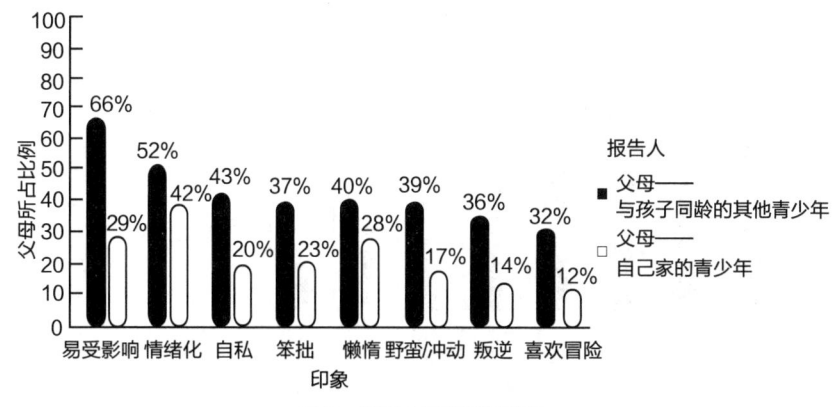

图 2 对青少年的消极印象

虽然我们需要尽一切努力减少青少年不明智的、危险的行为，但这并不意味着我们应该对这个群体自动产生一些最坏的预设。正如俄勒冈州的家长南希所说，有些人会说"所有"青少年都在喝酒，"所有"青少年都在偷偷溜出去，"父母只是在期待这些行为"。

发现 2：在积极特质方面，大多数父母更有可能认为自己的青少年具有积极特质，而不是像他们对其他青少年的看法那样——因此，这依然表现出了刻板印象。

- **好奇**。这一项的比例是相同的，62% 的父母选择"好奇"来描述他们孩子的同龄人，与那些认为自己家的青少年好奇的父母所占比例完全相同。
- **善于社交、有趣、有创造力、乐于发现和学习、对生活充满热情**。百分比在这里开始出现不一致。父母更有可能认为自己家的青少年在这些积极特质方面比其他同龄孩子表现得更明显。
- **积极进取、勤奋**。在父母的观点中，这个刻板印象最为普遍。只有 22% 的人认为其他同龄孩子"上进"，16% 的人认为他们"勤奋"。相比之下，37% 的父母认为自己家的青少年"上进"，44% 的家长认为他们"勤奋"。

图3 对青少年的积极印象

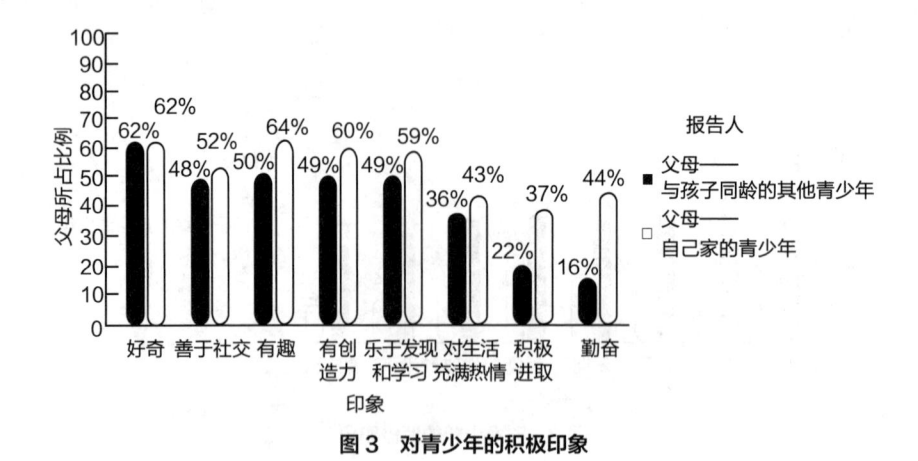

柱状图数据（父母所占比例%）：
- 好奇：62%（其他青少年）、62%（自己家的青少年）
- 善于社交：48%、52%
- 有趣：50%、64%
- 有创造力：49%、60%
- 乐于发现和学习：49%、59%
- 对生活充满热情：36%、43%
- 积极进取：22%、37%
- 勤奋：16%、44%

研究为我们长期以来对青春期概念的理解提供了数据。正如来自佐治亚州的六个孩子的父亲汉克所说，"成年人谈论孩子时总是这样"。

这些刻板印象会给青少年或我们与他们的关系带来伤害吗？我将在下一节探讨我们对此的发现。

青少年主义的影响

在我上大学四年级前的夏天，我有幸在西弗吉尼亚州的一个机构工作，深入研究青少年及其家庭生活。这个项目得到了联邦政府的资助，被当地人民视为约翰·肯尼迪总统对西弗吉尼亚州的一种感谢，因为肯尼迪曾在初选中赢得民主党的总统提名。1963年6月，在一个大雨滂沱的日子，他以总统的身份再次来到西弗吉尼亚州，庆祝该州成立一百周年。人们与他一同站在雨中，我也是其中的一员。他深情地说："西弗吉尼亚州的天气并不总是晴朗，但这里的人总是充满阳光。"[18]

这是我所了解的西弗吉尼亚州，也是我的家人和朋友所珍视的西弗吉尼亚州。

在这里做暑假工作时，我走遍了卡诺瓦县的山丘和山谷，采访青少年及其家庭。虽然许多家庭极度贫困，但他们也拥有各自的优势和力量。然而，我很快发现，一些来自外州的同事对我的家乡人民的看法与我截然不同。在员工会议上，他们常常带着批评的口吻谈论这些家庭。我不禁感到，他们可能因为看到需要修缮的房屋或听到"阿巴拉契亚"口音，而忽视了这些家庭在贫困中的坚韧和互助精神。他们没有看到那些不能从商店买玩具的孩子如何用大自然的产物创造出自己的玩具，也没有看到在困难时刻，这里的家庭成员如何团结一心、相互扶持。虽然并非所有家庭都如此，但确实有许多家庭展现出了这种精神。这些家庭的处境和优势似乎并未被所有人看到和理解。

这次经历让我对基于地域的刻板印象变得格外敏感。后来，作为一名教师，我经常听到同事们在午餐室里对父母发表一些贬低性的言论。我将这种现象称为"家长主义"，并对此进行了大量的研究，探索其背后的原因，以及如何建立支持性的家长与专业人士之间的关系。当我自己成为父母后，我变得更加警觉。如果我发现我的孩子有可能被贴上负面标签，我会尽我所能，以父母的身份去阻止这种情况的发生。

因此，当我开始撰写本书时，我被青少年的请求所吸引，他们希望我研究我所说的"青少年主义"现象。

青少年主义背后是对青少年的一系列观念和刻板印象。这些观念是对青少年的各种看法，有些可能是刻板印象——基于他们在同龄人群体中的成员身份而产生的负面看法。[19]

对青少年的刻板印象会影响青少年吗？

年龄刻板印象对青少年本身来说非常重要，但对此的研究却出奇地少。克里斯蒂·布坎南（现就职于维克森林大学）和芝加哥洛约拉大学的格雷森·霍姆贝克是少数的例外。20世纪90年代，他们开发了一个量表来测量刻板印象，方法是让大学生和家长描述印象中的普通的青少年，然后在大学生和中学生的家长群体里测试这些词语。[20] 测试结果组成了青少年刻板印象量表。

布坎南接下来提出的问题是："预期的动荡和压力是否会增加实际或感知到的动荡和压力？"[21] 她和当时在北卡罗来纳大学教堂山分校的约翰娜·休斯推测，如果父母预期孩子会做出负面行为，他们可能会反应过度，认为负面行为不可避免，或者专注于符合他们预期的行为而忽略不符合预期的行为。

他们从美国东南部的两所公立学校收集了来自 270 名六、七年级青少年及他们中大多数人的母亲（255 名）的数据作为样本。根据青少年刻板印象量表中的问题，母亲们被问及她们对孩子的预期——例如，她们是否认为孩子会做出消极冒险行为、挑战极限，或者叛逆、鲁莽、固执、粗鲁、冲动、不安或自私。基于一种成熟的测量方法，母亲们也被问及孩子的行为问题。

六、七年级的学生被问及相似的问题，即对 57 条陈述中的每一条描述，根据其与自己青春期情况的符合程度进行评分。他们还报告了自己的行为问题、受同龄人影响的敏感性以及与父母的亲密程度和冲突程度。一年后，当这些孩子上了七年级和八年级时，他们和母亲都再次接受了采访和调查。

布坎南和休斯假设，当母亲和青少年预期青少年在青春期会有更多的消极冒险和叛逆行为时，青少年也会报告做了更多的冒险和叛逆行为。

看到这里，你可能会思考：研究开始时孩子的行为问题和他们与父母的冲突或亲密程度不会影响一年后的结果吗？你是对的。因此，研究人员在统计上控制了这些因素和其他人口统计学因素，即在统计分析中保持这些因素不变。

即使有这些因素的控制，研究结果也证实了他们的假设——虽然还没到完全确定的程度，但可以确定的是父母的观点可以预测孩子以后的行为问题。

| 重要发现 | 预期孩子进入青春期时会遇到困难与以后实际遇到的困难有关，实际困难程度会略高于孩子在进入青春期之前的行为所表现出来的程度。 |

是叛逆，还是为承担责任做准备？

有时，我们需要面对他人与我们不同的世界观，才能促使我们重新思考什么是真相。我在西弗吉尼亚与别人交流时就经历了这种冲突，而西北大学的瞿阳在纽约大学读研究生期间也有类似的体会。他在中国长大，美国和中国对青少年看法的差异让他倍感震惊。

在美国，研究往往侧重于青少年离开家庭、受到同龄人的影响、表现出"叛逆和不负责任"等行为。[22] 他说：

这与中国或东亚文化完全不同。在东亚，青春期实际上是成年人和社会期望你承担更多责任的时期。

因为青春期被视为迈向成年的第一步，东亚的年轻人被期望在学校努力学习并履行对父母的义务：

所有的文化力量都引导东亚儿童走向更负责任的道路。

这些显著的差异使瞿阳开始思考文化对青春期观念的影响，尤其是关于叛逆和不负责任的刻板印象如何影响青少年的学校参与度。他将学校参与度作为一种结果，因为它很重要，但美国和中国青少年对此表现出非常不同的模式：

我们从大量研究中得知，美国青少年进入中学后，学校参与度会下降。

相比之下：

我们自己之前的研究表明，中国孩子在中学阶段的学校参与度要么保持不变，要么有所提高。

在美国，瞿阳教授和他的同事招募了 203 名来自伊利诺伊州的七年级学生，参与了一项关于学校参与驱动因素的研究。[23] 在中国，他们选择了 194 名来自山东省的同龄学生，瞿阳教授说山东省"代表了典型的中国文化"。他说，他们"特意选择了这个年龄段，因为我们想确保在他们刚进入青春期时就了解他们的观点"。[24]

这些学生在七年级春季学期和八年级秋季学期接受了调查，调查采用开放式问题（即没有任何可能影响他们回答的建议或提示）。七年级学生被要求列出他们认为典型的青少年态度和行为。[25]

随后，他们需要完成一份问卷，问卷要求他们对 30 个项目进行评分，以判断这些态度或行为是在"青春期前更多"、"青春期前和期间同样多"，还是"在青春期更多"。[26]

根据他们的研究结果和先前的文献，研究人员找出了学校参与度的四个潜在"驱动因素"：

- **与父母分离**：中国和美国孩子都认为青少年时期是与父母分离的时期，但美国孩子更有可能认同这一点。
- **家庭责任**：美国孩子认为家庭义务在青春期前更为重要，而中国孩子认为家庭义务在青春期前和在青春期期间同样重要。
- **脱离学校**：美国孩子认为脱离学校是青春期期间的特征，而中国孩子认为脱离学校是青春期前的特征。
- **同伴导向**：美国和中国孩子都认为青少年时期是同伴导向时期，但美国孩子更认同这一看法。[27]

为了测量参与度，研究人员询问了研究参与者做学校作业的策略，例如，询问"如果我对学校里学习的某个知识点感到困惑，我会回去试着弄清楚"这句话与事实的符合程度。

> **重要发现** 研究人员发现，在美国，青少年认为青春期是逐渐独立于父母、较少参与学校活动的时期，因此随着时间的推移，他们会比中国孩子更少地参与学校生活。

研究人员表示，"文化塑造了美国和中国青少年对青春期的观念，这导致了两国青少年在这一阶段的学校参与度存在差异"。[28]

消极刻板印象是否会对青少年的大脑发育产生影响？

这是瞿阳紧接着提出的另一个问题。[29] 在美国参与这项研究的七年级学生中，有 22 名学生在升入八年级和九年级时接受了脑部扫描，并且完成了一项评估认知控制的任务。[30] 尽管研究人员分析了整个大脑，但他们最终将关注点集中在前额叶皮质上，这个大脑区域在青春期持续发育，并直接参与青少年管理自己行为的过程，包括避免消极的冒险行为。

他们采用专门用来评估执行功能技能的认知控制任务——Go/No-Go 任务。研究参与者被要求每当计算机屏幕出现一个字母，他们就按下按钮（即"go"），唯独当字母 X 出现时，他们被要求不要按下按钮（即"no-go"）。这需要控制能力来抑制自动反应，以在 X 出现时不按按钮。

这些青少年还报告了他们在八年级和九年级期间的消极冒险行为，比如偷窃、饮酒、吸烟以及与不良群体交往。

研究小组发现，那些认为在青少年时期会在家庭生活中表现得更加不负责任的青少年（例如，不尊重父母，很少遵从家庭要求，不履行家庭义务），随着时间的推移，更有可能在认知控制任务中表现出腹外侧前额叶皮质激活度的纵向增加，这表明他们调节自己的冲动行为时需要付出更多的努力。

瞿阳指出：

研究结果表明，儿童刚进入青春期时所持有的刻板印象，会随着时间的推移影响他们的大脑发育。

重要的是，扫描结果与青少年对自己消极冒险行为的报告有关联。也就是说，如果他们的腹外侧前额叶皮质激活度增加，那么随着时间的推移，他们也更有可能表现出更多的冒险行为。

| 重要发现 | 这只是一个小样本研究，并且只是迈出了第一步，但这项研究指出，对青少年的刻板印象可能会影响青少年的行为和大脑发育。 |

反对消极刻板印象会促进青少年的积极行为吗？

研究结果促使瞿阳提出新的问题：消极刻板印象能否转变为更积极的观点？更积极的观点又能否改变青少年的行为？在这项研究中，瞿阳和他的同事们将重点放在了中国上海的青少年身上：

由于上海是中国最开放的城市之一，那里的孩子们既接触到了东亚文化对青少年的观点，也接触到了西方文化对青少年的观点，所以在那里对青少年的刻板印象可能是灵活且容易改变的。[31]

研究人员开发了反刻板印象干预措施，以推翻对青少年不负责任的观点。[32] 在一项针对 319 名中国七年级学生的实验中，干预组的学生被要求阅读一段文字，文字里说，虽然媒体经常将年轻人描绘成叛逆和不负责任的人，但这种描述并不适用于所有青少年，许多青少年可以非常负责任。下一阶段，在控制条件下，他们被要求写下在家里与家人相处和在学校的典型行为,在实验条件下,他们被要求写下他们观察到的青少年在家里与家人相处以及在学校勇于承担责任的例子。这种活动在心理干预中被称为"说即是信"(saying is believing)[33]:当你对别人说某事时,你更有可能相信它是真的。[34]

在这些练习之后,最初的实验者离开,一组新的实验人员来到他们的教室,告诉干预组和对照组的学生,将有 5 分钟的休息时间,在此期间他们可以做英语字谜游戏。[35]学生们还被要求填写 3 天的每日报告,主要记录他们当天的学习情况——例如,他们是否"在课堂上非常认真地听讲"和"努力在学校取得好成绩"。此外,他们还被问及当天的消极冒险行为,例如"在作业或考试中作弊"和"与不良少年在一起玩"。

> **重要发现** 在这项研究中,接受反刻板印象干预的年轻人不仅在字谜游戏上表现更好,而且他们的学术参与度也更高。

这项研究持续了 3 天,虽然在中国进行,但瞿阳认为它对美国也很有启示。对他来说,研究旅程还在继续,他计划在美国进行更大规模、更长期的干预。

当我与瞿阳交谈时,我一直在想,在"突破之年"研究中的青少年强烈要求成年人不要对他们抱有成见,这对他们来说非常重要,但很少有研究人员关注这个课题。当我告诉瞿阳我很感激他提出这些问题时,他回答说:

我确实认为我们的领域应该更加关注这个方面,因为刻板印象会影响年轻人如何度过青春期。

我也这么认为。

歧视的破坏力

"六年级时,你会兴奋地想,'耶,我上中学了'。"现年12岁的约书亚回忆道。但到了七年级,他的态度发生了180度大转变:"天哪,这不是我想要的。"

为何会有这样的改变?

因为七年级往往是孩子们步入青春期的开始,没人喜欢青春期。如果你的说话声音、外貌或者脸上的青春痘与众不同,你都有可能成为被人嘲笑的对象。

我们通常认为歧视是基于种族、民族、性别、宗教或年龄等因素的偏见行为,基于年龄的歧视往往与老年人联系在一起。然而,我们很少意识到,当年轻人进入青春期,他们也会因为声音、外貌或青春痘等问题而遭受歧视。我采访过的青少年——尽管他们没有直接称之为歧视——分享了很多遭受不同类型偏见的故事。

对于12岁的罗拉来说,问题在于人们对她的第一印象。由于她早熟,看起来比实际年龄大,人们便觉得她看起来刻薄,并基于此来对待她。她告诉我,她必须努力反驳这些在商店里、在街上甚至是她认识的人对她的误解:

我向他们证明,我不是那样的人。他们也不应该因为别人的外表就评判或恶意对待他人。

对17岁的蒂姆来说,问题出现在教会。他在佐治亚州长大,从小就在主日学校里当志愿者,为年幼的孩子上课。他非常热爱教学。但当他进入青少年时期,学生的父母开始表现得好像不希望他和年幼的孩子在一起:

也许是因为我是个男性，我不胖，但我个子高，体格壮。所以他们开始表现得似乎不太舒服，或者认为我不适合做那样的事。

因此，他停止了志愿服务。

如果我们在日常生活中听到这些故事，我们可能会轻描淡写地说："每个人都会经历这些——忘掉它吧。"但是，既然我们知道歧视会产生影响，我们就需要更深入地了解这个问题。

加州大学洛杉矶分校的安德鲁·富利尼在研究中听到了年轻人讲述的关于年龄歧视的故事，幸运的是，他并没有忽视这些故事。他来自一个移民家庭，一直在研究民族/种族歧视，他和他的同事发现，在纽约，来自少数民族或种族（特别是非裔美国人、华裔、多米尼加人和俄罗斯人家庭）的孩子从小就对他们"不光彩"的出身背景格外敏感。[36] 这种"不光彩"蔓延到了学校生活中：所有觉得自己的群体地位较低的孩子在学业上都没有那么积极——除非这些孩子（无论他们的背景如何）觉得自己在学校里有归属感。

来到加州大学洛杉矶分校后，富利尼继续研究歧视问题，他发现，正如2010年的一篇文章标题所说："歧视会伤人"。[37] 在这项对601名具有亚裔、拉丁裔和欧洲裔背景的十二年级学生的调查中，学生们每天写日记，报告他们遭受歧视的经历。研究人员还收集了有关学生自尊、抑郁和身体健康的信息，学校也提供了学生成绩的访问权限。[38]

富利尼了解到，歧视并非每天都会发生：

当你调查因种族或民族而遭受明显敌意或不公平待遇的实际频率时，你会发现这样的报告往往相当少见。[39]

即便如此，歧视的后果"非常严重"。[40] 遭受过成年人和同龄人歧视的青少年更有可能成绩较差、自尊心较低、抑郁症状较多，身体问题也较多，如头痛、胃痛和无缘无故感到疲倦等。[41]

在随后的研究中，富利尼和他的同事研究了基于性别、体重、身高和年龄的歧视。

我很好奇是什么促使他们关注年龄因素，他告诉我，他一直在倾听他定性研究中的学生和他自己的孩子：

> 他们觉得仅仅因为他们是青少年，社会就会对他们有特殊的看法。他们真的对此感到愤怒。他们觉得这难以忍受、不公平！[42]

年龄歧视得分高

在 2016 年的一项研究中，富利尼、他以前的研究生弗吉尼亚·黄（现就职于加州州立大学北岭分校）及其同事使用了哈佛大学戴维·威廉姆斯开发的日常歧视量表。[43] 研究人员询问了来自洛杉矶地区 4 所公立高中的 292 名十年级和十一年级学生：

> 在过去 12 个月的日常生活中，你遇到以下事情的频率是多少？[44]

这些经历包括受到的尊重程度低于他人、人们好像觉得你不聪明，或者人们好像害怕你。在询问每种歧视类型后，他们询问学生如何理解这种情况发生的原因。学生们列出了许多可能的原因，包括年龄[45]。

令人惊讶的是（因为很少有研究人员询问年龄问题），**年龄歧视得分很高**。

| 重要发现 | 正如安德鲁·富利尼所说："学生们将不公平待遇归咎于年龄的比例非常高，几乎与种族背景或性别一样高。这个结果非常引人注目。"[46] |

歧视可以渗透人心

2016 年富利尼和他的团队进行了一项后续研究，研究的主要目的是探索歧视与健康和幸福的生物学指标之间的联系，[47] 尤其关注"歧视与白天皮质醇分泌节律的关系。皮质醇分泌节律是身体压力反应的一个指标"。他们评估了 292 名十年级和十一年级学生三天的皮质醇分泌量：

> 我们为他们提供一周使用量的拭子，并给了他们非常明确的指示，即把拭子放进嘴里，咀嚼一会儿，然后放回小瓶中。我们还用短信提醒他们，这样他们就会及时做这件事……早上做几次，晚餐时做一次，睡前做一次。拭子会提取他们的唾液，我们用它来检测皮质醇水平。[48]

他们发现了其中的联系。

重要发现　正如研究人员在他们的期刊文章中总结的那样："日常歧视发生的频率相对较低，但那些认为这种不公平待遇发生频率较高的青少年，其全天的皮质醇水平都很高。"[49]

这是少数几项探究青少年为什么认为自己遭受歧视的研究之一。但到头来，研究结果表明发生歧视的事实要比歧视的原因更重要：

> 我们的研究结果揭示了一个引人深思的现象：寻找歧视的原因可能不如了解歧视的发生频率那样重要。尽管基于年龄和种族的歧视最为普遍，但我们并没有发现归因类型与皮质醇水平之间的明显关联模式。[50]

正如富利尼向我解释的那样，这些发现表明这种经历在很多方面"让这些青少年感到不安"，并可能反过来对他们的健康产生一些影响。[51]

成年人的皮质醇水平升高与抑郁等心理问题以及心血管疾病等身体问题有关。人们越来越认识到，这些问题的发生时间比以往认为的要早得多。[52]

歧视与睡眠

将研究范围扩展到清醒时间之外，探索歧视与睡眠的关系，是合乎逻辑的步骤。在加州大学洛杉矶分校，富利尼领导的青少年发展实验室多年来一直在研究睡眠的重要性。富利尼将睡眠描述为"生物必需品"：

- **睡眠有助于恢复：**"从生物学角度来说，我们需要睡眠作为恢复过程。"
- **睡眠调节身体过程：**"睡眠对调节多种身体过程至关重要，无论是炎症过程还是生长过程。"
- **睡眠对学习至关重要：**"睡眠中发生的事情可能是学习的基础——无论是认知、事实学习，还是情绪学习。"[53]

约翰斯·霍普金斯大学的理查德·胡加尼尔和他的同事们通过对老鼠的研究，进一步阐释了睡眠对学习的重要性。他们发现，白天，大脑中的突触会增大，而到了晚上则会缩小。[54]胡加尼尔解释说：

我们认为事情是这样的，白天你学习了很多东西，你获得了信息，你的突触变得更强。但为了第二天的学习，你必须重置整个系统。你必须降低兴奋性，让突触变得更小。这与记忆的巩固有关。[55]

这意味着睡眠与学习之间存在一种我们曾经没有理解的联系。胡加尼尔开玩笑说，"睡一觉再说"这句话是有科学依据的：

我们认为正常的睡眠过程——睡个好觉——确实有助于巩固前一天的记忆，让你回忆起它们。这是一个重大的发现！

富利尼发现，歧视会影响睡眠，因为它会提高兴奋度：

为了睡个好觉，我们需要尽量减少不安全感和兴奋，最大限度地提高安全感。而歧视会阻碍这一点。[56]

这在青少年时期尤为重要，因为正如研究人员所写到的（正如我们所看到的）：

青春期是一个对社会评价更加敏感的时期，这导致青少年容易受到社交体验的影响，而这些体验可能会削弱他们的安全感和归属感。[57]

这项研究中的 316 名参与者来自皮质醇研究中的十年级和十一年级学生的同一个样本。具体来说，研究人员想要知道：
- 在种族、性别、年龄、身高或体重方面的歧视与青少年睡眠的时间、变化和质量有何关联？
- 孤独和压力会对歧视与睡眠之间的联系产生影响吗？

由于无法将参与者带入睡眠实验室（这是测量睡眠的理想方式），研究人员为每位参与者提供了一块 ActiGraph 手表，用于测量身体活动、睡眠和运动，并要求他们在晚上睡觉前戴上它：

他们应该按下手表上的按钮来表示他们要睡觉了。如果他们在夜间起床，他们会按下按钮让我们知道更高的运动频率是因为他们起床。然后，当他们醒来时按下按钮，表示睡眠结束了。[58]

ActiGraph 手表就像运动手表，但更加复杂：

根据手表对运动的估计，我们可以确定他们什么时候上床睡觉、入睡需要多长时间、睡眠时间以及夜间醒来的频率。

参与者还回答了许多关于睡眠的问题，并完成了关于日常歧视、孤独和压力的问卷。

研究人员发现，种族和非种族歧视（性别、年龄、身高或体重）会影响青少年睡眠的数量和质量。有趣的是，如果年轻人报告受到种族歧视，他们更有可能感到孤独，这反过来又会影响他们的睡眠；如果他们报告因非种族原因而受到歧视，他们更有可能感到孤独和压力，这同样会影响他们的睡眠。

> **重要发现** 歧视影响睡眠的时长和质量。在这项研究中，歧视和睡眠之间的关联部分归因于孤独感和压力感。

不要止步于安慰自己每个人都会经历这些——要克服它

当我写到这里，我回想起曾采访过的一些人的话语，他们对歧视似乎并不是很在意，比如16岁的蒂姆这样说：

我通常只是尽量避开那些对我有刻板印象的人，因为他们的观点对我来说并不重要。他们的思想如此封闭，但我不在乎。

帮助个人学习和使用应对和恢复策略是迈向改变的良好开端。然而，这还不够。正如加州大学洛杉矶分校青少年发展实验室团队在其网站上分享的研究成果所强调的：

我们的工作与其他实验室的最新研究都表明，歧视是青少年非常真实的经历，这可能会对他们的发展产生负面影响。虽然研究帮助青少年应对歧视的方法很重要，但同样重要的是，首先要预防青少年因种族、民族、性别和年龄而遭受不公平的待遇。[59]

毫无疑问：我完全赞成要学习如何面对挑战，我认为这是一项必不可少的生活和学习技能。但正如我的研究和许多其他人的研究表明的，我们培养生活和学习技能的一种方式是通过我们的社会联系。我们天生就是社会性的生物。群体帮助我们了解和成为我们自己。刻板印象和歧视伤害着我们,而我们对它的理解才刚刚开始。为了我们自己和我们孩子的未来,我们可以做得更好。

日常歧视:
隐藏在显而易见的地方

当我在定性研究中询问家长他们的孩子是否经历过歧视时,那些给出肯定回答的家长指出了基于性别、种族和性取向的歧视:
- 女孩在体育运动中不受重视。
- 同性恋青少年在学校被欺负,没有人站出来帮忙。

除非它发生在你身上,否则歧视可能隐藏在显而易见的地方。一旦发生,它就会被看见,就像黛安的经历一样。黛安是一位非裔美国单身母亲,住在佐治亚州,有两个孩子——12岁的温斯顿和10岁的查尔斯。

她的孩子们经历过多次歧视,但他们只能眼睁睁地看着歧视发生。比如有一次,黛安一家和她来访的前夫正要一起过马路去商店买零食,这时一辆警车停了下来。

警察说:"我们有逮捕令,我们要带你去警局。"
我的前夫说:"为什么要逮捕我?"

警察开始试图给他戴上手铐。

我的前夫说:"不,你能告诉我这是为什么,然后再给我戴上手铐吗?"
警察说:"不行。这不是我们的办事风格。"

接下来很快事态就升级了。

警察对着他的对讲机说:"我在某某位置……有拒捕倾向。"

接下来发生了什么你应该能猜到,另一辆警车向我们冲过来。当那辆警车上的警察下来时,他已经把枪拔出来了。

他的车朝着黛安——

他用枪指着我,然后指着我的前夫,吼道:"趴下。趴下。不要反抗。"
我前夫说:"我没有反抗,我只是问了一个问题。"

后来的警察指责第一个警察说:

"你干吗要给他说话的机会?你应该用电棍电他,或者直接把他的手拉过来。"
现场的第一位警官说:"嗯,他之前很配合。我不想那么做。"
第二位警官说:"你不要给他们那么多机会。拿出你的电棍。"

警察给她的前夫戴上手铐,把他关进一辆巡逻车。原来他们抓他是发现他的驾照过期了。温斯顿和查尔斯不知所措。

当我进屋时,他们说:"妈妈,你还好吗?那是枪吗?"我说:"是的,是枪。太疯狂了。"

黛安知道她必须帮助她的孩子应对别人因为他们是黑人而产生的偏见,但现在她的孩子已经十几岁了,她还必须帮助他们应对因为他们的年龄而产生的预判。她看到一则令她害怕的当地新闻,是一个关于青少年穿过邻居家的院子并遭到枪击的故事。

正巧她的一位邻居最近贴出了"禁止非法侵入"和"私人财产"的

标志，黛安于是向温斯顿展示了这些标志，并试图说服他去商店时不要抄近路穿过邻居的院子。但温斯顿并没有展示出足够的重视，黛安就变得强硬起来：

"我们的邻居立着'禁止非法侵入'的牌子。如果你去那里，你就侵犯了他的财产。当时要是发生点什么你连解释的机会都没有。这意味着你可能会被枪击中腿部，或者你可能会被打死。"

有些人把与青少年讨论性相关的话题称为"那种谈话"。但对于有色人种的孩子来说，"那种谈话"也包括如何最好地应对与警察、邻居或陌生人的接触——在这些接触中，他们的意图会被别人进行预判，父母必须努力帮助他们的孩子安全地应对这些互动。[60]

年龄歧视

当我在定性研究中询问接受采访的父母，他们的孩子是否经历过年龄歧视时，大多数人都说没有，除了像黛安这样的父母，他们的孩子因为各种原因而受到的歧视在他们十几岁时加剧了。

一般来说，我们倾向于将年龄歧视与老年人联系起来。

下面这句话来自新泽西州的有两个孩子的父亲伊桑：

我见过老年人在职场上被歧视找不到工作，但对年轻人歧视？没有吧。

当我问年轻人时，大多数人没有将"年龄歧视"一词与他们的经历联系起来，尽管他们可以很容易地谈论性别和种族歧视。

尽管他们没有将自己与"歧视"联系起来，但他们也讲述了因为自己是青少年而受到不公平对待的故事。15 岁的杰西卡说："如果一个青少年做出了错误的决定，那就相当于所有青少年都错了。我没有 15 岁就怀孕。我对自己要求很高，我不会做那些事，因为我知道这样做不对。"

然而歧视总是如影随形。杰西卡回忆起一次在女孩节去化妆品店的经历：

我们走进去，店里的女士问我们身边是否有超过 18 岁的人。我告诉她，"没有。只有我们。"她告诉我们不允许我们进店，然后把我们赶了出去。我们什么也没做。我们只是踏进了商店。这真的让我很生气，因为我想买化妆品。我没有做任何让她认为我不能进店的事情。

当被问及她认为为什么会发生这种情况时，杰西卡说：

我们是青少年。人们觉得我们出现准没好事。看见我们让那位女士心里感到不安——至少我倾向于这么认为。

在"突破之年"研究中，我们询问了青少年歧视相关的问题，使用的是哈佛大学的戴维·威廉姆斯开发的日常歧视量表[61]——与安德鲁·富利尼及其团队在研究中使用的测量方法相同。

发现 1：总体而言，近 73% 的青少年在过去一年中经历过一种或多种歧视。
- 人们表现得好像他们比你好（61%）
- 被辱骂或侮辱（41%）
- 人们好像认为你不够聪明（37%）
- 受到的尊重少于其他人（37%）
- 人们好像认为你不诚实（28%）
- 受到威胁或骚扰（19%）
- 在餐馆或商店得到的服务比其他人差（15%）
- 人们表现出害怕你的样子（12%）
- 在超市被监视（10%）

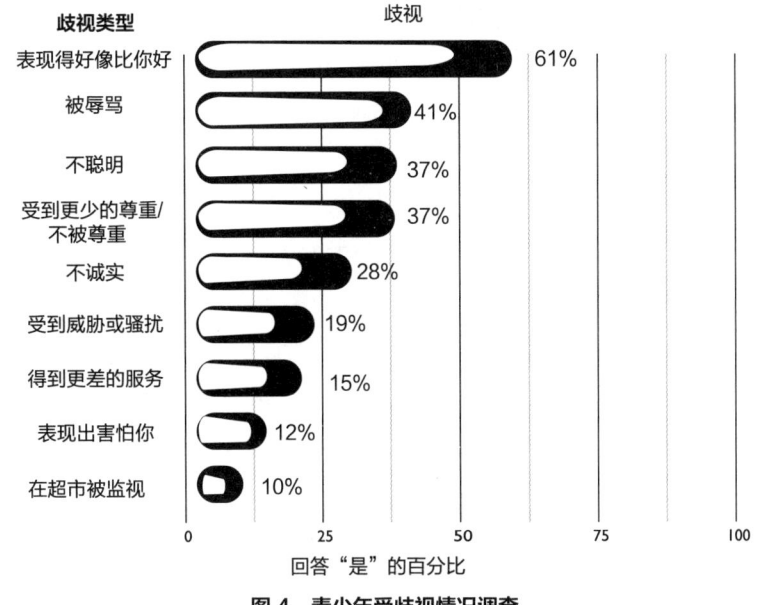

歧视类型	歧视
表现得好像比你好	61%
被辱骂	41%
不聪明	37%
受到更少的尊重/不被尊重	37%
不诚实	28%
受到威胁或骚扰	19%
得到更差的服务	15%
表现出害怕你	12%
在超市被监视	10%

回答"是"的百分比

图 4 青少年受歧视情况调查

发现 2：在所有遭受过歧视的青少年中，年龄歧视被他们视为遭受歧视的首要原因。

在对至少经历过以上九种歧视类型中的一种的青少年进行调查时，我们询问了他们认为导致这种情况的主要原因。他们可以选择八个不同的原因，包括性别、种族或民族、性取向以及他们交往的人群。

在这九种歧视类型中，青少年选择年龄作为原因的次数超过了其他选项。

发现 3：歧视与更低的幸福感密切相关。

我们根据青少年报告遭受歧视的次数，将参与者分为三组：第一组在过去一年中没有遭受过任何一种歧视（占 27%），第二组遭受了 1~3 次歧视（占 39%），第三组遭受了 4 次或更多次歧视（占 34%）。

然后，我们控制了人口统计学因素，对这三组进行了比较，以更准确地解释它们之间可能存在的差异。需要指出的是，相关性并不等同于因果关系。我们的发现如下：

- 遭受一次及更多次歧视的青少年报告了更低的学校参与度、更少的积极情绪、更多的消极情绪、更大的压力以及对未来更低的期望。
- 遭受4次或更多次歧视的青少年报告的学业成绩低于未遭受歧视的青少年。

―――――――― 促进对青少年的积极观念 ――――――――

与其他类型的歧视一样，年龄歧视可能会带来深远影响。是青少年告诉我应该关注青少年主义。因此，我希望能够有更多人认真对待青少年主义，并采取措施解决这一问题，以便它——像其他形式的歧视一样——不再隐藏在显而易见的地方。

重新思考青春期：从平均到个性

既然我们知道对青少年的刻板印象会对他们造成伤害，为什么我们还要这样做呢？

我们之所以形成刻板印象，是因为我们倾向于以自己为出发点进行比较来看待事物——但我们的观点是可以改变的。

研究表明，婴儿会被与自己相似的人吸引。[62] 正如我们在前文提到的，这被称为"像我一样发展"。[63] 研究还表明，幼儿不会对肤色、性别或其他特征视而不见。他们会给自己所在的群体和自己不属于的群体贴上标签——例如，"像我这样的女孩不擅长数学"。他们会从周围的文化中收集线索，尽管我们认为他们没有注意到。[64] 但我们也看到负面标签是可以改变的，"像我一样"的女孩照样可以把数学学得很好。[65]

我们之所以形成刻板印象，是因为对负面信息的偏好，也因为同时持有多种观点是有难度的——但我们可以学会寻找积极的一面，找到我们生而为人的共同点。

我们之所以对青少年形成刻板印象,是因为我们被坏消息所吸引。这出于许多类似的深层的保护性原因,即保护自己免遭麻烦。我们之所以形成刻板印象,还因为理解他人的观点具有一定的挑战性。但我们可以学习这些技能,以造福我们自己和青少年。

我们之所以会形成刻板印象,是因为我们担心什么是"正常的",并想从复杂的现实中创造出更简单的故事——但"正常"又意味着什么?这种比较有多大帮助?

就像青少年会问自己"我正常吗",父母也会问"我的孩子/我孩子的行为正常吗"。

在我们家,有一个关于"正常"的故事已经尽人皆知。我的女儿劳拉通过互联网发现,她朋友的小孩可以用日语数数数到200。这很了不起,因为这个小女孩家里没有日本人,而对劳拉来说,这尤其了不起,因为她的儿子,也就是我的外孙,在那个年龄才刚刚能用英语数到20。

我对这类故事的代称是"记住奥利弗"。奥利弗是我孩子的同学,他在四年级就学习了十二年级的数学。但后来,奥利弗在生活中遇到了真正的挑战。所以这个故事的寓意是,两岁时能用日语数到200,9岁时能做高中数学题,并不是通往完美生活的唯一途径。没有什么是完美的。

但每个家长都会想:"我的孩子正常吗?"在试图弄清楚这一点时,我们会看平均值——我们希望我们的孩子高于平均水平。

追求正常(主要基于感知)和平均值(基于数据的数学概念)有其优点。它可以帮助我们预测孩子成长和变化时会发生什么。这就是为什么儿科学科里用的年龄和阶段图表如此有用。但追求正常和平均值也有严重的缺点。

第一个缺点是,人们通常会把任何低于平均水平的人归入缺陷或残疾类别。哈佛大学和科学技术应用中心的神经心理学家、教育家戴维·罗斯首先提出了一个名为"通用学习设计"(universal design for learning)的概念,这是一种适用于所有学习者的课程方法。罗斯指出,是否被视为正常或平均水平要取决于具体情况。在他的演讲中，他讲述了妻子露丝的故事：

露丝的一个不同寻常之处是她拥有绝对音准。[66]

罗斯说，她能够听清任何乐器上的音符，并识别、辨别和重复它，而他却不能：

我，即使上了12年的音乐课，也没有绝对音准，你们中的大多数人也没有。这个能力很少见——大概400个人里面只有一个人有。

罗斯分别展示了有和没有绝对音准的人的大脑，二者有明显的差异。他将拥有绝对音准的人的大脑比作一条有许多连接的高速公路。像他这样没有绝对音准的人的大脑就像一条乡间小路：有许多连接，但它们不那么直接，运行速度也很慢。然后他问道，两人中谁有残疾？他的妻子会说他有：

她觉得——从我们第一次一起唱歌开始——她嫁给了一个在音乐方面有明显缺陷的人，因为我跟她唱歌时我找不准调儿。

但这种判断取决于他们在哪里唱歌。罗斯和他的妻子一起去教堂（虽然她通常在唱诗班唱歌）：

会众里有像我这样的人。我们都有所谓的相对音准——所以我们尽可能地跟着风琴唱歌，但并不是所有人都能接近准确的音调。
当在会众里唱歌时——不是唱诗班——露丝实际上有一个明显的劣势。由于大家唱得五花八门，这让她很困惑。

这是个很好的例子，说明了环境如何定义什么是正常的，而环境是可以改变的。这一点越来越被人们所认同,因为那些被视为有缺陷的人正在呼吁承认普遍的学习差异或神经多样性。

第二个缺点是,关注正常或平均水平会掩盖成长和发展的多样性。只要看看七年级学生的班级照片——很明显他们成熟的程度不同。然而,有时我觉得我们的教育体系期望所有七年级学生都能知道和做到同样的事情。我称之为"均值暴政"。

至于青春期,我们已经看到大脑前额叶皮质和奖励系统的发展模式不同。[67] 请记住萨拉-杰恩·布莱克莫尔的总结:"个体差异与平均水平一样重要——甚至可能更重要。毕竟,没有平均的青少年。"[68]

关注正常和平均的第三个缺点是,它是一种不全面的衡量成长的方法。我们在第一章中提到的积极青年发展先驱理查德·勒纳彻底改变了他在发展领域研究的方式。[69] 为了展示他的突破,他首先展示了五年级到十二年级儿童目标导向技能发展的结果。如果根据平均值画图,画出来的线几乎是一条直线。

接下来,他展示了59名儿童的平均值随时间的变化。刚才的直线开始变得上下波动。最后,他展示了每个个体随时间的变化。该图显示的线段形态多样,向上、向下和横向的线条都存在。他说:

这就是青少年成长的过程。青春期就像线条的起起落落。这个群体中没有一个孩子是平均水平的代表。

如果我们更多地关注个人随时间的变化而不是假设的平均水平会发生什么?如果我们这样做了,我们就可以开始从仅仅寻求平均值转向更平衡的观点,其中包括最真实和最正常的个体随时间进展发生的变化。我相信这将使我们更接近于看到青少年期待我们看到的:他们是极其复杂的人。

第四章
我们正在努力理解我们自己和我们的需求

青少年告诉我们，我们并不完全理解青春期这个介于童年和成年之间的独特阶段。他们也承认并分享了他们正在试着了解自己的部分：

我们可能看起来只是在经历一个阶段，但实际上，我们正在更多地了解自己和他人。

——一名 10 岁女孩

通过他们的经历和人际关系，他们正在了解自己是谁、自己的位置和归属：

我们大多数人都在为毕业以及克服高中生活的种种困难而努力，比如通过课程考核、融入集体和寻找社会位置。我们也在试图弄清楚我们是谁，以及想成为什么样的人。

——一名 17 岁女孩

他们需要耐心、支持和尊重：

我们每天都在成长，我们需要所有的爱和支持，不论其形式如何。

——一名 9 岁女孩

给我们一个自己去摸索的机会。

——一名 7 岁男孩

就因为我们年轻，做事没有经验，我们就不被尊重。

——一名 15 岁男孩

他们要求自主权和能动性，在解决问题和采取行动方面有更多的发言权：

让我们更加独立，自己做决定。我们需要找到属于自己的方式。
——一名 15 岁男孩

我希望我能告诉他们，像我这么大的孩子也能完成一些事情，我们只是需要一个机会！
——一名 12 岁女孩

总而言之，他们试图在这个迷茫的时期，去理解现在和将来"做自己"意味着什么，同时也去理解世界的未来：

我们这一代人希望得到成年人更多的接纳和尊重。毕竟，他们在我们这个年纪时也希望得到相同的东西。不同的是，我们这一代人接触到的知识比他们在我们这个年龄时接触到的更先进。现在科技更加发达，但我们也面临更大的安全风险。全球变暖和恐怖主义都是威胁。我们这一代人很担心我们将会拥有什么样的未来。
——一名 17 岁男孩

对我们来说重要的是，我们是一群面临着许多挑战的人，比如教育、就业、健康、宗教和性。我们正处于这样一个阶段，如果我们没能做对，在我们能辨别是非之前，我们可能会在错误的道路上走好几年，但如果我们得到成年人的支持，我们的旅程将会顺畅很多。
——一名 16 岁女孩

他们中的许多人都希望为改造世界做出贡献：

我们并不像你们描述的那样懒惰。我们只是想弄清楚这个世界，以及我们如何才能有所作为。
——一名 16 岁女孩

我们喜欢学习，希望参与改变。

——一名 16 岁女孩

认同、自主权、目标和贡献，这些都是随着我们不断成长会提出的大问题。青少年也在经历这段旅程。这些都是我们将在本章探讨的基本心理需求。

突破之年 **研究发现**	24% 的青少年要求成年人理解他们的需求。

父母的思考：每个年龄段的人都有基本需求

> 试想一下，作为一个成年人，你正处于充满挑战的境地。也许在一个新的地方或情况下，人们对待你的方式与你认为应该受到的对待不同。你会怎么想？你的感觉是什么？

青少年告诉我们，成年人满足他们的基本心理需求非常重要。这不仅与青春期有关，正如我在面向成年人演讲时听到的故事样本所呈现的那样，对一个人来说，这关乎能力：

我在工作中被调到了不同的团队。在原来的团队中，我们对想法持开放态度，但这个团队希望保持现状。每当我提出一个新想法时，它都会被驳回。我觉得自己不被信任，觉得自己考虑不够周全，甚至觉得我不擅长自己从事的业务。我开始怀疑自己的能力，这很疯狂，因为我知道自己是谁，而且我真的很擅长我所做的事情。

另一方面，自主权的缺失并不能被工作提供的其他好处弥补：

我思考了很多关于我离职的原因。因为从外部来看，这是一份很棒的工作——公司薪资丰厚、福利良好、员工非常聪明。每当我告诉人们我在哪里工作时，他们都很钦佩我。但我内心的感受却截然不同。我的头衔本该赋予我责任和自主权，但我的上级包揽了公司计划的制订，我的工作主要就是执行。我的旧工作就像驾驶着宝马，但无论去哪里都必须获得许可；而我的新工作就像开现代汽车，但我自己可以决定去哪里，我从未如此快乐过。

对同事缺乏尊重还会影响其他人的认同感：

我的一位关系很好的同事，在两年内经历了很多痛苦，她失去了母亲，也可以说几乎失去了丈夫，她的健康状况也开始恶化。她陷入了困境，需要额外休一些无薪假。然而，我们公司却不肯通融，不愿对这位多年来付出良多的人慷慨相待。他们解雇了她，并认为她是可以被替代的。他们说："我们可以雇用另一个像她这样的人，这样的人有成千上万。"我做这份工作是想成为该公司的一员，并希望我能信任它。但当我看到他们如何对待我的朋友——他们完全不重视和尊重她——我心寒了。我不想待在一个这样对待员工的地方。

在学校的归属感不仅对孩子很重要，对他们的父母来说也很重要：

我的儿子有注意缺陷多动障碍，我们为他提供了他需要的服务和个别教育计划。当我去参加家长会时，我看到老师们都呈现出防御的姿态。

他们开始告诉我他所有的问题、所有的失败。我感觉内心的情绪在积累，最后爆发了，"你们就是不喜欢他，对吗？"几年后，当我儿子高中毕业时，一位老师走过来向我道歉。他说："你当初那么说我们是对的，我们谈论你儿子的方式确实不对。"我告诉他："你知道，父母只是想感受到自己和孩子都有归属感，这样我们才能一起合作。"

当我们听到"能力""认同""自主权""尊重""归属感"这些词时，它们可能一闪而过："哦，是的，归属感……"直到被视为无能、不值得尊重、没有归属感，我们才开始意识到，这些是每个年龄段的人都有的基本需求，尤其是在青春期。

心理需求是成长的必需品

当时我正在与一群教育工作者进行交谈，谈论青少年对自主权、能力、归属感和贡献的基本需求。这些话他们已经听过很多次了——也许正是因为听过太多次，这些话已经失去了意义。

所以我停下来，提出一个假设：假设他们处于一个充满挑战的境地，也许是在一个新的地方，也许是处于一种新情况下，人们对待他们的方式与他们认为应该受到的对待不同。对此，我邀请他们分享自己的故事。

一位城市行政区负责人说，他第一次来美国时，他发现在自己国家英语课上学到的英语并不足以让他理解人们在说什么，尤其是习语，比如"put a pin in it（先不去想）"或"ice out（不理睬）"，也包括俚语。他说他运用每条他能找到的线索来试图弄清楚人们在说什么。他在自己的国家如此有能力，但在这里，他感到自己辛苦获得的能力被剥夺了。

一位乡村地区负责人谈到她因腿部持续的疼痛而去看医生。医生居高临下地对她说话，指责她没有尽快寻求帮助，给她列出了康复过程中该做和不该做的清单,然后表现得好像她不会遵医嘱。她说:"我感觉自己就像个孩子。"

一位郊区中学的校长谈到了一次突然的意外丧失:他学校一位重要的老师在走夜路时被车撞死了。"我从未经历过这种悲伤。"他说,"我满眼都是灰色。"一切都缺乏色彩和意义,直到他意识到应该找到学校所在的社区并要求他们让社区变得更安全,适合步行。团结起来后,他和其他人的悲伤并没有减轻,而是转化为贡献的力量。

通过讲述和倾听彼此的故事,自主权、能力、归属感和贡献等理念不再只是枯燥的词语,而是他们在成年后重新理解的主题。

有人说:"失去了你才知道自己需要什么。"

我说,这就像《鱼就是鱼》(*Fish is Fish*),对儿童发展领域的研究者来说,很多人都知道李欧·李奥尼的这本儿童读物。[1]

这个故事讲的是池塘里的一条鱼和一只蝌蚪。它们是最好的朋友,总是形影不离。但有一天,蝌蚪变成了青蛙,跳到陆地上探险去了。青蛙回到池塘,跟鱼讲述了陆地上的新奇事物。鱼听了非常向往,也想看看外面的世界。于是它跳出池塘,但很快就发现自己无法在陆地上呼吸。幸好,青蛙及时把鱼推回了池塘。鱼回到水中后,才发现自己的家,这个池塘,才是最美的地方。它说:"我的家,就是世界上最美的。"

鱼认为它对水的需要是理所当然的,直到它到了没有水的环境里。这本书的结论是:鱼就是鱼,青蛙就是青蛙。教育工作者的领悟和我的结论则是:直到面临失去,我们可能才真正意识到我们需要什么来帮助自己成长。

这实际上是一个相当激进的想法。我们已经习惯了我们需要食物、水和住所才能生存,但我猜大多数人都不习惯这样一个事实:我们有基本的心理需求,并且这些需求必须得到满足才能让我们发展良好。归属感听起来像是可有可无而非必需的东西。

这个概念在自我决定理论中一点也不激进,数十年的研究表明了这个理论的正确性。克拉克大学的自我决定理论学者温迪·格罗尔尼克将生理需求和心理需求进行比较。食物、水和住所是身体健康和安全所需的养分，是我们生存所需的成分，

但你也可以将需求视为心理性的。心理需求是成长、整合、幸福所需的养分。[2]

当这些需求得到满足时，我们不仅仅能够生存下去，还可以成长、拥有更好的福祉并发展良好。当这些需求得不到满足时，可能会导致不太积极的结果，例如心理健康问题的增加。[3]

自我决定理论中的需求是什么？

自我决定理论是由罗切斯特大学的爱德华·德西和理查德·瑞安提出的一个非常强有力的人类动机理论，[4]并经过了多年的验证。事实上，这个广泛的理论包含了关于动机、关系和目标的六个"小理论"。其中一个是基本心理需求理论，它解释了心理需求如何与我们的福祉联系起来，[5]与本书的这一部分最为相关。我们将考虑当青少年在不同的环境中、心理需求被满足或未被满足时，他们会发生什么。格罗尔尼克漂亮地总结了[6]自我决定理论中的需求，你可能还记得我之前引用过她的话。

第一个需求是联结感：

我们需要感受到与其他人的联结或关联。我们是社会中的人，需要感到被重视、被爱和被联结。

第二个需求是自主感：

我们需要感到是有自主权的。我们的意思是，人们需要有选择的感觉。他们需要感觉自己是行为或所做之事的主人，而不是被逼无奈或者被胁迫的。

格罗尔尼克指出，自主的概念一直没有定论。有些人认为自主是独立的或与他人分离的，但在自我决定理论中，自主取决于关系，在关系中，人们感觉自己不受控制并且是有选择的。

第三个需求是胜任感：

我们需要感觉自己是有能力的。我们需要感觉自己有能力影响事物、影响世界。当我们感到无能为力时，我们就无法好好生活。

青春期的五种基本心理需求

在本书中，我们已经看到，青少年在神经生物学上已经做好了对以下方面做出强烈反应的准备：
- 奖励和新奇事物
- 被包容或排斥
- 想要对所做的事情有发言权或自主权
- 受到尊重和寻求社会地位
- 试图弄清楚他们是谁以及什么对他们来说是重要的[①]

在神经影像技术问世之前，研究者已经对其中的许多反应进行了描述。然而，我们现在所见证的严谨而精巧的实验开始逐步揭示这些现象背后的神经生物学基础。基于已有的研究和我的研究发现，青春期乃至人的一生中，存在着超过三种基本心理需求。我将这些基本心理需求归纳为五大类别：[②]

关爱性关系
能动性

[①] 这份清单的灵感来自我自己的阅读和研究，以及加州大学伯克利分校的罗纳德·达尔的许多演讲。
[②] 在这里，我扩展了罗切斯特大学的爱德华·德西和理查德·瑞安的概念模型［参见：理查德·瑞安，爱德华·德西，《自我决定理论与内在动机、社会发展和幸福的促进》，美国心理学家 55，第 1 (2000)：68-78, https://doi.org/10.1037/0003-066X.55.1.68］和威斯康星大学的布拉德福德·布朗的概念模型（正如医学研究所和国家研究委员会青少年科学委员会所引用的）。《青少年冒险科学：研讨会报告》，华盛顿特区：国家科学院出版社，2011 年）。

掌控感

身份认同

目的性

青春期五种基本心理需求的特征是什么？

- 这些基本需求可以被更细致地界定，并相互交织在一起。当青少年感受到归属感并受到周围人的支持时，他们会体验到一种深深的联结感（**关爱性关系**）。而当他们被赋予一定的自主权，且受到尊重时，他们将成为自己行为的真正主导者（**能动性**）。当被激励以发展能力的方式面对挑战时，他们会体会到一种效能感（**掌控感**）。在解决关于"他们是谁"的问题时，他们将构建自己的认同感（**身份认同**）。当拥有机会去探索对他们个人而言具有意义的事物，并为更广泛的利益做出贡献时，他们将开始塑造生活的方向感（**目的性**）。这些分类的每一个部分，都是由一系列的经验、关系、活动和机会共同塑造而成的。

- **这些基本需求是青少年发展的核心动力，它们可以被转化为具体的任务。**这些任务成为青少年满足需求的途径。然而，如何成功完成这些任务，不仅依赖青少年自身的努力，还深受他们所处的环境或背景的影响，因为……

- **这些基本需求是基于人际关系的。**我们可以努力寻求归属感，但倘若我们所处的社交圈并不接纳我们，这种需求便难以得到满足。尤其对年轻人而言，满足这些基本需求的机会往往依赖他人的给予。正如本书强调的，基本需求建立在人际关系之上。我将人际关系视为发展中的变量，因为它们能产生最重要的影响。正是基于这种认识——人际关系是身心健康的核心——儿科学科已经由传统的只关注身体健康逐渐转向了对人际关系健康的重视。[7]

- **我们需要探究这些心理需求在年轻人所处的环境中是否能得到满足。**这是一个至关重要的议题。很多时候，我们评估和判断青少年——例如，他们是否具备某种能力——往往将他们视为孤立的个体，却忽视了环境因素的作用：环境决定了青少年能否展现出他们的能力或是否陷入困境。试想，如果我们能转而审视教育环境，并询问这样的环境是否支持满足青少年的需求，会有什么不同。

- 这些基本需求是可以被内化的。例如，当青少年所处的环境和人际关系允许他们以更加自主或有效的方式行动时，他们就更有可能感到自主性或效能感。因此，本章其余部分的重点是，我们——青少年生活（或环境）中的人——如何满足他们的需求。

- 这些基本需求通常在转变期或未得到满足时表现得尤为强烈。青春期便是这样一个充满转变的阶段，比如进入初中、高中、大学或开始工作。而一个不支持的环境，如充斥着命令和控制氛围的环境，可能让青少年感到无论他们做什么都显得无足轻重。

需求是否被满足或是否匹配？这是一个持续的过程

半个多世纪前，爱利克·埃里克森构建了一个理解发展的全程性框架，他主张社会心理发展贯穿人的一生，[8]由一系列关键任务所驱动。尽管他的理论明确了特定人生阶段中的核心需求（例如，婴儿期需要发展基本信任，而青春期则着重建立同一性），但我并不认为我们能够在特定阶段找到他所谓的"长期解决方案"。[9]例如，自主性这一需求在幼儿期已初现端倪，但在青春期它以全新的面貌再次浮现，并在成年后持续被重新塑造。我们的一生都在不断地撰写和修订个人的生活叙事。

我受到心理学中"个人 – 环境匹配理论"[10]的启发，提出了关于青少年的需求与社会所提供之物是否匹配的议题。个人 – 环境匹配理论出自加州大学欧文分校的杰奎琳·埃克尔斯及其同事领导的一项具体研究。[11]他们的研究始于以下提问：

虽然大多数人在度过青春期时并没有经历过"暴风骤雨"，但许多人确实经历了一些困难。这是为什么？[12]

作为回应，他们提出了一个假设：

与青少年发展相关的一些负面心理变化是青少年的发展需求与社会环境为他们提供的机会之间的不匹配造成的。[13]

牢记匹配和不匹配的概念，让我们从关爱性关系——归属感和支持的需求入手，来探索五项基本需求。

需求1：
关爱性关系——归属感和支持的需求

归属感的需求包括感到亲密、被关心、安全和作为真实的自己被接纳。支持是指你觉得你可以依靠别人、向他们寻求帮助，当出现问题时他们会在你身边。当青少年感到自己有归属感并得到支持时，他们就会有联结感（关爱性关系）。

对归属感的需求

几年前（在新冠疫情之前），我因一种看似神秘的感染而住院，被隔离，从而与我的家人、朋友以及我熟悉的生活暂时隔绝。突然间，陌生人——医院工作人员——成了我宇宙的中心。受"照顾他人"和"被他人照顾"需要的驱动，我努力培养对这里的归属感。我通过向工作人员提问，试图与其建立一些私人的联结。其中一位提到她无意中听到了我与我孙子的通话，于是我趁此机会了解了她的家人。我也问过夜班护士她对夜班工作的感想。

像任何置身于新环境的人一样，我需要了解医院文化——它的人员和等级制度——并弄清楚我如何才能感到安全并适应那里。即使知道我只在那里待几天（幸运的是，这种感染并不神秘且易于治疗），我仍然需要有归属感。

通过归属感的视角看问题

我采访过一位来自加州的父亲，名叫托伦斯，他告诉我，他一生都以这样的口号生活："如果你想要不同的东西，你就必须做一些不同的事情。"

如果我们希望成年人和儿童都能茁壮成长，那么能做的与以往不同的事情就是通过归属感的视角来进行观察和行动。虽然这对一些孩子来说尤其重要——那些因为自己的外表、行为方式、家庭银行账户存款，以及被认为不是很酷而被孤立的孩子——但这不仅关系到他们，也关系到每个人。

企业正在看到这种转变，因为许多公司都在努力了解"包容性"的含义以及思考如何实现这一转变。[14] 教育也在转变中，而且这种转变是非常有必要的。[15] 我与芝加哥一名七年级学生的对话体现了这样做的原因。他告诉我，从开学第一天走进教室的那一刻起，他就从"老师的眼睛"中得知自己将要度过怎样的一年：

> 我可以从他们的眼神中看出他们是否喜欢孩子。我可以从他们的眼神中看出他们是否喜欢所教的内容。我可以从他们的眼神中看出他们是否愿意来到这个教室。

在与老师互动之前，孩子们就可以通过老师的眼睛来判断教室是否是他们可以归属的地方。

"归属感是一件大事——我总是担心人们怎么看我"

当我问佛罗里达州一名12岁女孩英格丽的母亲爱丽丝，她想为她的女儿和同龄人提供什么时,她说:"我认为要学会对自己感到满意。"

爱丽丝描述了她如何帮助英格丽对自己感到满意:

> 与她多多交流,看看她是否有什么不喜欢自己的地方,并对此进行讨论。我告诉她不要太担心别人的想法。如果她喜欢某件事,不管它酷不酷都无所谓,这就是她喜欢的。

这句话听起来很简单,但实际上,成长使年轻人对他人的观点和自己的归属变得敏感,"不担心别人的想法"是很难的。英格丽这样说道:

> 我感觉成年人都认为我们这个年龄段的生活并不难,因为我们掌握着一些科技和拥有其他一些东西。但我认为这种处境下的孩子更难,因为它促使他们更加具有自我意识。
>
> 在我们这个年纪,有很多事情会让人感到痛苦。在学校和其他事情上,总会有一些戏剧性的冲突,但我们不太喜欢分享我们的感受,因为我们被教导"不要像爱哭鬼一样",所以我们会压抑自己的情绪。
>
> 这会让我们喜怒无常。然后大人们就会说,"别这么孩子气"。但实际上,这是因为我们需要有人听我们倾诉。

突破之年研究发现 | 59%的青少年表示,他们有超过一半的时间会与父母谈论重要的事情。此外,研究发现,更多的交流会有效减少青少年的负面情绪。我们的数据表明英格丽的洞察是正确的。

当我向英格丽询问学校的"戏剧性事件"时,她描述了几个意外事件,可以总结为:

> 它们通常是关于人际关系的——也许有人不小心伤害了别人,而另

一个人对此做出了不合适的反应。这通常是从小事开始——一场小小的争论——然后更多的人被卷入其中。然后它们就变成了每个人都开始谈论的大事。

英格丽的描述与我们对年轻人和暴力行为进行的一项研究结果相呼应[16]。成年人认为暴力是"大型攻击行为"（打架，校园枪击），但年轻人却认为暴力是"小型攻击行为"（戏弄，挑剔别人），因为这些可能会升级为大问题。当被问及是否希望停止生活中的暴力时，绝大部分年轻人希望停止小型攻击行为——日常的戏剧性事件。

英格丽讲述的戏剧性事件涉及归属感（谁被包括在内，谁被排除在外）——青少年的大脑对此非常敏感。她告诉我：

归属感是一件大事，因为我非常具有自我意识，总是担心别人对我的看法。别人觉得我很奇怪吗？别人想成为我的朋友吗？

英格丽还是一个敏锐的观察者，善于观察融入的动力：

人们的衣着要符合场所规定。人们减肥是为了融入群体。人们并不真正喜欢与众不同。她们喜欢成为另一个小巧、金发碧眼、穿着露脐上衣的人。

这不仅与衣服有关。12岁的布莱恩告诉我：

去年我在一个新班级。我不是很适应，因为他们都比我高，而我又矮。他们不会让我参与很多事情，这让我感觉很糟糕。

尽管有书籍、文章和各种努力来减轻青少年的外貌焦虑，但这种紧张感在英格丽和布莱恩的学校及其同龄人的心中仍然存在。哈佛大学的理查德·怀斯布尔德及其同事进行的一项调查发现，80%的青少年表示，他们的父母最关心的是孩子的学业成绩和幸福感，远超过对他们与他人建立关爱性关系的关心。[17] 但归属感的基本需求是很强大的，英格丽继续说道：

> 显然，我不会成为另一个个头矮小、金发碧眼、穿着露脐上衣的女孩，但我也绝对不会成为一个被排斥的人。我一定会努力融入其中。

归属感与融入感：帮助青少年了解两者之间的区别

英格丽的陈述展示了归属感与融入感之间的区别。当你融入时，你会做你不得不做的事情来满足他人的期望——即使这让你感觉不舒服。而当你有归属感时，你会感觉到自己被接纳了。布琳·布朗写道：

> 融入是指评估情况并成为你需要成为的人，这样你才能被接纳。而归属感不要求我们改变自己，它要求我们做自己。[18]

我们可以帮助青少年从想要融入转变为想要因自己本来的样子而受到欢迎。当我问英格丽如何应对这种压力时，她是这样说的：

> 我们学校的很多女孩都把头发染成金色，使之成为一个亮点。每个人都穿着短毛衣、短衬衫、紧身牛仔裤。为了达到特定的外貌标准，这会带来很大的压力。
>
> 我们学校的大多数女孩和我看起来一点儿也不一样。我很高，我无法改变这一点。我也不会去改变头发的颜色、换掉我觉得舒服的衣服。我不会仅仅为了去融入而改变自己对事物的态度。别人必须为了我本人而与我成为朋友，而不是因为我染了头发、穿露脐上衣或以某种方式行事。

归属感需求中的匹配与不匹配

我们用很多词来描述归属感的心理需求——"联结""关心""安

全""情感纽带""依恋""被爱"。在我们的"突破之年"调查中,我们询问了一个有全国代表性的青少年群体:

在过去的一个月里,你有多少次觉得……?
1. 你的父母和家人让你感觉有归属感
2. 你的父母和家人让你感觉他们真的爱你

然后我们针对其他四种情况提出了同样的问题——他们的朋友、学校里的人、参加校外活动的人,以及他们在网上联系的人。对于这四种情况,我们将家长问题中的"爱"一词改为"让你觉得他们真的很关心你"。

从下图可以看出,大多数青少年有归属感,尤其是在他们的家庭中。① 看"经常"(超过一半的时间)这个选项,56% 的青少年认为自己在网上有归属感,60% 的青少年认为自己在学校有归属感,66% 的青少年认为自己在校外活动中有归属感,76% 的青少年认为自己在朋友中间有归属感,以及 88% 的青少年与家人在一起会有归属感——这是一个令人振奋的发现。当我们评估其他需求时,我们会发现青少年在网上建立的关系是最难满足他们的所有需求的。

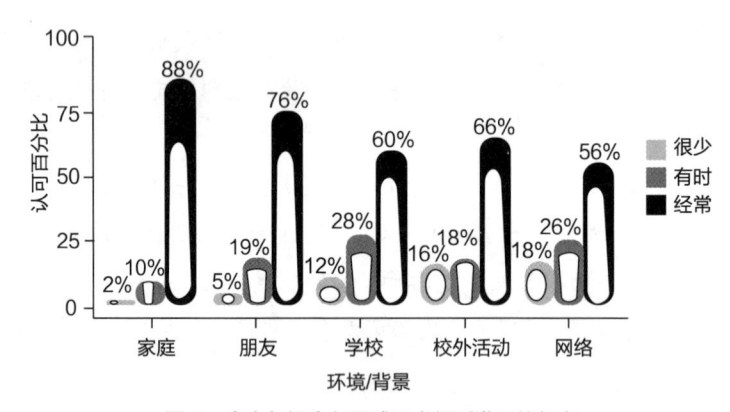

图 5　青少年报告归属感需求得到满足的频率

---

① 青少年按照从"从不"到"几乎总是"的五点量表回答每个问题。将这两个问题的答案相加,可以分出以下几组:"很少"(2~4 分)、"有时"(5~7 分)和"经常"(8~10 分)。

当查看表2中的箭头时，你会发现，那些在"突破之年"研究中说"生活中的人们让他们有归属感"的青少年，在9个月后报告了更好的结果：
- 更多地参与学校生活
- 对未来有更积极的看法
- 心态积极
- 压力变小
- 与父母的冲突减少

那些觉得自己在学校和校外活动中有归属感的青少年会向父母报告说他们的成绩变得更好了。

这更令人印象深刻。我们在新冠疫情之前调查过归属感（从未想象过像疫情这样的事情会发生），之后我们回到同一个全国代表性小组并要求他们再次回答问题。有了这些数据，我们就可以评估在疫情之前的归属感需求和其他需求如何预测了9个月后疫情期间的一系列结果（见表2）。

表2 归属感需求得到满足的结果

归属感环境/背景	学校参与	成绩(P)	成绩(A)	未来	消极情绪	积极情绪	压力	冲突(A:P)
家庭	↑			↑	↓	↑	↓	↓:↓
朋友				↑	↓	↑	↓	↓:
学校	↑			↑	↓	↑	↓	↓:
校外活动	↑	↑	↑	↑	↓	↑	↓	:
网络				↑		↑		:

注：A=青少年报告，P=家长报告。箭头表示关联的方向（即，向上的箭头表示促进，向下的箭头表示抑制），控制人口统计学因素。空格表示不存在统计意义上的显著关系。显著关系的p值小于0.0005，意味着这些相关性非常可靠，而非偶然。

更多关注归属感基本需求的方法

如果我们真的将归属感视为一种心理需求，父母就会知道它很重要。有些父母会这样做：当青少年被朋友拒绝时，比起告诉孩子"别这么孩子气"或"不要发牢骚",他们会倾听,并告诉孩子他们知道这感觉有多重要,再帮助孩子制订自己的现实计划来建立友谊并找到有归属感的地方。

如果我们真的重视归属感,老师就会努力为班上的每个孩子创造一种归属感,将其视为学习的基础,而不是将其当成次要问题甚或认为它会成为干扰。有些老师确实这样做了,从而给孩子们的生活带来很大改变。一位朋友告诉我,她从小就讨厌上学,但她并没有表现出来——她只是感到沮丧。最后,她的父母将她送入另一所学校。50多年后,她还记得老师如何将她介绍给新同学,然后让她坐在一个可以帮助她快速适应的学生旁边。这是明智之举:那位学生是一名优秀的学生,还很受欢迎。那天下午,另一位新同学在健身课上坐在她旁边,提议和她一起走回更衣室。她们至今仍然是朋友。一位充满爱心的老师和两位热情的同学让一切都变得不同了。

我们对归属感的关注低于应有的程度,原因有很多。

- **比起青春期,归属感可能被认为在儿童期更为重要。**
  当婴儿与生活中重要的成年人产生依恋时,他们就会获得一种安全感,这使他们长大后能够冒险、结识新朋友并体验新的经历。[19] 早年的依恋是很好理解的[20],但人们不太容易接受的是,对强烈联结的需求也会发生在家庭以外的其他环境中,并且持续存在于我们的一生中。

- **归属感可能被认为与学习的关联性不大。**
  我最常听到的说法是,与成绩和表现相比,归属感是一个"软问题"。但正如加州大学洛杉矶分校的贾娜·朱沃宁和她的同事在研究中发现的,[21] 儿童和青少年的成绩和表现本质上建立在归属感的基础上。

- **除非在转变时期,否则归属感的体验可能不会那么强烈。**
  当我们在熟悉的环境中感到安全时,归属感往往会淡出人们的视野,但这种需求在青春期的转变时期,例如进入初中(或高中)时,就会被敏锐地觉察到。黛安是佐治亚州一名12岁孩子的母亲,她描述了儿子的经历：

小学时，很多老师会手把手地悉心教导孩子。但到了中学，你需要自己按时上课、交作业。你的老师可能会在周一说："截止日期是周五。"然后就不会再谈论它。你必须自己牢记。

"最重要的是，"她说，"他们（青少年）不仅要面临身体发生的变化，还要努力找到自己能够适应的环境，并弄清楚自己正在经历什么。他们同时要面对的事情真是太多了。"

搬家或换学校也会激起对归属感的需要。从新泽西州搬到南卡罗来纳州后，14岁的考特尼很难找到属于自己的位置：

我六年级时就搬家到这里，但我觉得自己没有归属感。没有人理解我，因为我来自新泽西。我不认识任何人，每个人都以与对待其他人不同的方式对待我，因为我来自北部。

她的父亲凯文回忆说，考特尼以前擅长舞蹈，但在南卡罗来纳州却不复以往：

她尝试加入舞蹈队，但没有真正成为其中的一员，因为她和很多女孩并不熟悉。

凯文觉得有些孩子排斥她：

队里的女孩们在教练耳边吹风，不要选她，在背后说她的坏话，等等。她事后知道了这件事，不得不思考如何在学校里与她们相处。她们当面否认做过这些事。她不能以一种不友好的方式与她们对抗，因为这会影响她在学校和未来的生活。

第四章
我们正在努力理解我们自己和我们的需求

凯文将这个问题转变为帮助女儿"辨别真诚的人",并寻找她可以信任的朋友:

她最终逐渐与她们疏远了。那些女孩仍然说她们想成为她的朋友,但她知道她们并不是真正的朋友。

考特尼决定从事另一种运动,并尝试通过这种方式结交其他朋友。"我觉得我处理得还不错。"她说道:

我终于意识到有些人并不是我真正的朋友,所以我开始寻找其他途径,并找到了真正的好朋友。我加入了排球队,结识了很多人。但这需要时间!

- **当事情不符合常规时,归属感的需求就会显现。**

对一些人来说,这需要时间,但对另一些人来说,这是一个持续的过程。15 岁的杰西卡说:

我是混血儿。人们过去常常觉得这是件奇怪的事,这让我感觉很不好。我知道我爱自己,爱父母,也喜欢自己的出身。但处理这些并不容易。我的父母来参加学校的活动,其他孩子就会说,"那是你的爸爸!那是你的妈妈?真的吗?"

她的母亲加布里埃尔继续说道:

我们以前住在一个小镇上,我的女儿有一个男朋友,他是一个白人男孩。她所有的混血或黑人朋友——她的有色人种朋友们——都告诉她,"你不应该和白人男孩约会,因为你不是白人"。他们一直在给她施加压力,有一段时间,她对自己的身份感到很困惑:"我到底属于哪个人种?我既不是白人也不是黑人。"那个农村社区里并没有多少黑白混血的孩子。所以她真的为此感到很苦恼。

但她还是坚持和他在一起。她说："我不会让其他人阻止我和喜欢的人约会。"后来，他们因为我们搬家而分手了。但她的朋友们最终意识到她注定要成为她自己，于是也就放下了。

培养归属感：寻找支持者

青春期的双重挑战是融入群体，然后在一个能让你保持自我的地方找到归属感。12岁的英格丽就面临着这样的挑战：她不想成为另一个个子矮小、金发碧眼、穿着露脐装的女孩。颇具讽刺意味的是，戏剧课成为她接纳自我的途径，通过扮演别人，她反而对成为自己感到更自在，这就是艺术的价值所在——它们让我们探索自己的身份。约翰斯·霍普金斯大学国际艺术中心及心理实验室的创始人兼主任、《你的艺术头脑》(Your Brain on Art)[22]一书的合著者——苏珊·马格萨门发现，青少年参与艺术活动对于身份塑造至关重要："了解你是谁，你的感受如何，然后自信地向世界展示自己的能力——让人们通过你的表达方式了解你[23]。"

英格丽最初并未打算学戏剧，她说：

我开始学习戏剧纯属意外。我本来想选基础艺术课的，但那个班已经满员了，所以学校就把我安排到了戏剧班。那是一个基础戏剧班，里面很多人其实并不喜欢戏剧，来到这里只是为了轻松拿A，或者像我一样，原本想选的是其他课。但我第一天以开放的心态走进教室，觉得这可能会很棒，甚至改变我的人生。事实也确实如此。

这改变了她的人生，因为她的老师成了她的人生导师：

这是她在我们学校教学的第一年。她来自纽约，可能是我见过的最棒的老师。我们的第一个单元是独白。

表演独白——背熟台词并在舞台上设计动作——是很让人恐惧的。

这个班人很多,有高年级的学生。作为一个从未表演过的人,我非常害怕在众人面前做任何事情。

英格丽说她不喜欢和家人分享自己的感受,但她可以和老师交谈:

接到任务后,我找到老师说:"您能帮帮我吗?我很害怕在人前做任何事。"她说:"当然可以。"于是我每天上学前都会去找她练习独白。第一天,我在她面前紧张得发抖。我不知道该如何在我们班20个孩子面前表演,而且大多数都是八年级孩子。

英格丽开始投入练习来学习如何表演。可以选择哪段独白来表演对她也有所帮助。我们的研究表明,"有选择"会影响学生对学习的参与度:

我非常喜欢那段独白。我进行了大量练习,确保自己能够倒背如流。终于,当这个单元即将结束时,我们需要在全班同学面前表演。我很早就到了。我汗流浃背,紧张得发抖,内心非常害怕。那个班上连我在内只有4个女孩——其他都是男孩。我不知道为什么这会使我更紧张,但事实就是如此。然后她叫了我的名字。

当我走上台时,我心想:"管他呢!这个班里都是你不认识的人。他们都是八年级的学生,明年就毕业了。放手去做吧。"然后,我就开始了表演。

英格丽能够以一种更遥远或"远"的视角(就像从第一章詹妮弗·西尔弗斯的研究中吸取了经验)来重新审视她的恐惧。她意识到明年不会再看到这些孩子了。回想起来,克服这个障碍成为她人生的一个关键时刻。通过这次经历,她的多种心理需求得到了满足。英格丽感到自己属于那个班级，她感到被支持、被尊重，并且在面对挑战时拥有一定的自主权——这些都帮助她塑造了自己的身份。她说：

那天，我克服了在人前表演的恐惧。

但是，正如人生中的每一个阶段一样，青少年时期的成长也不是一个线性的过程。尽管英格丽在表演时更加自如，但她仍然在努力适应环境以及避免与群体产生冲突。这些感受在与一位来自中国的新同学的关系中得到了体现。

有趣的是，英格丽在七年级时发现的另一个爱好是中文。在她的父亲的推动和鼓励下，她选择了中文作为选修语言。正如她所说："我热爱与中国有关的一切。我热爱中国食物，热爱中国历史。"

但是，面对这位新同学，她的这种热情变得矛盾了。他总是独自坐在餐厅里。她告诉我：

我不明白为什么人们要针对中国孩子。他的英语说得不太好，但这也不是他的错。我看到他一年到头大部分时间都是一个人坐着。

学校不应该是让你感到不舒服的地方，也不是让你感觉"哦，我没有朋友。这里没人真的需要我"的地方。它应该是一个你有朋友可以交谈的地方，一个学习的地方，一个你可以依靠别人的地方。

全力以赴改变归属感

英格丽抓住了归属感和支持的本质。我问英格丽：

对于那个独自坐着的中国男孩，怎样才能让学校更符合你心目中的样子？谁能实现这一点——成年人还是其他孩子？

英格丽回答道：

我认为成年人做不到，需要孩子们做出改变。他们必须克服自己的刻薄态度，去接纳他。他只是个孩子，也是人。他也有感情。你觉得他独自一人坐着，没有朋友可以交谈，看着其他人的时候，他会有什么感受？

英格丽邀请他坐到自己旁边。"他来过几次，"她说，"其他时候，我觉得他想一个人坐着。"

我认为他觉得自己像个被排斥的人，因为他英语说得不太好。我想这也是人们不太接纳他的原因之一。有时你真的听不懂他在说什么。但他看起来很和善。我认为如果大家给他一个机会，他肯定也会对自己感觉更好。这对每个人都有好处，都会有更多的朋友，他也会有朋友的。

在英格丽讲述时，我想起了普林斯顿大学的伊丽莎白·利维·帕鲁克及其同事进行的反冲突干预措施（详见第二章）。在实验中，新泽西州随机选中的中学生被随机分配，在学校公开场合倡导反对冲突。[24] 结果表明，冲突确实会减少。如果学生中包含更多研究者所谓的"社会影响者"，冲突会更少。

在这项研究中，社会影响者指的是学校里被更多学生接纳的学生。他们是文化的传播者——其他同学会通过他们的态度来判断某个行为是否可以接纳。在这个实验中，成年人和学生共同推动改变，共同创建了一个文化氛围，极大减少了学生冲突。

考虑到这一点，我对英格丽说："也许你的同学可以领导改变的发生，并和成年人合作，这样才能真正改变现状。"

对支持的需求

在食堂里，总有一些孩子孤零零地坐着，无人问津，无人支持。青

少年谈论支持的方式就能说明一切:

"你会陪在我身边吗?"
"你能支持我吗?"

归属感不能仅凭一己之力获得。

从定义上讲,归属感是共同的。它取决于他人如何对待我们。在我们挣扎时,他们是否有所回应、是否关心、是否投入、是否愿意与我们并肩作战?在我们人际关系出问题时,他们能否提供帮助?他们能否帮助我们找到解决问题的办法?"支持"涵盖了以上所有,但不止于此。

青少年需要什么才能感受到真正的支持?

支持需求中的匹配与不匹配

在"突破之年"的研究中,我们询问了以下问题:

在过去的一个月里,你觉得自己能够依赖父母和家人帮忙解决问题的频率有多高?[①]

我们还就与朋友、学校、校外活动以及网络上的关系提出了同样的问题。

从图6可以看到,青少年感到自己得到的"最多"支持——定义为超过一半的时间——来自家庭(87%),而网络关系提供的支持最少(41%)。仅次于家庭的是朋友(70%),而学校里的人(60%)和校外活动中的人(59%)则相差无几。引人注目(且令人难过)的是,有些年

---

① 我们最初在这一定义中包含了另一个项目,虽然它与依赖他人帮助相关,但在概念上没有意义,因此我们在这些分析中放弃了它。目前,我们正在进行有关基本需求的研究,并已增加了其他项目,以创建一个量表来反映基本需求。由于我们在该量表中只使用了一个项目,因此我们没有评估支持对青少年幸福感的影响。

轻人在校内和校外活动中只是偶尔或很少感受到支持。

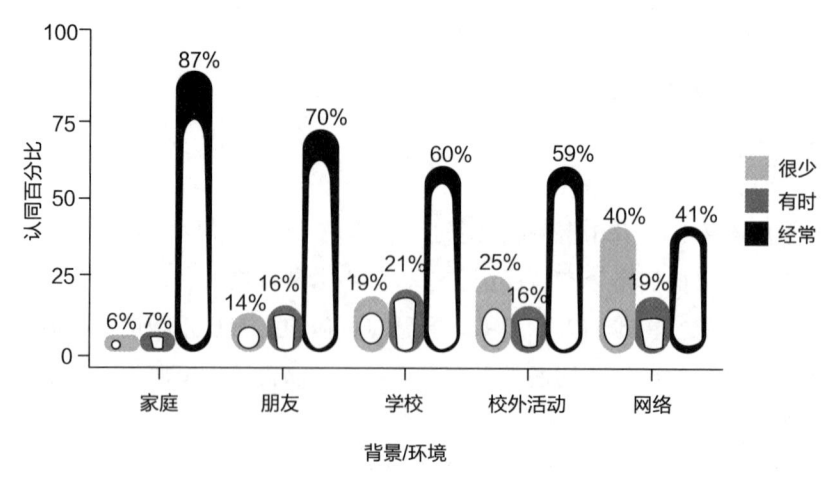

图 6　青少年报告支持需求得到满足的频率

注：在"支持"需求上，"很少"意味着"从不"或"偶尔"，"有时"意味着"大约一半的时间"，"经常"意味着"大多数时间"或"几乎总是"。

"支持"促进"最佳学习"

弗吉尼亚大学教学和学习高级研究中心的罗伯特·皮亚塔坚决支持师生关系的重要性：

> 请允许我明确说明，当我们谈论教师与孩子之间的关系以及课堂环境的社会和情感方面时——从几乎所有我们能够研究的视角来看——它们都会为学生的学业成就和社会情感调整带来实实在在的益处。[25]

埃里克·鲁泽克、皮亚塔和弗吉尼亚大学的其他同事在关于教师支持的一项研究中采取了独特的方法。这项研究的参与者来自大西洋中部一个州的12所中学的68名数学、英语、历史和科学教师以及他们的960名学生。[26]虽然大多数研究依赖于他们报告的所做、所感和所想（自我报告），但这项研究还包括了观察到的行为。该研究使用了教师录制的 40 分钟的教学视频，并在研究期间每隔两到三周与研究人员分享一次。

研究人员评估了教师在视频中对学生的支持，包括积极的氛围、对学生发出的信号的敏感度以及对学生观点的尊重。他们通过观察学生的学习动机和参与程度来评估教育成果。

> **重要发现** 在这项研究中，当观察到他们的老师在情感和社交方面给予更多支持时，学生们表示，随着学年的推进，他们变得更有动力，也更加投入。

但这是为什么呢？

这里就是研究团队试图为其研究增添新维度的地方。他们好奇，学生的动机和学习投入的增加是否是因为教师满足了自我决定理论确定的三种需求——自主性、联结感和胜任感。

研究结果确实表明，随着时间的推移，动机和投入的增加与学生有更多的自主权以及人际关系的改善有关。在他们的分析中，胜任感并不显著，可能是因为他们对学生胜任感的衡量主要集中在社交情感方面，而不是教学支持方面。在我看来，社交、情感和认知能力是相辅相成的。

皮亚塔也强烈反对将教师与学生的互动要素严格区分为教学支持和社交情感支持：

我们在教育中会陷入一个陷阱，就是将教学和学习作为主要关注点，而教师和学生之间的社交和情感关系则被视为次要的、独立的、无关紧要的、可有可无的。我们的研究和其他人的研究表明，你必须同时拥有良好的教学互动和社交情感互动，才能产生最有意义的学习！[27]

这是必需品，不是奢侈品。[28]

获得支持也能建立归属感。澳大利亚墨尔本莫纳什大学的凯莉－安·艾伦和她的研究团队进行了一项荟萃分析，综合了 51 项独立研究的结果，共涉及 67378 名学生，发现父母、老师和同伴的支持与学生是否对学校有归属感有着密切的关系。[29]

实验⟵⟶生活：对归属感和支持的干预

20 世纪 90 年代初，还在上高中的格雷戈里·沃尔顿就读于斯坦福大学，他加入了一个名为"学生互相教育反歧视"（SEED）[30] 的学生组织——他当时未必对此感兴趣，而是因为"我的朋友要去，他建议我一起去，我就跟着去了"。[31]

沃尔顿继续说道：

这个组织让我对美国社会不平等的根源产生了浓厚的兴趣。

尽管许多非营利组织和政府举措旨在缩小低收入学生与高收入学生之间、黑人和棕色人种学生与白人学生之间的成就差距，但沃尔顿也清楚地认识到了"教育成就和生活机会方面持续存在的不平等"。对他来说，这是与美国梦相抗争的时刻：

最让我震撼的是，我意识到这些不平等问题如此严重，以至于任何孩子都能在美国成功的观点只是一个神话。这是谎言！来自贫困家庭和少数族裔的孩子没有和其他孩子一样的机会。

他想知道什么才能让美国梦成为现实？他在斯坦福大学的克劳德·斯蒂尔的著作和研究中找到了线索：

如果有人通过负面刻板印象来看待你，比如有人认为"你是个笨女孩"或"你是个跳不高的白人"或"你是个在学校不聪明的黑人"，那么这就会在你所处的环境中构成真正的威胁，让你难以把事做好、难以与他人交往。这加剧了不平等。[32]

他回忆起斯蒂尔早期的一个实验，[33]当测试被当作一种评估学生能力的方式时，白人学生的表现要优于黑人学生；但是当同样的任务只有挑战性而不具有评估性时，黑人学生和白人学生之间就没有差别了。

意识到"不平等的来源有很多"后，沃尔顿提出了一个问题：

你能否创造一种学校体验，让所有人都感到心理上的安全？如果可以的话，你会看到不平等现象的变化吗？[34]

虽然沃尔顿很清楚"这种方法并不能解决所有不平等问题，但会是一个切实可行的起点"。

他认为在青少年时期创造让学生有归属感、感受到支持的心理安全环境在当前和未来具有重要的连锁效应：

当孩子进入青春期时，他们开始建立超出直系亲属的关系和社区。他们正在寻找自己所属的同龄人社区，寻找那些他们可以与之建立联结、有帮助、值得信赖的成年人、导师和榜样。

在这样做的过程中，他们试图理解这些机会，以及这些机会是否值得他们去追求。因此，他们特别关注来自同龄人和成年人的暗示，这些暗示传达出他们是否被接纳、被尊重和被重视。

换句话说，在转变时期对归属感和支持的干预可能会产生持久影响。沃尔顿聚焦于向大学过渡阶段，并推测如果年轻人担心在大学中不被接纳和支持，那么为什么不改变这一叙事呢？特别是当挑战出现时，为什么不为学生提供一个新的故事？他设想的新故事是：

一开始担心自己是否适应大学生活是正常的，但随着时间的推移情况会有所好转。

这可以被看作是应对刻板印象威胁的一种方式，也是一种培养归属感的成长型思维。也就是说，你的归属感是不断成长和变化的，它也适用于从小学升入初中、高中，以及加入其他新团体的转变时期。

归属感对所有学生都很重要，但对在群体中代表性不足的学生尤为重要：

如果你进入的是一个你的群体代表性不足的环境，比如课堂上可能只有另外一个人和你长得有点像，或者人们对你存在负面的刻板印象，那么这些事实会让你对人们在转变时期普遍存在的担忧和挑战产生特别有害的负面解读。

心态干预

沃尔顿的见解成为如何以持久方式改变心态的经典实验和实验过程的开端——这里指的是归属感和归属感如何与支持联系起来。[35]

在第一阶段的实验中，为了测试这些想法，在沃尔顿和斯坦福大学的杰夫·科恩的带领下，参与者被随机分配到干预组或对照组。在干预组中，他们收到了一份报告，据说其中包含了他们学校不同群组的高年级学生的调查结果，被调查的学生表示刚到学校时担心自己是否能融入集体，但随着时间的推移，他们变得更加自信。[36]

实验的第二阶段被称为"说即是信"。参与者被要求写出自己的大学入学经历与所读故事之间的相似之处。然后，他们将论文转化为演讲，并将演讲录制下来，以帮助未来的学生在大学实现顺利过渡。在干预组中，参与者遵循相同的程序，阅读一项调查并做出回应，但调查的主题与归属感无关（与社会和政治态度有关）。

沃尔顿解释说，让人们成为"助人者"而不是"受助者"的方法是经过深思熟虑的：

我认为没有人喜欢被告知"你需要帮助"。人们更愿意谈论自己如何努力取得积极成果。[37]

从本质上讲，当我们帮助别人时，就是在帮助自己成为我们想成为的人。顺便说一句，它甚至可以提高成绩。一项大规模研究发现，当高中生向年龄更小的学生提供激励建议（例如，如何克服拖延）时，他们比对照组的学生更有可能取得好的成绩。[38]

在归属感实验中，研究人员评估了当这些学生成为高年级学生时，他们进行的大约一小时的干预措施所产生的影响。首先，他们调查了实际干预措施是不是令人难忘的，结果发现并非如此。虽然79%的学生记得参与了这项干预措施，但只有8%的学生记得他们读过的高年级学生的故事，只有14%的学生认为干预措施对他们有直接影响。[39]

但是，将参与干预的学生与对照组进行比较，则得出了不同的结论。干预措施提高了那些最缺乏归属感的人的分数，在本研究中是黑人学生，从大二到大四，他们的成绩差距缩小了52%。[40] 在随后进行的同一项实验的干预中，学生的辍学率更低，身体更健康，对归属感的信心也更足。[41]

这项实验是在一所"选拔性"大学进行的，因此被录取的学生都非常有能力。但即使他们的能力出众，也无法避免长期无法满足归属感需求所带来的负面影响。

那么，到底发生了什么？正如沃尔顿所说，如果认为这些年来"你属于这里"的观念一直留在学生心中，那是很荒谬的。[42] 沃尔顿及其同事开始假设发生了什么，并发现这与支持性关系有关。他说：

社会归属感干预为你提供了一种不同的方式来理解你正在经历的日常生活中遇到的挑战。当你能以这种方式理解挑战时，你就能更好地向他人伸出援手并建立关系。

第四章
我们正在努力理解我们自己和我们的需求

干预措施实施 7~11 年后的一项后续研究表明，这些积极的变化仍在继续[43]。那时，参与干预的学生对自己的生活更加满意，事业也更加成功。

沃尔顿想知道他们关于关系的假设是否仍然正确。"我们进行了统计调查，试图找出为什么他们报告了更好的生活成果。"[44]

我们提出疑问：是不是因为他们在大学里取得了更好的成绩，所以他们在事业和生活中才更有力量？答案是否定的。这些学生在大学里的平均绩点与这些重要的生活成果并不相关。

但是，这确实与支持性关系有关：

正在发生的事情是，参与干预的学生告诉我们，他们在大学里培养了更重要的导师关系——这些关系在毕业后还持续存在，并且似乎正是这些导师关系激励着学生取得长期成功。

| **重要发现** | 在这项研究中，研究人员发现，学生建立的支持性关系是变化的载体。[45] |

这个经验就是"主观可以变为客观"。换言之，一种思考归属感挑战的新方式为这些学生建立了一个自我强化过程，使他们更有可能向他人寻求情感支持、实际支持和指导，从而最终改善他们的生活。[46]

沃尔顿及其同事在另一项针对男性主导的大学工程项目中的女性学生的类似研究中应用了这种思维过程，并得到了类似的积极结果。[47]

沃尔顿、弗吉尼亚大学的蒂姆·威尔逊及其同事将这些称为"明智的干预措施"，[48] 将其定义为旨在通过改变人们解读或诠释发生在他们身上的事情的方式，并且用一种有助于人们成长的方式来解决社会问题。他们将赋予意义比作塑造黏土——想法是可以改变的，这一点在人们开始接触新事物、经历转变时会体现得更加清晰。

理解归属感和支持对于正向发展的重要性十分重要。塔夫茨医疗中心的罗伯特·塞格及其同事进行的一项研究发现，积极的经历甚至可以抵消虐待或忽视等不良经历的影响。在一项基于全州的大型研究中，他们发现，如果成年人在童年时期有6~7次积极经历（同时也有不良经历），他们患抑郁症或心理健康不佳的可能性会降低72%；如果他们有3~5次积极经历，可能性会降至50%。这些经历都与归属感和支持有关，包括研究参与者多大程度上感到自己能够与家人谈论自己的感受、在困难时期有家人的支持、在学校有归属感，以及朋友的支持。[49]

促进归属感和支持的基本需求

最后，作为成年人，我们需要为满足青少年归属感的需求创造条件。我们可以：

- 认识到归属感是一种基本的心理需求。
- 进行现实检验来反省自己是否真正支持青少年对归属感的需要。
- 让他们知道，青少年时期的情绪强度会随着他们的成长而逐渐降低，同时承认在当下时期这些情感是正常且重要的。
- 帮助他们认识到融入（适应）和归属（舒适地做自己）之间的区别。
- 在他们建立友谊、寻找追求和发现共同兴趣、找到归属感的过程中，支持他们成为自己人生舞台上的主角。

虽然改变关于归属感的叙事是一个很好的起点，但在我看来，仅仅假设归属感会带来支持是不够的。为了更好地提供青少年对支持的需求，我们可以：

- 明确一点：所有人，包括青少年和成年人，都需要他人的支持才能茁壮成长。
- 努力创造包含实际生活支持的环境，这些支持有助于青少年的成功。

需求2：
能动性——对自主和尊重的需求

自主意味着在做出决定时你有选择权，即使这个决定是由他人为你做出的，同时也意味着在你试图做出自己的决定时能获得支持。尊重则意味着可以感觉到你自己、你的想法、你的观点和感受都被认真对待。当青少年获得一定的自主权并受到尊重时，他们就能成为自己行为的真正主导者（即能动性）。

自主需求

首先是自主。当你谈论"归属感"或"支持"时，人们可能会微笑或点头表示赞同，但一听到"自主"这个词，他们就不这么想了。这个词往往会让人联想到我行我素、一意孤行、叛逆的青少年，或者寻求独立、毫无留恋地离家出走、不念及家人养育之恩的青少年。

事实上，我们一生都需要自主权。数十年的研究表明，当员工没有一定的自主权（即决定他们做什么和怎么做的机会），尤其是在要求苛刻且支持不足的工作岗位，他们更容易面临压力和心血管疾病的风险。[50]

我和我的组织正在进行的全国劳动力研究发现，拥有一定自主权（对工作中的事情拥有发言权）的员工身心健康状况更好，对工作更满意、更投入，也更有可能继续留在雇主身边。[51] 我也从自己的生活中学习到这一点。当我处于几乎没有选择的余地或根本没有选择时，我会努力不让自己失去能量和希望。

正如温迪·格罗尔尼克所说，自主权就是让人有选择的机会。[52] 而且，正如我们所见，自主是减少青少年欺凌和吸烟行为的核心要素。

激发动力的追求

这种追求一直是得克萨斯大学奥斯汀分校的戴维·耶格尔的研究核心，从他自己的青少年早期就开始了：

小时候，我热爱夏令营，在那里我可以冒险、交朋友、学习新事物，甚至成为射箭高手。在长大的过程中，我真的认为我成年后唯一会做的工作就是当一名夏令营辅导员。我想成为善于激励青少年的人，就像我在夏令营和志愿服务工作中感受到的激励一样。[53]

耶格尔首先成为一名七年级的老师：

在教学中，我了解到动机至关重要。你可以让课业变得更简单或更难，但真正有效的是让学习变得有意义。

他通过关注学生非常关心的主题——欺凌、打架、冲突，使自己的教学变得有意义。他认为，选择冲突作为研究主题不仅对青少年有吸引力，而且还能帮助学生更好地了解自己和他人。他在课程中使用了小说《局外人》[54]，要求学生阅读和讨论这本书。

作为让他们深入主题的一种方式，而不仅仅停留在情节上，我告诉他们，"如果你深刻理解这个故事，你们可以为学校里经常打架的小孩子们制订一个解决冲突的训练计划"。

他们的任务是为低年级学生开设研讨班，包括撰写有说服力的文章、设计训练计划、向自己的同学展示信息并相互评论，最后向低年级同学进行展示。

在这里，耶格尔运用了心态研究中的"说即是信"原则。耶格尔班上的七年级学生通过掌握学校作业中的思想，然后与低年级学生分享，从而真正了解了如何预防冲突和欺凌。他们是助人者，而不是受助者，这反过来也帮助了他们的学习。

欺凌行为可以被减少吗?

耶格尔非常担忧校园欺凌和青少年暴力,这种担忧从他作为一名教师开始,在他的职业生涯中一直持续着。在那些年里(可悲的是,至今仍然如此),美国正饱受此起彼伏的校园枪击案的困扰。到那时,人们已经明显看到欺凌行为无论是对被欺凌者还是欺凌者都会造成伤害。作为回应,各州和学区开始强制实施反欺凌项目,并实施反欺凌课程。

这就够了吗?耶格尔想知道。

逐渐地,有证据表明,虽然这些项目对小学学生似乎有效,但对年龄较大的学生来说效果较差。[55] 在一项包含19项研究(包括几个西方国家35万名一年级至十三年级学生)的荟萃分析中,耶格尔和他的同事得出结论:

在七年级及以下,欺凌行为似乎得到了有效遏制。然而到了八年级及以上,遏制欺凌行为的效果急剧下降,平均水平甚至降到零。[56]

换句话说,这些反欺凌项目对这些年龄较大的学生来说不是效果较差,而是根本不起作用。耶格尔和他的同事想知道原因。

虽然有人猜测这是因为干预得太晚了——反欺凌干预措施需要在孩子年幼时就开始,但耶格尔团队并不认同这一观点。相反,他们采用了青少年发展的视角来审视可能的原因。他们发现了许多原因,但其中最关键的是,反欺凌项目往往是说教式的。他们使用"应该"和"不要"的语言,比如"对欺凌说'不'"。他们经常设定针对成年人适用的规则,并让学生实践。

发展研究的启示:对自主的基本需求

研究人员得出的结论是,反欺凌项目的说教性质会违背青少年对选择权的需求，即在自己的生活中有一定的话语权。用耶格尔及其团队的话来说：

> 事实上，发展研究发现，与年幼一些的孩子（即 8~10 岁）相比，年龄较大的青少年（即 16 岁）越来越多地行使选择权，而不是让学校里的成年人来控制他们的选择。[57]

那么，什么样的方式才有效呢？研究人员在旨在戒烟的公共卫生项目中找到了启示。最初，这些项目也是说教式的——告诉青少年不要做什么——而且基本上没什么效果。实际上，它们还助长了吸烟！耶格尔和他的同事写道：

> 在严格的评估中，成年人更传统的直接禁令，即告诉青少年"对吸烟说'不'"的做法，反而促进了吸烟。[58]

"真相倡议"（The Truth Initiative）禁烟运动采取了不同的策略，耶格尔团队认为这一策略非常具有前景。它描绘了一些不吸烟的青少年，他们敢于向烟草巨头的高管们发起挑战，后者试图诱使他们把钱花在香烟上，从而让他们对烟草上瘾，并且之后还要不断花钱来满足他们的烟瘾。

"真相倡议"运动取得了显著的禁烟效果，其他运动则没有。根据1997—2004 年每年对 8904 名 12~17 岁青少年进行的全国代表性调查，估计该运动阻止了全国 45 万名青少年吸烟。[59]

让我对心理需求如此着迷的一点是，我们往往不会在问题出现之前关注它们。当我们用发展的视角去看待青少年的不良行为时，就会看到这些需求的存在，它们对于解决方案是否有效至关重要。

自主并非孤立存在：结构化指导的重要性

自主并不意味着年轻人想干什么就干什么。他们和所有人一样，需要指导和限制。温迪·格罗尔尼克将"结构化指导"定义为提供人们所需要的信息，以让他们感到有能力胜任——换句话说，就是要有明确的期望、规则和一致性。[60]

格罗尔尼克的一项研究探讨了自主和结构化指导之间的关系，这项研究是在青少年向中学过渡期间进行的，这个时期充满了变化，是观察这些方面如何相辅相成的理想时间。[61]

其中一个结果就是青少年学习的动力往往会下降。但有趣的是，并非每个人都会这样。为什么呢？格罗尔尼克有一个假设：

我们猜想，对于这个时期来说，家庭的结构化指导是非常重要的。

2015年的这项研究的结果在多个方面都是独一无二的。首先，它追踪了160名学生从六年级到七年级的情况。其次，这些结构化指导的衡量标准来源于学生的现实生活经历，即他们的父母是如何处理学习和家庭作业的。[62]第三，格罗尔尼克和她的同事们不仅询问了结构化指导存在与否，还探究了这些结构化指导是以控制的方式还是以支持自主的方式被提供。[63]

研究者口中所谓支持自主的结构化指导，是指年轻人能够参与制定规则和指南；当问题出现时，父母即使不同意孩子的观点，也会表示理解；父母和孩子会一起讨论问题并共同解决问题，青少年在解决问题时有一定的发言权。

重要发现	研究发现，当父母能够提供一个结构化指导，尤其是以支持自主的方式提供时，参与研究的学生就更加有动力，更有效能感，英语成绩也更好，即使在统计上控制了他们先前的效能感、动机以及成绩等变量。[64]

"被控制"在不安全的社区里会怎样？

可以理解的是，一些担心孩子安全的父母会认为"只要照我说的做，不要问为什么"这种控制行为可能是保护孩子的最佳方式。但重要的是要知道，我们可以在不提供控制的情况下提供结构化指导，也可以在不提供结构化指导的情况下实施控制。这是两种不同的行为方式。

为了探索这些细微差别，格罗尔尼克和她的同事们在安全状况各异的社区中，对六年级学生及其母亲[65]进行了一项研究。他们将控制行为定义为"给孩子施加压力，替他们解决问题，并忽视他们的观点和意见"的行为。[66]而结构化指导则是提供明确的期望、规则和一致性。

重要发现	格罗尔尼克说，"结构化指导对所有青少年都很重要"。[67]如果说有什么不同的话，那就是在不太安全的社区中提供结构化指导更为重要。此外，当母亲表现得控制欲过强时（基于儿童的报告），那些生活在危险社区（基于父母的报告）的孩子更有可能抑郁和叛逆。

这些发现表明，无论是在安全还是不太安全的社区中，为孩子提供结构化指导并避免孩子受到控制非常重要。[68]

在另一项关于六年级学生监督时间和无人监督时间的研究中，格罗尔尼克和她的同事发现，结构化指导在无人监督时间尤为重要。研究人员写道：

许多家长表示，六年级是他们第一次允许孩子独自留在家中或在无人看管的情况下在社区里走动。因此，孩子们可能不太确定如何在这些环境中行动，所以拥有清晰的结构化指导会特别重要。[69]

将结构化指导和自主支持相结合

纵观格罗尔尼克的研究，我可以看到这些不同的概念——结构、控制和自主支持——是如何结合在一起的。当孩子处于陌生甚至危险的环境中时，以积极、非控制的方式提供结构化指导——明确的期望、规则和一致性——是关键所在。然后，当这些情况变得越来越熟悉，孩子们也越来越善于处理这些情况时，就是以自主支持的非控制性方式提供结构化指导的时候了，也就是说，让青少年在制定规则和准则方面发挥作用。

控制并不能帮助孩子在新环境或更危险的环境中茁壮成长，但结构化指导却可以，而且结构化指导可以或多或少地支持自主。支持自主的结构化指导有助于激发青少年的积极性和提出其他有助于青少年茁壮成长的措施。[70]

自主需求中的匹配与不匹配

在"突破之年"研究中，我们向青少年提出了以下问题：

在过去的一个月里，你有多少次觉得自己……？
1. 当你和你的父母及家人做决定时，你有选择权
2. 你的父母和家人支持你想办法自己做决定

从图 7 可以看出，青少年从家人（60%）和朋友（61%）那里体验到的自主权最多（在我们的研究中定义为超过一半的时间）。人们可能会认为，年轻人在朋友那里会体验到更多的自主权，但由于自主权实际上就是自己做决定，因此这一结果并不令人惊讶。朋友有时也会有控制欲，或者青少年会觉得自己是在跟随群体，而不是自己做决定。所有这些数字都表明，我们还有很大的改进空间。

在调查了青少年获得多少自主支持后，我们又调查了他们 9 个月后在新冠疫情期间的情况。我们因此可以知道，在经历过动荡时期后，之前获得的自主支持是否会对后来的情况产生影响。

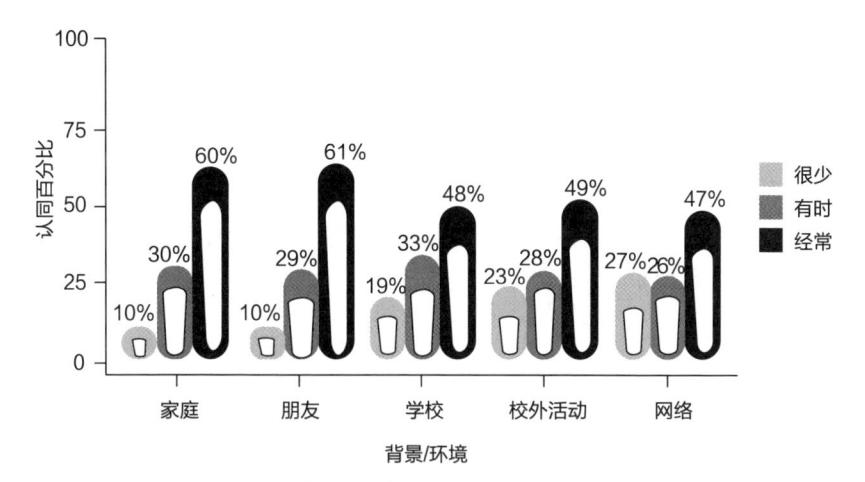

图 7 青少年报告自主需求得到满足的频率

注：青少年按照从"从不"到"几乎总是"的五点量表回答每个问题。将两个问题的答案相加，可以分出以下几组："很少"（2~4分）、"有时"（5~7分）和"经常"（8~10分）。

表 3 中的箭头显示，在疫情之前获得自主支持可以预测以后的积极结果（除了网络关系），这是有道理的，因为这些都不是面对面的线下关系。当青少年有了自己解决问题的选择和机会时，他们更有可能为自己想象一个更美好的未来，压力更小，积极情绪更多，消极情绪更少。父母和青少年都认为，在家里得到更多自主支持的青少年与父母的冲突会更少。

表 3 自主需求得到满足的结果

自主背景/环境	学校参与	成绩（A）	成绩（P）	未来	负面情绪	积极情绪	压力	冲突（A：P）
家庭	↑			↑	↓	↑	↓	↓：↓
朋友				↑	↓	↑	↓	：
学校	↑	↑		↑	↓	↑	↓	：
校外活动	↑	↑		↑	↓	↑	↓	：
网络				↑				：

注：A=青少年报告，P=家长报告。箭头表示关联的方向（即向上的箭头表示促进，向下的箭头表示抑制），控制人口统计学因素。空格表示不存在统计意义上的显著关系。显著关系的 p 值小于 0.0005，意味着这些相关性非常可靠，而非偶然。

第四章
我们正在努力理解我们自己和我们的需求

自主权和结构化指导在重大决策中的作用

达科塔和丈夫住在马里兰州的一个海滨小镇，他们养育了3个孩子——12岁的女儿汉娜、14岁的儿子和8岁的小女儿，他们对孩子们的主要养育方式就是提供自主和结构化指导。

达科塔说，孩子还小的时候，他们需要更多的结构化指导："他们可能不知道吃两块糖的后果是什么，他们的肚子还小。"但他们也需要越来越多的自主权：

你必须让他们开始有自己的想法，这样他们才能开始思考自己的决定会有什么后果。我试着让他们练习，这样当有一天我把他们送出家门时，即使他们不一定做出我们认为正确的决定，他们也会深思熟虑。

他们家最近面临的最重要的决定就是汉娜上初中的问题。在社区小学成绩优秀的学生会收到申请STEM[①]中学的邀请。

申请之后，学校会通过抽签的方式录取。达科塔的儿子符合条件，提出申请并被录取。对于他和家人来说，这个决定是"理所当然的"，因为"他就是热衷于那些东西的人"。对于汉娜来说，这个决定并不那么显而易见，她的兴趣是写作，而不是STEM。达科塔说："从她拿起蜡笔开始，她就一直在创作自己的故事。"

达科塔和丈夫希望汉娜自己做出决定，因为这所学校将是"她生命中重要的组成部分"。

当那封信寄来的时候，我们说："嘿，你有资格申请了，你想这样做吗？"

为了帮助汉娜做出决定，父母为她列出了一份利弊清单。有利的一面是：教育质量——磁石学校的课程质量更高。不利的一面是：汉娜小

---

① STEM 是 science（科学）、technology（技术）、engineering（工程）和 mathematics（数学）四个英文单词的首字母缩写，是美国政府发起的旨在鼓励学生学习这四类专业的计划。——编者注

学时的好朋友不会在这所学校上学，尽管她还能在校车上见到他们。

达科塔个人也希望女儿能上这所磁石学校。

我是家里第一个上大学的人。在我成长的地方，上大学并不普遍。那里仍然存在着性别差异——人们认为你高中毕业后就应该马上结婚生子。

但达科塔的父母对女儿的要求更高。

正如我父亲所说，他希望我可以选择以后从事脑力工作还是体力工作。我是在奶牛场长大的，所以我知道如何进行体力工作。我试着把这种观点带给我的孩子们。我希望他们有选择权。

达科塔和汉娜都告诉我，五年级对汉娜来说至关重要，很大程度上是因为她的老师。这位老师在课堂上会专门留出一段"自由时间"，她告诉学生们，她希望他们先思考自己的动机——他们做事的原因是什么——然后去做，无论是画画、写作、阅读还是其他事情。汉娜告诉我：

在那些时候，我们更多地了解了自己和我们想做的事情，因为她为我们提供了很多选择。

这位老师提供了明确的期望（结构化指导）和可选择的时间（自主权）。这些都让汉娜看到了自己的动力所在，增强了她的信心。

汉娜最想要的是保留她的想象力。她听说孩子们随着年龄的增长会开始失去想象力，她不希望这种情况发生在自己身上，所以她把重点放在了如何让幻想在她的生活中保持旺盛的生命力上。这击中了我，让我觉得她很有想法。汉娜告诉我：

我读了这些有关魔法人物的书。这真的让我更多地思考世界可能是什么样子。你可以穿过一个传送门，突然之间，你所有的梦想都可以实现。我认为这真的很酷，因为尽管现实世界中没有证据支持这一点，但它仍然可以让你沉浸其中。

达科塔和她的丈夫与汉娜分享了他们的利弊清单，并鼓励她回顾和补充这份清单，然后告诉他们她的决定。他们确实有自己的观点，达科塔说："你可以看出我们倾向于哪条路。"那么，这是一个"真正"的选择吗？达科塔告诉我：

如果汉娜说"不，这不是我真正想做的事"，我们就不会强迫她去做。这其实是一个她是否真的想做并且认为自己能做好的问题。

当我问汉娜她觉得自己有多少选择权时，她告诉我，她不想辜负家人的期望。

我的父亲和哥哥数学非常非常好。他们能记住方程式，喜欢做数学题。我的妹妹也表现出非常喜欢数学的迹象。我喜欢语言艺术。我父亲对拥有一个数学家家庭抱有很大的期望。所以，你当然想让你的父母感到骄傲。

当我问汉娜，为什么让父母感到骄傲对她来说很重要时，她回答说："嗯，因为我在乎，因为我敬仰他们。"但是，汉娜也从小养成了自己做决定的习惯。

他们并不期望我成为他们那样的人。他们希望我能够开拓视野，做自己。当我表现出真正喜欢写作的迹象时，他们会说："哦，嘿，这是你可以真正做的事情。"这让我觉得我可以选择成为我想成为的人。

汉娜觉得这种选择是真实的。这对于满足自主的基本需求非常重要。

最终，她选择了 STEM 项目，并继续写作和写日记。

汉娜的父母通过以下几种方式为她提供自主支持的结构化指导：

- **自我检查。**达科塔很清楚自己的期望，但她以给予汉娜选择权的方式对期望进行了处理。
- **采取孩子的视角，**通过孩子的角度去审视环境。
- 列出利弊清单并**分享理由。**
- **提供真正的选择。**
- **共同解决问题。**

在给予汉娜自主权的同时，父母也满足了她的其他基本需求——身份认同需求和效能感需求。这就是心理需求是如何相互配合、相互促进的。

自主并非孤立存在：参与的重要性

达科塔和丈夫养育子女的另一个方面让我印象深刻：他们参与到孩子的生活中。正如温迪·格罗尔尼克的研究所发现的，**自主支持、结构化指导和参与共同影响了学习动机。**[71] 从她对父母参与的研究中，她得出的结论是：

给家长的信息是：你所做的任何事情——任何能展示学校的重要性以及你对孩子的高期望的兴趣和活动——都是很重要的。[72]

那么什么叫"过度参与"呢？这就涉及自主权的问题了。以控制的方式参与或过度认同孩子（将他们的成功与失败视为家长自己的）与以支持自主的方式参与，这两者之间存在着本质区别。格罗尔尼克说，如果父母的参与是以支持自主的方式进行的，那么父母的参与永远不会过度：

如果参与度高，自主支持度也高，那就很好！

将自主权付诸日常实践

当达科塔在帮助12岁的汉娜做出关于上哪个中学的决定时,她采用了支持自主的策略,希望汉娜及其兄妹将来有一天都能够自己做出正确的决定。

对于大多数家长来说,这个"将来"并不遥远。例如,有一次达科塔没有像汉娜预期的那样去接她放学并带她去上舞蹈课。达科塔那天早上告诉了汉娜课程取消了,但她没有记住或者没有听到。汉娜等着母亲来接她,当母亲没有出现时,汉娜决定坐公交车,但她找不到公交车。

接下来,她试图回到学校寻求帮助,但不见人影。学校即将关闭,这意味着学生不能再进去了。汉娜必须自己想办法做点什么,而她没有手机。

大约一年前,她的母亲曾带她走过一段路,并对她说,"如果你有一天需要走路回家",然后向她指出了应该走的路线。因此,汉娜决定就这么做:

我告诉自己,我知道怎么回家,但我被吓坏了。太阳正在落山。如果发生什么事情怎么办?我没有任何方式联系任何人。

我知道这对一个12岁的孩子来说听起来很愚蠢,但我讨厌走路。我一生都被告知这个地区的街道很危险,因为没有人行道。

有一半的时间,我都走在路边的沟里。我必须这么做,因为走在路边会让我感到不舒服,人们可能会撞到我。

天越来越黑了。每次她走到红绿灯处,都必须穿过三车道的车流:

我必须保持冷静。否则,我就彻底崩溃了。所以,我开始想我写的人物。当我走在路上时,我在脑海中创作一些小故事,只是为了让自己保持冷静。

这是一种非常周全的应对挑战的方式。与此同时,当达科塔发现汉娜没有从公交车上下来时,她跑回家里试图给学校打电话,但没有人接听。于是她开车驶向学校，同时还在尝试联系学校的人。

在汉娜本应该乘公交车到家后的 20 分钟，她经过拐角，看见了在车里的母亲。

我母亲就像在说："你到底怎么了？"我坐在座位上，几乎快要哭出来，她不停地问："出什么事了？"我花了很长时间才解释清楚，因为我情绪非常激动。她很害怕，我也很害怕，但最后我们都冷静了下来。

帮助汉娜学会自己解决问题，有助于她克服恐惧并找到解决方案，这将对她的未来有所帮助。这就是为什么自主权如此重要。

尊重的需求

在我们的"突破之年"研究中，青少年一再敦促、要求，甚至恳求得到尊重：

我们很重要。

请尊重我们。

我们在这里，我们是你们的未来，请相信我们、尊重我们。

尊重我们，我们就会尊重你们。

如果你曾与青少年争论过，你的反应可能是："你要自己来赢得尊重。"这可以理解。但研究表明，尊重是双向的。如果我们尊重青少年，他们也会尊重我们。反之亦然。

青少年对如何对待他们非常敏感，尊重他们可以减少他们的行为问题。

什么是尊重？

2018 年，加州大学伯克利分校的戴维·耶格尔、罗纳德·达尔和斯坦福大学的卡罗尔·德韦克联手撰写了一篇文章《为什么影响青少年行为的干预措施经常失败但却也有可能成功》，标题就像是通过科学视角过滤的父母求助信。[73] 耶格尔和他的团队写道：

> 我们提出这样的假设：当传统的干预措施与青少年强烈渴望受到尊重和获得地位的愿望不相符时，传统的干预措施就会失败；而符合这一愿望的干预措施可以激发青少年内在的、积极的行为改变。[74]

大家应该还记得，耶格尔关注青少年对自主的需求，以帮助解释为什么对欺凌的干预会失败或成功。自主权固然重要，但尊重也同样重要。基本需求往往是相辅相成的。正如耶格尔、达尔和德韦克所写的那样：

> 当个人被视为有能力、有能动性和自主权、对群体有潜在价值时，他们就会感到自己受到了尊重，并认为自己有很高的地位。[75]

青少年是否对地位和尊重尤为敏感？

你是否曾给过青少年建议却遭到拒绝？青少年会留意别人给自己提的建议是因为"他们认为我是个孩子"，没有能力（即不尊重的表现），还是"他们真的想帮我"。耶格尔根据经验判断：

> 这有时会导致青少年反应过度，感觉像妈妈的建议，就像"别忘了你的外套"，这对他们来说是一种冒犯。[76]

只要我们观察一下，这样的冲突随处可见。我们需要去观察，因为青少年一直面对这些冲突。他们时刻准备去应对这些，他们是环境探测器，就像盖格计数器，只不过他们不是扫描环境来探测辐射，而是在寻找不被尊重的迹象。

为了探讨为什么青少年对尊重和地位特别敏感，耶格尔、达尔和德韦克首先从生物学和青春期的许多激素变化入手，以睾酮为重点。众所周知，进入青春期后，女孩和男孩的睾丸激素都会增加。尽管睾丸激素通常被视为一种攻击性激素，但越来越多的证据表明，这会影响人们对被尊重和获得地位的渴望。研究人员写道：

> 越来越多对人类和动物的研究表明，睾酮会增强人们在社会环境中寻找、了解和维持社会地位的动机。[77]

其次，耶格尔、达尔和德韦克还从社会威胁的角度进行了研究，报告称青少年往往会对威胁他们的社会地位的经历做出特别强烈的反应。例如，在实验中，当青少年必须在最后一刻向同龄孩子发表演讲时，青春期中期的青少年（15岁及以上）通常会比年幼的孩子表现出更多的皮质醇或压力反应。[78]

最后，作者引用的研究表明，青春期中期的青少年在认为自己受到不尊重时会做出强烈反应。只要想一想"不尊重"这个词对青少年来说是多么大的侮辱，就能知道被尊重在他们的生活中是多么重要。

重要发现 | 有证据表明，青少年的成长使他们对自己是否受到尊重特别敏感。

一个新的观点：青少年已具备成为环境探测器的条件

这种预设部分源自青少年对不公平待遇的强烈反应——他们像探测器一样敏感。我们可以用多种不同的方式来观察他们的反应。如果15岁的青少年对学校、朋友或家人不尊重自己的感觉"反应过度"（用耶格尔的话来说），我们可以将其视为这些人的一种特质——他们过于敏感；也可以将其视为激素的作用——他们激素分泌紊乱；或者将其视为粗鲁——他们从没有学过礼貌待人。

我们看待这种情况的方式决定了我们对它们的反应。我们看到什么，就会做出什么解释。

我希望对青少年发展的研究能帮助我们以新的方式看待他们的行为。**青少年的反应就像环境探测器一样，会对别人如何对待他们做出反应。**否则，他们怎么能够走向世界，接触新的人和新的地方，并判断这些环境是否值得信任——是否是他们可以茁壮成长的地方？这并不意味着他们可以无礼和粗鲁，而只是意味着我们应该理解他们为什么会如此在意。

尊重需求中的匹配和不匹配

在"突破之年"的研究中，我们询问青少年：

在过去的一个月里，你有多少次觉得……？
1. 你的父母和家人尊重你
2. 你的父母和家人否定你的想法／不认真对待你的想法

然后，我们就他们的朋友、学校里的人、校外活动中的人以及他们在网上联系的人问了同样的问题。

鉴于尊重对青少年的重要性，他们的需求和经历之间的匹配度还有很大的改进空间。大约 60% 的人"经常"（标准是一半以上的时间）在这五种环境中体验到尊重。

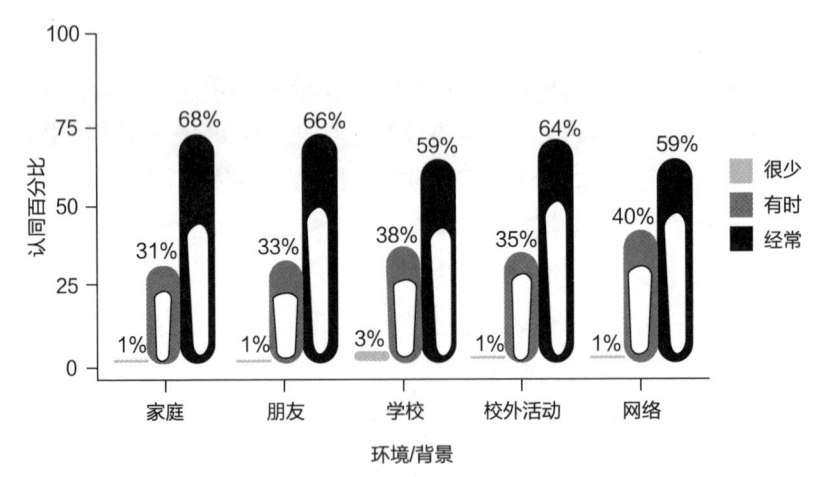

图 8　青少年报告尊重需求得到满足的频率

注：青少年按照从"从不"到"几乎总是"的五点量表回答每个问题。将两个问题的答案相加，可以分出以下几组："很少"（2~4 分）、"有时"（5~7 分）和"经常"（8~10 分）。

258　　　　　　　　　　　　　　　　　　　　　　　　　青春期的内心世界

从表 4 中的箭头也可以看出，尊重很重要。前文提到，在"突破之年"研究中我们询问了青少年，这些我们已经确定的基本心理需求被满足的频率如何（疫情前）；然后我们在 9 个月后（疫情期间）再次进行了调查，了解他们的表现如何。除了学校参与度之外，在其他各项结果中，受到尊重都能预测日后的积极结果。疫情前受到更多尊重的青少年对未来更有希望，情绪更积极，9 个月后成绩更好，不良情绪也更少，压力更小，与父母的冲突也更少。

表 4　尊重需求得到满足的结果

尊重背景/环境	跟进结果							
	学校参与	成绩（A）	成绩（P）	未来	消极情绪	积极情绪	压力	冲突（A：P）
家庭		↑		↑	↓		↓	↓：↓
朋友		↑	↑	↑	↓	↑	↓	↓：↓
学校		↑			↓			↓：↓
校外活动	↑	↑		↑	↓	↑	↓	↓：
网络		↑		↑				：

注：A=青少年报告，P=家长报告。箭头表示关联的方向（即向上的箭头表示促进，向下的箭头表示抑制），控制人口统计学因素。空格表示不存在统计意义上的显著关系。显著关系的 p 值小于 0.0005，意味着这些相关性非常可靠，而非偶然。

尊重的互动能否促进积极的行为改变？

耶格尔、达尔和德韦克花了数年时间研究为什么对青少年的干预有效或无效，他们认为"也许可以利用青少年对地位和尊重的敏感性，将其导向积极的行为改变"。[79] 他们举的一个例子是，加州大学伯克利分校的杰森·奥科诺弗亚领导的一项旨在减少学校中不良行为的干预措施，确实尊重了青少年对地位和尊重的敏感性。

正如父母可以通过不同的方式看待不良行为，老师也可以。假设青少年在课堂教学中不断起身，将纸巾扔进废纸篓，走过其他学生身边，干扰他们。这种行为并不危险或暴力，这不是学生打架、大喊大叫或制造骚乱。但这是具有破坏性、令人厌烦的，也是会被学校进行纪律处分的。

教师可以采用不同的心理模型来处理此类不当行为。[80] 一种是基于人际关系的、尊重学生的方法，教师将自己的职责视为与学生建立信任和尊重的关系。这些老师对行为有很高的标准（在此必须指出，行为不端是不被允许的），但他们通过期待最好的结果并与学生一起努力来实现这一目标。当学生行为不端时，这些老师会尝试理解原因，并为学生创造一个安全的空间，让他们学习积极的行为方式。

另一种心理模型是惩罚性方法，例如零容忍政策。这些教师认为自己的职责是向学生展示不端行为的后果，并相信学生因违规行为而受到惩罚是从中得到教训的最好方式，对重复的不端行为，惩罚会升级。

重塑学校纪律

奥科诺弗亚对学校纪律的差异非常敏感，因为他在田纳西州孟菲斯长大的时候体验了这些差异。

首先，他发现自己在学校受到的待遇和管教方式与他的兄弟们不同。与他们相比，他在学校表现得更优异：

我开始看到这两个方向的差异，包括学生受到的对待以及学生被允许的行为方式。[81]

他的家庭也经常搬家，作为一名黑人学生，他注意到市内和郊区对纪律的处理方式不同。他家离市区越远，学校里的白人就越多，纪律处分的惩罚性就越少，基于人际关系的处理就越多。

他说："上初中时，我第一次真正开始批判性地思考自己在学校环境中受到的待遇。"他告诉我，有一次他在食堂吃饭，一些孩子在分发周末聚会的传单。他接过递给他的传单，在他还没来得及看的时候，校长助理就把它拿走了，并把他叫到了办公室。"她走到每个拿着传单的人身边，告诉他们去办公室。"

到了办公室后，他说："校长助理告诉我们，我们都将被停课一天，因为传单上有一些脏话。"然后，学生们被要求签署一份承认他们被停课的声明。"每个人都签了字，"他说，"然后她找上了我。"

我说："不，我不会签字的。我更想回到我的微积分预科班。"那是当时可以选修的最高级别的数学课。

我告诉她："我得回去上课了。这件事与我无关。我不是坏孩子。"她问："你到底签不签？"我说："不，我不签。你可以给我妈妈打电话，她会支持我的。"

她说："那好吧，你现在因为不服从管教，要停学三天。"

这就是零容忍政策的做法。奥科诺弗亚被告知要在停学三天的文件上签字。他再次拒绝。

我说："不，我不签。让我回去上课吧。你们抓错学生了。我不是什么坏孩子。我从来没有被停过课。"

这加剧了形势的紧张，这也是为什么一些黑人家庭会教育孩子不要反抗，而是接受惩罚，即使惩罚是不公正的。校长助理回答说：

"好吧，那你就去坐牢吧。"然后她叫来校警把我逮捕了。

奥科诺弗亚是幸运的。校警认识他和他的家人。他把奥科诺弗亚拉到一边告诉他：

"我不知道你在这里做什么。你看起来不像是应该被我逮捕的人，但我必须做好我的工作。"

奥科诺弗亚在家停学了三天，在这三天里他很后悔，因为他喜欢他的课程，也不想落下进度。然后他和他的母亲出席了法庭听证会。

法官正在审阅一份文件，我后来才意识到那是关于我的文件。他的表情很奇怪。他问："你是杰森？"

"是的。"

他拿出我的成绩单递给我，问道："这是你的成绩单吗？你在上这些课吗？"

"是的。"

"这是你的成绩？"

"是的。"

"你以前惹过麻烦吗？"他问。

"没有。"

他说（我引用他的原话）："滚出我的办公室，告诉你的学校不要再把你送到这里来！"

他向我妈妈解释说，根据我的记录，这一切都没有发生过——没有发生过逮捕，也没有发生过停学。他彻底抹去了一切，故事就这样结束了。我也回到了学校。

但这并不是故事的结局。事实上，这只是一个开始。奥科诺弗亚意识到，他的努力或成就都没有办法完全保护他。如果学校里没有一位碰巧认识他的校警，如果他的案子没有碰巧被分配给一位看过他的记录并相信他的法官，他就可能从一个优秀学生变成一个麻烦制造者。就那样。

从一无所知到停学一天、三天，再到被捕。有了这些记录，我的整个教育轨迹都可能因此而改变。

他还了解了被视为麻烦制造者的感觉，以及一个人在面对制度时的无助感。他体会到"小事也能变成大事"。对于他班上的一些同学来说，这样的经历可能也确实成了从学校到监狱的第一步。

十年级结束后的那个夏天，奥科诺弗亚又经历了一次他人生中的重大事件：

我被孟菲斯的扶轮基金会抽调到东北部一所著名的预科学校就读。他们为像我这样的学生安排了强化课程,并让他们接触不同类型的学习。

这种反差令人震惊:

我立刻就注意到了这所预科学校与我在孟菲斯上过的所有公立学校之间的差异。

他形容之前的学校就像监狱:

学校四周都是铁丝网,走廊里有摄像头。前门随机安装金属探测器。走廊里总是至少有一名警察在巡逻。

而预科学校就像一个俱乐部:

没有铁丝网,一切都令人愉悦。在学校食堂,我们想什么时候吃饭就什么时候吃饭。没有校服。我们的着装要求是休闲裤和牛津扣衬衫。所有的老师和教员都非常热情。每个人都精神饱满。

这种反差让奥科诺弗亚看到了环境是如何塑造学生行为的:

当时我并不知道,但公立学校感觉更像是一座监狱。在任何一个特定的时刻,一切都可能分崩离析。如果你做错了一件事,你可能会在一小时内被关进监狱,而在这里,你受到所有成年人的照顾,他们会关照你。仅仅是知道有人支持你、希望看到你成功,就会有很大的不同。

这总结了学校可以如何以带着尊重和支持的方式对学生进行管教。与奥科诺弗亚后来从事的事业更相关的一点是与成年人的交谈方式。在他以前就读的学校,他曾因试图为拒绝停课进行辩护而受到惩罚。尽管他的语气是恭敬的,但也被视为顶嘴。

而在预科学校,人们鼓励青少年提出理由,以此来学习如何与成年人进行对话——找出你想表达的观点,并令人信服地阐述你的论点。这就像写一篇有说服力的论文,或者在辩论中提出令人信服的观点。事实上,奥科诺弗亚应邀参加了那里的辩论俱乐部。他说:"这只是两种不同的环境,但它们会导致不同的人生轨迹。"

这段经历让我产生了一种使命感,那就是要为学生创造合适的环境,然后尽最大可能做到这一点。

什么是支持(或不支持)尊重性的管教?

从西北大学毕业后,奥科诺弗亚在斯坦福大学获得了硕士和博士学位,与克劳德·斯蒂尔和格雷戈里·沃尔顿一起工作,前者因其对青少年刻板印象的研究而备受推崇,后者则因其对归属感和支持的创新研究而为大家所熟知。在那里,奥科诺弗亚的目标是确定如何为学生创造合适的环境,并制定干预措施,以体现更尊重学生的管教。但首先,他需要更好地理解停课问题。他知道黑人学生被停课的概率是其他学生的三倍,这是为什么呢?[82]

当时的一种假设认为,教师对黑人和白人孩子的不当行为的反应可能不同。另一种假设则认为,少数族裔学生的行为可能与白人学生不同,因此更有可能被停课。

奥科诺弗亚首先与斯坦福大学的詹妮弗·埃伯哈特合作探索了第一个假设,后者因研究隐性偏见如何影响决策及其对青少年司法系统的影响而闻名。[83]

在两个实验中,第一个实验涉及 57 名 K-12 教师[84],第二个实验涉及 204 名教师,他们阅读了典型的学生不当行为。奥科诺弗亚解释道:

我们让全国各地的教师们阅读了一系列不当行为。在阅读了每起事件后,我们向教师们提出了一系列问题:"这种不当行为有多严重?你觉得这个学生给你带来了多大的阻碍？你对这个学生有多恼火？你想对这个学生进行多严厉的管教？"我们将前三个问题放在一起，称为"教师的麻烦感受"[85]。

研究人员研究的一个因素是基于名字的改变：

不当行为要么是一个有典型黑人名字（如，达内尔或德肖恩）的孩子所为，要么是一个有典型白人名字（如，杰克或格雷戈里）的孩子所为。

行为完全一样，只是名字不同。如果教师对一个名字与对另一个名字的孩子的反应不同，那么他们的反应就可能是受到种族/民族假设的影响。研究人员还提出了后续的一些问题，以确认教师确实认为典型的黑人名字与黑人学生有关。另一个因素也很重要：

我们研究了管教方面的问题，发现如果教师觉得这个问题会长期存在，他们就会采取更严厉的管教措施。因此，我们在实验中加入了多种不当行为。

他们选择了通常会引发学校进行纪律处分的不当行为。其中一个就是我前面提到的例子：青少年在课堂教学中起身将纸巾扔进废纸篓、打扰其他学生。这种扰乱课堂秩序的行为是学生受到纪律处分的最常见原因之一。

当情况不明确时，偏见更容易影响决策：

这不是性骚扰、校内打架、携带武器或毒品上学。这是性质相对较轻的事情，但也是主观性较强的事情。教师必须判断：这到底是不是坏事？

研究人员使用的另一个不当行为例子据说发生在三天后的同一个

学生身上：

这次，学生在课堂上睡觉。老师让他抬起头，醒一醒。学生醒了一会儿，然后又睡着了。这将被归类为不服从命令，而不服从命令是学生被叫到教师办公室的首要原因，在全国都是如此。

研究人员发现，向老师展示不当行为（扰乱课堂秩序或睡觉）的顺序并不影响结果。他们还发现，无论使用的是"黑人"还是"白人"名字，老师对第一次不当行为的反应都是相似的。但当他们读到关于同一学生的第二起事件时，情况就不同了：

第二起事件发生后，老师们回答了同样的问题。这一次，有趣的结果出现了：与具有典型白人名字的孩子相比，如果是具有典型黑人名字的孩子，老师会对不当行为感到更加困扰。

同样，如果学生的不当行为是由具有典型黑人名字的学生而不是具有典型白人名字的学生做出的，他们就希望对该学生进行明显更严厉的纪律处分。

研究人员还要求教师指出，他们在多大程度上认为学生的不当行为是一种行为模式。研究人员发现，教师更有可能认为带有典型黑人名字的学生的不当行为是一种模式，会导致他们被停课，而且教师更有可能给那些具有黑人名字的学生贴上"麻烦制造者"的标签。

> **重要发现**　青少年在学校受到纪律处分的方式存在差异，部分原因是教师对黑人学生的刻板印象，这种刻板印象会导致教师在多次师生事件中升级对黑人学生的负面反应。这种反应可能会妨碍对学生采取更加尊重或基于人际关系的方法。

刻板印象是罪魁祸首

奥科诺弗亚将刻板印象视为黏合剂，导致教师将可能不相关的想法拼凑在一起。在我看来，刻板印象不仅是黏合剂，也是罪魁祸首。不仅老师，事实上我们所有人，都可能对他人做出假设，而这些假设阻碍了我们进行相互尊重的互动。尽管种族是一个关键的触发因素，但年龄、性别以及对年轻人的假设也是关键因素，这些年轻人可能会因为不良童年经历、身体状况或心理健康问题等因素而与他人拉开距离。

克里斯汀·柯是一位认知科学家，后来成为一名出色的育儿作家。她表示，帮助她走出童年创伤的是那些没有给她贴上创伤标签的成年人。他们帮助她并不是因为她家庭生活困难，而是因为他们看到了她身上真正有价值的地方。这改变了她的生活。[86] 在旧金山州立大学肖恩·金赖特主持的一个焦点小组讨论中，一位生活艰难的年轻人非常有说服力地表达了这一点："这种事不仅仅发生在我的身上。这也不仅仅是我一个人的创伤。"[87] 帕梅拉·坎托是一名医生，也是儿童创伤转型机构的创始人，她毕生致力于疗愈创伤。她说这一点尤为重要，因为疗愈创伤的方式会受到人们对儿童的刻板印象的影响：

"创伤"这个词对那些有着创伤的孩子来说是一种耻辱。没有人愿意带着标签接受他人的教育。这从一开始就建立了一种以缺陷为导向的关系。我们都需要知道的是，创伤会扰乱我们的生活。我们需要让孩子们知道的是，他们可以在没有耻辱感和羞耻感的情况下解决这个问题。[88]

作为一个活泼好动的孩子的母亲，我必须警惕教师对他产生刻板印象，将他定义为多动或不守纪律（他两者都不是）。当教师们欣赏他本身的时候，他在课堂上就表现得很出色；当老师不欣赏他时，他就会很难受。

刻板印象会阻碍对儿童人性的认识，从而导致惩罚性的、不留情面的管教方式。

实验⟷生活：我们能否通过改变管教方式来改变生活？

在为学生创造更好的管教体验这一使命的驱动下，奥科诺弗亚与斯坦福大学的戴维·帕内斯库和格雷戈里·沃尔顿一起进行了一系列实验。[89]

他们采用了之前提过的、沃尔顿在归属感与支持实验中使用的明智的干预方法，重点关注管教的心智模式——基于人际关系、尊重、共情心态或惩罚心态，以及从这些心态中产生的管教措施。

他们的假设有两个部分：

- 对不当行为采取惩罚性方法可能会刺激已经被疏远的学生变得更加叛逆和对立，从而更多地做出惩罚性管教措施。
- 尊重可以让学生更加遵守纪律。

正如他们所写的，这些假设是有证据的：

许多研究表明，对权威人物尊重并被他们尊重，可以激励人们遵守这些人物所执行的规则，尤其是在冲突中。所以如果教师在管教学生时表达这种尊重，可能会改善学生的行为。[90]

沃尔顿[①]指出，在内心深处，教师真诚地希望帮助学生：

通常情况下，人们从事教育工作并不是为了惩罚孩子。[91]

奥科诺弗亚详细阐述道：

我们想改变的是一个老师把一个孩子视为麻烦制造者的程度——因为我们知道，这种标签会导致更严厉的管教。[92]

他们的第一个实验着眼于教师对管教的看法是否可以改变。他们

[①] 我对杰森·奥科诺弗亚和格雷戈里·沃尔顿的采访是在不同的日子和不同的地方进行的，但由于感觉对他们的采访像一场对话，所以我就把他们的表述放在一起写了。

随机将幼儿园到十二年级的 39 名教师分配到惩罚组或尊重组。在研究的第一阶段，两组教师都得到了提示。在尊重组，他们读了一篇简短的文章，提醒他们良好的师生关系对于学生学会自我控制至关重要。在惩罚组中，文章指出，对不当行为进行惩罚是维护课堂秩序和控制的关键。

接下来是"说即是信"阶段，旨在强化教师刚刚读到的其中一种方法。两组教师都被要求写出这种方法如何帮助他们维护课堂秩序。

然后，老师们被问到，他们会如何应对典型的违规行为，这些行为从中学的纪律档案中选取，比如一名学生反复将纸巾扔进废纸篓、扰乱课堂秩序。沃尔顿报告说，"差别很大"。[93]

当老师打算惩罚学生时，他们是非常严厉的。对于那些站起来乱扔纸巾的孩子，老师们威胁要把他们送到校长那里，打电话给他们的父母，并让他们留堂。他们更有可能将这些孩子视为麻烦制造者，这是一个永久性的标签。如果这个标签留在教师的脑海中，将不会对未来的师生互动有帮助。

准备采取尊重态度的老师们的反应截然不同。奥科诺弗亚说：

具有这种心态的老师更有可能问孩子为什么行为不端，而且他们更有可能调整环境，使其更有利于孩子展现出更好的行为。[94]

旨在改变管教的干预措施

有了这些知识，研究小组设计了一项明智的干预措施，这也是奥科诺弗亚一直想做的事情。他们从加利福尼亚三个学区选择了五所中学。他们的干预包括 31 名数学老师，他们总共教授了 1682 名学生。这些老师被随机分配到两组中的一组。奥科诺弗亚说：

一组老师阅读了科技对于吸引学生参与课堂的重要性。另一组老师则了解到了尊重和重视学生的观点非常重要,尤其是当他们行为不当时。[95]

一篇关于相互尊重关系的文章讨论了青少年的成长过程,描述了青少年在生理和社会方面所经历的变化如何使他们对不公平待遇特别敏感,并可能导致他们做出强烈反应。文章不鼓励给学生贴上麻烦制造者的标签。文章还指出,当教师让学生感到被倾听、被理解、被尊重时,学生就会知道学校是公平的、他们可以在学校取得成功。[96]这些观点通过学生的故事得到了强化,学生们在故事中讲述了他们在遵守校规的过程中体验到被共情、被尊重的感受。

在干预的下一步,教师成为助人者,而不是受助者,他们被邀请将他们阅读到的理念融入创建教师培训计划的材料中。

沃尔顿说,在这项研究中,最让他感动和震撼的是教师们写下的他们如何看待和对待行为不当学生的方式:

例如,一位教师说,她始终记得,对世界上的某个人来说,孩子是世界上最宝贵的东西,无论孩子做了什么,她都要记住这一点。

这个在线干预的过程耗时45分钟。奥科诺弗亚描述了两个月后进行的第二次在线干预,用时约25分钟:

教师们阅读其他教师的故事,回想自己上中学时是如何渴望得到教师的支持和信任的。这些故事的结论是,既然他们已经成为老师,他们就有责任将这些经验或教训传授给他们的学生。[97]

这一干预措施的两个部分都旨在降低学生的停课率,而且也确实做到了。用沃尔顿的话说:

基本发现是,接受干预的数学老师所教的学生在整个学年中被停课的可能性，是对照组数学老师所教学生的一半。[98]

> **重要发现**
>
> 在这项研究中，阅读过尊重关系书籍的老师的学生的平均停课率为 4.8%；而阅读过科技书籍的老师的学生的平均停课率为 9.6%。[99] 沃尔顿指出，重要的是，干预效果不仅仅体现在数学老师身上，还扩展至其他成年人："即使孩子们在学校与其他没有参与干预的成年人互动，他们被停课的可能性仍然较低。"[100]

奥科诺弗亚和沃尔顿想知道这些结果是否可以复制，他们在研究完成之前对结果进行了预测。在这项针对 5822 名学生、66 名教师的研究中，他们的预测是正确的：干预措施降低了整个学年的停课率，特别是黑人和西班牙裔学生，种族差距从 10.6 个百分点减少到 5.9 个百分点，下降了 45%。[101]

奥科诺弗亚和沃尔顿推测，拥有一位对学生更有同理心的教师、一位能让学生感觉学校更像是他们的家的教师，可以让学生对整个学校环境产生不同的心态。事实上，在这项新研究中，当学生与未接受干预的教师进行互动时，停课率的下降依旧持续到了第二年。前一年对待学生的方式可以产生持久的积极影响。

教师的工作压力很大，但其本身并没有得到应有的尊重。沃尔顿说：

> 这种情况的悲剧在于，教师在那种充满压力的环境中、在疯狂的教学中、在试图提高孩子考试成绩的压力中，可能会忽视自己的初心，以及希望自己在与孩子互动中是什么样的。[102]

作为父母，我们也是如此。我们做父母不是为了不尊重自己的孩子，但在一时冲动或认为这样做可行的情况下，我们也可能会不尊重孩子。

我非常感谢杰森·奥科诺弗亚将自己的人生经历转化为他人的生命线。他说：

我们试图改变的是人们如何看待麻烦制造者，仅此而已。我也认为我们正在采取的是一个非常有前景的方法。[103]

我们如何看待孩子就会如何回应他们。如果我们尊重他们，他们也会尊重我们。

促进对自主和尊重的基本需求

多年来，研究发现，支持自主与儿童自行解决问题的能力不断增强以及更积极的心理健康息息相关。[104] 自主、支持、结构化指导和成人的参与，共同帮助青少年茁壮成长。在帮助满足自主需求时，我们可以：

- 反省自己，了解自己的期望以及这些期望如何影响我们的反应，这样我们在处理问题时就能更加有意识。
- 在了解孩子能力的基础上，从他们的角度出发。
- 设置合理可行的限制并分享原因。
- 尽可能提供选择。
- 共同解决问题。

要记得，青少年是环境的探测器，他们时刻警惕自己是否受到尊重，所以你也需要时刻警醒。为了满足青少年被尊重的需求，我们可以：

- 倾听他们的一言一行，了解行为也是一种沟通方式。
- 留意那些负面的刻板印象（如，激素分泌旺盛、无法控制冲动、爱惹麻烦等）。
- 采取注重提升技能而非惩罚的心理模型。
- 以公平、一致和体贴的方式解决与青少年之间的问题。
- 记住：尊重会带来尊重。

需求3：
掌控感——挑战和效能感的需求

挑战是指被鼓励去做新的或困难的事情，并认为自己可以成长和学习。效能感是指知道别人认为你能做好事情，并对你的技能和能力充满信心。当青少年被鼓励以培养效能感的方式应对挑战时，他们就会感到自己是有能力的（掌控感）。

对挑战的需求

15岁的迪伦在他母亲妮娅看来，要么极其专注，要么完全散漫。这让他在高中，尤其是英语课上，遇到了困难：

语言老师让他们读很多书。迪伦是个狂热的读者，所以他能告诉你整本书的梗概，但当老师让他们写人物的动机分析，或得出他对这本书的结论并列出支持意见时，他却只写了两句话。

妮娅觉得他一直是这样。在他小的时候，妮娅读过关于儿童发展各阶段特点的书，但迪伦从来不符合书中所描述的。一个重要标志是："此时，你的孩子应该能自娱自乐15分钟。"但他能连续一个半小时拼搭和拆解积木。然后他又会完全忘记其他事情：

在他三年级时，我们需要决定他是否应该进入一个进阶课业项目，我带他去见了一位教育心理专家。她说："基本上，他在某些方面非常出色，而在其他方面非常落后。"她还说："人们会错误地诊断他患有注意缺陷多动障碍，但我不这么认为。"

将迪伦送入进阶课业项目对妮娅很有吸引力，但她最终决定不这么做。现在，迪伦能讲述温斯顿·丘吉尔和第二次世界大战的完整故事，却记不住学校布置的作业。妮娅说："这是一个有趣的对比。"

乍一看，如果挑战是他自己选择的，他会不懈追求，但如果挑战是老师强加的，他就会尽量少做。那么，这些是动机问题吗？妮娅没有完全明白，但她得出的结论是，必须采取一些措施去做一些改变，因为他的成绩正在迅速下滑。

学校里的挑战是不可避免的，生活中的挑战也是如此。应对和克服挑战的需求与掌控的需求是相关联的。密歇根州立大学的芭芭拉·施耐德的研究极大地丰富了我们对学校中挑战的认知。

施耐德对改善公平问题投入了极大热情，[105]这起源于她高一时的一次住院经历，她亲睹了贫困对与她一起住院的一些儿童造成的毁灭性影响。她称这是一次改变人生的经历，并致力于推动变革。她认为，教育是这种变革的杠杆，而对学习的参与则是推动杠杆的力量，但她发现在这个国家的学校中，参与常常被边缘化："我认为我们忽视了如何帮助年轻人在学校中感到更有参与感、更有成效。"

参与的含义

我永远不会忘记米哈里·契克森米哈赖的著作《心流》[106]的开头几页，他在书中详细描述了自己的发现：幸福不是偶然发生的，也不是金钱或权力可以买到的，甚至也不是可以直接寻求的——然而，我们都会有感到非常兴奋和快乐的时刻。第二次世界大战期间，在欧洲长大的契克森米哈赖意识到，在他的生活中，很少有成年人"能够经受住战争给他们带来的悲剧"[107]，这激发了他的渴望，想要了解是什么能促成有意义的生活。他花了几十年的时间寻找最佳体验的特征，并发现：

最愉悦的时刻通常在一个人为了某项艰巨的任务而辛苦付出，把体能与智力都发挥到极致的时候。最优体验乃是由我们自己所缔造的。[108]

值得注意的是，契克森米哈赖提到在完成一项艰巨的任务时把体能与智力都发挥到极致。他写道，"日积月累的最优体验会汇集成一种掌控感"，而这种时刻"就是我们能想象的最接近所谓'幸福'的状态。"[109]。

契克森米哈赖的研究阐明了参与的概念。这些最佳体验，即"心流"时刻，与我所认为的参与过程中的巅峰体验非常接近。

> **重要发现** 最佳体验包括但不限于投入、热情和专注（这是职场研究中对"参与"的典型定义）。它还涉及对挑战的掌控。

参与就是迎接挑战。这两者密不可分：
- 没有挑战，我们就不会让自己竭尽全力。
- 没有挑战，我们就不会成长和改变。
- 没有挑战，我们就无法获得掌控感。

这就是为什么我把挑战视为基本需求，它是掌控感的一个组成部分。

我们生来就在参与学习

正是看到了这种缺乏参与的现象，我才写下了《心智在形成》一书。作为青少年心声研究的前奏，我曾请全国八个不同地区的年轻人与我谈谈学习，得到的回应大多是茫然的目光和沉默。但当我请他们谈谈和学习无关的问题时，他们就争先恐后地打断彼此，向我讲述"荒谬"的数学老师或糟糕的教练的事。

事实上，孩子们生来就在参与学习。除了大量关于这一主题的文献，在我自己的生活中，当时最好的例子莫过于隔壁邻居了。我的邻居从中国的一个孤儿院领养了一对 8 个月大的双胞胎。尽管一出生就很不幸，但这两个婴儿的眼睛却炯炯有神，他们努力去看、去摸，去和新的家人们一起体验这个新地方的一切。对他们来说，学习是一种生存技能，对所有婴儿来说都是如此，而这对双胞胎全身心地参与其中。与此相反，我采访的那些高年级学生却目光茫然，这说明他们的经历中有些东西淡化了那种参与感。

不幸的是，我从这些学生那里听到的故事很有代表性。在《学生拒绝参与的八大迷思》(*Eight Myths of Student Disengagement*) 一书中，康涅狄格学院的詹妮弗·弗雷德里克斯指出，全国有 40%~60% 的学生表现出不参与学习的迹象[110]。

> **突破之年研究发现** | 在新冠疫情之前，56% 的 9~19 岁青少年在学校学习时的参与度较高或非常高。疫情期间，这一比例下降到了 33%。

如果孩子们生来就爱学习，但却有如此多年龄较大的孩子脱离了学习的状态，那么问题就变成了：我们的社会做了什么，让他们在学校学习的热情减弱了？

定义心流与热情：创建一个学习参与模型

芭芭拉·施耐德的工作目标是确定参与的关键要素，这些要素共同构成了最佳学习时刻。[111]与契克森米哈赖一样，她也关注最佳体验，用她的话说就是**最佳学习时刻**。一旦定义了这些时刻，她的目标就是增加这种时刻发生的频次，因为她和我一样，在自己对青少年的研究中发现，这样的学习太少了。

为了实现这一目标，施耐德与芬兰赫尔辛基大学的研究人员卡塔丽娜·萨尔梅拉-阿罗和贾里·拉沃宁以及其他人合作，开展了一项由美国国家科学基金会资助的教育研究。施耐德说："在芬兰，就像在美国一样，他们非常关注如何才能让学生更多地参与科学学习，并选修更多的科学课程。"这个研究团队的总体目标不仅仅是增加未来科学家的数量，更重要的是提高所有学生的科学素养。

美国-芬兰研究团队的研究是由一个概念模型指导的，这个模型汇集了他们和其他人的研究成果（见图9）。在这个模型中，他们假设最佳学习时刻的驱动因素是兴趣、技能和挑战。施耐德表示：

> 这是我们可以测量的三个不同维度，而且可以多次测量。当这些最佳学习时刻多次发生的时候，我们就获得了一幅非常独特的画面。[112]

评估**兴趣**更多地涉及参与的**情感**方面：如果学生认为学习内容有价值，如果它看起来有用，如果他们对它感兴趣，他们就会更投入地学习。

评估**技能**则更多地涉及参与的**认知**方面。研究人员将技能定义为学生认为自己具备的认知能力，以完成科学课程中的特定任务——接收、检索和重组信息。

对施耐德来说，将参与的情感和认知两方面都包括在内非常重要。她指出，女孩们可能对科学很感兴趣，但研究显示她们可能对自己的技能缺乏信心。[113]更全面地解决学习问题可以帮助教师为所有学生提供公平的学习环境。

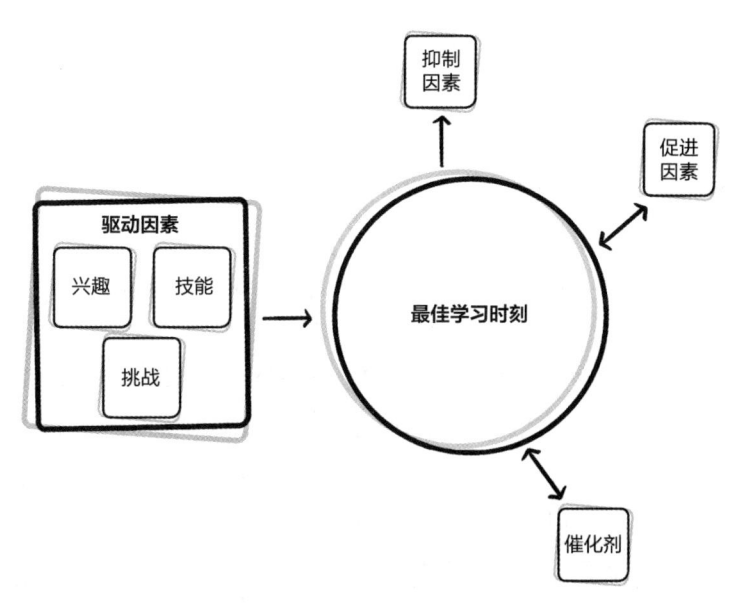

图9　美国-芬兰模型示意图

然后是评估**挑战**。施耐德和她的团队将挑战定义为学生的内在推动力，以提高他们超越以往所学的内容的能力。正如她和她的同事所写的：

挑战是推动兴趣和技能达到新的能力水平的引擎。[114]

施耐德表示，她的团队正在不断尝试重新理解挑战，但他们发现，挑战往往围绕着"一些学生不知道的东西，这些东西激起了他们的兴趣，让他们不得不去探索。我们认为，在整个过程中，学生因为试图找出答案而产生的兴奋感至关重要"。[115]

尽管施耐德将挑战定义为"学生的内在推动力"，但我的定义还包括成年人可以从外部做些什么，通过提供适度的挑战，并根据学生的技能和需求对挑战进行调整，来帮助维持或增加学生内在的热情。

美国–芬兰模型还包括了最佳学习时刻的**抑制因素**（如感到困惑或无聊）和**促进因素**（如感到快乐和自信）。

精准定位挑战

当迪伦的成绩开始下滑时，妮娅决定进行干预。她不想告诉他该怎么做，但她想试着弄清楚发生了什么。

我问他："你去老师办公室了吗？你和老师谈过了吗？"他说没有，只是非常沮丧。于是我问："我们三个人通个电话怎么样？"他说"好吧"。于是，我们约好了时间。听老师和他谈话的感觉真是太有趣了。

妮娅不想做"直升机家长"（过度干涉子女的家长），她要求儿子对自己的学业负责。因此，在与老师交谈时，就像她对待儿子的方式一样，她尽量不批评、不指导、不解决问题。可能她自己并不知道"直升机家长"这个标签，但她是在支持孩子的自主性。

妮娅发现提问可以帮助解决问题，于是她问老师："当你要求他在书中找到讽刺的例子时，你能给一些例子，说明你的具体要求是什么吗？"

老师同意为迪伦和所有学生这样做，并说在布置作业时，她会具体说明她在要什么。

全班同学刚刚读完安东尼·多尔的小说《我们看不见的光》(All the Light We Cannot See)[116]。妮娅告诉我：

> 我知道，如果我说"迪伦，跟我讲讲这本书里的讽刺意味"，他肯定能做到，而且一针见血。老师也知道这一点，在我们通话时也是这么说的。她说："迪伦，你非常善于指出我要找的东西。我知道你已经把它们记在脑子里了。现在你要做的是把它们写在纸上。"

老师、迪伦和妮娅之间的这次交流帮助三人确定了迪伦面临的具体挑战——把他的想法写在纸上。对于其他青少年来说，要精准定位具体的挑战可能更加困难，但通过逐步检查作业并尝试弄清楚哪里出了问题，可以提供一些线索。对其他人来说，可能需要专家的帮助。

从表面看，迪伦似乎并不在意——妮娅形容他很散漫——但在他看来，仅仅提高成绩并不足以激励他去挑战如此困难的事情：

> 我认为描述文字的精妙之处，说出来比写出来更容易。基于我描述这些文字的方式来判定我是否可以取得好成绩，我觉得这是不合逻辑的。

这与成绩无关，而与效能感相关。

正确设置课程

我们一直在谈论一个学生——迪伦。芭芭拉·施耐德和她的团队一直专注于学生的课堂——改善他们的学习体验。他们决定将基于项目的学习方法作为教学方法，因为它包含了良好的科学学习的主要元素，其中包括挑战。学生不仅仅是在学习事实，他们学习的是真实世界的科学，这种基于项目的学习被定义为：(1) 有一个引导活动的起着驱动作用的问题，激发学生的兴趣，并将这些兴趣与课程的学习目标联系起来；（2）将项目活动与核心科学知识相结合，同时允许教师根据学生的技能调整挑战的难度；（3）支持学生的积极参与，这是模拟科学家的工作状态；（4）让学生小组合作回答驱动问题；（5）运用技术手段；（6）制作"成果"，以展示学生所学的内容。[117]

密歇根州立大学的约瑟夫·克拉吉克是 STEM 教育和基于项目的学习方面的专家，也是这项研究的合作者。他发现，基于项目的学习是一种非常有效的方法，可以让年轻人学习严谨的学科知识，并为迎接世界的挑战做好准备。他说，这个世界（及其工作）需要我们解决复杂的问题和挑战，做出决策，进行合作，并且具备创新能力。克拉吉克告诉我：

掌握 21 世纪的技能对未来非常重要，对现在也同样重要！[118]

这项研究本身采用了一种独特的基于项目的设计方法。该课程是通过一种被称为"教师－研究员合作伙伴关系"[119]的方式，由教师和研究人员共同创建的。在这项研究中，教师同时教授他们的常规课程和基于项目的学习课程——两者都旨在满足州和国家标准——从而可以比较每种教学的学习效果。教师和研究人员正在一起进行真实的世界研究，并提出以下问题：我们能否找出最佳学习时刻的关键要素，并通过基于项目的学习增加参与时刻？

衡量什么最重要

为了衡量最佳学习时刻，美国－芬兰研究团队做出了几个决定[120]：

- 由于学生可能在一节课上参与，但在另一节课上却不参与，因此他们决定根据具体情境——即学生所在的课堂——来衡量参与度。
- 由于参与时有时无，他们决定将参与作为在特定时刻发生的事情来衡量。他们之所以做出这样的决定，是因为他们也知道，参与并不总是积极的。学生可能会全身心地参与到学习中，但也可能会因为学习而感到倦怠和疲惫不堪。[121]

为了将当时的环境和具体时刻纳入考量，研究团队决定采用契克森米哈赖开创的经验取样法，即学生在白天随机接收到手机提示音，并收到短信提问，例如："你对你正在做的事情感兴趣吗？你能熟练掌握正在做的事情吗？你觉得自己在做的事情有挑战性吗？你的参与度如何？"[122]

我访问了几所参与部分实验的美国学校。这些班级的学生似乎很喜欢有目的的活动。在密歇根州伊普斯兰堤的华盛顿国际高中，我观察到学生们在学习有关磁铁的课程时，首先就高速列车上磁铁的使用展开了热烈的讨论。学生们提出了问题，但并没有像许多学校通常做的那样立即回答。这样做的目的是让学生能够计划并开展自己的调查，以获得答案。研究发现，这样做能够保持学生的好奇心，促进挑战，并刺激学生不断学习。[123] 事实上，积极寻找答案正是科学的真谛。

美国-芬兰团队对他们的模型至今有效感到兴奋——他们可以衡量最佳学习时刻的组成部分，并且可以增加这些组成部分。施耐德非常高兴地告诉我[124]：

它是有效的！这实际上意味着什么？这意味着我们可以改变学习的状态——有机会让学习变得不同，从而让一些学生，可能是所有学生，都能更投入地学习。我们正在改变学生学习科学的方式。

重要发现	基于项目的学习实践确实可以增加学生的最佳学习时刻和参与度。

参与的重要性及其原因

詹妮弗·弗雷德里克斯对参与进行了广泛的研究，[125] 并从数据中揭示了参与对我们个体的深远影响。她的研究与职场研究相一致。职场研究中将参与视为衡量雇主在员工身上所期望的一切品质的代表，其中包括生产力。弗雷德里克斯解释道：

- 参与是一种行为，包括实际参与课堂学习。

- 参与包含情感成分：对学习感兴趣、兴奋并重视学习。
- 这些情感是由社会经验形成的。弗雷德里克斯发现，归属感对于深度学习非常重要。
- 参与包含认知成分。弗雷德里克斯表示，这不仅仅是指学习成绩好，还包括努力理解和掌握学习内容及克服挑战。

归根结底，无论从学术角度还是非学术角度来看参与都至关重要。弗雷德里克斯和她的同事写道，"在学校中积极参与可以提高对学业成功至关重要的技能、能力和价值观"。[126]

> **重要发现**
>
> 研究发现，当青少年参与度高时，他们会更加有动力，[127] 成绩会更好，[128] 更有可能留在学校并继续上大学。积极参与的学生也更有可能与其他同学建立积极的关系，惹上麻烦或感到抑郁的可能性更小。[129]

克服挑战

迪伦的老师发现了他的问题——把他的观点转化成书面文字。然后，老师采用了"脚手架"① 技术。在教育和育儿中，脚手架意味着提供恰到好处的支持，使学生能够应对挑战，但仍需努力克服困难，从而在尝试、成功的过程中积累经验，并从经验中学习。这些支持会一直保持到儿童和青少年能够独立完成任务为止。老师对迪伦说："我希望你试试几个方法。尝试使用谷歌语音（Google Voice）或苹果语音助手 Siri——你说话，它帮你写下来。"然后她让他阅读自己口述的文字，并编辑它们，以更清晰地表达自己的想法，看看这能否帮助他以书面文字表达自己的思想。

这位老师做的另一件明智的事情是，将这种脚手架技术与迪伦喜欢做的事情联系起来，同时避免引入可能过早带来太大成绩压力的因素。

---

① "脚手架"是一种元编程的方法，用于构建基于数据库的应用。——编者注

在这次见面中,她告诉迪伦:"为了培养你将思考转化为写作的技能,选取你读过的任何一本书中的一章,练习通过上下文来理解文意,并寻找文中运用了推理或反讽修辞手法的地方。"她不希望他通过课堂作业来学习这项技术。她对他说:"迪伦,你太在意考试成绩了。我不希望你在学习这项技能时担心成绩。我希望你在没有成绩压力的情况下练习这项技能,因为你在这方面存在困难,成绩的压力可能会影响你学习。"迪伦发现这次谈话让他更懂得如何表达自己的想法。

妮娅一家尝试了老师的建议。妮娅告诉我,三个月来,她丈夫每晚都在帮助迪伦练习这项技能。

昨晚,迪伦对我丈夫说:"我可以大声告诉你我的想法,然后自己写下来吗?"他觉得自己不再需要对着机器口述了。我丈夫说:"当然可以。"迪伦就这样做了——他写了500个单词!

妮娅说,在干预之前,迪伦的参与度似乎时高时低:

有时他会说:"我不在乎。我想玩我的电子游戏。"他会沉迷于游戏。当我质疑这一点时,他会对我说:"我的游戏让我放松,让我进入状态。"我会说:"你必须对此负责,迪伦。你有责任做到最好。"如果任由他自生自灭,他会感到非常气馁。

迪伦是我们所讨论的参与模型的一个很好的例子。学习始于他的动机。他已经有了阅读的动机,老师和家人在这一兴趣的基础上帮助他获得了所需的技能。如果他不喜欢阅读,老师就必须找到其他方式来激发他的兴趣和动机。老师还将挑战设定在恰到好处的水平上,这样他能够逐渐从谈论对某本书的想法转变为将它们写下来。

一旦实现这一点,他就能看到自己是可以胜任的,从而对自己的技能和能力更加自信。妮娅总结道:

他并不是通过一大堆干预措施才取得成功的,他只是觉得"好吧,我能行,我做到了"。这建立了他的自信心和效能感,增强了他的动机。

迪伦现在看到了自己在技能发展方面的障碍。通过这次干预,他意识到自己可以写作。

把我的思考转化为写作需要付出更多的努力,她让我明白了这一点。

现在,他看到自己能够成功。他并没有对成绩不屑一顾——实际上,他希望自己能取得更好的成绩!他的经历说明了对挑战的需求与对效能感的需求是如何紧密联系在一起的——这一点我们将在下文中讨论。

挑战需求中的匹配与不匹配

在"突破之年"研究中,我们问道:

在过去的一个月里,你有多少次觉得……?
1. 你的父母和家人鼓励你去尝试新的和具有挑战性的事情
2. 你的父母和家人鼓励你成长和学习

我们对朋友、学校里的人、课外活动中的人以及在网上认识的人也提出了同样的问题。

在图 10 中,我感兴趣的是,有 58% 的人在学校经常("经常"指超过一半的时间)感到学习和成长的挑战,有 51% 的人在校外活动中有这种感觉。这显示出有很大的改进空间。虽然在这些不同的环境中,挑战的表现和体验可能不同,但我们需要将挑战视为学习和成长的机会。

从表 5 中的箭头可以看出,在成长和学习过程中没有感受到经常性挑战的青少年所占的比例有多大。当你知道挑战的重要性时,这就更加令人担忧了。在学校面临挑战,但却没有带来积极结果,这令人惊讶,但也可能反映了一个事实,即这些评估是在疫情期间进行的,当时学校教育已经发生了很大的变化。

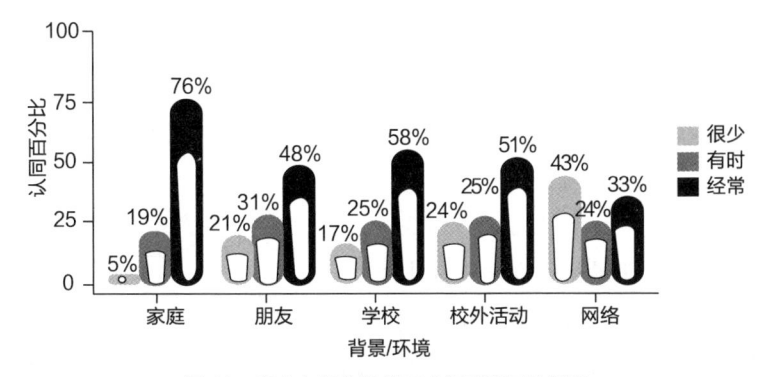

图 10 青少年报告挑战需求得到满足的频率

注：青少年们使用从"从不"到"几乎总是"的五点量表回答每个问题。将这两个问题的答案相加，可以分出以下几组："很少"（2~4 分），"有时"（5~7 分）和"经常"（8~10 分）。

表 5 满足对挑战需求的结果

挑战 背景/环境	学校参与	成绩(A)	成绩(P)	未来	负面情绪	积极情绪	压力	冲突(A：P)
家庭	↑	↑	↑	↑	↓	↑	↓	↓：
朋友	↑	↑	↑		↓	↑	↓	：
学校				↑				：
校外活动	↑	↑	↑			↑	↓	：
网络								：

注：A= 青少年报告，P= 父母报告。箭头表示关联的方向（即向上的箭头表示促进，向下的箭头表示抑制），控制人口统计学因素。空格表示没有统计学上的显著关系。显著关系的 p 值小于 0.0005，意味着这些相关性非常可靠，而非偶然发生。

对效能感的需求

我想我们中的许多人都会理解迪伦在写作和取得好成绩方面的努力和挣扎。但是，又有多少人像迪伦一样拥有一位明智的老师呢？这位老师发掘了迪伦的热情，通过让他使用自己喜欢读的书（而不是指定的书）

第四章
我们正在努力理解我们自己和我们的需求

来练习这项技能,并在他练习的同时消除了成绩压力。这位老师试图让迪伦从以成绩为目标转向以掌控为目标。

在这里,我们将探讨以掌控为目标为何重要,以及接近目标和回避目标之间的区别。我们还将探讨为什么社交能力也至关重要,尤其是在青春期。最后,我们将探讨为什么积极培养动机和效能感需要正确地解决问题、反馈和表扬。

效能感始于动机究竟意味着什么?

自 1896 年成立以来,美国国家科学院、工程学院和医学院,这个由多个学科的约 2400 名顶尖科学家组成的组织,一直肩负着为社会重大问题(如学习科学)提供最新有效知识的使命。2000 年[130]和 2018 年[131],他们编写了共识报告,总结了关于人们学习方式的最佳研究。2018 年的报告强调了动机的关键作用:

要想主动学习,人们必须想要学习,并且要看到所做事情的价值[132]。

因此,我们将从这一角度入手,探讨对效能感的需求。美国国家科学院的报告得出结论,有学习动机的儿童更有可能参与学习,坚持的时间更长,在学校和成绩测试中表现得更好。[133]

根据温迪·格罗尔尼克的研究,成年人只有大约 10% 的时间是出于内部动机而做某件事(因为在做事的过程中发现了兴趣和乐趣而行动)。[134]那么,其余的时间呢,当我们是出于外部动机而行事时,事情的真相是怎样的?

首先,我们必须明白,并非所有的外在动机都是一样的。其次,我们需要知道,自主性对成功的动机至关重要,而外在动机有着不同程度的自主性[135]:

- **外部型**:我们是为了获得奖励或避免惩罚而做某件事,我们不觉得自己有选择的余地——是自己以外的人或环境让我们去做某件事情。

- **内化型**：这意味着做某事的压力已经内化，成为我们自己的压力。我们之所以要做某件事，是因为我们在逼迫自己，或者是因为如果不做，我们会感到内疚。
- **认同型**：这意味着我们在做我们认为应该做的事情，因为我们看到了做这些事情的价值。想想因为我们看到了工作的价值而把工作带回家。这可能并不好玩，但我们认为它很重要，并且在决定在家工作时感到有选择权。

格罗尔尼克说，当青少年因为外部原因不得不去做某件事时，我们需要在满足他们自主需求的基础上帮助他们看到活动的目的或价值，让他们仍然能够支持这项活动。我们可以从他们的角度出发，为他们提供活动的理由，而不是通过控制来做到这一点。[136] 在青少年的生活中，成年人越能认同他们的动机，他们就表现得越好。格罗尔尼克总结了一些基于自我决定理论的重要发现：

如果青少年对自己正在做的事情更有认同感，他们的成绩就会更好，他们就会应对得更好，他们的效能感会更强，他们使用的学习策略就会更优化，并且他们从高中辍学的可能性更小[137]。

动机的力量

娜塔莉是波士顿的一名七年级学生。当她喜欢做某件事时，比如她喜欢烘焙，她的总体动机来自内在：

如果我烤了一个美味的蛋糕，我就会非常兴奋，并对下一次烘焙充满信心。成功的动机会转化为我制作下一个蛋糕的动力。

成功会让人充满自信和效能感，但娜塔莉已经意识到这种感觉并不总能保证好的结果：

我可能会变得超级自信，但下一个蛋糕最后却做得不如上一个好。

因为她非常在乎烘焙，一个失败的蛋糕并不会让她对自己失去信心：

失去信心不是一件好事。我觉得很多人在尝试了一些东西后，如果不成功，就会放弃。但如果你不努力，就不可能做好一件事。

不过，在学校里，她的总体动机主要来自外在：

在七年级，你必须努力学习，才能进入一所好的公立高中。我想进入一所好高中和一所好大学。我真的很想成功。我真的很想拥有一份好职业。

娜塔莉在学校的学习动机属于"认同型"外在动机。这表明她的行为（努力取得好成绩）与她想要过的生活的长期价值观是一致的。

但是，与未来成功挂钩的动机有时会让人觉得是一种"漫长的等待"，[138] 在这种情况下，一些学习任务——以她为例，学习代数——似乎与未来的成功没有明确的联系。

这让娜塔莉感到焦虑——"我觉得自己的神经过于紧张了，我很没有耐心。"在这里，她的动机是"内化型"的。她感到来自他人和内心的巨大压力，这让她希望尽可能快地实现目标：

青少年的压力很大。我们必须取得好成绩。我担心我能不能考上好学校，以后能否找到好工作。我的一些朋友说，"我很清楚自己长大后想做什么"。这让我觉得，"天哪，我可能永远不知道自己为谋生该做些什么事"。但我只是个初中生。

"但我只是个初中生"：未来导向的文化的弊端

未来导向的文化是娜塔莉感到压力的原因之一。虽然未来导向的方法和语言能引起政策制定者、专业人士、公众和家庭的共鸣，但它也会对青少年造成负担。

孩子们需要为人生的下一步做好准备，但全面强调未来可能会削弱当下的动力。我看到一些青少年对遥远的未来过分担忧，甚至认为他们应该知道那些通常无法知晓的东西，比如一二十年后，什么会成为他们的动机。两名16岁青少年的评论很好地总结了这一点：

我觉得好像一切都是为了未来。在初中，每个人都在给你压力，要你为上高中做好准备。到了高中，每个人都给你压力，让你为上大学做好准备。到了大学，每个人都在给你压力，让你为生活做好准备。

还有：

我父母总是说"哦——我年轻的时候""我真希望能再年轻一次"，但当你年轻的时候，每个人都在给你压力让你长大，他们不让你享受这个过程。

就像娜塔莉说的"但我只是个初中生"。有多少本书被写来帮助我们这些成年人重新学习，专注于当下是如何影响我们的整体幸福感的？我们可以修正自己，让我们的初中生和高中生有时间活在当下，而不仅仅是未来。当我们为他们的未来做准备时，我们需要让他们在现实世界中体验多种不同的职业，这样当他们展望未来时，他们就会对各种可能性感到兴奋，而不仅仅是对似乎不可知的未来感到恐惧。

目标的类型也很重要：掌控目标和成就目标

娜塔莉可能不知道到研究者们所做的另一种区分，即掌控目标（娜塔莉在烘焙时的目标）与成就目标（她在学校的目标）。威斯康星大学麦迪逊分校的安德鲁·艾略特和弗吉尼亚大学的克里斯·胡勒曼指出，掌控目标侧重于发展自己的能力，而成就目标侧重于展示能力和超越他人。两者都是由能力的基本需求驱动的。[139]

追求成功与避免失败：追求目标的趋近与回避

研究人员还进一步区分了追求目标的趋近动机和回避动机。艾略特和胡勒曼将其定义为：
- **趋近**：努力追求成功
- **回避**：努力避免失败

> **重要发现** 总体而言，研究表明，掌控目标与青少年的更积极的发展结果相关，而成就目标则与更多消极或混合的结果相关。同样，趋近目标与更积极的发展结果相关，而回避目标则与更消极的结果相关。[140]

加拿大拉瓦尔大学的研究人员斯蒂芬妮·杜谢恩和西蒙·拉罗斯对这一研究进行了更具体的总结，探讨了不同目标类型是如何结合的：

掌控－趋近目标与努力、毅力、自我调节、寻求帮助、同伴满意度和成绩呈正相关。与此相反，掌控－回避目标和/或成就－回避目标通常与这些指标呈负相关，并且……与任务中的混乱、担忧、评价性焦虑和孤独感呈正相关。[141]

杜谢恩和拉瓦尔大学的研究员凯瑟琳·拉特尔对八年级到十年级（从十三四岁到十六七岁）的学生进行了为期两年的跟踪研究。研究结果表明，"为促进高中生适应社会和情感，必须鼓励他们通过学习实践摆脱对能力不足的恐惧。"[142]

将研究结果应用到生活中有时很复杂，娜塔莉就是一个生动的例子。她说，在学校里，成绩（表现）是她最强烈的动机："我想取得好成绩，真的！"但她也说："如果我不能完全理解我所学的东西，我就不会感到满意（掌握）。"因此，她表现出了成就目标和掌控目标的混合。

同样，她对这些目标也结合了趋近和回避两种态度。她告诉我，她主要是由回避动机驱动的："如果我拿不到满分，我会觉得还好，但我也不想拿一个很差的分数。"她注意到，如果她专注于得到满分——在班上名列前茅，向老师展示自己有多聪明——她就会变得匆忙或非常紧张。

她通过努力不拿差分或提高成绩来克服自己的完美主义倾向，这让她觉得更有效能感。

她的学习动机也取决于科目的教学方式。娜塔莉说，她的数学老师"人非常好"，但她只把数学当作一系列活动来教，而不告诉学生为什么这些活动很重要，也不花时间确保学生理解这些活动。在数学方面，娜塔莉的动机主要是害怕失败和掌握知识：

当我不理解数学教学内容时，我真的很紧张，因为我觉得它全在我的脑子里。如果我想在这门课上取得好成绩，我希望我的大脑能理解它。

历史老师的教学方法对娜塔莉的动机产生了积极影响：

她确保我们理解所学内容。如果我遇到难题，她会给我提供多种解决问题的方法，确保我能够理解。

仅有爱心的教师并不足以培养效能感

仅仅做一个和善、关心学生的老师或关注学科的老师是不够的。当老师们也理解并应用他们关于学生最佳学习方式的知识时，学生会变得更有动力去学习。

在疫情期间，我和亨特研究所的一位同事丹·沃瑞就新冠疫情对美国教育的启示采访了一些专家。我们采访的每位专家都呼吁将教育重心放在儿童发展知识上。例如，康涅狄格州儿童早期教育办公室专员贝丝·拜伊希望她能向所有教师、校长和学区主管的大脑中输入儿童发展阶段的知识[143]：

把3岁孩子看成3岁，而不是把他们看成5岁。把10岁的孩子看成10岁。谁会比10岁的孩子更兴奋呢？高中生也要像高中生一样被对待。

拜伊说，当我们过度关注学习成绩而忽视社交和情感能力的重要性时，我们成年人很可能会忘记儿童发展知识的重要性。另一个学生布里吉德可以作为一个案例，展示了这种忽视是如何影响学校中的孩子们的，正如你将看到的。

帮助青少年建立社交能力

像娜塔莉一样，12 岁的布里吉德描述自己为紧张型的人：

我没有被临床诊断出有焦虑症，但我经常感到焦虑，并且担心很多事情。

许多对当今成长环境有深刻见解的智者指出，青少年的焦虑情绪在不断上升。丽莎·达穆尔是一名临床心理学家，著有《压力之下》(*Under Pressure*)[144] 和《青春期情绪密码》(*The Emotional Lives of Teenagers*)[145] 等书，她指出，焦虑不一定是坏事——这些恐惧甚至害怕的感觉对于保证我们的安全和调整我们的行为至关重要。

但当这些感觉转变为不健康的焦虑时，情况就不同了，这意味着这些感觉没有被讨论或处理。达穆尔写道，焦虑和压力已成为问题，尤其是对女孩而言。她说，现在出现这种情况的原因，包括对女孩在学业上取得的成功、与朋友的融洽以及与生活中和社交媒体上的人相比较的外貌压力日益增大。由于女孩往往更早进入青春期，她们还必须在"女性主要以性吸引力为价值"的信息轰炸中，处理和应对日渐成熟的身体带来的影响。

斯坦福大学前新生院长、《如何让孩子成年又成人》(*How to Raise an Adult*) 一书的作者朱莉·利思科特-海姆斯还指出了影响孩子的养育方式。[146] 她说，如果父母"过度养育"——即为孩子做决定，阻止他们犯错，为他们解决问题——焦虑的孩子就会不知道如何自主解决问题。过度养育不同于父母参与，正如我们所看到的，父母的参与会给孩子的成长带来好处。

还有其他因素，包括疫情。美国卫生局局长的报告《保护青少年的心理健康》[147] 指出，一项对全球 8 万名青少年的研究发现，疫情期间抑郁和焦虑症状增加了一倍，有 25% 的青少年出现抑郁症状，20% 出现焦虑症状。[148]

娜塔莉的焦虑集中在学业上,而布里吉德的焦虑则主要体现在和她的朋友们——雷吉娜、伊丽莎白和杰姆斯——打交道时的社交能力上:

我认为我之所以焦虑,部分原因是我过去拥有的友情。去年六年级的时候,我有一个朋友雷吉娜,她真的很刻薄。

雷吉娜会骂人,在游戏中作弊,如果有朋友敢反对,雷吉娜就会过度反应,表现得非常生气,并告诉大家谁是她最喜欢的朋友,谁是她最不喜欢的朋友。她最不喜欢的朋友就会受到冷落。

白天,我会说,"我忍忍就过去了"。但到了晚上,我就会回想她对我说的每一句话。我就觉得我得做点什么。但事情太复杂了,我不知道该怎么办。

达穆尔强调了一个关键点,即压力和焦虑一样,并不都是坏事;[149]当我们感觉到不被理解,当压力大到超出我们的承受范围却没有解决方案时,压力就会变得不健康。[150]这就是布里吉德面临的情况。

我跟我妈说了,她说:"和雷吉娜谈谈,告诉她你的感受。"

布里吉德更加努力地告诉雷吉娜她的感受,或者不理她。

雷吉娜就说:"如果你觉得不行,那就别和我一起玩了。"所以我就不理她,但她又会生气:"你为什么不理我?"这让我很困惑。

这种功能失调的情况影响了布里吉德的社交能力。她不知道雷吉娜说她的坏话是否属实,她不知道该怎么办。

大概每周有两个晚上,我在床上哭泣,因为我无法入睡。我对发生的事情感到非常有压力。

一次无效的干预

布里吉德说，最终，大人们注意到了这个问题：

我妈妈和伊丽莎白的妈妈终于意识到情况有多糟糕，于是和我的老师说了这件事。老师说："有些家长给我发了邮件，说雷吉娜对你很不好。"于是我把事情的来龙去脉都告诉了老师，甚至她也是这么说的："和雷吉娜谈谈，为自己争取权益。"

她妈妈提出过这个建议，但却激化了局势。现在，老师给出的建议毫无用处。事实上，这种干预使问题升级了。当老师和雷吉娜谈话时，雷吉娜生气了，她对布里吉德施加压力，指责她。

雷吉娜说："嗯，老师和我谈过了，我觉得是你的问题"。我说："嗯，是的，有时候我会因为你对我们的态度，而对你很生气。"她说："那你为什么不直接告诉我？"我说："我每次都有告诉你。"她说："不，你没有。"我就说："我有！"

当布里吉德的妈妈问她，和老师关于雷吉娜的谈话进行得如何时，布里吉德告诉她：

"嗯，有点奇怪，因为她给我的建议和你给我的一模一样。"我妈妈就说："那你为什么不这么做呢？"

这让布里吉德很苦恼，因为那些让她为自己争取权益、告诉雷吉娜她的感受或者不理她的建议都不管用，这让她有一种无力感。"这太复杂了。"她不停地说，"这很让人困惑。"她说，"也许我是一个糟糕的朋友。"然后又补充说："等等，这不是我的错。"

这影响了我的心理健康，因为我觉得大人们不明白发生了什么事。

思维模式对培养能力至关重要

我们已经讨论过，思维模式是我们认识世界和自身的核心信念，包括我们的效能感。[151] 卡罗尔·德韦克在思维模式方面的研究改变了游戏规则。她与西北大学的丹尼尔·莫尔登共同指出，关于能力的思维模式创造了"意义系统"，引导我们制定不同的目标和策略，进而"在面对挑战或威胁时导致不同程度的兴趣、自尊和效能感"。[152]

德韦克的研究使她发现了两种特定的思维模式。面对挑战就放弃并认为自己无能或不聪明的人，是一种**固定型思维模式**。他们认为自己的能力是与生俱来且不可改变的，而那些认为自己能够不断进步的人则拥有**成长型思维模式**。[153] 你可能还记得，成长型思维模式是"可能性思维模式"的基础（可能性思维模式也强调相信自己有能力改变）。

了解到许多年轻人可能对社交场合持有固定型思维模式，因此戴维·耶格尔和他的同事们想为此做些什么。[154] 他们的目标是改变年轻人群体对压力性互动的心态，也就是布里吉德和雷吉娜的那种互动。他解释道：

我们的理论是，如果你认为某人永远不会改变，那么无论你做什么，你都永远无法克服它。但如果你认为人们至少有可能改变，那么你就可以开始想象你能获得哪些资源来帮助你克服它。[155]

换句话说，你可以重塑与难相处的人打交道的方式，从"认为这是不可能的"转变为将这种情况视为一种挑战。利用思维模式干预方法，他们的团队向高中生提供信息，告诉他们如果有人排斥或伤害他人，并不是因为他们是无法改变的坏人——他们是可以改变的。然后，这些学生阅读了高年级学生讲述的科学故事和个人经历，这些学生都表示自己发生了改变。下一步，学生们要写一篇文章，说服低年级的学生在与他人打交道时要有成长型思维模式。

> **重要发现** 在耶格尔及其团队的实验中,向青少年传授"人是可以改变的"这一观点,鼓励他们将压力视为可以克服的挑战,他们的生理反应也随之改变。当他们知道人是可以改变的时,他们的血管收缩反应明显减少;他们的心脏运转更加高效,能够在身体中泵送更多的血液。[156]

感到自己对问题束手无策是一件令人沮丧的事情,因此你会倾向于回避它。基于此,艾略特和胡勒曼指出,追求"掌控-回避"目标往往是不健康的。这些目标被发现是"焦虑、拖延和非适应性完美主义的预测因子"。[157]

在支持性环境中恰当的反馈同样能提升效能感

布里吉德在芭蕾舞学习中的经历与她在学校中的经历截然不同,这说明了不同的环境是如何满足她对社交能力的基本需求的。芭蕾舞之所以对布里吉德有用,首先是因为在这里她可以用身体表达自己的情感:

压力让我疲惫不堪。我把这一切都融入舞蹈。

其次,这所女子芭蕾舞学校营造了一种氛围。在这里,学生们可以公开、诚实地表达自己的感受,而不会受到评判:

我的舞蹈朋友永远不会因为发生的事情而对我生气,因为她们是我的朋友,她们爱我,她们了解我是谁。

最后是提供反馈的方式——它非常具体,明确指出了学生为取得进步需要做出的具体改变。这有助于布里吉德采取行动解决问题,这是她在雷吉娜身上无法做到的。通常情况下,她是个完美主义者:

我需要把每件事都做好。通常当我得到反馈时，我会为此苛责自己。

但在她的芭蕾舞课上，纠正性的反馈被视为积极的，因为老师对学生的能力有很高的期望，她们知道学生能够做到。她们对事不对人。布里吉德说：

她们不会说："哦，你在这方面做得不好。"老师纠正时常说的是，你在这部分做得很好，但你还需要修正那个部分。

在一系列额外的研究中，戴维·耶格尔和他的同事测试了"恰当的反馈"的效果，在这种反馈中，能力被视为"固定不变的"。在第一项研究中，七年级的社会学学生撰写了论文初稿，由教师进行批改。[158] 当他们的论文与教师的评语一起返回时，其中包括一些随机分配的注释。一半学生（对照组）收到的注释是中性的（"我给你这些评语，是为了让你的作文收到一些反馈"）。另一半学生（干预组）则收到了恰当的反馈（"我给你这些评语是因为我对你有很高的期望，我知道你能达到这些期望"）。对照组中只有17%的人修改了作文，而干预组中有72%的人修改了作文。

在第二项研究中，研究人员要求每个学生都提交修改过的论文，收到恰当反馈的学生提升了最后论文的质量，这表明他们在修改时花了更多的时间和心思。此外，耶格尔和他的同事还写道：

这项研究在非裔美国学生中的效果普遍强于白人学生，尤其是对学校更不信任的非裔美国人。[159]

重要发现	在能力被视为固定不变的情况下，提供包含成功期望在内的反馈，可以激励学生在学业上投入更多的时间和精力。

第四章
我们正在努力理解我们自己和我们的需求

正确表扬的力量

前面提到的卡罗尔·德韦克的思维模式研究是关于表扬对效能感影响的最佳研究之一。她发现，形成固定型思维模式的孩子很可能因为他们的智力或能力而受到表扬，而那些拥有成长型思维模式的孩子则因为他们的努力或策略而受到表扬。

德韦克还发现，**思维模式是可以引导的**。举个例子，德韦克和她的同事为七年级学生创办了一个工作坊。德韦克说："由于孩子们在这个年级成绩经常下滑，因此这是一个很有希望的干预时机。"[160] 德韦克说：

我们把学生分成两组：对照组参加八节学习技巧课；干预组参加六节学习技巧课，另外两节课是关于成长型思维模式的。[161]

在这些成长型思维模式课程中，学生们明白了"大脑越用越强"的道理。

他们了解到，每当他们学习工作时，大脑就会形成新的连接。他们还学会了如何将这一点应用到他们的学业中。

重要的是，研究发现：仅仅教导良好的学习技巧是不够的，教授成长型思维模式的内容是必要的。

重要发现	德韦克在报告中指出，只学习技能的对照组的学生成绩持续下降，这可能是因为他们没有将这些学习技能付诸实践的动机。另一方面，同时接受学习技能和成长型思维模式信息的干预组，成绩却出现了明显的回升。

来自教师的数据尤其有趣。德韦克告诉我：

我们问老师："你们注意到学生有什么变化吗？"老师们不知道学生们参加的是什么工作坊——他们甚至不知道有两种不同类型的工作坊。然而，他们指出，学习过成长型思维模式的学生发生变化的数量是其他学生的3倍，说他们注意到这些孩子在学习习惯、按时交作业以及向老师寻求反馈等方面发生了显著的变化。[162]

重要发现	这些研究表明，过程性表扬——表扬孩子的努力（例如，"你在这上面花了很多时间"）和他们解决问题的策略（例如，"你优先考虑了最重要的事情"）——比表扬孩子的特质（例如，"你真聪明"）更有效。

德韦克的新研究进一步阐明了表扬的作用。[163] 过程性表扬有很多优点。它避免了让孩子觉得自己的能力是固有的——即他们是天生聪明或有能力的（即固定型思维模式）。它还向年轻人表明，他们可以发展自己的能力（即成长型思维模式）。但是，当我们做到以下几点时，过程性表扬会更加有效：

- **将过程和结果以及策略联系起来。**

当家长或老师反复说"干得好"时，觉得他们关注的是过程，实际上会让孩子觉得机械且毫无意义。同样，"你很努力"这句话也没有具体说明年轻人可以做些什么来实现他们的目标，或者他们具体在哪里付出了努力。德韦克写道：

当学生努力学习却没有取得进步时，我们可以先对他们的努力表示赞赏，但接下来我们需要和他们一起坐下来说："让我看看你都做了哪些努力，让我来看看你下一步可以做什么"，或者"告诉我，你这样做时的思考过程到底是怎样的，让我看看你是否还可以尝试其他方法"。[164]

第四章
我们正在努力理解我们自己和我们的需求

- 请记住，表扬并不只是针对有困难的学生。

表扬适用于所有学生，无论是有困难的学生还是没有困难的学生；也适用于所有结果，无论是好的结果还是需要改进的结果。德韦克写道，表扬可以帮助学生为自己不断提高的技能和理解能力感到自豪，这一点非常重要。

社会性表扬会产生影响

艾瑞尔是我采访过的一个12岁的孩子，她就是一个例子，说明即使不是来自家庭的表扬，也能对孩子的品格产生影响。艾瑞尔从来不想出错：

我觉得这是我的性格缺陷之一——好吧，不，我不想这么说——这只是我的性格特点之一，那就是我害怕犯错。

我问起这种对失败的恐惧，艾瑞尔说：

老实说，我认为至少有一部分原因是我被告知我有多么聪明，即使不是来自我的父母，也是来自我交谈过的大多数人，以及那些我向他们展示我学业成绩的人。他们都说，"哇，你真的很聪明"。这让我获得了多巴胺，我不想让这种产生快乐的化学物质消失。所以，这意味着我不能错，因为错了就意味着你不聪明。

艾瑞尔一直在探索自己的身份认同问题。她觉得自己与生俱来的性别不对，因此，艾瑞尔追寻的其他主题也包括有关性别的信息，从阅读《圣经》到当代心理学，包括参加大学的在线讲座。艾瑞尔说，即使她知道这些完美主义倾向对自己并没有什么帮助，但在身份认同问题上出错的风险太大了。

能力需求中的匹配与不匹配

在"突破之年"研究中，我们提出了以下问题：

在过去的一个月里，你有多少次觉得……？
1. 你的父母和家人让你觉得你做得很好
2. 父母和家人对你的技能和能力给予信任

我们对朋友、学校里的人、校外活动中的人以及网上认识的人提出了同样的问题。

近 80% 的家庭"经常"（指一半以上的时间）满足青少年对效能感的需求。当涉及学校和校外活动中的人时，这一数字下降到 60% 左右。而对网上认识的人，这一数字进一步下降至 50%。

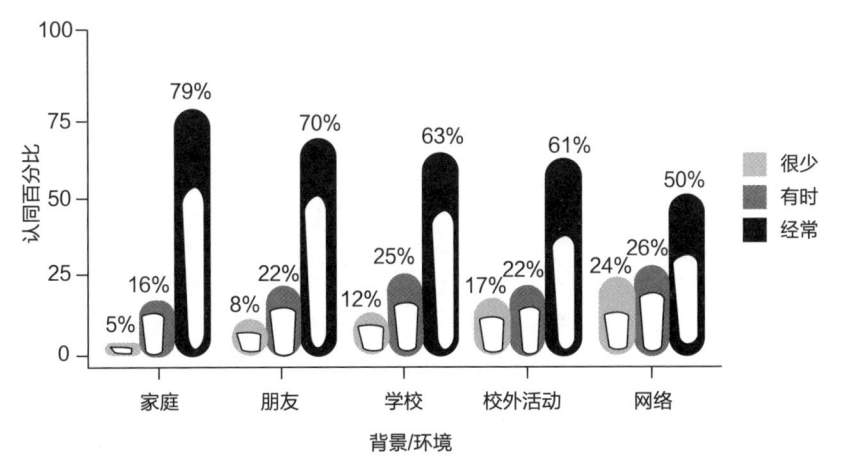

图 11　青少年报告挑战需求得到满足的频率

注：青少年使用从"从不"到"几乎总是"的五点量表回答每个问题。将这两个问题的答案相加，可以分出以下几组："很少"（2~4 分），"有时"（5~7 分）和"经常"（8~10 分）。

疫情前胜任感需求得到满足与疫情期间更好的成果相关。通过查看下表中的箭头，我们看到，除了网上的人，这些年轻人在我们测量的几乎每个指标上都表现得更好。

第四章
我们正在努力理解我们自己和我们的需求

表6　满足对挑战需求的结果

挑战 背景/环境	跟进结果							
	学校参与	成绩(A)	成绩(P)	未来	负面情绪	积极情绪	压力	冲突(A:P)
家庭	↑	↑	↑	↑	↓	↑	↓	↓:↓
朋友	↑	↑	↑	↑	↓	↑	↓	:
学校	↑	↑	↑	↑	↓	↑	↓	:
校外活动	↑	↑	↑	↑	↓	↑	↓	:
网络				↑				:

注：A=青少年报告，P=父母报告。箭头表示关联的方向（即向上的箭头表示促进，向下的箭头表示抑制），控制人口统计学因素。空格表示没有统计上的显著关系。显著关系的p值小于0.000 5，意味着这些相关性非常可靠，而非偶然发生。

光明终将战胜黑暗

布里吉德留给我一个关于她如何应对的总结性思考：

有时候，我只是坐在那里哭，一直到我感觉好些了才会停下来。然后我就会告诉自己，"好吧，你是个好人"。我意识到我自己的所有优点。"你很酷。你有朋友。你很聪明。你在学校表现很好，你是个优秀的舞者。"

我用这些来应对生活中的不如意。

你看过《星球大战》吗？你知道光明终将战胜黑暗吗？黑暗永远无法战胜黑暗。只有光明才能战胜黑暗。

我把我所有的光明想法揉成一团，扔向我的黑暗想法。我就说，"你并不坏。你是个好人"。这可能有点夸张，但很有帮助。

对青少年来说，身份认同——"我是谁"——通常是情感和思想旋涡的中心，就像我们在布里吉德和艾瑞尔身上看到的那样。

促进满足对挑战和
效能感的基本需求

满足对挑战的需求,首先要明白,挑战是学习的必要组成部分。鉴于此,我们可以:

- 考虑为青少年提供他们关心的、有吸引力的真实世界体验。
- 在他们遇到困难时给予帮助,并就他们面临的挑战提出问题。
- 为他们需要学习的东西搭建他们所看重的脚手架。

在这一过程中,我们将以身作则,示范如何应对挑战——保持好奇心,提出问题,并找到应对挑战的可行方法。在帮助他们应对挑战的过程中,我们不断提高的技能和信心也会在他们身上得到体现。这是一个美妙的反馈循环,我们一起学习!

满足青少年效能感需求的核心,是理解青少年发展及基本需求在积极发展中的作用。我们要认识到,效能感涉及学术能力、社交能力以及其他类型的能力。此外,我们还需认识到,青少年正处于探索、尝试和寻求意义与目标的阶段,动机是推动效能感发展的关键因素。

你可以通过以下方式促进青少年的效能感需求:

- 使他们的动机与其自主需求、兴趣和价值观相一致,强调掌控(努力获得技能和能力),而不仅仅是成就(展示能力、超越他人)。
- 鼓励成长型思维模式,然后让他们采取行动来应对挑战,从而促进"可能性思维模式"的形成。
- 为青少年提供以下反馈和表扬。
    - 强调你相信他们有能力取得成功。
    - 尊重和支持。
    - 注重结果,具有策略性,具体。

需求4：
身份认同——探索"我是谁"的需求

身份认同就是有机会探索你是什么样的人、你认同的群体、你的目标和未来的角色，以及你的自我叙述。当青少年能够解答自己是谁的问题时，他们就能建立起自己的认同感（身份认同）。

对我们中的一些人来说，有那么一刻，我们意识到自己是青少年的父母，即使多年来我们都听到过"等着看吧"的警告。我们可能会注意到我们的孩子：

- 体毛变得浓密，取代了身上原本柔顺的毛发。
- 乳房开始发育或开始长出胡须。
- 和朋友说悄悄话，不让家人听到。
- 把"妈妈"和"爸爸"拉长音节说成："妈——"和"爸——"。
- 说"你不懂"。
- 对他们的身份进行主张。[165]

对卡罗琳来说，这一刻发生在她10岁的女儿安娜要求她不要再叫她"小家伙"（guy）的时候。卡罗琳说：

在我们家和大的文化中，用"小家伙"或"伙计们"来称呼人——无论男女——是常态。

但安娜要求她停止这样做。安娜解释了原因：

我在想"小家伙"这个词，我觉得"我不是小家伙，所以我不想再被这样称呼了"。所以我告诉了他们。

这可能看起来没什么大不了的，但卡罗琳认为这是她作为父母生活中的一个决定性时刻：

> 她不接受父母应该这样称呼她，并且觉得自己能对此做些什么。我觉得她能挑战常规是件好事。

卡罗琳试图改变，但总是不小心犯错，又回到了"40 年的老习惯"，所以她决定创造一个新习惯来代替旧习惯，这样会更容易些。安娜也不喜欢"孩子们（kids）"这个词，所以卡罗琳选择了一个滑稽的词：

> 我开始称呼安娜和她的弟弟为"小鸡们（chickens）"。如果我说"小家伙们"，安娜会说"小鸡们"。我们都笑了，我就记住了。

这是安娜开始确定自己性别身份的重要时刻（不同的年轻人确定性别身份的方式也不同，包括时间和强度）。对卡罗琳来说，这也是一个重要的时刻：她第一次意识到自己现在是一名青少年的家长，而青少年需要探索有关身份认同的基本问题：

- 我是谁？
- 我是如何成为现在这个样子的？
- 我将成为什么样的人？

青春期的任务

在青少年身份认同的基本需求讨论中，如果没提到已故的爱利克·埃里克森的工作，那讨论就不够完整。埃里克森是丹麦裔美国心理学家和精神分析学家，他认为建立身份认同是青少年的**任务**。他还将其视为"常规性危机"[166]。埃里克森自己也经历了自我认同的旅程，[167] 他一直在寻找他生父的身份，但从未找到。自我认同的一个关键步骤就是改姓。当他和妻子为了躲避纳粹主义的蔓延而来到美国时，当地的孩子们用"汉堡"（ham burger）来取笑他儿子的名字——Homburger。他决定采用斯堪的纳维亚的传统，以父亲的名字为儿子命名；他的妻子和女儿也采用了新的名字。埃里克森的传记作者劳伦斯·弗里德曼写道，除了对校园嘲讽回应，埃里克森还在重塑自我："他开始掌控自己的生活……为两个儿子，也为自己这个父亲。"[168]

在埃里克森的人格发展阶段理论首次发表60年后，[169] 他的理论仍具有很强的影响力，原因有很多。首先，在他所处的时代，他独树一帜地认识到了社会环境和文化在塑造身份认同中的重要作用。他写下了著名的一段话：寻求身份认同"是一个过程，它位于个体的核心，同时也位于其社区文化的核心。"[170]

第二个原因是他认识到，在青春期，对身份认同的需求占据了"中心舞台"。[171]

第三，他认为身份认同的发展涉及探索、实验和角色尝试。在他看来，解决方案要么带来身份认同感，要么带来角色困惑。尽管在某些方面，他对自己身份的持续探索掩盖了他的身份认同问题在青春期得到解决的观点。对身份认同的需求是终生的，尽管它在青春期处于中心位置。

回到卡罗琳和安娜的例子，我认为卡罗琳能够尊重安娜的要求，不叫她"小家伙"，并将此视为安娜寻求身份认同的一部分，这证明了爱利克·埃里克森对我们儿童发展知识的原始影响。他强调了这一需求的重要性，这种重要性在今天依然具有共鸣。

总的来说，青少年的身份探索通常围绕三个关键杠杆：身体变化、社会变化/期望和认知变化。

杠杆1：青春期的身体变化

当成年人被要求回忆青春期的感受时——即使那些早已远离青春期的人——他们的记忆会无限压缩时间，他们的情绪强烈得听起来就像这些经历刚刚发生过一样。一位成年女性说：

在青春期早期，我对"我是谁"没有真正的认识，但我的身体却开始发生令人震惊的变化。朋友的目光和我想要当成朋友的人的目光就像镜子一样照着我，让我希望自己变得隐形。

我对任何有关外貌的评论都过于敏感。此外，我还用电影杂志上的明星来衡量自己……我讨厌自己圆滚滚的身材，甚至在初中时还节食了。

啊，那些可怕的痘痘让身体的变化更加明显，让我想把房间里的镜子打碎。我觉得自己每天都在一点点地缩小。

另一位女士回忆说：

我感到恐惧和窘迫，我记得当时我在想，如果我变得足够瘦，就不会有男人用那种眼光看我。所以，通过减肥来隐形的想法成了一种避难所。

据一位男士说，青春期确实感觉自己在缩小：

驼背，向自己靠拢——我们在长高的同时也在变矮、变小。

如今，社交媒体放大了这面镜子。[172] 青少年在网上发布的自己的照片是无法轻易被改变的。无论他们是否愿意，这些图片都会永久地、可见地记录下他们不断变化的身体和不断变化的自我，而且几乎不存在隐蔽性——他人的评论可供其他人阅读。

对身份的探索取决于我们的身体如何变化，以及我们和他人对这些变化的反应。

杠杆2：社会变化/期望

伴随身体变化的还有社会变化，例如升入初中、高中及更高阶段的学校。这些变化也可能涉及其他方面的变化：

- 从较小的学校到较大的学校。
- 从只有一个主要教室到有多个教室。
- 从只有一个负责协调作业的老师到有多位老师负责,这些老师可能并不知道其他老师布置的家庭作业的内容。
- 从朋友很多的地方到完全陌生的地方,或者可能不得不重新建立或调整朋友圈的地方。

当青少年在新的班级和其他地方向新人介绍自己时,他们会让别人注意到他们是如何看待自己的,以及他们希望别人如何看待自己。

此外,在他们准备上学前班和小学的时候,一直伴随着他们的未来导向的文化给他们带来了更大的决策压力,要求他们就自己的兴趣、选修的课程和将来要做的事情做出决定。

他们在思考自己的未来时,也在思考自己想成为什么样的人。

"超越我的个性"

诺亚刚满 16 岁,和父亲住在美国西北部太平洋沿岸一个繁华的海岛社区,他一直在思考自己的未来,思考自己想成为什么样的人。他知道自己不想成为过去的自己。用他的话说,他"想超越自己的个性"。他的目标是变得神秘、模糊、难以捉摸。他的生活中没有这样的人,但他在网上看到一些人物,他视其为榜样。

我以前经常说得太多,比如在讨论的时候说一些跑题的话,但后来我开始思考如何将其简化为易于理解和消化的词语,并在这些词语中加入一定的模糊性。

为了超越自己的个性,他采用了一种策略,即在对话中对他人做出反应之前先暂停一下。

我的延迟时间并不长,但我在发送信息或说话之前,肯定会对我要说的内容再推敲一番。我开始用一句话来回应,但其中的一个词会有点奇怪，比如一个不常用的词，但却能承接话题。

例如有人跟我说他们去冲浪了。我会说，"你有没有遇到又大又光滑的海豚？"只是加上"光滑"这个词，就会让人感到惊讶和有趣。

我问诺亚人们是怎么回应的。他说：

大部分都是正面的，但也有人觉得我不够热情，或者更机械化。但总的来说，还是不错的。

这不是演戏。这是非常严肃的事情。诺亚正在探索不同的表达方式，因为他想在未来做一些有创造性的事情：

如果要我说说我将来真正想尝试的事情，那就是创作游戏或讲故事。

青春期改变了我们的身体。诺亚谈到了他个性的转变。在他的心目中和现实中，他有一个永远的听众。记得戴维·艾尔金德说过，青少年会预测别人对他们的反应，他们会对他所谓的"想象中的观众"做出反应。[173]

杠杆3：认知变化

在这个年龄段，身份认同的形成需要大量的脑力。青少年能够思考想象中的观众，是因为他们的认知能力使他们能够将自己与自己的想法和感受分离开来，站在远处对其进行分析。

我们对认知发展的理解植根于埃里克森的同代人、已故的让·皮亚杰[174]的理论和研究。他是该领域的另一位巨人，催生了许多研究成果。

青春期的关键认知变化包括：

- **抽象思维**：能够在脱离具体对象的情况下思考概念。
- **演绎推理**：从结论入手评估理论，并检验结论的真实性。

- 归纳推理：结合具体事实得出一般性结论。
- 假设性思维：想象不同的可能性并探索其后果。
- 意义建构：在理解自身经历时加入更多的复杂性。
- 自传式推理：从生活中的具体事件中寻找意义。
- 换位思考：更深入地了解他人的想法、感受、喜好和厌恶，以及他们与自己的不同之处。
- 元认知：思考自己是如何思考的。

青少年在发展自我认知的过程中会利用这些认知技能。

身份认同发展的三个方面

借鉴埃里克森和美国西北大学丹·麦克亚当斯的研究和见解，我认为青少年在寻求身份认同的过程中会遇到以下三个问题[175]：

1. 我是什么样的 / 我们是什么样的？

麦克亚当斯和他的同事克劳迪娅·萨帕塔－吉特尔写道，这些问题代表了"作为社会行动者的自我"。这些身份认同问题涉及青少年眼中的自己、他人眼中的自己、自己扮演的角色以及他人赋予的角色。[176]"他人"包括青少年身边的人以及他们所属和认同的群体，如基于居住地、种族/民族、宗教等的群体。[177]

2. 我在做什么 / 我将要做什么？

麦克亚当斯和萨帕塔－吉特尔把寻找身份认同的这个方面称为"作为动机主体的自我"。对于青少年来说，这意味着他们在憧憬未来生活时所制订的计划、目标、价值观和所做的承诺，在一定程度上是对自我的定义。[178]

3. 我如何讲述关于自己的故事？

第三部分涉及寻找"内化的自我故事"。在青少年探索这些问题的过程中，他们会把听到的关于自己的故事整合在一起，并以过去、现在和可预期的未来为框架讲述这些故事。[179]

如果这听起来像是一项紧张而吸引人的工作，那是因为它确实如此。

当然，这也取决于他人如何满足青少年对身份认同的需求。最终，这些因素交织在一起，构成了"我们是谁"的复杂织锦。

麦克亚当斯认为这些线索是依次出现的。[180] 正如他所说：

你一开始是一个演员。最终你还会成为一个动机主体和演员，然后在此基础上层层递进，形成故事。这三者都是在青春期形成的。[181]

这需要时间。事实上，在当今世界，我们可以在成年后重新审视自己的目标和人生选择，随着人生的发展做出新的人生选择，制定新的目标和计划。

探索"我是什么样的/我们是什么样的"的需求

从印度到美国印第安纳州路途遥远。19岁的伊沙恩对此深有体会。作为印度人，他在印度出生并度过了他的早年时光，而作为美籍印度人，他现在生活在美国，这两种生活形成了鲜明的对比。

伊沙恩说，在印度，他从出生起就觉得整个社区都认识他。

小时候，我们住在城市里的一个小社区。我父母从小就认识我们的邻居。我父亲是一名医生，因为工作关系，他的每个朋友都会来我们家。我从小就认识所有人。城外有很多相连的村庄，所以我父亲的祖父母和祖辈经常来，我也认识了更多农村家庭。

伊沙恩说，在印度，他是一个"健谈"和"外向"的人。当他的家人决定移居美国时，他起初很抗拒：

我当时7岁。起初我想，"我不想离开我所有的朋友和家人"。但在我的脑海中，我知道父母这样做是为了家庭好——为了我和妹妹的未来。

除了离开熟悉的人和他觉得自己是其中一分子的群体，他还要适应许多其他的反差。在印度，他生活在一个城市里；而在印第安纳州，他生活在一个小社区里。在印度，一切都很喧闹，活动繁多；而在印第安纳州，却出奇地安静。在印度，他必须穿校服，"这样每个人看起来都一样，没有人会觉得自己低人一等"；而在印第安纳州，人们通过穿着来评判彼此。伊沙恩想要融入，起初他认为衣服是他的通行证：

我想顺应潮流。我想要耐克鞋，想要其他人穿的名牌服装。但随着年龄的增长——可能是在高一的时候——我不再在乎别人在做什么。我想让自己的身体感到舒适，所以我开始穿那些让我感到舒适、让我内心更快乐的衣服。

请注意伊沙恩有多频繁地使用"想要"这个词——他不想关心别人在做什么，他想要自己的身体感到舒适。这个词反映了在美国身份发展过程中一种正常的寻求。它还反映了这样一个事实，即伊沙恩的身份探索受到了欺凌的影响。这对任何人来说都不应该是正常的，但遗憾的是，大约有20%的12~18岁的青少年都会遇到这种情况。[182]

初中时，我经历了人生中最艰难的岁月之一。六年级时，我被人欺凌了。因为我来自印度，他们会用有着刻板印象的名字叫我，比如"呼叫中心工作人员"或"你是一个恐怖分子"。这真的影响了我。

虽然很受伤，但他还是无法摆脱想要融入的感觉。

我还是会努力去适应，因为那些人总是和我在一起，他们是我的同学。我想和他们在一起，这样我就不会被排斥在学校生活之外。

伊沙恩曾经外向、健谈，但欺凌使他变得内向。

当我下午3点回到家，我就会想"还有14个小时就要起床去上学了"。我真的很孤独。我会待在床上，一个人做事。

我不会找任何人帮忙。我不会告诉我的父母，因为他们在工作。我不想因为我的问题麻烦他们。

伊沙恩不想麻烦家人，这在某种程度上是在模仿他的父亲，他看到父亲在保护孩子们，让他们免于担心和忧虑。

伊沙恩的身份探索揭示了我们所处的社区（"我们是什么样的？"）如何塑造我们的行为和自我意识（"我是什么样的？"），并体现了心理学是如何从"我""我们"的角度来看待人类发展的。[183] 正如你将看到的，这些探索还揭示了我们如何促进年轻人形成健康的身份认同的机会。

为身份探索创造正确的环境

黛安·休斯和伊沙恩一样出身于医生世家。她原以为自己也会成为一名医生，直到她在大学里发现自己并不喜欢物理和有机化学，而是喜欢社会心理学，尤其是因为它关注社会公平。[184] 这对她来说很重要，因为作为一名非裔美国女性，她从小就听父亲讲述在南方生活的故事，讲到在电影院看电影时，必须从侧门进入，爬上陡峭的楼梯，才能坐到"有色人种"能坐的地方，尽管他自己的父亲是镇上一位备受尊敬的外科医生。[185]

休斯致力于通过她的研究为所有面临歧视的年轻人带来改变。

我整个职业生涯的工作都根植于这一个个人追求，即如何确保所有儿童——不仅仅是白人儿童——都有机会感到自己被珍视、被爱、有能力、美丽、乐观，并对自己的未来充满希望；所有儿童都能感到自己被看见、被听见[186]。

休斯的许多研究都关注了像伊沙恩经历的这样的歧视类型，他并不孤单。公共宗教研究所和音乐电视网近期对15~24岁的年轻人进行了一项全国性的研究，发现 71%~81% 的有色人种年轻人曾目睹或亲身经历过种族歧视，24%~35% 的人表示曾受到过歧视。[187] 与其他群体相比，白人青年目睹或亲身经历过种族歧视的比例较低。

数十年的研究显示，歧视以多种方式影响年轻人，对他们的睡眠、压力（包括皮质醇水平）、人际关系、心理健康（包括抑郁）、学术参与和学业成绩产生负面影响。[188]

休斯及其同事的一项研究特别说明了歧视随时间发展的影响。他们对纽约市 6 所公立学校的 226 名青少年从六年级到十一年级进行了长达 6 年的跟踪调查，调查发现歧视在初中阶段增加，而在高中阶段减少，这与伊沙恩的经历相似。尽管他们发现"平均而言，早期青少年遭受民族/种族歧视的经历相对较少"，[189] 但其影响是恶劣的，这与我们在第三章讨论的模式相同。

重要发现	六年级时经历较高水平的歧视预示着到八年级结束时较差的学业和心理调节技能以及更多的行为问题。值得欣慰的是，研究人员发现，如果从八年级至十一年级经受的歧视程度下降，学生的心理和学业适应性会更好，但这对行为问题没有影响。

歧视对幸福感有明显的影响——当我们的幸福感受到攻击时，身份探索的环境可能会受到影响。休斯的研究是关于有色人种儿童的。他的研究发现，需要注意的是，虽然伊沙恩因为是印度裔美国人而受到欺凌，但年轻人被欺凌的原因有很多——个子太高或太矮、是书呆子或运动员，或者（正如我们已经讨论过的）因为是青少年。如果我们把问题仅仅归咎于种族/民族（尽管这很重要），那我们就会忽略问题的本质。所有种族和背景的孩子都可能受到欺凌，这种伤害会影响他们现在和将来的健康和幸福感，也会影响他们对身份的探索。要让年轻人能够自问和身份认同相关的问题，就要为他们提供适宜的环境，内部和外部环境都很重

要,他们只有感到足够安全才会去探索和寻找答案。

帮助青少年找到适合自己的位置,而非仅仅融入

当伊沙恩进入高中时,他发现学校中有许多不同的小团体:受欢迎的孩子、安静的孩子、打篮球的孩子、看起来有点奇怪的孩子。他仍在努力融入,但开始感到自己的努力并不合适:

在高中的前两年,我是这些小团体的一员,属于受欢迎的孩子们的团体,但我并没有真正融入其中,因为他们总是一起出去玩,比如聚会,而我根本不喜欢这样做。我还是会去,因为我认识的就是这类人。他们是我的朋友,但……

他的声音逐渐变小,然后他稍作停顿后继续说:

他们出去聚会,他们在政治或社会等方面有不同的观点。我会听他们说,但这些并不代表我的价值观。

这促使他到了高二时试图拓展交际圈,结识更像他的人,比如外国交换生等。这种探索超越了表面的相似性:

有些人是在贫困社区长大的。他们的家庭经历了离婚,或者有家庭成员去世,他们经历过苦难。我在一个中上层家庭长大,我的父母为我提供了一切。在生活上,我其实什么都不用操心。

听了他们小时候的工作经历以及他们父母的经历,我意识到其他孩子和我有什么不同。起初,我只有一个单一的视角——我的视角,所以了解他人的视角让我更加了解自己和他们。

有一个相似之处是他很珍惜的,那就是他选择的新朋友都很开放,他们分享自己的故事,表达自己的感受。这些都是真实的人际关系。

我在拓展交际圈后遇到的人，我认为他们是最真诚的，对我表现得最真实。他们的目标是做自己，而不是成为社会希望他们成为的人。那就是我想成为或变成的人。通过他们，我相信我确实变成了那样的人。

我们再次看到伊沙恩对"想要"的关注，但这一次，他的追求不仅仅是衣服，而是他想成为的那种人。

当我与青少年讨论他们是谁，以及他们与所在社区的关系时，即身份发展中的"我"和"我们"，我经常听到一个内心活动过程，一个青少年与自己的无声对话。这就是伊桑·克罗斯所说的"喋喋不休"：我们头脑中的声音，我们与自己对话的方式，以及我们倾听这些声音的方式。[190]

但是……

- 如果青少年有更多机会将这种"关于身份的喋喋不休"从私下转变为公开，事情会怎么样？
- 如果他们有像伊沙恩找到的那种安全的地方，在那里他们可以反思自己是什么样的人（以及不是什么样的人——因为探索身份既是对身份的否定，也是对身份的采纳），又会怎样呢？
- 如果我们能帮助他们找到支持他们的多元化群体，为这些探索提供更广阔的舞台，事情又会怎样呢？

帮助青少年认识到人是可以改变的

伊沙恩从小就认为自己性格外向、善于交际，但欺凌使他变得内向，因此在六年级时，他认为自己"孤僻""不善言辞"。到了八年级，他通过与其中一个曾经欺凌过他的孩子弗雷迪重新建立联系，开始寻找回归外向自我的路径。这对他来说是一个转折点。

从某种意义上说，弗雷迪改变了我的生活。他是六年级时欺凌我的孩子之一。他会因为我穿的衣服或任何突然想到的事情来嘲笑我。我们住在同一个社区，但到了八年级，他开始了解我。

弗雷迪自己也经历了一个转折点。

他（弗雷迪）的父母都是警察，小时候对他很严厉。他们告诉他该做什么，没有真正给他想要的自由。

伊沙恩说，弗雷迪在家里度过的那段艰苦岁月影响到了他的学业，但到了八年级，弗雷迪意识到他不想成为他父母那样的人——但他正在成为那样的人：

他说："我不想成为这样的人。"通过自己的思考，他意识到自己所做的一切都是错误的。他向我道歉。

这种心态一直延续到高中，他真的成长了，我也成长了，因为这让我意识到，人们是可以改变的。

你还记得我们在关于效能感的那一节讨论的思维模式实验吗——戴维·耶格尔和他的同事们通过实验向高中生提供了这样的信息：如果有人排斥或伤害别人，并不是因为他们是永恒不变的坏人——他们是可以改变的。[191]伊沙恩在现实生活中体验到了这一洞察。弗雷迪变了，这也改变了伊沙恩。

让我印象深刻的还有，伊沙恩把这称为一种思维模式，因为认为人可以改变或不可以改变的观点的确是一种思维模式。正如你所记得的，用耶格尔的话说，这种方式"使青少年将压力视为他们能够克服的挑战"。[192]

在整个高中阶段，伊沙恩和弗雷迪一直是最好的朋友。伊沙恩说，与弗雷迪和其他新朋友的谈话"让我看到了自己"。这些自我发现都是在交谈中发生的，他和他的朋友们互相询问对方的想法和感受，他们关心对方所说的话。

感觉更自在，更被同龄人接受，促使伊沙恩主动联系他的一些高中老师，并产生了一系列结果（类似于格雷戈里·沃尔顿关于归属感和支持的实验中发生的情况）：

> 我认识了一些愿意不遗余力地帮助我或倾听我说话的老师，他们都很友善，这让我变得更健谈，也更像我自己。

伊沙恩不断体会到一个相同的感受：当他关注自己的感受和想法，放开情感，并与他人分享自己的感受和想法时，他感觉最舒服。

身份探索是一个动态的过程

但是，伊沙恩个人感觉安全的港湾却与他的文化和成长经历不符，他的文化和成长经历似乎很重视男人对感情的压抑。伊沙恩认为他需要面对这种不和谐。

一些关于身份发展的研究聚焦于青少年如何探索可能的身份认同，并且做出一个决定、一个承诺。用一个非常简单的比喻，这可能类似于试穿不同的衣服，然后决定哪一套最合适。

相比之下，密歇根大学的黛博拉·里瓦斯–德雷克和哈佛大学的阿德里安娜·乌玛尼亚–泰勒则认为身份探索更具有周期性——在青春期，青少年"将他们从周围所有重要的社会参与者那里收集到的信息……与他们自己关于价值观、信仰和未来目标的想法相结合"。[193] 他们认为，这一过程对于帮助年轻人深入地了解自己的背景非常重要，而不仅仅是吸收别人给他们的信息：

> 通过积极地参与身份探索，青少年会对自己的身份产生主人翁意识和自信……理想的目标是获得一种清晰的感觉，或所谓的身份决议。[194]

这种决议是在清晰和困惑的循环中产生的，而不是一个一步到位的过程，尽管会有一些关键时刻让青少年的想法变得更加清晰。

伊沙恩就是这种情况。他对自己与印度背景的不同之处和相同之处反复体验到自在、困惑和迷茫的感觉。他的父亲可能理解了他的感受，建议他进行一次实际的探索——在伊沙恩读高一的时候回印度一趟。

那是我搬来这里后第一次回印度。我父亲告诉我，我应该像朝圣一样去他小时候去过的不同城市和村庄。与来自印度不同地区的人交谈，让我对印度人有了更多了解。我更加了解我是谁，以及作为一个印度人意味着什么。

其中一个事情特别有启发性：

我当时正在印度的一个偏僻地区旅游。那里主要是沙漠。一位七八十岁的老人把我拉到一边，邀请我去他家做客。我和他一起喝了一杯印度茶，吃了一些印度面包，他向我讲述了他的成长经历和他所经历的一切。

这位老人的生活和伊沙恩的生活有很多不同之处：

他必须独自承担一切。他 6 岁就开始在街上打工。这让我想到了我生命中的一切，也让我更加尊敬我的父母，因为他们为我提供的远比所需的多。

然而，这位老人的生活和他的生活也有相似之处：

我们能开一些只有印度人才能懂的玩笑。我们会拿政治和电影演员开玩笑。只有生活在这种文化中的人才会觉得这些事情有趣。

我问伊沙恩，他如何调和因身为印度人而被欺凌和因身为印度人而自豪之间的矛盾。他说：

我觉得那些因为我是印度人而欺凌我的人是错的。他们只是对我抱有成见。他们没有花时间去了解真正的我。

那次回印度的旅行让我意识到，我应该为自己是印度人而感到自豪。另外，身为印度人并不是我能控制的——我就是这样出生和长大的。

伊沙恩的身份探索并未局限于他自己，或者仅仅在他的家庭、学校或社区内进行。媒体也是一个重要因素——不仅仅是社交媒体，还包括电影和电视，在这些平台上，我们所在群体的观点会影响我们对自身的感受。

我从许多年轻人那里听说了这一点——他们希望看到"像我一样"的人在媒体上被正面描绘成一个完整的人，无论是来自国家的哪一区域，或是来自何种背景。一个认为自己是跨性别者的17岁少年麦克斯是这样说的：

有那么多关于同性恋者痛苦和受苦的故事，以及由于成为同性恋而产生的自我厌恶的故事。为什么主流故事中没有更多关于快乐、正常的同性恋人的故事呢？

开始调和这种不和谐

尽管伊沙恩无法控制自己作为印度人的事实，但他需要找到一种以自己的方式做印度人的方法。这意味着他要处理他正在感受到的脱节——他最舒服的表达方式是以诚实的方式表达自己的感受和想法，但这与他看到的父亲和生活中的男人的行为方式并不一致。

我只是厌倦了把事情藏在心里。我希望人们能听听我的故事或我要说的话，或者我经历过的一切。我会开始和我的朋友们或我妈妈聊天。

他发现，向他人吐露心声给了他安慰，但不同的做法也让他感到不安。在探索的过程中，他自己阅读了许多传记，如温斯顿·丘吉尔和其他历史人物的传记。他从戴安娜王妃那里获得了特别的启示：

当你想到公主、王子、王后和国王时，你只会想到王室成员以及他们的行为举止。但戴安娜王妃与他们都不同。她想在王室中走自己的路、做自己。她通过打破许多文化和社会规则做到了这一点。

这种探索将伊沙恩引向了身份发展的另一个方面——他现在更加认真地追问自己想在这个世界上做什么。

探索"我做什么/我将做什么"的需求

正如我们所见，丹·麦克亚当斯为身份发展制定的框架将身份形成视为一系列分层的阶段。这第二层关注的是作为动机主体的自我（努力奋斗），麦克亚当斯认为我们通过我们的目标、价值观和人生计划来描绘我们的身份。

从"你想成为什么"到"你想做什么"

孩子们从小就会被问："你长大后想做什么？"

我的女儿拉拉·加林斯基在她的《有目的地工作》（*Work on Purpose*）一书中，一开始就提到了这个问题给她成长带来的感受。她写道，小时候，她会说："我想当老师、兽医或小说家。"她为能回答大人的这个问题而感到自豪。随着年龄的增长，这个问题却让她感到恐惧：

这个问题不断提醒我，我必须做出重大决定。我感到了巨大的压力，必须……百分之百确定自己的目标，并拥有详细、合理的职业规划。但我甚至不知道从哪里开始。[195]

这是否让你想起娜塔莉在"对效能感的需求"一节中面对"你未来想做什么"这个问题时的焦虑，她回答"但我只是个初中生"。

尽管我的儿子一直都很确定自己的人生要以音乐为中心（事实上，他已经获得了音乐博士学位，并带领着一个创新的表演乐团），但我女儿的人生道路却像大多数年轻人一样不那么确定。在大学最后一年，她开始积极从事这方面的研究，进行了许多信息访谈，最终进入了公益创业这一新领域。

在书中，她建议我们最先向儿童和青少年提出关于"存在"的问题：

你想成为什么样的人？

从发展的角度来看，这确实是最重要的。她在与数百名成年公益企业家的合作中发现，那些最有成就感的人将"存在"问题（通常是他们在成长过程中关心的问题）和行动结合在一起：

我开始相信，所有在社会变革中建立起有意义的事业的人，都有意识或无意识地将他们强烈关注的问题与他们擅长的问题结合起来。这种协同产生了巨大的影响。[196]

伊沙恩花了很多时间思考自己想成为什么样的人，现在他也在思考自己想做什么：

大多数像我父母这样的印度人希望他们的孩子成为工程师、医生或律师。我现在主修政治学和法律预科。这只是一些让我感兴趣的东西。

在阅读传记的过程中，他意识到无论他从事什么工作或职业，这都只是他生活的一部分。他还必须继续考虑自己想成为什么样的人——一个与自己的情感相通的人。他将使用自己的这些方面来谱写自己的人生故事：

通过阅读和了解他人的起伏变化的生活经历，我想用不同的方式书写自己的故事。我想通过释放真实自我成为我自己，向人们展示我可以努力做好我所做的事情，从而完成我的故事。

实验←→生活：鼓励学生在真实世界中体验未来

这所高中在各项成就指标上表现优异，毕业率高达98%，被《美国新闻与世界报道》评选为2022年美国百强学校之一，但真正让它与众不同的，是它为学生提供真实世界的体验，让他们能够探索工作的世界以及未来可能想做的事情。[197] 在纽约州课程要求的范围内，学校通过选修课（称为"学术学院"）让学生体验制造无人机（STEM/工程学）、创建初创公司（全球商务与创业）、辩论法律案件（法律与政府）、为当地雇主创建网站（新媒体）、制订减少学校食物浪费的计划（医学与健康科学）以及开展改善心理健康的研究（教育）。通过社团，学校还为学生提供了与社区专业人士一起为社区问题找到可行解决方案的机会，如为移民家庭找到免费的社区资源。

如一名学生所说，"在学校里，你学到的是你的任务就是找到一份工作"，但鲍德温高中使这看起来不那么令人畏惧。另一名学生说，在这里"我们可以找到让我们开心的感兴趣的事情"。这发生在"我们还未锁定职业或专业之前"，另一名学生指出。还有一些学生补充说，他们还学会了如何承担风险、表达自己和建立关系网。

校长莎莉·卡姆希说，当她9年前接受这份领导职务时，她决心与学生、教师和行政人员合作，创造新的学习方式，以促进学生提升在劳动力市场中需要的技能，如协作、创造力、沟通和批判性思维，并以充分吸引学生的方式进行，激发他们的激情，使他们思考他们可能喜欢做的事情。

身份认同需求中的匹配与不匹配

在"突破之年"研究中，我们向具有全国代表性的青少年群体询问他们的基本的身份认同需求在多大程度上得到了满足。

我们问道：

在过去的一个月里，你有多少次感觉到……？
（1）你的父母和家人帮助你找出对你而言真正重要的东西
（2）父母和家人帮助你发现自己是谁

除了父母和家人，我们还就生活中的其他四类主要人群提出了同样的问题——他们的朋友、学校里的人、校外活动中的人以及他们在网上联系的人。

你认为你生活中的青少年会如何回答这些问题？

你可以在图12中看到调查结果。①不出所料，家庭最有可能"经常"（指一半以上的时间）满足这一需求，而他们在网上遇到的人最不可能满足这一需求。尽管如此，鉴于探索身份认同的需求至关重要，这些指标仍有很大的改进空间。例如，只有40%的人报告说学校里的人经常帮助他们思考这些问题。

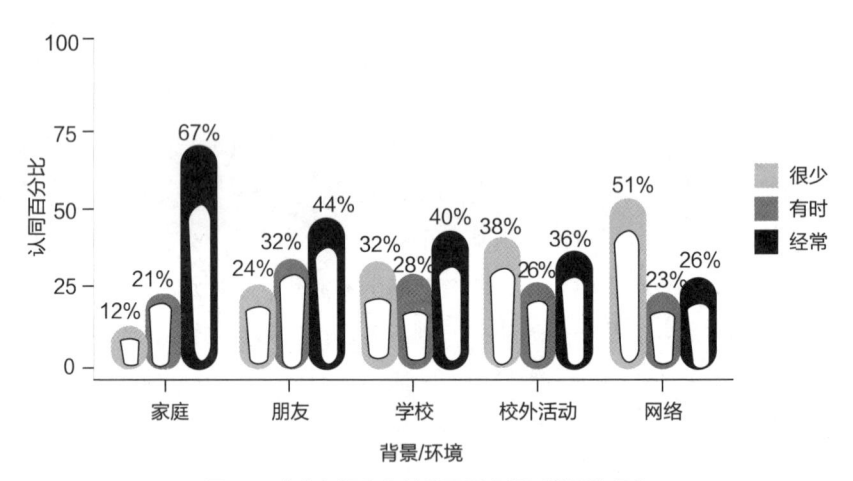

图12 青少年报告身份认同需求得到满足的频率

---

① 青少年使用从"从不"到"几乎总是"的五点量表回答每个问题。将这两个问题的答案相加，可以分出以下几组："很少"（2~4分），"有时"（5~7分）和"经常"（8~10分）。

在疫情之前满足身份认同的需求，在疫情期间发挥了作用。通过观察表 7 中的箭头，我们可以清楚地看到，那些在家庭、学校、校外活动和网络中拥有人际关系，能够帮助他们确定自己是谁以及什么对他们重要的青少年，更有可能参与到学校生活中。这些关系还与他们对未来的积极看法、更好的情绪以及较少的压力感受相关。

表 7　满足身份需求的结果

挑战	跟进结果							
背景/环境	学校参与	成绩(A)	成绩(P)	未来	负面情绪	积极情绪	压力	冲突(A：P)
家庭	↑			↑	↓	↑	↓	↓：↓
朋友				↑	↓	↑	↓	：
学校	↑			↑	↓	↑	↓	：
校外活动	↑			↑				：
网络	↑							：

注：A=青少年报告，P=父母报告。箭头表示关联的方向（即向上的箭头表示促进，向下的箭头表示抑制），控制人口统计学因素。空格表示没有统计学上的显著关系。显著关系的 p 值小于 0.0005，意味着这些相关性非常可靠，而非偶然发生。

探索我的故事的需求

20 世纪 80 年代，丹·麦克亚当斯在他教授的研究生课程中向学生提出了这样一个问题："如果你能看到身份，并且你能描绘它，它会是什么样子？"

我们尝试了各种比喻："它可能像一座房子……像一个考古遗址……像一个马戏团。"

最后我说，我想出了一个主意，如果你能看到它，那么身份看起来就像一个故事，它是人们脑海中的一个故事。

身份认同有一个重构的过去——这是故事的开始；有故事的中间部分，也就是你的现在；还有想象中的未来，那是一个设想的结局。有一些主题,有很多不同的角色,他们可以代表你的不同部分。[198]

麦克亚当斯的有趣结论,本质上与普林斯顿大学的肯尼斯·诺曼等神经科学家正在研究的内容相吻合,即事件是如何从长期记忆中被存储和检索的。我们的回忆是通过脚本和独立事件构建的(想想电影情节和场景),就像我们讲故事一样。[199]

20世纪80年代,当麦克亚当斯得出这一结论时,关于生命故事的研究还很少。没有外部资金支持,他开始独自进行研究,他进行了大量采访,了解他们的生命故事,制订研究方案,并观察人生故事如何与他作为人格心理学家的其他研究相结合。他说:"现在有很多人都在研究我们所说的认同叙事。"[200]

麦克亚当斯的研究聚焦于中年时期,确切地说是爱利克·埃里克森提出的"繁衍"概念:成年人对后代福祉的关心和承诺。事实证明,我们的繁衍能力与我们告诉自己"我是谁"的故事有关,包括在青春期。在这里,我们将探讨叙事认同的根源、它在青春期是如何发展的,以及我们可以从对成年人的研究中学到什么。

"你需要一个好故事":为什么认同叙事很重要

是什么构成一个"好"的故事? 20年来,麦克亚当斯、他的学生和一群同事一直在研究极具创造力的成年人的故事。虽然他们的研究对象是成年人,但你会发现,其中一些反复出现的主题也出现在青少年的故事中,比如我们即将遇到的安娜雅。

- **探索性**:我们探索并形成丰富自我认知的程度。
- **意义构建**:我们从经历中学到东西的程度。
- **能动性**:我们在自己及他人生活中掌握主动并实现改变的程度。
- **融洽关系**:我们能够体验到支持性人际关系的程度。
- **救赎**:我们克服困难、化消极事件为积极事件的程度。
- **污染**:积极事件转化为消极事件,并压倒或消除积极影响的程度。[201]

你可能已经注意到,这些主题反映了青少年的许多基本需求,如自主、掌控、支持和挑战。这些需求与我们的身份故事密不可分，也是我们成为有创造力的成年人的关键。

挑战是如何塑造我们的故事的

西华盛顿大学的麦克亚当斯和凯特·麦克莱恩写道，对于那些从逆境中变得坚强的人来说，有一个两步走的过程。第一步，一个人会对负面经历进行充分的反思。

长时间深入思考这段经历的感受、它是如何发生的、它可能导致什么后果，以及这一负面事件在个人整个人生故事中可能扮演的角色。

第二步，找出如何能把负面经历变成积极经历。

当事人阐明并承诺以积极的方式解决该事件。研究表明，第一步与个人成长有关，第二步与幸福感有关。[202]

理解挑战：安娜雅的故事

当被问及她的生命故事时，现年 16 岁的安娜雅首先回忆起了她快乐的五年级——初中生活的开始：

我有很多朋友，当时非常开心。我记得五年级，因为那是我人生中最美好的时光之一。

到了七年级，安娜雅的生活迅速走下坡路：

我的下巴长了一个肿瘤。我们在它变成癌症之前发现了它。我不得不接受手术。

大家都知道，青少年非常在意自己在朋友心目中的地位，而容貌是他们融入和找到归属感的重要方式之一。安娜雅的脑海里充满了恐惧：

人们会觉得我很丑，因为我的下巴简直就像长到了这里。他们不得不切除——我非常确定是1英寸——围绕肿瘤的每个部分，以确保所有癌细胞都被切除。我很害怕回到学校后，所有人都会讨厌我。

手术后，她的母亲试图安慰她，告诉她她有多美，但安娜雅知道这不是真的。当她从医院回到家时，事实证明了这一点。她的弟弟妹妹看了她一眼就躲到楼上去了。她哭着说："我是最丑的怪物。"

我当时想，天哪，连我自己的兄弟姐妹都认不出我了。学校里的人会怎么想？

回到学校的第一天，安娜雅的恐慌症就发作了，不得不提前离开学校。但积极的一面是，她发现同学们都没有说她的坏话，也没有取笑她。事实上，安娜雅最好的朋友还组织同学们制作了一张康复祝福卡和一个关怀礼物包。

当她回到全日制学校时，同学们依然支持她，即使她觉得自己看起来很可笑，比如有一天她在食堂笑得都流口水了。她心想，"它终于来了"。当一个男孩走过来时，她以为他会说，"安娜雅真是个孩子，竟然还流口水"，但他只是递给她一张餐巾纸。

安娜雅仍然在想：是她的好朋友提醒大家"安娜雅害怕上学，所以要对她好一点"吗？还是他们出于同情，想着"安娜雅做了手术——我不要做一个坏人"？从安娜雅那里听到这番话，让我对那些在学校没有这种支持性关系的学生感到加倍难过，比如伊沙恩和布里吉德。在我们的研究中，只有40%的青少年表示他们在学校"经常"（超过一半的时间）感觉到他们的身份认同需求得到了满足。手术加剧了安娜雅身份认同的问题：

我真的觉得自己很丑。我会对着镜子照上几个小时，然后想："这个人是谁？我怎么长这个样子？为什么这事发生在我身上？"我真的很不开心。

我不仅对自己的外貌不自信，对自己所做的事情也不自信。我会害怕演讲，而我以往非常擅长演讲。我害怕尝试新事物，会觉得"哦，我不够好"。我害怕在汽车快餐店或餐厅点餐，因为我对自己说的话没有信心。

八年级前的夏天，安娜雅不得不接受第二次手术。那年秋天，她回到学校时缺了好几颗牙。但她的朋友们并没有嘲笑她。他们问了一些关于她缺牙的问题，但态度都很"友好"，就像大多数青少年希望的那样。

现在回想起来，安娜雅意识到愈合需要时间。消肿需要时间，脸部恢复正常也需要时间。到了八年级，她有了一个"不是真正的男朋友，而是八年级学生交男朋友的那种男朋友"。他喜欢她，觉得她很漂亮，她的朋友也喜欢她，这让她重新喜欢上了自己。

我无法加快愈合的过程。进入高一时，我仍然有点怕摄像头。现在十一年级了，我的下巴两边看起来几乎一样了。有时我还是会看看自己，但已经不一样了——我不再讨厌镜子中的自己。是自我反思和自我成长帮助了我的愈合。

我猜想，如果研究人员对安娜雅的自我故事进行编码，他们可能会说她是在**探索**，以便更好地了解自己，体验**融洽关系**，并进行**意义构建**，寻找人生经历中学到的经验教训。她的故事甚至可以被视为某种程度上的自我**救赎**，尽管肯定不如麦克亚当斯发现的中年人的救赎经历那么充分。

麦克亚当斯和其他研究者发现，身份认同叙事从儿童早期开始，在父母与孩子的对话中帮助他们理解发生在他们身上的事情。

家庭故事：我们孩子叙事的基础

埃默里大学的罗宾·菲伍什研究家庭故事已有几十年。通过录制父母与孩子之间的对话，她观察了家庭故事如何塑造孩子的身份认同叙事。从她的研究来看，最初是母亲和学龄前儿童之间的对话，后来是较大儿童与其父母之间的对话。

结果发现，某些因素是我们必须牢记的。

细节越丰富越好

菲伍什和她的同事们发现，父母在回忆和理解过去时有不同的风格：有些会高度详细地讲故事，有些则不然。[203] 在高度详细的风格中，父母会：

- 详细讨论过去的经历。
- 提出大量开放式问题，研究者称之为"wh"问题：为什么（why）、什么（what）、在哪里（where）、谁（who）。
- 经常重复孩子的话，从而鼓励孩子说得更多。
- 在他们的对话中，提供反馈并给予孩子更多信息。
- 真诚地表现出对孩子所说内容的兴趣。

菲伍什和她的同事们发现，如果父母更善于表达，他们的孩子讲述的关于自己生活的故事会更详细、更复杂、更连贯。

不局限于"今天在学校怎么样？"

菲伍什和她的团队还记录了 9~12 岁儿童的晚餐对话，发现家庭成员不仅仅讨论当天在学校发生的事情，[204] 还会讲述家庭故事——关于妈妈或爸爸的成长经历，或是关于那个离谱的比尔叔叔的故事。而孩子们知道这些故事，是因为他们一次又一次地听过这些故事。她指出：

在餐桌上讲这些故事较多的家庭，通常其孩子的自尊心较强，学习成绩更好，社交能力更强，表现出的问题行为更少。

菲伍什和同样来自埃默里大学的马歇尔·杜克现在通过向年轻人提出"你是否知道 20 个家庭故事"的问题来评估他们是否属于一个会讲故事的家庭。[205] 作为会讲故事的家庭中的一员，这预示着孩子在青少年和成年后会有许多积极的结果，包括"更强的抗逆力、更高的满意度、更高的生活意义和目的。"[206]

家庭故事中的性别差异

菲伍什和她的同事们发现，母亲在讲故事时比父亲更详细，父母对女儿讲的故事比对儿子讲的故事更详细。[207]

家庭故事对男孩和女孩的影响也会有所不同。总体来说，家庭故事具有非常积极的影响，但凯特·麦克莱恩和她的研究小组在一项研究中发现，处于青春期早期的男孩在尝试通过讲述个人故事"寻找意义"时，故事的结局往往不太正面（如抑郁和自尊心受伤害），但到了青春期晚期这种情况会发生逆转。[208] 研究人员推测，这可能是因为青春期早期的青少年不太擅长抽象思维，也可能是因为这些男孩受到的干扰特别多。

理解一场艰难的离婚：吉吉的故事

随着青少年逐渐发展出更抽象的自我思考能力，他们开始形成一个更连续的身份认同感，[209] 从而更好地应对生活经验中的复杂性和矛盾之处。[210]

16 岁的吉吉说："我的生命故事？嗯，我记得最清楚的是我父母离婚的时候。"她那时即将进入五年级，这件事给她的生活带来了巨大的冲击。

她说："我不会说这是一个冲击，因为在最后，总是有争吵，总是有问题。"

父母的离婚让吉吉感到孤独，与朋友们格格不入。她与父亲和母亲的关系都恶化了：

> 我和爸爸的关系真的很糟。我记得就像是昨天发生的事一样——他不和我说话，也不来看我。

这与她印象中成年人该有的样子相悖——是她在照顾爸爸，而不是爸爸在照顾她：

> 我总是发现自己在我们父女关系中扮演成年人的角色。我觉得很奇怪，其他人的爸爸会给他们拥抱，祝他们一天过得好。相反，我是那个最先给爸爸发短信的人。我必须在父母之间进行沟通，因为他们无法在不发生争执的情况下交谈。我不得不比我希望的更快长大，因为我不得不为这个成年人负责。
> 我妈妈晚上会哭，因为我父母离婚后，她就没钱了。在她抽泣的时候，是我抱着她。六年级的我也会拥抱她。我会照顾我的兄弟姐妹。我会做晚饭，我做所有这些事。
> 我还记得上中学时，别人告诉我他们要去度假，给我看他们的晚餐。在我成长的过程中，我们的经济状况并不稳定。我记得很多时候，我都要确保我的兄弟姐妹在我之前先吃，这样他们就不会饿肚子。
> 我只记得自己总是很饿。直到去年，我还记得自己总是吃得比需要的多，因为我不知道下一顿饭是什么时候。

这与她的朋友们形成了鲜明的对比：

> 当时我的很多朋友都在快乐地玩——不需要承担任何责任。我记得晚上听到妈妈在哭，我不知道该怎么办。我记得我一定要把事情做好，不能给妈妈添麻烦，这样我妈妈就不会有更多的事情需要担心。

吉吉感到不知所措，她觉得父母对身为成年人没有概念，尤其是他们有时会说她"不成熟"。她也知道事情已经超出了自己的能力范围。她希望得到帮助，但又害怕惹妈妈生气而犹豫不决。她花了很长时间，鼓足勇气,甚至是在绝望时才向外婆求助。

吉吉的外婆和她妈妈谈了谈,吉吉的妈妈承诺会尝试改变。而她妈妈也确实努力了,但每当她失败时,她会对吉吉说:"对不起,我们没有意识到你被置于这种情况中,但有时我们只能这样。"吉吉回忆道:

> 我一点都不怪我妈妈。我不会因为饿了就对妈妈有怨恨。她一个人要抚养三个孩子。
>
> 继父出现后,一切似乎都变得好起来。他总是对我说,他知道我的感受。

他会说:"我曾经也是个青少年。"但吉吉会回应说:"好吧,你可能明白大概的概念,但你不知道我经历了什么。"

在了解吉吉的故事时,我们很容易认为离婚对孩子的长期发展不利;这是半个世纪前的研究结果。多年来,随着研究的不断改进,研究样本中的家庭数量越来越多、越来越多样化,研究方法也越来越严谨,人们显然能够更加细致地了解离婚的影响。对一些孩子来说,离婚最终意味着向好的方向转变——父母之间的冲突减少,他们能够更好地共同抚养孩子。而对另一些孩子来说,离婚可能会使情况变得更糟。研究还表明,离婚并不是简单的一件事,而是随着时间的推移而发生的许多事件的集合,离婚的处理方式对儿童的影响最大。[211]

对吉吉来说,离婚导致了贫穷(这当然会影响孩子),她的父母也成了需要孩子照顾的人。当继父加入这个家庭,情感和经济状况有所缓解时,她开始释放压抑的情绪。她不再起床上课,除了赖床就是溜出去见朋友。后来疫情暴发,她实在找不到起床的理由了,因为那时只有家庭作业,没有网络课程。

她的妈妈和继父通过尽可能多地拿走她的电子产品、限制她见朋友或与朋友交谈来惩罚她。这种情况持续了好几个月,直到几乎没有什么可以拿走的。这在疫情期间使她感到更加孤立无援。吉吉说:

我又不是在外面吸毒。我不吸毒。我只是没有做我应该做的事情。我不会按时起床。我不会做我的功课。我不明白这有什么意义。

高三前的那个夏天，她开始转变。她描述说：

我开始承担责任。我振作起来。我每天都做家务，做我该做的一切，不需要别人提醒。有时我会做晚饭。我会确保我的兄弟姐妹的家庭作业都做完了，每天自己开车上学，完成我的学业，没有做任何不好的事情。我还开始在一家快餐店兼职，每周 20 小时。

我请吉吉描述一下她是如何从一个不愿下床的人变成一个不需要提醒就能完成所有该做之事的人的。

她说，她接受了心理治疗，回顾了以往的经历，并学习新的应对技能。她的妈妈和继父也帮助她转到了一所新的学校，他们希望她能在那里进行更好的学习。

这条恢复之路还包括她的朋友，这一点至关重要。在她遇到困难的时候，朋友们会邀请她一起出去玩，而她不得不说"我不能去"，他们就会说，"吉吉，你这次又做了什么？"她开始厌倦做一个"糟糕的朋友"——她错过了别人的生日聚会，但她的朋友们仍然在她的生日聚会上大肆庆祝，给她带礼物。她对自己说：

我需要长大，不再拒绝做我应该做的事情，这样我才能过上我想要的生活。我会展望未来，对自己说，如果我再给自己多一天的机会，我可以成为一个了不起的人。

她说，她的兄弟姐妹也影响了她的转变：

支撑我渡过难关的主要原因之一是我的弟弟妹妹。我会看着我的弟弟说："如果没有姐姐，他该怎么办？我必须在这里陪伴他们。"

艺术创作也帮助了她，就像它帮助许多面临挑战的人一样。[212] 吉吉会画画、素描和写故事：

> 我的电脑里有很多我创作的短篇故事，我也用笔写了很多故事。我在写我的生活——但不是以我自己的身份。我让我笔下的人物过我想过的生活，或做我想做的事。

当我请她描述自己时，她说："我会称自己是个伪装者。"

她说，大多数时候，她都在假装自己是一个活泼、爱笑、让大家感觉更好的人，而不是她想成为的人、她在故事中创造的人。

> 我希望有一天我不再需要假装，而是可以完全做我自己。当我说自己是伪装者时，我只是想说很多时候我还是不想从床上爬起来。

吉吉说，她梦想中的未来是：

> 我希望能在早上醒来时说："我很高兴活在今天，做我自己。"
>
> 旅行。我不想离开我的家人，因为我爱他们，但我真的很想环游世界，看看不同的文化和不同的人群，听听新的语言，尝试我以前从未尝过的食物。
>
> 我想在海滩上戴着飘逸的帽子，或在瓶子里收集沙子。我想看看世界，看看那儿还有什么。

吉吉正在书写和描绘她自己的故事。和安娜雅一样，她也在努力应对自己面临的挑战——正如丹·麦克亚当斯所描述的"重构的过去"——将它们作为成为一个不同的人的跳板。她正在努力实现自己"想象中的未来"：她想成为什么样的人、她想去哪里、她想体验什么。

吉吉的故事让我想起了玛丽·凯瑟琳·贝特森那本引人深思的书《谱写人生》（*Composing a Life*）[213]，在这本书中，崩溃可以变成突破。吉吉真的在谱写自己的人生。正如丹·麦克亚当斯所说，我们讲述的关于自己的故事不仅能帮助我们理解自己的经历，还能影响我们的生活方式。[214]

促进对身份认同的基本需求

将身份认同的发展理解为一个过程至关重要：青少年正在探索他们作为个体和群体成员的身份，并确定他们与他人的相似之处和不同之处。他们也在弄清楚未来想成为什么样的人、想做什么。在帮助他们满足这一对身份认同的基本需求时，我们可以：

- 在出现歧视时进行干预——如欺凌，通过帮助被欺凌者和欺凌者来干预解决。干预可以减轻对青少年福祉的负面影响，并有助于营造一种促进身份探索的环境。
- 为他们提供与支持性群体在一起的机会，在那里他们可以把关于自己身份认同的"喋喋不休"从私下变成公开——反映出他们是什么样的人，更重要的是，反映出他们不是什么样的人。
- 帮助他们认识到人并不是一成不变的——人是可以改变的，包括他们自己。
- 帮助他们开始思考他们关心什么，他们的激情在哪里，以及他们在做自己想做的事情时想迈出的第一步是什么。

塑造身份认同叙事——青少年讲述的关于自己的故事——是他们理解自己的经历、决定如何处理生活中的喜怒哀乐以及塑造未来的方式。为了帮助他们塑造自己的故事，我们可以：

- 要明白，青少年需要时间去探索并从积极和消极的经历中找到意义。我们可以支持他们，但不能过度承诺、过度赞美或过度保护。
- 分享你最喜欢的家庭故事，包括这些经历如何影响我们的为人处世以及应对挑战的方式。
- 为青少年提供工具，以理解他们的过去和现在，并憧憬自己的未来，无论是通过对话、必要的帮助、写作、艺术创作还是其他形式的自我表达。

需求5：
目的性——探索目标和做出贡献的需要

目的的存在为人们提供了探索生活目标的机会。这种生活目标不仅具有激励作用，其本身也包括对超越自我的事物做出承诺。贡献是指有机会帮助他人。当青少年能够探索对自己有意义的事情，并为集体利益做出贡献时，他们就能开始培养起自己的人生方向感（目的性）。

对目的性的需求

伊沙恩是一名美籍印度人。他在中学时曾因为自己的印度人血统被欺凌。他在阅读他人传记中那些坎坷经历时，产生了想以另一种方式书写自己故事的渴望。他告诉我：

我想让我的故事更完整。我要展现我真实的样子，只做我自己，让大家看到我有能力做好我的事。

同样，16岁的吉吉也走出了父母离婚的阴影，开始展望自己的未来。她告诉我：

我希望当我醒来的时候能对自己说"我等不及要开始这一天，并且做我自己了"。

这些带着某种方向感醒来、找到"真正的自我"、"做我自己"的表达揭示了青少年对个人身份和人生目标的基本需求，以及它们是如何相互交织在一起的。

许多关于人生目标的讨论始于《活出生命的意义》一书。[215] 维克多·弗兰克尔在书中讲述了二战期间他在四个集中营里的残酷遭遇,他怀孕的妻子、父母和兄弟都在集中营里被杀害了。他的故事令人心痛,但也鼓舞人心。弗兰克尔说,虽然我们无法避免生活中的苦难,但我们可以选择如何面对苦难。我们可以超越苦难,寻求意义,获得有目标感的生活。

他写道:"对自己的未来丧失信心的犯人,注定要走向毁灭。"[216] 然而,有信仰的人得以生存。他引用德国哲学家弗里德里希·尼采的话继续说道:"人如果知道了为什么而活,那他就可以面对任何生活。"[217]

对"为什么而活"的寻找始于童年,这种渴望在青春期越发猛烈,并成为一个包含探索、完善、承诺和改变的终生过程。这个过程依赖于我们生活的环境。

令人震撼的是,对于一些人来说,青春期的某个微不足道的时刻就能够激励他们走向自己的人生目标。这些时刻是什么样的,它们何时发生,以及我们将如何看到它们影响着年轻人的人生道路,是有待揭秘的神奇之处。更主要的问题是:我们能提供什么帮助?

"走向目的的道路"

斯坦福大学的比尔·达蒙在进入高中时,对"人为什么活着"——人生的意义或目标——没有太多的感觉。但现在,他是一个充满使命感的顶尖学者。大一的时候加入学校报社对他来说是一个关键时刻:

我很符合一个普通学生的定义——虽然我不是个坏学生,但我总能在不惹上麻烦的情况下尽可能地偷工减料,而且我大部分事情都做得很烂。

但是当我加入校报时,我居然发现了一些我感兴趣的东西。所以我总是说应该慎重对待减少学生的课余活动,因为这是很多年轻人培养学术技能和获得学习动力的地方。[218]

由于达蒙喜欢运动,所以他被安排了一项"入门级别"的任务:报道一个关于一群东欧移民学生组建了足球队,并且他们要求与达蒙就读过的初中的代表队进行练习赛的故事。在当时的美国,足球还不是一项广为人知的运动,而达蒙发现这些移民学生有着惊人的技能。但更重要的是,这些学生对于他们能待在美国而怀有感恩之心。这份心情对达蒙当时的经历来说是陌生的,而且深深地激励了他。他回忆道[219]:

我从来没有想过这方面的事情。我曾经觉得世界上的一切都很简单。这些孩子是匈牙利革命期间的难民,他们说了很多类似于"我叔叔因为拿着某个标语牌就被关进大牢"的事情。

我记得他们吃的是青椒和肥肉培根三明治。那就是他们的午餐了,但他们都很开心。他们比我或我的任何朋友都更能为自己的生活感到快乐。所以我为校报写了这个故事,不出所料——大概吧——每个人都说:"哇!这真的很有趣。"

就在那一刻,我感到豁然开朗:这或许会是一件有趣而有意义的事情——寻找一些可以鼓舞人心的故事。这个想法从此挥之不去。[220]

我们永远不知道这类昭示人生意义的关键时刻是否或何时会发生。我们永远不应该低估多样化体验对年轻人的重要性,因为它们可能会改变他们的生活。借由这次课外活动的机遇,与移民学生的短暂会面向达蒙打开了世界历史文化的大门。随后,他在学校奋发学习:"为了追求我新发现的这个人生目标,我决心掌握所需的技能。"[221]

当斯坦福大学开设青少年中心时,达蒙提出申请,并被聘为该中心的首任主任。第一次访问该中心的经历令他难忘,在那里他看到了有关20世纪90年代的青少年研究:

他们为我的到来装饰了中心,走廊两侧墙上都贴满了海报。

穿过那条走廊是个严酷的挑战。其中一张海报写着:"你知道吗,在1998年,10万名青少年会杀死另一名青少年。"紧接着下一张海报写着:"1998年,40万名青少年将无可救药地对海洛因等可怕的毒品上瘾。"还有一张是关于青少年怀孕的，一张是关于孩子们因不良表现被开除的。[222]

正如我们所讨论的，关于青少年的研究通常都充满了负面偏见，但达蒙一直都关注青少年的优势，而不是他们的缺陷。大学毕业后的他担任纽约市社会服务局青年团体的顾问，并且在与他合作的年轻人身上看到了潜力。事实上，他读研究生也是为了"证明"所有年轻人往往都有未开发的潜力，就如"星星之火可以燎原"。这种视角是达蒙结合《积极青年发展框架》（第1章）和前人的研究成果提出的，特别是搜索研究所（the Search Institute）的工作，该机构近60年来一直在进行以资源为基础的研究和应用。[223]

当达蒙来到斯坦福大学时，他立刻知道了自己该做什么：

我取下了那些海报。[224]

那是1997年发生的事。从那以后，他继续致力于改造青少年中心，专注于增强优势，而非关注缺陷。

大约20年前，他看到了一种整合的趋势。尽管他的研究涵盖了广泛的主题，但用他的话说，所有这些都"将我导向了一个最终的想法——关于目的性的想法"。

这个想法就是，如果人们在人生中有一个方向，如果他们真的知道自己想成为什么样的人——他们想为世界贡献什么，想改变什么，什么对他们重要，为什么重要——这将在顺境中给他们能量，在逆境中给他们韧性。[225]

青少年通向目标之路

达蒙和他的同事们转向目的性研究，包括进行一项全国性的调查和采访，试图找到12~15岁青少年在发展他们的"目标之路"（他的书以此为题）的过程中的规律。[226] 他们发现了四种典型状态：

- **漂泊者**：这类年轻人在调查或采访中没有表达出目标感。有些人表现得漠不关心,其他人则专注于享受当下的生活。
- **梦想者**:这类年轻人有自己的抱负和梦想,但还没有积极投入追求梦想中。
- **涉猎者**:这类年轻人尝试过一些有目的性的活动,但没有表现出持续致力于追求这些目标的迹象。
- **有志者**:这类年轻人已经找到了于他们有意义的活动,并有持续的兴趣投身其中。"他们清楚地知道自己在这个世界上想要实现什么以及为什么。"[227]

在目标之路研究中,20%的人属于有志者,而25%的人属于另一个极端——漂泊者。另外大约25%是梦想者,30%是涉猎者。当然,这些数字应该被视为某一个特定时间的结果。这些研究表明,获得基本的目标感是一段旅程,而不是终点。

有目的性和有目标是不一样的。达蒙和他的同事们一直在努力地为目的性制定一个明确的定义:

目的性是一种持久的承诺,意图达成对自己有意义的事情,并会对个体以外的世界产生影响。[228]

可以看到,目的性是对几个问题的回答:为什么我要做我所做之事?为什么这很重要?为什么它对我和我之外的世界都很重要?

因此,随着时间的推移,对目的性的定义涵盖以下方面:
- 它包括制定一个影响深远、长期的未来目标,为我们的人生提供**总体方向感**。
- 它是我们寻找个人意义的一部分,与我们**身份的核心**紧密连接。
- 它被我们超越自我、**做出积极改变**的渴望推动着。
- 它导向我们**可以取得的实际进展**。

目的性对于成人和青少年的意义

达蒙在斯坦福大学青少年中心的同事希瑟·马林表示,在青春期拥有目的性的益处已被类似的研究证明，它的积极影响远远大于消极影响。[229] 更有目标感的青少年更有可能：
- 身体健康
- 对未来更加乐观
- 体验到更多积极情绪
- 更多地参与学校活动
- 自尊更高

一个负面影响是，有目的性的年轻人可能会承受更大的压力——也许是因为有负面经历的年轻人将追求有目的性的行为当作一种应对方式，也可能是因为追求目标让他们的生活中有额外的事情要处理。

康奈尔大学的安东尼·伯罗和达蒙一样，也是研究目的性这一领域的关键领导者。对他来说，通向目标的道路并不平坦。在本科和研究生期间，伯罗主修发展心理学，关注身份认同问题：

一段时间后，我的导师们对我说，"安东尼，你没有身份认同问题。你有关于目的性的问题。"[230]

伯罗的多项研究调查了拥有目标对成年人的好处，其中包括在充满压力的日子里减少与压力相关的身体症状，[231] 以及改善经济状况。[232]

在对青少年的研究中，伯罗将目的性归类于青少年的资源，因为它组成了年轻人的"身份资本"。[233] 如果你更确定自己是谁，以及你想在人生中走向何方，你便可以从这个角度来理解发生在你身上的好事和坏事。这就像是一种投资（或投资者的心态），它可以改善你的生活，在困难时期保护你。

伯罗告诉我，他发现身份和目的性实际上是紧密相连的，甚至是连续获得的：

身份是对"你是谁"这个问题的回答，目的性是对"你要去哪里"的回答。目的性更多地关乎你的未来。

你很难有一个清晰的目标，除非你知道自己是谁。[234]

伯罗很清楚，目标是人生的指引，因此，它会影响我们做出的决定：

> 我可能不会走进五年级学生的教室说："你的人生目标是什么？"根据他们的年龄或语言技能，我可能会问不同的问题。但我真正的意图是了解你的核心部分，这个部分影响了你做出的其他决定。这非常接近我对我们所说的目标的理解。

伯罗认为研究人员还没有完全探索目的性内容的重要程度。他和他的同事引用了一些研究，这些研究表明，有目的性的人更有可能保持健康，更有幸福感。"压倒性的证据表明，目的性越强烈越好。"但是，"如此引人关注的研究在很大程度上却缺乏对目的性内容的关注。"[235] 即使有研究聚焦了人们追求的目的的种类，也没有关注不同类型的目的是否与幸福感的程度有关，这就需要更多的研究来更好地定义它。

所以，我们知道目的性是非常重要的，但还有很多东西需要学习。

理解和培养青少年的目的性

像伊沙恩一样，青少年渴望找到"真实的自己"；抑或像吉吉一样，想"活在当下，做我自己"。他们在探索自己身份的同时，也在寻求目的性。他们高度参与"当下"——此时此地——但同时也对未来充满好奇。因此，我将青春期的目的性定义为一个**寻求的过程**，一种对**人生目标的探索**，即：

- 是他们寻找**意义**过程的一部分，也是他们**身份**的核心。
- 给他们**方向**感。
- 给他们**内在动力**。
- 导向他们的**未来**，但影响着他们当下的目标和决策。
- 是他们可以为之努力并**取得进展**的事情。
- 包含对**超越自我**之事的承诺。

我的女儿劳拉在她的职业生涯中一直致力于目的性的研究,并多次意识到有许多心理预设阻碍了她的寻求。[236]

她是这样说的:

预设:目标是固定的。

发现:目标在你的一生中是可以改变的。

预设:幸福比目标更重要。

发现:目的性可以带来幸福,但从丧失和挑战中也可以生出目的性。

预设:目标必须与我们的职业相一致。

发现:它们可以是一致的,但不是必需的。

预设:目的性是一种奢侈。

发现:每个人都可以获得目的性。

预设:你只能有一个目标。

发现:人们可以有一个总体目标或多个目标,并且它们可以有不同表现形式。

预设:目的性意味着创造社会变革。

发现:目的性是超越自我的。这可能意味着创造社会变革,但这不是必需的。例如,它也可以是为家庭做出贡献或增加知识。

令我、我的女儿和安东尼·伯罗都感到不安的一个预设是,青少年应该找到自己的目标。伯罗说,这是一个错误的隐喻:

说"找到你的目标"的危险在于,这暗示着你必须找到它,向人们公布它,并且永远不偏离它。

伯罗通过他的研究发现,目标是一个"不断探索的发展性心理过程,它会进化和变化。"

我担心"找到你的目标"这个说法会给年轻人带来过分的压力——正如我们以未来为中心的文化的重压——要求他们对自己的未来有一个清晰的规划。此外,这种说法暗示寻找目标是一种独立的行为。这既不真实,也会带来压力。正如拉里·斯坦伯格指出的,大脑在青少年时期和成年早期的可塑性在生物学上给了我们追求兴趣的时间，这些兴趣可以引发目标感。[237]

对做出贡献的需求

花点时间思考以下问题：
- 什么词最适合描述你的家庭？
- 什么对你的家庭最重要？
- 作为一个家庭，你们的优势是什么？
- 哪些名言最能打动你的家人？

自从我第一次在布鲁斯·费勒的《幸福家庭的秘密》(The Secrets of Happy Families)[238]一书中读到家庭使命宣言的想法以来，我就很喜欢这个想法。费勒从多个家庭的生活智慧中获得灵感，并受到史蒂芬·柯维等管理专家的启发，最终提出了"家庭使命宣言"这个概念。[239]在他的"幸福家庭工具包"中，他列出了四个供家庭成员讨论的问题（见上文）。你可以用这些问题来确定家庭的核心信念，并创建自己的使命宣言。[240]

然而，并不总是需要制定一份家庭使命宣言才能考虑核心的教养信念。作为18岁的艾玛的母亲，露丝在艾玛出生之前就一直在思考该问题。她的前两个信念——关爱和联结——借鉴了她儿时从父亲身上学到的价值观：

我们称父亲为"市长"，因为无论他走到哪里，都能和别人聊得来。

露丝的父亲并不是在一个社区中长大的。他的母亲在他16岁时就去世了，而他父亲的新婚妻子不想与孩子们有任何联系。所以露丝的父亲还是个半大小伙的时候就搬到了一间公寓，在那里照顾妹妹。不久，他的父亲也去世了。露丝说，无论父亲是外出购物还是和他认识的人在一起，询问别人的近况都成了"他表达关爱和联结他人的方式"。

露丝从她在儿童媒体领域的工作中汲取灵感,在她的前两个价值观之上增加了好奇心:"当我想到为孩子们写作时,最好的故事总是与好奇、关爱和主动联结有关。"露丝想把这三个价值观灌输到艾玛的生活中:

我希望她永远不要害怕提问。每个人都有自己的故事,你可以对他人的故事具有好奇心,因为它可能与你的故事截然不同。

恰好在露丝生下艾玛之前,她的外祖母去世了:

我的外祖母叫艾拉,我仿照她的名字给女儿取名叫艾玛。从我女儿出生的那一刻起,G姨妈——我外祖母的姐姐——就想和她建立联系。我们每周五都会去她的住处看望她,请她给我们讲故事,这培养了艾玛的好奇心。

露丝还想让艾玛认识G姨妈的公寓里的其他人,这样她们在拜访时就不必只待在她的房间里了。

艾玛认识餐厅和前台的员工,还有打扫G姨妈房间的清洁工。我认为这些经历真的很重要,这样她才能在这个世界上找到自己的位置,而不是害怕这个世界。

艾玛和她的祖父一样,把与人互动视为了解他们的机会。她会问销售人员:"假期过得怎么样?"作为与她的家庭价值观保持一致的结果,好奇心、关爱他人和联结他人促使她做出贡献。

我有意使用"贡献"一词。露丝不喜欢"回馈"或"慈善"这些词,因为那是一条单行道。通过做出贡献,你既付出又得到。

露丝是犹太人。有一年的圣日,加州的野火肆虐,蔓延到了她家附近。虽然露丝一家幸免于难,但其他人的房子都被烧成了灰烬。在犹太教圣殿里，他们听到当地消防员昼夜不停地和大火抗争的故事：

我烹饪了牛胸肉，因为我们原本打算邀请朋友共度犹太新年的第二个晚上。但艾玛问："妈妈，我们为什么不把牛胸肉送给消防员们呢？他们一定很饿了。"于是我们将牛肉切片送到了消防站。

起初，露丝向艾玛推荐了一些她可以参与贡献的群体，其中一个是为神经多样性儿童提供的牧场。艾玛帮助那里的孩子们学会了照顾动物：

其中一些孩子有社交方面的困难。通过照顾动物，他们开始能够理解同情心和人际联结。

随着艾玛的成长，她开始主动寻找自己为社会做出贡献的方式。通过圣殿，艾玛听说并参与了"犹太世界观察"（Jewish World Watch）活动：

这是一个反对种族灭绝的组织。艾玛意识到曾有太多人的声音被埋没，她想了解他人的故事，并确保它们可以为人所知。

在好奇心的驱使下促进关爱和联结，通过这种方式露丝帮助艾玛投入她可以有所贡献的活动中。这些活动增强了她和他人的力量。

艾玛的体验并不是特例。**青少年已经做好了做出贡献的准备——科学证实了这一基本需求的重要性。**

贡献背后的科学逻辑

加州大学洛杉矶分校的安德鲁·富利尼通过自己的研究，以及他作为青少年发展中心联合执行主任的经历得出结论，与青春期的其他心理需求相比，对做出贡献的重要性缺乏关注。他将该现象部分归因于一个偏见，即认为"青少年是自私和不负责任的"。[241] 他认为对做出贡献的需求是非常"基础"的需要。

富利尼对贡献的定义是，为实现与他人的共同目标提供支持、资源或帮助。贡献不仅本身是一种心理需求，它还丰富和促进其他的基本需求，如自主性、身份认同、关爱性关系和目的性。[242] 富利尼说，研究表明，"获得目的性和意义感的最佳方式之一是为社会做出贡献"。[243]

研究发现，许多青少年其实很愿意把他们珍视的东西——比如时间或金钱——赠给别人。根据富利尼对捐款实验的回顾，青少年有50%~75%的概率愿意朋友间捐助。他们甚至不必知道自己要捐赠的对象——他们有30%~50%的概率会捐赠给陌生人，即使这意味着个人利益的损失。[244]

贡献不仅仅意味着做志愿服务或捐款，它也可以是帮助朋友和家人，就像艾玛对G姨妈所做的那样。当谈到家庭贡献时，其他关于青春期的负面假设也会出现。富利尼指出：

> 当代西方儿童发展和发展心理学一直认为，儿童应该受到保护——不应该要求他们做太多事情，照顾家庭可能是儿童压力的重要来源。[245]

但是根据富利尼和他的同事对洛杉矶地区700多名具有亚洲、拉丁美洲和欧洲背景的青少年的观察研究，情况并非如此。该团队由伊娃·特尔泽领导，当时她还是富利尼实验室的研究生。[246] 为了研究照顾家庭如何影响青少年的福祉，他们要求孩子们在14天的时间里记录每天的日常，报告他们经历的事件、参与的活动和心情。

结果证明，照顾家庭并不罕见：九年级学生大约在70%的日子里做些家务，平均每天约一小时，其中清洁、烹饪和照顾兄弟姐妹等家务活最为常见。虽然由于学生的背景不同而存在差异（亚裔和拉丁裔学生比欧美学生更多地照顾家庭），但没有性别差异。

他们还发现，虽然照顾家庭有时确实感觉像是一种负担，但学生们在那些日子里却会更快乐。[247] 富利尼说：

> 帮助他人被赋予了一种意义和目标感，进而转化成积极的幸福感。

这虽然不会带来巨大的影响，但其效果也超出了许多人的预料。

他说，这一结果"让我们开始思考——也许我们可以看看这在发育中的青少年大脑中起到了什么作用"。

两年后，在特尔泽领导的一项后续研究中，由同一批学生组成的一个小组佩戴上磁共振成像扫描仪，然后用真金白银玩了一个捐赠游戏。[248] 他们被告知可以为自己或家人赢得不超过 100 美元的奖金。每一轮游戏中，他们可以拒绝或接受提供给他们的报价。有四种类型的报价，如表 8 所示（美元数字是示例，因为金额可能变化）。

表 8　四种报价类型

为自己赢得奖励	向家庭捐献
无损失的：自己获得 2 美元，家庭获得 0 美元	无损失的：自己获得 0 美元，家庭获得 2 美元
含损失的：自己获得 2 美元，家庭损失 1 美元	含损失的：自己损失 1 美元，家庭获得 2 美元

研究人员发现，当青少年向家庭进行含损失的捐赠时，与自己获得无损失的奖励时相比，他们大脑中与奖励相关的区域的激活水平会升高。

对于那些更认同自己的家庭，并在两年前的调查中报告通过帮助家庭而获得了更多满足感的青少年来说，与为自己获得奖励相比，当他们为家庭做出贡献时，他们脑部的奖励相关区域的激活会更高。

研究人员发现，这种决策不仅仅涉及大脑中与奖励相关的区域。[249] 富利尼报告：

它还涉及与所谓的心智化相关的区域，该区域和考虑他人的需求、愿望和担忧，以及与认知控制相关。

我们还看到了这些区域之间存在功能连接。这对我们来说非常有吸引力，因为它表明了更成熟的处理水平。[250]

研究发现，为他人做出贡献的青少年和成年人的身心健康状况都有所改善。这也与较低的死亡率、较少的健康问题和较低的抑郁率有关。[251]

既然做出贡献有如此大的影响力，我们是否为青少年提供了足够的机会，使他们能够为家人、朋友和社区的利益做出贡献？

实验室⟷生活：鼓励青少年提出（"大"）问题：QUESTion 项目

当我发现 QUESTion 项目时，我被深深吸引了。"寻找"（quest）的概念与青少年探索的动力相一致，"探索"（QUEST）变成了"问题"（question）。青少年充满了疑问，其中既有他们问的问题，也有他们藏在心底的问题。

QUESTion 项目是否有助于连接青少年的内心世界和外部世界？这会使他们能够追寻自己的问题吗？

当我与该项目的创建者杰拉德·塞内希交谈时，他谈到了教育中通常应对身份和目标问题的方法：

许多学校通过将孩子塞入一个个标签里来处理身份问题。标签是静态的，无法为他们逐步展开身份探索创造空间。[252]

他对目的性也有同感。学校将目的性的探索简化为询问年轻人被什么东西激励，并推动他们走向一项事业。塞内希想知道是否可以有一个结构化的过程来帮助年轻人同时探索身份、目标和贡献：

我花了两年时间与大学和公立高中的学生合作，为了确定最重要的人类问题——帮助学生定义自己，让生活变得有意义，并给他们方向感和目标感。

他和妻子弗朗西斯卡·鲁西亚尼开始为大学生创建课程，包括成立一个由受人尊敬的人物组成的顾问委员会。塞内希回忆，有一天，他们的一位顾问打来电话说:"我已经安排你明天早上去布朗克斯一所公立学校讲一节课。"

课程进行得很顺利,以至于这所优质学校的校长请求以后可以有更多这样的授课,期待课程内容能从"让学生们为大学和职业生涯做准备"扩展到"为他们的人生做准备"。

因此,塞内希和鲁西亚尼开始了与这所公立学校的长期合作,并创建了80节课程——以每日一节的频率持续一个学期。他们采用公民科学的方法,持续与曾上过该课的学生和老师合作,以改进这些课程。

QUESTion项目已经为纽约市和洛杉矶公立学校的12000多名高中生提供了服务。课程包括介绍部分、五个被称为"支柱"的关键主题和总结部分。

在介绍课上,学生们会给自己写一封关于他们想从课堂上得到什么的信,这些信会被封存并保存到课程结束。他们还做自我评估,绘制自己的成长图,并记录自己最大的困惑。在第一支柱主题课上,学生们会探索自己身份的不同部分,尤其是他们在塑造自己人生的过程中拥有的选择和能动性。教师们接受的培训让他们会在不同方面支持学生,不仅是思考课程所涵盖的主题,还鼓励他们融入自己的个性。一名学生这样描述:

> 我记得有一天,我对某个话题发表了自己的观点,老师问:"你为什么会这样想?"我猝不及防,尴尬地回答:"我不知道。我只是这样想。"老师不允许我这样敷衍回答,并告诉我要看看自己的内心,探索是什么产生了这种观点。从来没有老师教过我反思自己。[253]

塞内希说,在第二支柱主题课中,"我们的目标是让学生与目标建立真正的关系。"[254] 在第三支柱主题课中,他们引入了"无畏"的概念,以此来增强学生勇敢做自己的勇气。在第四支柱主题课中,学生们会探索联结感。在第五支柱主题课中,他们将考虑如何从更大的角度看待自己的生活,并想象他们未来想要的社会。在总结课上,学生们会回顾他们一起走过的旅程，以及他们最重要的收获。

塞内希讲述了一个故事。他与加利福尼亚的一群学生谈论从课堂上学到的经验，其中一个女孩说，她意识到自己一直在遵循剧本做她应该做的事情。

但她也意识到，"我这个年纪本来就不知道人生是什么。现在正是探索和发现的时候"。

另一名学生告诉塞内希：

我不知道怎样找到人生的目的，但没关系，我知道我会去寻找的。[255]

我问塞内希，是否有家长反对他们的孩子在学校进行这些深入的讨论。他说没有。他认为，当成年人试图给青少年强加一种特定的意识形态，去"引导孩子找到答案，而不是为他们创造寻找答案的空间"时，会导致孩子的抵抗。[256]

2022年对QUESTion项目[257]的评估验证了这种观点。希瑟·马林对毕业生、教师和校长进行的一项定性研究始于这个问题：

我们怎么就形成了这样一个据称为学生的未来做好准备，却未能帮助他们培养人生目标感的教育体系呢？

评估显示，学校其实能够为培养学生的目标感提供支持。在毕业生报告的从QUESTion项目中获得的众多收益中，包含了在面对恐惧时学会勇敢，对未来的可能性更加开放，明白形成目标感是一个过程，对自己的选择更加负责，并被激励着为世界的进步做出贡献。

布朗克斯科学与数学中心的前校长爱德华·汤姆说，他的学生们过去上学总迟到，但现在他们早早到校，因为他们感到学校里的的确确有一些东西可以学习并传递给他人：

与我们所习以为常的那群青少年相比,这是一个巨大的转变。在过去,他们来到学校,我们提供什么他们就接受什么。我觉得参加QUESTion项目的孩子们已经改变了他们的思维模式,他们开始问自己:"我能给别人什么?"[258]

家庭使命宣言

一个星期六的早晨,布鲁斯·费勒与妻儿一起制定了他们的家庭使命宣言。[259]他们穿着睡衣,吃着爆米花、糖果,翻看着挂图,回答关于他们作为一个家庭重视什么的问题,并写下了他们的宣言。事实证明,这些宣言在很大程度上反映了青少年在发展过程中所需要的东西:

- 在写下"愿我们以冒险为始,以爱为终"时,他们的家人肯定了青春期是在关爱性关系中探索的时期。
- 在写下"我们梦想充满激情的生活"时,他们谈到了身份认同和人生目标。
- 在写下"我们帮助他人提升"时,他们认为要做出贡献。

你的家庭使命宣言是什么呢?

贡献需求中的匹配和不匹配

在我们的"突破之年"调查中,我们对贡献需求问题的措辞与其他基本需求的措辞略有不同。

我们会问:

在多大程度上以下描述符合你的父母和家庭?
1. 你的父母和家人会帮助别人
2. 你会帮助你的父母和家人

我们询问青少年,这些陈述在多大程度上描述了"我们",因为我们认为贡献要么是与他人一起做的,要么是为他人做的。我们还希望青少年在回答这些问题时反思自己的身份。这些问题涉及他们的家人、朋友、学校里的人、校外活动中的人以及他们在网上联系的人。

也许是因为我们尝试了不同的措辞（我们通常会询问他们的需求被满足的频率），报告说这些说法听起来"非常像我们"的青少年较少，这个比例在11%~42%之间。比值的大小取决于其他人际关系和家庭关系所带来的影响。

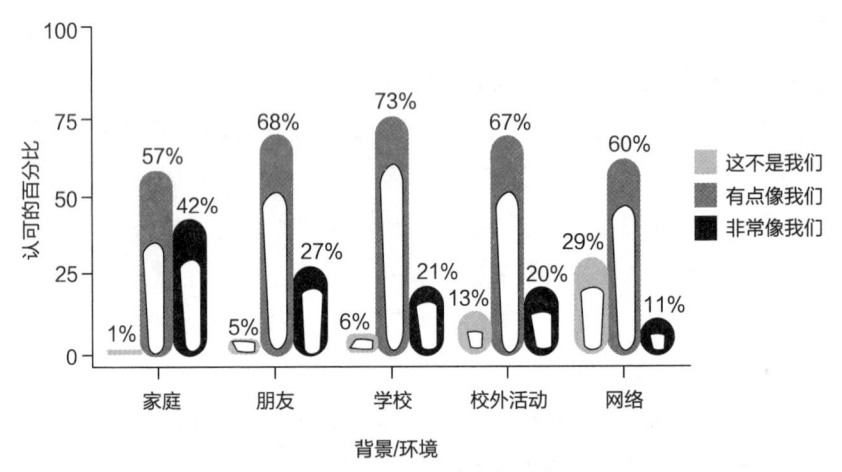

图13　青少年报告关于贡献需求被满足的描述是否符合"我们"

注：青少年对每个问题的回答分为四个等级，从"不能描述我们"到"非常好地描述我们"。将这两个问题的答案相加，得出以下几组："这不是我们"（2~3分），"有点像我们"（4~6分），"非常像我们"（7~8分）。

在疫情前，那些在评估中报告"非常像我们"的青少年，在疫情期间各方面都发展得很不错。他们报告说：
- 他们更多地参与了学校学习和活动。
- 对未来更充满希望。
- 体验到更多积极情绪和更少消极情绪。
- 压力较小。

有趣的是，当他们的家庭满足了他们的贡献需求时，青少年经历的冲突也会减少。

表 9　贡献需求被满足的结果

贡献背景/环境	学校参与	成绩（A）	成绩（P）	未来	消极情绪	积极情绪	压力	冲突（A：P）
家庭	↑			↑	↓	↑	↓	↓：
朋友	↑	↑	↑	↑		↑	↓	：
学校	↑	↑	↑	↑	↓	↑	↓	：
校外活动	↑			↑			↓	：
网络		↑		↑		↑		：

注：A=青少年报告，P=家长报告。箭头表示关联的方向（即向上的箭头表示促进，向下的箭头表示抑制），控制人口统计学因素。空格表示没有统计上的显著关系。显著关系的 p 值小于 0.0005，意味着这些相关性非常可靠，而非偶然发生。

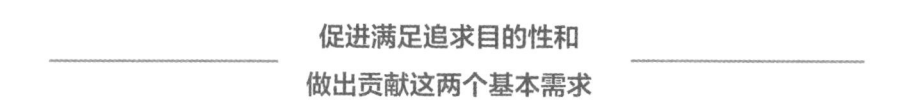

促进满足追求目的性和做出贡献这两个基本需求

与其让青少年寻找目标，不如想想如何在青少年中培养目标感——为他们提供探索的经历和寻找意义的机会。研究表明，探索目标伴随人的一生，而且不是单独发生的，它发生在与他人的对话中。为了促进目的性需求的满足，我们可以：

- 提供能够让青少年对生活产生新兴趣和新见解的体验。
- 谨记：对于青少年来说，这是一个探索的时刻。

青少年时刻为做出贡献准备着——以造福他人和自己的方式献出自己的时间和资源，给予他人帮助。为了促进贡献需求的满足，我们可以：

- 为他们的日常生活创造贡献的机会。这不一定是志愿服务，也可以是在课堂上分享他们的想法，帮助他们的家人或朋友。贡献可以是关于请求或接受帮助。
- 为他们提供安全的、受欢迎的机会，让他们通过分享自己是谁、想成为谁、想如何发挥作用和做出贡献等真实问题进行反思。

重新思考青春期：
从"孩子们做得怎么样"到"我们做得怎么样"

2021年12月，美国外科医生维韦克·穆尔蒂发布了一份《青少年心理健康报告》，[260] 其中写道："儿童、青少年和年轻人面对的心理健康挑战是真实而普遍的。早在疫情之前，就有数量惊人的年轻人与无助感、抑郁和自杀念头做斗争。而在过去十年中，自杀率还在上升。"[261] 美国疾病控制与预防中心2023年发布的青少年冒险行为调查显示，这些令人担忧的趋势依然有增无减：

- 2011年，28%的高中生报告称，他们持续感到悲伤或绝望，到2021年，这一比例达到了42%（其中57%为女性，29%为男性）。[262]

这些发现很可怕，但对我来说同样可怕的是随之而来的一些关于心理健康问题的公开和私人讨论。

例如，在一个社区，我和一群教育领袖正在讨论关于心理健康的挑战。这些领导人认为他们已经在寻求解决方案的道路上，因为他们正在对儿童进行一项关于他们在学校的归属感和其他社会情感能力的调查。

"他们将如何处理这些数据？"我问道。

"他们会知道要关注哪些孩子。"其中一人说。

"他们会给孩子们打分吗？"我问道。

"对。"

"那么，他们将根据归属感以及英语、数学和科学成绩对孩子们进行评分吗？"如果对学生来说，归属感成了又一项可能被用来衡量他们成败的标准，那将是非常令人不安的。

尽管识别和支持面临风险的青少年很重要，但如果进行评估，他们也应该关注孩子们身处的课堂环境在多大程度上帮助他们体验到归属感、支持和效能感。环境至关重要，因为上述心理健康问题的发生不仅仅是学生特质或技能的原因。学生是同龄人群体、家庭和社区的一部分。因此，在会议上，我说，如果他们进行这项调查，那么调查结果一定不能用于给孩子或他们的老师打分,而只能用于找出哪些因素有帮助,哪些可以改进。

这就是我们处理归属感或效能感等基本需求的正确方式。如果我们从个人主义的角度来看待它们,这些需求很可能会被认为只涉及青少年个人,而与他们所处的环境无关。这就像根据孩子的饥饿程度来评价他们,而不考虑他们的环境是否能提供食物。

当我们无法理解环境在满足需求中的作用时,我们就会把这一关键过程交由机遇、幸运的巧合或偶然因素来决定:

- 研究人员杰森·奥科诺弗亚恰好被指派到一所私立学校,在那里他得以满足自尊需求,并亲眼看到缺乏或存在尊重会给年轻人带来什么。
- 那个欺凌伊沙恩的少年无意间改变了伊沙恩的生活,并向伊沙恩展示了身份不是固定不变的。
- 研究人员比尔·达蒙偶然接到任务,为他的中学报社写一篇关于匈牙利移民足球队的故事,这让他走上了探索目标之路。

像这样的幸运巧合似乎确实塑造了我们的生活,但为什么不能有意地增加幸运的概率呢?如果我们认识到青少年有基本需求,我们就应该为满足这些需求提供机会。如果我们能找到系统地创建和维护这类环境的方法,我们就会有更多幸运的茁壮成长的孩子。

让我们重新思考青春期,认识到青少年的心理需求不仅被内部驱动,还需要外部机会的促进,而我们可以提供这样的机会。然后,我们就会从问"孩子们做得怎么样"转变为"我们做得怎么样"。

第五章
**我们喜欢
学习生活和学习技能**

参与"突破之年"研究的青少年写信告诉我们他们的学习方法和对学习的期待。他们想让我们知道他们是学习者：

我们喜欢学习。

——一名 16 岁男孩

请给我们更多的学习机会。

——一名 17 岁男孩

他们从生活中学习——尤其是向我们学习。不仅仅是从我们所说的，更重要的是从我们所做的：

我们在观察你们。

——一名 13 岁男孩

当你们认为我们没在听时，其实你们说的我们都听到了。

——一名 10 岁女孩

我们确实听到了你们说的话，其实你们说的我们都听到了。

——一名 15 岁女孩

你们必须通过示范来帮助我们学习正确的方法，而不仅仅是靠嘴说。

——一名 9 岁女孩

他们说自己在探索，并希望就所学内容进行互动：

我们需要更多的探索。

——一名 12 岁男孩

我们要尝试更多新的东西。

——一名 10 岁女孩

我们喜欢成为互动式的学习者。我们常常被学习和生活吓得不知所措。

——一名 11 岁男孩

他们希望他们学到的东西是有用的：

我们在学校学到的东西一半都用不上。为什么我们要继续上这些课才能毕业？

——一名 14 岁男孩

用我们能理解的方式帮我们学习。请问问我们的观点，听！听！我！们！的！意！见！！！

——一名 13 岁女孩

他们想学会做决定。有的青少年说他们想要更多的指导，有的则说想要更少的指导：

让我们更加独立，自己做决定。我们需要学会找到自己的路。

——一名 15 岁男孩

鼓励我们，帮助我们，但让我们自己思考。

——一名 13 岁的女孩

我们只是在学习，需要指导。

——一名 12 岁女孩

他们也写了自己对于在困难和错误中学习的想法和态度：

学习需要时间，而失败也是其中的一部分。

——一名 17 岁的女孩

我们是人，所以我们有时会在学习过程中犯错，但请给我们一个机会，我们是未来的领导者。

——一名17岁男孩

他们说，学习是为了获得生活所需的知识和技能：

我们是非常幸运的一代，但也是迷失了人生方向的一代。

——一名14岁女孩

学校系统已经过时了，他们只告诉我们应该做什么，但并没有帮助我们创造我们的未来。

——一名11岁男孩

我们可以看到一切。我们不需要遮掩自己的悲伤和眼泪。勇敢意味着教会孩子们如何面对生活，即使爸爸已经离开了我们。

——一名10岁女孩

> **突破之年研究发现** | 27%的青少年要求成年人帮助他们以自己最擅长的方式学习有用的知识。

在本章中，我们将介绍一组基本技能——执行功能技能，这些技能对学习和生活的成功至关重要。然后，我们将讨论基于这些基本技能的另一套技能，我称它们为"生活和学习技能"，因为它们是美好生活的基本要素，包括设定和实现目标、理解他人的观点、沟通与合作、解决问题和迎接挑战。这些技能可以帮助青少年成为他们想成为的学习者，还能从他们所学的知识中取得最大的收获。

在第四章中，我们看到，满足青少年的基本心理需求对于他们在学校和生活中的幸福感很重要。那么，需求和技能是如何结合在一起的呢？

第五章
我们喜欢学习生活和学习技能

为本书进行的另一项研究让我们有机会来思考这一问题。这是一项针对美国6个州22所学校的223名六年级、九年级和十二年级学生的解决问题能力和执行功能技能的研究。

与我们的调查不同的是，这项研究包括了行为测量，研究人员让青少年在完成一份与基线调查大致匹配的简短问卷后又对他们进行了一系列认知评估。这个计时任务包括对执行功能技能的一般测量，以及对语言流畅性、认知灵活性、反思、解决问题/计划和处理速度的测量。

总的来说，我们发现与那些认知技能较差且在需求满足上满意度较低的学生相比，认知技能较强且需求得到满足的学生的压力更少、成绩更好。因此，我们既需要提供满足学生基本需求的环境，也需要提供培养学生生活和学习技能的机会。

父母的思考：技能在生活中的重要性

> 想想看，如果你能从容地应对一个挑战，你使用了什么技能，它是如何帮助你的？

我认为，在我们能够从孩子的角度充分理解这一点之前，我们需要看到技能在我们自己生活中的重要性。以下是我在与一些成年人交谈时听到的故事。

一个男孩被叫到校长办公室，他的母亲竭力控制住自己的情绪，把问题交给儿子自己来解决。事后这位母亲对自己的做法进行了总结：

我周五去学校接儿子时，他告诉我他被叫到了校长办公室，因为他被指控做了一些他没做的事。那可是校长！这是件大事。我儿子不明白为什么会发生这种事，且非常难过。我当时真忍不住想变成"熊妈妈"，给老师打电话。我竭尽全力才没有那么做。从我儿子的角度来看，我可以看出他对所发生的事感觉被剥夺了权力。如果我打电话给老师，我会进一步剥夺他的权力。我想让他学会自己拿主意，所以我问了他一些问题，问他想如何处理这件事。他决定给老师写一封信，说他很困惑。老师最后相信了他，但即使她不相信，他也只能自己处理这件困难的事——我不会替他做。

一位平面设计师学会了灵活思考：

我学会了当我被一个项目困住时，我需要后退一步，停止尝试解决它。当我拿出很多小纸片来进行不同的尝试，或者当我可以让自己探索各种可能性时，我通常可以想出一个解决方案。

对于面临老年护理挑战的父母来说，多找人帮忙是可行的：

我面临一个家庭问题：照顾年迈的父母，我的解决方案是找人来帮助我。我请我的兄弟轮流和我一起照顾，我还请一个朋友帮我做预算，并让另一个朋友帮我重新安排空间。我还在社区里找了一个人，我们可以花钱请他帮点小忙。我意识到生活就是这样。没有人可以独自完成所有事情，但包括我在内的大多数人都非常不善于寻求帮助。我发现，如果我要求得不太过分，大多数人都会很乐意接受我的请求。

好奇成了一种让充满威胁的工作环境变得可控的方法：

我以前常常在会议结束后对自己说，他们就是不理解我想传达的任何事情。这总是别人的错。后来我意识到，我只是在说话，却没有倾听。现在我学会了问问题——真正的问题——去寻找真正的答案。自从我开始这样做，我就不再说"他们搞不懂"这样的话了。

无论我们是在沟通中遇到困难，还是在处理照顾老人的问题，抑或是被困在工作项目中，或者是孩子被叫到了校长办公室，我们都需要一些可以利用和依靠的技能。如果你和我们讨论过的大多数成年人一样，你很可能在成长过程中通过不断摸索学习到了宝贵的技能。试想一下，如果我们在成长过程中能够更有意识地学习和实践这些生活和学习技能，那将会是多么有力量的一件事啊！

培养基本执行功能技能

虽然人们可能知道归属感、身份认同和效能感很重要，却没有把它们视为基本的心理需求。我发现人们对基本执行功能技能背后的科学以及以此为基础的生活和学习技能知之甚少。

明尼苏达大学的菲利普·泽拉佐说，执行功能技能最好被视为一个"宽泛的伞形概念"，因为它们是根据人们的行为来定义的。[1] 这些"自上而下的神经认知过程"[2] 包括管理情绪、思想和行为，以实现目标。[3] 它们调用大脑的认知控制部分，包括我们经常讨论的前额叶皮质。

泽拉佐详细阐述了执行功能技能的重要性：

执行功能技能为有意识地学习和适应生活中的挑战奠定了基础。每当我们想刻意做某件事时——即我们想追求某个目标时——我们都需要依靠这些注意力调节技能。事实上，可以这么说，我们有意识地做的每一件事，都需要执行功能技能才能取得成功。[4]

"伞"下有什么呢？基本执行功能技能的四个组成部分

如果我继续用泽拉佐的类比，那么伞本身就是焦点，因为执行功能技能就是一种注意力调节技能。[5]当我们试图实现目标或解决问题时，我们需要把注意力集中在它上面，就像我们在雨天外出时，必须撑开雨伞，这样才能保持我们身体的干爽。[6]

伞下有四种技能：**认知灵活性、工作记忆、抑制控制和反思**。这些技能使我们可以：

- **学会灵活思考**：考虑不同的观点以应对不断变化的环境（认知灵活性）。
- **运用你所知道的**：记住信息以便使用它们（工作记忆）。
- **运用自我控制**：抑制无意识和冲动的行为（抑制控制），这样你就能以目标为导向进行推理和解决问题，并坚持不懈地实现目标。[7]
- **反思**：当注意到挑战的时候，暂停，退后一步，考虑各种选项，并在做出回应之前把事情放入具体的情境当中（反思）。[8]

这四个技能是生活和学习技能的基石，我们稍后将讨论。

执行功能技能是成功的预兆

越来越多的人开始关注基本执行功能技能，因为许多学科的研究都表明，拥有更好的执行功能技能的人更有可能在几乎所有方面取得成功。

不列颠哥伦比亚大学的阿黛尔·戴蒙德和达芙妮·凌在符合严格的科学严谨性标准的各项研究中，探讨了这些基本执行功能技能的影响。以下是她们对研究结果的总结：

> 执行功能技能可以预测一生的成就、健康、财富和生活质量，它往往比智商或社会经济地位更重要。与智商、基础阅读或数学能力相比，它对入学准备更为重要。执行功能技能从学前班到大学阶段都能很好地预测学业方面的成功（比起智商来通常是更好的预测因素）。
>
> 强大的执行功能技能的重要性并不局限于儿童时期。有充分的证据表明，执行功能技能对于成功找到工作、保持工作、职业晋升、结交和保持友谊、婚姻和睦、避免入狱和抵制药物滥用至关重要。拥有更好的

执行功能技能的成年人也表示，他们感觉更快乐，生活质量也更高。[9]

儿童期和青春期——发展执行功能技能的黄金时期

孩子们并不是天生就有执行能力，但他们天生就有学习这些技能的能力。正如哈佛大学儿童发展中心所说，基因提供了蓝图，但儿童所处的环境会在这些蓝图上留下长久的印记。[10]

执行功能技能在儿童期和青少年时期发展迅速。哈佛儿童发展中心指出，执行功能技能的发展与前额叶皮质的发展相对应。在早期，这种功能处于形成阶段，"随着相关神经回路的出现、成熟并形成关键的相互联系"，在青春期和成年早期，这些"回路会得到完善，变得更有效率"。[11]

青春期大脑的两个主要变化解释了为什么青春期是发展这些基本技能的黄金时期。首先，前额叶区域——执行功能的核心区域——得到了显著发展。其次，外侧皮质区域（与认知控制有关的区域）和内侧皮质区域（与情绪反应、奖励和学习有关的区域）内部及二者之间的连通性得到了改善。[12]

加州大学洛杉矶分校的詹妮弗·西尔弗斯指出，青少年的执行功能技能在青春期迅速提高，在情绪"阳光明媚"的日子里，青少年可以像成年人一样运用这些技能，甚至比成年人表现得更好。但在情绪"暴风骤雨"的日子里，情况就会完全不同。西尔弗斯把前额叶皮质和皮质下区域之间正在形成的连接比作新铺设的道路。当一场强烈的情绪风暴来袭时，水泥可能会被弄湿，事情会变得一团糟。

请注意，我用了"可能"这个词。事实上，青春期是获得这些技能的关键时期，这些技能可以缓冲青少年一生中遇到的困难。[13]

学会灵活思考：认知灵活性

17岁的杰克说，童年的自己对新鲜事物很感兴趣，同时又倾向于对一些事情保持不变。他告诉我：

我一直对一些事很好奇，但当我更小的时候，我反对任何改变。这是我无法应付的事情。

新鲜事物会惹毛他：

6岁的时候，如果我妈妈给前门涂上不同的颜色，我会大发脾气。有好几天我都试着不和她说话，但这行不通，因为她是我妈妈，而我才6岁。我在"随波逐流"和试图掌控生活的变化之间矛盾挣扎。

尽管他希望保持不变，但事情还是在不断变化。上小学时，他的父母离婚了，家庭生活发生了剧变。最终，他经历了他认为的转折点：

我意识到，退缩会让我和周围人的交流变得更加困难。

他开始告诉自己："我要坚持下去——就一次。"这并不总是有效果，但他一直在努力："我要再试一次。"渐渐地，他意识到自己可以放松了。

一步一个脚印是一种复杂的策略，只有具备了灵活的认知能力，才能有勇气探索未知的世界。杰克把13岁那年搬出童年一直居住的家视为一次考验：

我从3岁起就住在那里。我和我的玩具、我的旧东西如此紧密地联系在一起。但我最终还是让自己放下了这一切。我把东西送人或卖掉，我切断了对周围事物的情感依恋。生活在发展，你不可能抓住一切不放。这次搬家和扔掉旧东西让我可以重新开始了。

他送出的东西比母亲预期的要多，因为他意识到，即使他放弃了这些童年的财产，它们也不会消失：

我并没有忘记那所房子或那些记忆。我仍然拥有它们，它们根植于我的内心。我可以让东西来和去，这样我就会有更多的成长空间。

我问杰克是什么让他变得更灵活了，他告诉我，因为他意识到必须学会与父母生活中的新朋友相处。

我妈妈有一个长期交往的男朋友，我称他为继父。我爸爸也再婚了，和他的新妻子生了一个孩子。

他说自己多年来一直是继父眼中名副其实的"浑蛋"，因为他经常做一些不着调的事情，比如试图让妈妈与继父对立，或者嘲笑他，但继父通常不会掉进这些陷阱，他一直邀请杰克一起做事：

即使我不断拒绝，他也持续尝试与我沟通。我非常非常感激他这么做。

最终，杰克接受了这一事实："我不能假装这是暂时的。当有人住在你家里时，你必须学会和他们一起共事和生活。"

回想起来，杰克觉得他的四位父母都采取了对他的成长很有帮助的方法。他们让他意识到了这个问题，在他发脾气的时候告诉他："你不喜欢事情变化，我们理解这一点。"但他们也明确表示，他正在阻碍自己的成长。他回忆起母亲对他说过："你能搞定的。"

这就是我们一直在讨论的自主支持型方法的精髓：成年人不要试图替孩子解决问题，而是让孩子学会自己想办法，因为他们在发展过程中已经具备了这样做的能力。这可以促进灵活思考和其他执行功能技能的练习。额外的好处是：当青少年在为自己解决问题方面有发言权时，他们就更有可能为实现自己的目标而努力，并坚持到底。

尝试解决家庭变化问题帮杰克塑造了今天的自己。正如鹿特丹伊拉斯姆斯大学神经科学家伊芙琳·克罗恩所指出的那样，认知灵活性有助于我们学会适应这个不断变化的世界。[14] 杰克说，他变得更能随机应变了，这是他在工作中特别需要的一项技能。曾经的"负债"正在变成一种"资产"。

运用你所知道的：工作记忆

工作记忆的定义是：当我们在试图解决问题或制订计划以达到目标时在我们的头脑中所保存的信息。大到应对全球危机，小到做早餐，我们生活中的所有事情都会依赖于工作记忆。

作为一名致力于推广负责任使用枪支的学生领袖，马可有很多事情需要关注。这个问题对他来说"非常个人化"：

当我还是个孩子的时候，我确实经历过一次家庭暴力事件，我的父亲是一个不负责任的枪支拥有者，他几年来一直在用它伤害我的家庭。

最终，在其他家庭成员和执法部门的帮助下，马可的家人逃离了他的父亲，但马可无法摆脱父亲对他造成的心理阴影。马可说这些经历塑造了他的人生。

高中时，学校发生了一起枪支暴力事件。他的一些同学加入了"学生请求行动"，这是一个由学生领袖组成的基层组织——从高中到大学——致力于促进公民能负责任地使用枪支。马可的 SAT 导师建议他参加一个会议，去"看看这个组织是干什么的"。马可说：

我意识到有一个运动可以为像我这样的人提供支持，我也可以帮助其他潜在的受害者。

马可加入了这个组织并最终在他所在的城市建立了一所关于枪支安全的领导学院。他有时会觉得日程安排压得人喘不过气来：其中包括上学、家庭作业和他参与的"学生请求行动"。所有的事情对他来说是不可能一下子都记住的，伊芙琳·克罗恩把这种现象称为"眼不见，心不念"（看不见就淡忘了）[15]，所以他以一种积极主动的方式，利用他的工作记忆来写待办事项清单。这些清单支撑和辅助着他的记忆，这样他就不会不知所措了。

我利用了许多工具和技术，包括一张纸质议程，我每天在上面写下我的待办事项，并在它们完成时进行检查。我觉得这真的很有帮助。

考虑到日常生活中我们身边的所有信息，我们要如何提高我们的记忆力呢？弗吉尼亚大学的丹尼尔·威林厄姆是一位著名的记忆研究员，他使用了一个朗朗上口的短语"记忆就是思考"。这意味着"储存在记忆中的东西"与你遇到这些东西时的想法是密切相关的。[16]

为了说明这一点，他分享了托马斯·海德和詹姆斯·詹金斯[17]在1969年进行的一个经典实验。在实验中，学生们听一组单词，每两秒钟听一个词。一组学生被要求说明这个词是让他们想到愉快的事情还是不愉快的事情，另一组学生被要求计算字母 e 在单词中出现的次数。如果你思考"垃圾"（garbage）这个词有多么令人不愉快或愉快，那么你之后记住这个词的可能性会比你思考它包含多少个 e 的可能性大。当被问及如何给学生提一些关于提高记忆力的建议时，威林厄姆说，要把注意力集中在你想记住的内容的意义上。[18]哈佛大学已故的库尔特·费希尔也提出了一个重要的观点，那就是我们会记住我们关心的事情：

大脑研究所做的最有益的事情之一，是它使我们很难将认知与情感分开。例如，大脑中的记忆区域（最基本的认知功能）与情感区域有着紧密的联系。[19]

运用自我控制：抑制控制

"及时停止"是伊芙琳·克罗恩对抑制控制的巧妙描述。[20]我们在书中一直在谈论这个技能，因为它是拒绝诱惑、延迟满足和抵制分心的基础。

莎拉是一名高三学生，她发现自己需要这种技能来平衡自己作为田径运动员的需求和其他生活需求。为了保持动力，莎拉给自己设定了目标。起初，她的目标是进入高中田径队，然后参加各种比赛；现在，她的目标是参加全国比赛，最终进入大学田径队。

莎拉说："有时候，直到你离目标更近了一点，你才会意识到目标触手可及。也许现在赢得全国冠军对我来说还不可能，但在未来的某个时刻，我可能会意识到这是有可能的。"

在通往终点的道路上，莎拉遇到了很多障碍，她必须学会自我控制才能坚持下去。在上学期间，她发现自己会因为要休息、进行练习或参加比赛而不得不拒绝和朋友们出去玩。

在暑假里，由于没有比赛，她和队友们见面的机会也少了，她发现"很难一个人坚持按计划跑步"。为此，她牢记赛季后期的目标。她告诉自己："我很快就会和队友们一起跑步了。他们会希望我现在就付出努力。"这就是她的工作记忆与抑制控制相互作用并帮助她实现目标的一个例子。

朋友和队友的社会支持也有助于她坚持训练。同样，重新看待挫折也是如此："如果我跑了一场糟糕的比赛，我可能会很沮丧。"她说。但她已经意识到，应对这种情况的最好方法就是从这些经历中吸取教训："也许我起跑得太快了，或者我没有保存足够的体力。"记住自己的长期目标也很有帮助：

有些时候，我觉得自己再也坚持不下去了。但我必须提醒自己，总会有感觉好起来的时候，这只是一个低谷。我提醒自己，这就是我努力的方向，这就是我想要的。

反思

反思指的是放慢脚步、暂停、适当后退来更好地注意到挑战、考虑各种选择，并在做出回应之前将事情看得更清楚。[21] 这涉及思考——或者说监控——自己的思维。泽拉佐将反思视为有意识地关注。[22]

虽然我认为反思应该被视为一种基本执行功能技能，但它通常不被这样看待，可能是因为它调用了大脑的默认模式网络（集中在内侧前额叶皮质、后扣带回和下顶叶区域）而不是认知控制网络。默认模式网络支持内部导向或自我生成的思维，如反思、未来思维、观点采择、走神和更抽象的思维模式。

为了让执行功能发挥作用，我们需要对其进行监控，从错误中吸取教训，并且经常在尝试自我控制之前停下来。这就是反思的作用。当我们反思时，我们在不同的大脑网络之间切换。南加州大学的玛丽·海伦·伊莫迪诺-扬将这个过程描述为一场球赛。有"赛中"，当你处于球赛之中时，你要在脑海中思考如何赢球（这是更面向外部的执行控制网络）；也有"赛外"，就像是一次暂停——当你反思比赛重新开始后要尝试的策略时的一次短暂停顿（这是更面向内部的默认模式网络）。[23]

追求目标可能是艰难的，并且需要反思。莎拉发现自己需要休息，以便恢复体力。马可发现自己需要适当退后，来记住自己作为一名推广负责任使用枪支的积极分子为什么要如此努力地工作。他有时会怀疑这是否值得，他会有片刻的疑虑，但他发现，如果他认真对待这些疑虑并稍作休息，他就能提醒自己他希望的未来是什么样的。

什么是（和不是）执行功能技能？

过去 20 年的工作让我掌握了很多基本执行功能技能以及以之为基础的生活和学习技能。所以，我会问你们一些我在演讲时经常问听众的问题：

你听说过执行功能技能吗？

在一些群体中，很多人都听说过基本执行功能技能；在其他群体中，听说过的人相对较少。

如果你听说过它们，它们是什么？

我听到了回复中的困惑，包括一些定义，它们并不错，但又不完全对。

- 教育部的一位高级官员称其为非认知技能或软技能。很多人都这么说。
- 在一个学区举办的活动上，很多家长表示执行功能技能就是让孩子们安静下来，坐得住，听老师的话。
- 一位公司同事说，执行功能技能听起来就像一位穿着细条纹西装的主管在你的大脑里指手画脚。

我们曾讨论过执行功能技能是如何作为"自上而下的神经认知过程"[24]来管理情绪、思想和行为以实现目标的。[25]这就是我经常听到的定义有点偏差的原因。

首先，执行功能技能不是非认知技能或软技能。之所以这么说，可能是因为它们不同于英语、数学或科学等学术内容。执行功能技能主要集中在大脑中的认知控制部分，包括前额叶皮质。最好将它们视为神经认知技能，这些技能将我们的认知、社会和情感能力结合在一起，以实现目标。

其次，执行功能技能不仅仅是遵守规则的技能（比如保持安静、坐着不动、听老师的话）。泽拉佐、纽约大学的克兰西·布莱尔和三角研究院的迈克尔·威洛比在2016年美国教育部的一份报告中写道：

> 执行功能技能是一种注意力调节技能，它能使人保持注意力，牢记目标和信息，避免立即回应，抵制分心，忍受挫败感，考虑不同行为的后果，反思过去的经历，并为未来做好计划。[26]

你可以看到，这些技能对于学校学习和一般学习都至关重要。当我们努力保持静止并倾听时（保持注意力、抵制分心、忍受挫败感），这些技能确实很重要，但它们的作用远不止于此。例如，考虑把目标和信息记在脑海中、避免立即回应、考虑不同行为的后果、反思过去的经历，以及为未来做计划。有趣的是，我们通常是通过身体活动而不是静坐学会这些技能的。

至于说一个"穿着细条纹西装的主管在你的大脑里指手画脚"，这个比喻还不错，虽然"指手画脚"这个词并不恰当——你是在驾驶员的位置上协调你的想法、感受和行为，以实现目标。哈佛大学儿童发展中心和框架研究所提出了一个更好的比喻，那就是"机场的空中交通管制员"，负责管理多条跑道上数十架飞机的起降。[27] 他们之所以使用这个比喻，是因为基本执行功能技能使我们能够"同时关注多个信息流，监控错误，根据现有的信息做出决策，必要时修改计划，并抵制因挫败感而导致草率行动的冲动"。还有人用乐队指挥来做比喻，这也是一种很好的描述。[28]

提升基本执行功能技能

阿黛尔·戴蒙德提醒说，基本执行功能技能是需要练习的。为了提高灵活思考的能力（认知灵活性），我们可以：

- 提供建设性的反馈。杰克的父母告诉他，他的行为如何伤害了他自己，这样做是明智的。我们可以说："你有一次机会选择如何应对变化。如果你选择对抗它，而不是寻找一种方法去管控它，你会让事情变得更糟。"伊芙琳·克罗恩写道："青少年的大脑似乎更容易接受鼓励和肯定，而不善于处理惩罚和拒绝。"[29] 因此，以建设性的方式提供反馈是关键。
- 分享观点。不同的看法或不同的处理方式可以帮助青少年灵活思考。
- 注意到青少年何时能很好地处理变化。当我们看到孩子们灵活应变时，我们可以指出这一点："你今天没能参加扎克的聚会，我知道你很失望，但当你制订了另一个计划时，你很快会振作起来。"这种关注是一种过程性表扬，可以帮助孩子更有意识地思考为什么这项技能很重要，以及他们如何才能提高这项技能。

圣路易斯华盛顿大学的研究人员亨利·罗迪格和马克·麦克丹尼尔在与作家彼得·布朗合著的《认知天性》(*Make It Stick*)一书中指出，记忆是一种后天习得的技能，而一些最有效的策略往往与直觉相悖。[30] 我们可以借鉴他们的一些经验，通过帮助青少年学习以下技能，来促进他们运用已知知识（工作记忆和长期记忆）：

- 做出努力。人们并不一定能很好地判断自己能记住什么。他们可能会认为，自己不需要花太多精力就能牢牢记住某件事情，其实未必。如果我们正在学习困难的东西，并且花更多精力去记忆，那么记忆往往会更持久。
- 自我测试。人们最常用的记忆方法是重读课文并在其中的段落划线，但这也是最无效的方法之一。更有效的方法是把课文放在一边，然后自己复述所学的内容。
- 分散练习时间。填鸭式的学习也不太有效，分散练习才是有效的。我们可以帮助孩子们制定练习时间表，为两次练习之间留出空当。
- 运用不同的记忆方法。不存在所谓的"唯一"的学习方式。通过综合多种方法来学习（不仅仅是视觉学习）可以创造更持久的记忆。
- 抓住本质。我们可以帮助孩子们尝试从所学的知识中找出一般性原理，并将其应用于他们将来对这些知识的使用上。
- 建立联系。有意识地将他们正在学习的知识与他们已经知道的知识联系起来也是一种有用的策略。
- 教授他人。向他人讲述自己所学的知识是一个非常有用的"让知识入脑"的策略。所以要随时准备好与孩子讨论他们学习的内容。

我们可以通过以下方式提高青少年的自我控制能力（抑制控制）：

- 以目标为中心。确保青少年思考自己的目标。莎拉说："如果没有跑步的话，我的生活就会很奇怪。"并不是所有的青少年都会像莎拉那样专注于一件事，但如果他们能思考自己关心什么、想要实现什么，他们的生活会变得更美好。这是建立自我控制能力的基础。
- 重新定义挫折。帮助他们将挫折视为实现目标的必要步骤。
- 帮助他们制订克服障碍的计划。对青少年来说，如果他们事先考虑过各种情况以及他们将如何应对这些情况，他们就更容易做出决定："如果派对对我来说太疯狂了，那么我会找到一个安全的方式回家。"
- 确保有支持。当我们身边有帮助我们的人时，我们就能完成困难的事情，对年轻人来说也是如此。鼓励青少年建立有助于实现其目标的关系。有了他人的支持，抵制诱惑和分心就会容易得多。

当我们做到以下几点时，可以促进反思：

- 让反思成为年轻人的日常习惯。《青春期大脑风暴》一书的作者丹尼尔·西格尔使用了"内省时间"（time-in）一词，他将其定义为关注自己的内在主观体验（"我们自己的内心世界"）的时间。[31] 他建议每天花 1 分钟、10 分钟作为内省时间，或者全天分出几次内省时间。
- 不要马上回答他们的问题。给年轻人自己回答问题的机会，这样他们会学到更多。
- 当青少年犯错时，邀请他们思考自己学到了什么。与其直接告诉青少年你认为的正确答案是什么，不如请他们自己去思考到底哪里出了问题，以及下次如何做得不同。
- 当他们生气或沮丧时，帮助他们停下来。这听起来像是陈词滥调，但通过深呼吸或数到十来帮助年轻人学会后退一步确实非常有效。在行动之前停下来，对于管理我们的情绪、抵制分心、远离诱惑和不盲目行动至关重要。

生活和学习技能1：
设定目标

设定目标包括考虑你的未来，然后激励自己制订可实现的计划，把未来变成现实。

米歇尔·博尔巴在她的著作《茁壮成长》(*Thrivers*)中写道，我们正在培养一代奋斗者，而不是茁壮成长者：

我们告诉他们，如果他们努力争取更多——更多的点赞、更好的成绩、更多的荣誉——他们就会幸福。但这些年轻的奋斗者并不快乐……

而且更重要的是，他们并没有茁壮成长。[32]

与博尔巴一样，学习和茁壮成长也是我所追求的目标。我在满足基本心理需求与促进生活和学习技能中找到了答案：这些技能基于基本执行功能技能，在一项又一项的研究中被证实与生活的成功和茁壮成长息息相关。这些是我们自己可以学习并在孩子身上培养的技能。

执行功能技能涉及管理情绪、思想和行为。因此，从本质上讲，设定目标是一种生活和学习技能，它需要运用执行功能技能。当你设定目标并为之努力时，你需要：

- 利用你所知的知识来探索你的梦想和愿望，即你真正想要实现的目标（工作记忆）。
- 弄清你的目标是否现实，以及如何才能实现（反思）。
- 在追求目标的过程中灵活思考，应对不断变化的情况（认知灵活性）。
- 坚持到底，抵制诱惑和分心，克服障碍（抑制控制）。

先有目标，后有策略

周日傍晚，一股忧虑悄然笼罩了四周，随着新的一周即将拉开帷幕，那份待办事项清单无情地浮现，给空气中增添了几分沉重与不安。

佐伊坐在她母亲家的餐桌旁。她对旁边的儿子阿萨说："该回家了，我们得走了，这样才不会被堵在路上。"

"再玩5分钟，"她10岁的儿子头也不抬地回答。他正在外祖母的手机上玩游戏，飞舞的手指表明了他可能是在操纵一个虚拟人物通过危险的障碍。

"总是再多5分钟。然后再另一个5分钟。我们必须得走了。"

佐伊说，从大约7年前阿萨第一次拿起手机的那一刻起（那是在一次漫长的飞行途中给他的），他就入迷了，她非常担心。她讨厌听到他乞求："手机，手机。"她对母亲说："手机公司的高管们不会让自己的孩子使用手机，我为什么要让它们毁了我的孩子呢？"

佐伊越是讨厌儿子在别人手机上玩游戏，阿萨就越想玩。她能够理解在疫情期间，科技是连接朋友关系和学校生活的生命线，但她担心玩这些游戏会在整体上对孩子产生不良影响。

于是佐伊尝试了其他父母尝试过的方法。在电子设备上安装家长控制应用程序。除了做作业，工作日不准看屏幕，周末也只能看有限的时间，从而让孩子把更多时间用于户外活动。她找了一位青少年来教阿萨Java编程，这样他就可以在游戏《我的世界》中创造属于自己的角色。她还找了一个在线视频制作课程，阿萨开始制作巧妙的真人视频和动画。成为一个媒体创作者比成为一个被动的消费者要好——但她仍然很担心。

这个周日，佐伊越是激动，阿萨就越是退缩、无视她——他的飞舞的手指在帮助他的虚拟角色逃离危险，就像他在逃离一个试图将他从幻想世界中拉出来的母亲一样。

佐伊瘫倒在地，双手抱头。"我从没想过会是这样，"她告诉母亲，"我从来没见到我的朋友们像我这样因为孩子看手机而不断争吵。这实在是太难了。"她知道，事情必须改变。

她去参加了"心智塑造"培训，并在那儿尝试过WOOP思维法，这是纽约大学和汉堡大学的加布里埃尔·厄廷根开发的一种改变工具，但她没有坚持下去。她对科技正在伤害儿子大脑的恐惧压倒了一切。她必须弄清楚这种恐惧是否是真实的，以及为什么它如此困扰着她：

我坚信，他喜欢的媒体类型，以及他与媒体的关系，对他来说是不健康或不好的。因为我不是在这种媒体的陪伴下长大的，所以我不喜欢这种媒体。我也知道，这些东西是为了连接我们大脑中的一个部分而构建的，这个部分需要自动反应——多巴胺的刺激，而这会令人上瘾。这是万物游戏化的一部分，它不鼓励享受过程中的乐趣，而是把一切都简化为输赢。

佐伊在放弃和坚持信念之间摇摆不定。"如果我给他无限制的访问权限呢?"她曾一度想,"这样一来他会厌倦吗?"但"这可能会让他变本加厉,我不能冒这个险"。

在那个周日的晚上,佐伊把手机拽走了,她也不想这么做,因为她想教阿萨自己放下手机。阿萨大发脾气。

随之而来的是更多的"战斗"。

佐伊开始意识到,在这个问题上,有一种更强大的力量在阻碍着她前进的步伐——这同样受到了媒体的影响:她对理想化的教养方式的期望。那些电视广告里,孩子和父母深情对视着……她曾经也有过这样的时光,但自从手机进入他们的生活,这种期待似乎破灭了。那些广告展示了调皮可爱的孩子和他们的父母在餐桌上享受通心粉和奶酪,并进行愉快交谈的画面。而在现实生活中,她发现虽然和阿萨同龄的孩子大都玩游戏,但当他们的父母说"时间到了"时,他们会毫无怨言地交出手机或 iPad(苹果平板电脑)。

佐伊想:"我的育儿期望现实吗?"

多年来,我发现期望是我们成为理想父母和理想自我的绊脚石。[33]我们甚至可能没有意识到这些期望的存在。但如果我们感到困惑、悲伤、失望、愤怒、沮丧,那么往往就会有一个隐藏的期望在作祟,而正视它就能开启改变的过程。

佐伊和一个朋友决定重新尝试 WOOP 思维法。

WOOP 是 wish(愿望)、outcome(结果)、obstacle(障碍)、plan(计划)的首字母缩写。这是一个基于实证的工具,可以把**对未来的梦想变成现实**,它是加布里埃尔·厄廷根和她的同事们历时二十多年研究的成果。我们在"心智塑造"培训中使用 WOOP,因为我们发现它是关于第一个生活和学习技能——设定目标——的研究中最好的提炼方法之一。

重新思考积极思维

加布里埃尔·厄廷根的最新著作是《WOOP 思维心理学》,[34]该著作源于二战后她在德国长大期间出现在她脑海中的一个问题:

我对希望感兴趣，也对什么样的策略，或者说什么样的思维方式能让人们过上建设性的生活感兴趣。[35]

让人惊讶的是，厄廷根发现，对于那些正在努力实现理想未来的人来说，对理想未来（如减肥、学习或髋关节置换术后的恢复）抱有积极的想法和幻想，反而会导致更不理想的结果。[36] 为什么会这样呢？正如厄廷根在实验工作中观察到的那样，实现愿望需要能量，而那些专注于未来积极想法的人反而会放松下来。那么，我们该如何让愿望成真呢？这促使了四步流程的最终形成，即 WOOP。

第一步：许下一个你真心想要的愿望

许愿不同于设定目标。对愿望的幻想是一种强大的探索方式。众所周知，**探索**是青少年——实际上是我们所有人——学习的门户。[37] 愿望可以提炼成目标。

愿望同时调动了我们的**社会情感能力和认知能力**。正如我们所讨论的，将这些能力结合起来是我们拥有的最强大的变革引擎。

最后，厄廷根说，一个你真正想要实现的愿望"反映了一种需求"：要么是生理需求，如对食物、住所、水的需求，要么是我们在本书中一直讨论的基本的心理需求，如归属感、效能感、自主性，以及意义或目标。[38]

1. 你的愿望是否满足了你的需求？

需求是有动力的，因此，如果你正在尝试这种基于研究的成人行为改变策略，那么问问自己，你内心最渴望的是什么。这能让你接触到你尚未满足的需求。[39] 当佐伊再次尝试 WOOP 时，她最初的愿望是希望把养育孩子这件事变得简单，这个愿望背后的需求是她希望得到儿子的尊重。

2. 你的愿望是基于一种期望吗？如果是，这种期望是否切合实际？

我在 WOOP 流程中添加了这个部分。在执行 WOOP 流程时，我们发现期望就像绊倒你的地毯。最好退一步，揭开这个期望，问问自己它是否符合现实。家长要成长，需要通过以下两种方式之一来调和期望与现实。[40]

- **如果这是一个现实的期望，那就改变自己以符合这个期望。**

  例如，"我不想用我父母对我说话的方式和我的孩子说话"就是一个现实的期望。然而，一些父母还是重复着小时候听到的那些令人讨厌的话。家长要成长，需要在情绪最激动的时刻停下来，思考我们想传达什么，然后使用更加支持性的语言。

- **如果这是一个不现实的期望，那么改变期望，使其更符合现实。**

  例如，"大多数工作的家长似乎都能轻松应对日常琐事，比如让每个人按时准备好上学和上班。而只有我在这些事情上感到矛盾和挣扎"。在这里，家长要成长，就要对自己说："这不现实，这种过渡确实是一个艰难的过程。"然后在不叠加不切实际的期望引发负面情绪的情况下处理问题。

  佐伊的期望既现实又不现实。当朋友们在社交媒体上发布自己的孩子热爱做作业的照片时，她知道这并不是全部，但她仍然在与自己的想法做斗争，比如："我敢打赌，那个孩子肯定忙着做数学题，没空因为玩手机而发脾气。"

  佐伊意识到，大多数父母都会遇到困难——如果不是因为孩子看手机，就是因为别的事情。她决定改变自己对无冲突的、理想化的教养方式的期望，因为这造成了无益的痛苦。所以，每当这种期望再次出现时，她都发誓要停下来，提醒自己，成长往往来自面对挑战和战胜挑战。

  在这个过程中，佐伊的第二个愿望是"我希望阿萨能听我的话"。

3. 你的愿望是你能控制的事情吗？

佐伊还需要做一些微调。她的愿望的主要问题是，要使 WOOP 有效，愿望必须是我们能够控制的。我们无法控制别人的想法和感受，只能控制自己的反应。我们无法强迫别人倾听；我们只能创造一种环境，让彼此倾听变得更有可能。

YesToECE 的肖恩·布莱恩特是一名"心智塑造"培训师，他在日常生活中也使用 WOOP。在新冠疫情期间，他的四个侄子——一对 13 岁的双胞胎，另外两个分别是 16 岁和 18 岁——工作日和他住在一起。因为他可以在家工作，同时照看哥哥的孩子们，而他哥哥则必须离家工作。

肖恩口中的"青少年"把他的厨房弄得一团糟。"水槽里总是有盘子。"[41] 他一直在唠叨——"收拾一下，收拾一下"——但并不起作用。

所以他尝试了 WOOP。

他说，"WOOP 的核心是自己行动，并促使他人采取行动"。他认为，如果自己成为清理工作的榜样，这一切就可能发生：

从字面上讲，我的愿望是树立一个饭后洗碗的榜样。

他还决定，他可以创造一个促进清理工作的环境：

我的计划是在水槽上方挂一个醒目的牌子，写着"为下一个人洗碗是多好的事"。

他觉得这种方法比唠叨更有效：

如果不树立榜样，不展示它，不实践它，那一切就只是空谈。

当他的侄子们开始定期洗碗时，肖恩就会把洗得干干净净的水槽拍成照片，然后发短信给他们表示感谢。为了鼓励大家轮流行动，他试着说了这些：

"你们知道吗？我昨天洗了碗。那今天能不能有人自愿帮我们洗碗，让厨房保持干净？"一开始，我得到的只有沉默。然后我说："如果我们每个人都选一天洗，那效果会很好，谁也不会觉得'哦，我每天都要洗碗'。"

他说，这样做的效果更好。"只有一个人真的不喜欢洗碗。他喜欢把它们冲干净，然后放进洗碗机。我觉得这样也挺好的，只要它们不在水槽里就好。"

通过改变自己和环境，肖恩促进了他人的改变。

同样，佐伊第三次为 WOOP 选择的愿望是关于她可以控制的事情：

我的愿望是更深入地了解阿萨——不仅仅是关于使用手机的时间，更是关于阿萨个人。

随着阿萨步入青春期，佐伊迫切地想要更好地了解他。她已经注意到"他对自主性的需求以及自己做决定的需求都在增长"。

4. 你的愿望是否在具有挑战性的同时也是可行的？

厄廷根发现，一个愿望仅仅能激励我们是不够的：

这个愿望也应该有点挑战性。如果这很容易，毫不费力，那你只需要积极思考就可以实现愿望。[42]

而且愿望必须是可行的。当我们在"心智塑造"培训中使用 WOOP 时，我们会要求参与者评估他们实现愿望的可能性有多大，如果可能性不大，就考虑换一个愿望。儿童救助会的芭芭拉·伦纳曼就是这样做的。[43] 她也是"心智塑造"的培训师，和肖恩一样，她也在自己的生活中使用 WOOP。

她的愿望是拥有一个干净的地下室。她所说的干净，是指整洁有序，这样"无论何时需要，我都能轻松地找到东西"。她还指出，"我永远用不到的东西都被清理掉了"。

但她认为清理地下室并不可行——这太难了，而且很容易一拖再拖。

她意识到，如果把自己的愿望缩成更小、更可行的任务，实现愿望的机会就会更大。

第一个任务：洗碗巾。

我妈妈大概给我留了 300 条洗碗巾，都是她用面粉袋或旧床单做的，或者是打折时买的。我想，"我该怎么处理这些洗碗巾呢？"我妈妈确实做了这些工作，但它们并不是我真正想要或需要的东西。

把愿望缩小为一个可行的目标奏效了。她找到一家慈善机构，捐出了这些毛巾。她感到很欣慰，因为她母亲的洗碗巾将被交到需要它们的人手中，而不是藏在她的地下室里。而她也即将拥有一个井然有序的地下室。

第二步：想象实现愿望的结果

厄廷根发现，为了保持动力和积极能量，想象你实现愿望的结果、想象你的感受或将要发生的事情是很重要的。佐伊设想了努力理解阿萨的结果：

更加平静，更少冲突，更加和谐，还可能更深入地欣赏他的自主性和自由。

第三步：确定可能阻碍你的自身障碍

厄廷根的下一个研究课题是，如何帮助人们保持从想象结果中获得的能量，"以便在具有挑战性的情况下，也能够实现愿望"。这经过了多年的科学实验：

我们提出了一种策略，我们称之为"心理对比"——不是沉浸在积极的幻想和白日梦中，而是换个角度问自己："是什么阻碍了我实现愿望？有什么东西正在阻止我？我内心的主要障碍是什么？"[44]

我们很容易将他人视为障碍，比如伴侣、孩子、父母、老板、同事。

"我们都在滋养这些外在的借口,这是维持现状的一种方式。"厄廷根说,"问自己'我心中的障碍'有助于摆脱外在的借口。我无法改变别人,但我可以改变自己。"

厄廷根和她的团队测试了这一过程是否能维持人们对改变的决心。[45] 我有幸观察了一些大学生进行这一实验。当被要求思考一个对她来说非常重要的愿望时,一位女学生写道:"离妈妈更近一些。"

当被要求写下实现愿望的结果时,她写道:"我和妈妈的关系并不好。我觉得如果我能更好地了解她,我对生活的感觉会更好。"

这名女生被分到了实验组,而其他学生被分到了对照组,在对照组中,参与者只被要求写下积极的结果(即上述第二步),而不是思考和写下障碍(即第三步)。这名学生将她的"冲动"列为阻碍自己的障碍。

然后,研究人员测量了两组人的血压,作为衡量两组人能量情况的指标。厄廷根报告说:

实验组中预期能够克服关键障碍的参与者的血压上升了,他们的决心也增强了,比对照组的参与者更为强烈。[46]

这种变化与喝了一杯咖啡后血压的升高相当!厄廷根总结了这一过程的力量:

对理想未来的幻想为人们的行动指明了方向。然后换个角度了解自己内心的障碍能够为人们提供能量去克服障碍,实现理想的未来。

佐伊最初认为障碍在阿萨身上。但障碍必须是在她自己身上,而不是在她儿子身上,所以她修正了障碍:

我的障碍就是当他大发脾气时我的挫败感,就像毒瘾发作一样。

另一个障碍是她的工作压力和照顾阿萨的压力：

当我忙的时候——我一直都很忙——往往会给阿萨更多玩手机的时间，他也知道这一点。我需要处理工作压力累积时的沮丧情绪。

第四步：制订一个计划

厄廷根知道，像佐伊、芭芭拉和肖恩这样的人需要特定的策略来克服障碍。她在其丈夫、纽约大学的彼得·戈尔维策的研究中发现了她正在寻找的策略。这种策略在科学文献中被称为"实施意图"[47]，基本上是一个"如果－那么"的过程：如果出现了一个特定的障碍，那么这个人就会实施一个特定的行为来克服它。

如果芭芭拉发现自己在找借口逃避处理地下室的问题，那么她就会告诉自己："我至少要做三件事。"这很管用。"有时这会让我坚持几个小时，或者在做完这三件事之后，我就有机会休息一下。"

佐伊的计划是在阿萨为玩手机时间而争吵时，处理自己的挫败感。她知道很多应对挫折的策略，也尝试过很多，但当工作压力不断堆积时（确实如此），这一切就会变成非常大的负担。她需要帮助，她决定找个教练来帮助自己。

为了"更深入地了解"阿萨，佐伊必须不带评判地倾听他。她和丈夫决定利用晚餐时间向每个家庭成员问一些开放式的问题，并倾听和回应他们的回答。她发现，他们听得越多，阿萨就说得越多。她所希望的结果——更加平静、更少冲突、更加和谐以及更深入地欣赏她儿子的自主性和自由——正在逐渐实现。

鼓励他人设定目标

鉴于我们不能为别人设定目标，只能为自己设定目标，佐伊让阿萨自己想办法在规定的手机时间结束时放下手机。她告诉他，她不喜欢他们之间有冲突,希望有更好的办法来应对"时间到了"的挑战。她尝试过设置计时器和发出预警("再过 5 分钟时间就到了"),但都没有奏效;她想要一个对他俩都有效的办法。阿萨开玩笑说,他的计划是"再来 5 分钟",但佐伊开玩笑说,她怀疑一次延长会变成一个无底洞——5 分钟会变成很多个 5 分钟。于是,阿萨说他的计划是在拿到手机之前制订一个计划——计划时间到了之后他想做的事情。

"但如果这不起作用呢?"佐伊说。她提出了目标设定过程中的障碍。

"会起作用的,"阿萨说,"因为我保证它会。"

"好吧,那我们试试看。"佐伊说。它确实奏效了……有那么点儿。但阿萨内心仍有挣扎。佐伊开始觉得他的挣扎与更大的学习问题有关。他在学校里需要转换任务时遇到了麻烦,这与手机时间无关。他很难从一个任务切换到另一个任务上,也很难处理错误,而且他很容易感到沮丧。

佐伊向学校表达了她的担忧。她列出了一份清单,写着她认为阿萨需要学习的内容——转换任务、计划和组织较长时间的学业(课后任务和家庭作业)、时间管理(从尽快完成事情转变为把事情做好)、应对干扰,以及解决对他来说很吃力的学校作业。阿萨的老师也认为这些问题阻碍了他的发展,使他的学习动力下降,但她不认为学校在教授学习技巧方面负有责任。

佐伊很生气,我听了她的故事也很生气——就像我多年来听到的许多故事一样。阿萨需要学习的是执行功能技能,这些技能是在学校和生活中学习的基础。学校领导应该重新审视这个问题——不仅仅是在学校中用来"学习"的技能,而且是必要的生活和学习技能——并在儿童和青少年的整个学校教育过程中推广这些技能。

佐伊觉得自己必须在阿萨的决心进一步动摇之前做些什么,她面临着双重挑战。她知道自己不是帮助他掌握这些技能的合适人选,因为她往往会因为他的挫折而感到沮丧。

经过一番寻找,她找到了这样一位老师:他目前是一名兼职做家教的在读研究生,而且他之前还曾是一位教师。他工作的机构专门帮助孩子们习得执行功能技能。

当我与佐伊交谈时,阿萨已经跟着这位辅导老师学习了两个月。辅导老师在教阿萨时,先让他谈了谈自己的目标、激情和兴趣。当阿萨感到沮丧时,辅导老师可以帮助他将沮丧的任务与激情联系起来。

在第一次授课时,辅导老师还让阿萨告诉他一所好学校是什么样的。辅导老师可以以此为"基础",与阿萨共同开展工作。随后的课程围绕以下内容展开:

- **玫瑰与荆棘**。每周课程开始时,阿萨都会分享这一周中积极和令人兴奋的事情,以及不那么好的事情。
- **议程**。然后,辅导老师会拿出一份活动列表。阿萨的任务是安排活动的先后顺序,并估计每项活动需要的时间,从而增强他的组织能力。
- **活动**。这些活动包括写作时间,他会被问到一个有趣的问题("本周什么事让你发笑?"),然后以此为主题进行写作。其他活动包括读书俱乐部,他们讨论阿萨正在阅读的书,并帮助他完成家庭作业。这项工作重点关注的是阿萨面临的挑战。
- **反思**。在这里,辅导老师帮助阿萨实现了他为自己设定的目标——更成功地应对学校的困难时期。他将阿萨告诉他的"荆棘"变成接下来一周解决类似问题的场景。阿萨的任务是为其他可能也会遇到这些问题的孩子提出解决方案。他们一起将阿萨的解决方案汇编成一个书面"工具箱",用于解决日常学习问题。

通过这种方法,辅导老师正在解决佐伊面临的挑战。他帮助阿萨学会设定自己的目标,并制定可行的策略来实现这些目标。

这种方法目前已经取得了一些进展:阿萨对错误的挫败感减少了一些,处理学校作业的策略更加具体了。到目前为止,辅导带来的最大回报是:阿萨希望能够得到一块手表作为圣诞礼物——他想成为"计时员"来帮助家里其他人管理时间。圣诞节后的一个家庭假期,他做到了这一点。他正在成为助人者,而不仅仅是受助者。

促进许愿、设定目标和战略：WOOP概述

以下是我们在训练中使用WOOP的方法。[48] 你可以在WOOP应用程序和厄廷根及其团队创建的网站上找到步骤。

现在，让我们开始吧：

1. 愿望（W）

退后一步，放松一下。

许个愿吧。确保这个愿望对你很重要，要发自内心。用几个字写下来：_____。

然后问自己下面的问题，并在"是"或"否"上画圈：

- 它是基于现实的期望吗？　是　否
- 这是你能控制的事情吗？　是　否
- 是否有挑战性，但同时是可行的？　是　否

如果你对其中任何一个问题的回答是"否"，请重新审视你的愿望，并用几个字写下新的愿望：_____。

现在，在1~7的范围内，为你实现这个目标的可能性打分，7分代表非常有可能，1分代表完全不可能。

1　2　3　4　5　6　7

如果你将可能性评为4分或更低，你可能需要考虑另一个愿望。重要的是，你要相信自己能够实现自己的愿望，即使它很有挑战性。

你现在的愿望是什么？用几个字写下来：_____。

2. 结果（O）

实现愿望的最好结果或最好的事情是什么？可以是一种情绪、一种积极的结果，也可以是其他人对你的感觉。记下来：_____。

现在，想象一下最好的结果。放空思绪，在脑海中感受最好的结果。

3. 障碍（O）

阻碍你实现愿望的障碍是什么？是什么让你无法实现自己的愿望并感受愿望实现的结果？记下来：_____。

同样重要的是要花时间去充分想象这个障碍。

4. 计划（P）

你可以采取什么行动来克服障碍？说出当障碍出现时你可以采取的行动或想法，并写下来：_____。

现在制订一个"如果-那么"计划。

换句话说，如果障碍_____出现，那么我将_____（以特定的方式行动）来克服障碍。

生活和学习技能2：
观点采择

观点采择包括理解他人的想法和感受，然后理解他们的观点与你的观点之间的异同。它建立在共情——对他人的感受——以及对他人观点理解的基础之上。

赞恩八年级的时候，本要求加入他的朋友圈。"我们有一个小团体。"现年17岁、就读于中西部一所高中的赞恩告诉我。这七八个朋友从小学就在一起了。

赞恩说，因为他的朋友们喜欢看书、看电影和玩电子游戏，所以他们很可能被视为书呆子。喜欢运动的孩子觉得他们比赞恩的小组更酷，这成了赞恩的朋友们评价自己的参照点：

我觉得他们会有这样的疑问："我是不是觉得自己不够酷？不！我觉得我很酷。"我认为没有人会觉得自己不好玩，或者不够酷，或者在生活中没有什么地位。

本的请求在赞恩朋友圈内引发了许多讨论。本是新生，但这不是问题，因为他们也接纳过其他的新同学。本有时表现得既需要别人的帮助又令人讨厌，但至少对赞恩来说，这并不能成为拒绝他的充分理由。归根结底，本喜欢的游戏是他们更小的时候玩过的，而不是现在玩的，所以这群人决定拒绝本。

随着青少年进入更广阔的世界，从发展的角度来说，他们有必要在成长过程中找到自己的位置、归属和人际关系。如果有一个人对最好玩的游戏不够了解，那就会很无趣，而且可能会让朋友们觉得不够酷。

也许我们很容易对中学生的这种情况产生批判或轻视的情绪，但对自身地位的需求——自我感觉良好并受人尊重——对任何年龄段的人都有影响。

赞恩一开始是支持本加入的：

我喜欢把自己当成一个包容的人。我不喜欢把别人拒之门外的想法。加入我们会给他人带来乐趣，而对我们来说，除了不得不忍受不同的观点，其实也没有多少负面影响。

"你和本谈过这次拒绝吗？"我问。他说是的，那是他父母要求他进行的一次"被迫谈话"。在这次谈话中，赞恩开始意识到本的一些令人讨厌的行为源于他在学校没有好朋友。本之所以不主动与人交往，是因为他一心想成为这个群体的一员，而被拒绝的感觉让他很痛苦。这个视角稍微改变了赞恩对他的看法。

赞恩回忆说，他一度变得"有些犹豫不决"，但最终还是决定不反对团队的决定，因为他们"不想被过去困住"。"我们继续前进吧。"他同意了。

随着年龄的增长，赞恩开始对人们如何做出决定产生了兴趣。在为他所在选区的州议会初选拉票时，他以为来自同一党派的两名候选人会在大多数问题上意见一致……但他发现事实并非如此。他原以为选区内的人们会有相似的政治观点……但发现并非如此。他以为他所在地区的人可能有类似的政治观点……但后来发现也不是。立场本身是对还是错？是什么影响了人们的观点和投票？

本找到了其他朋友，但在毕业那年，他再次找到了这个小团队。这个小团队正在一起准备期末考试，选择大学，计划一次旅行——同时也在想该怎样与本相处。

在这个接受与拒绝的故事背后，隐藏着两种非常人性化的倾向：我们倾向于用故事来解释世界，作为这种解释的一部分，我们将人们分为"我们"和"他们"；此外，我们还运用了一种重要的生活和学习技能——观点采择。

我们讲述的故事

华盛顿杰斐逊学院的乔纳森·戈特沙尔研究叙事科学。在一次关于学习与脑科学的会议上，他放了一部短片，他称其为"叙事科学中最早和最重要的实验之一"。[49]

这部短片制作于1944年，是一部简单、原始的92秒无声动画，描绘了四个形状。[50]一个小三角形、一个大三角形和一个小圆圈围绕着一个矩形移动。矩形的一边打开或合上，其他形状时而在里面，时而在外面，相互戳刺和环绕。然后，小三角形和小圆圈移出屏幕。最后，大三角形在矩形中进进出出，戳向矩形的两边，直到矩形散开。

戈特沙尔向观众提出了与最初的研究者弗里茨·海德和玛丽安·西梅尔一样的问题："请告诉我们你看到了什么？"然后他又问："你们看到一个故事了吗？"[51]据他估计，大约70%的人举起了手，同意他们看到的角色是人类；大约25%的人认为三角形是男性，圆形是女性。最后，戈特沙尔问道："谁认为大三角形是坏人？"大约50%的人认为是。

人们看到的具体故事各不相同。有些人看到了爱情故事，就像我和戈特沙尔一样。还有人看到了操场上的欺凌行为。一个人说，他把较小的形状看作入侵者,而大三角形则是在保护它的财产。在最初的研究和后续的重复研究中,以及这次会议上,只有少数人认为动画只是形状在移动,而这才是它们真正的样子。[52] 戈特沙尔认为这是他的许多论点中的一个证据——我们每个人都是讲故事的人!

你是否注意到,这个实验中的故事情节遵循了一个经典的故事结构:受害者、反派、英雄、冲突和解决方案。戈特沙尔说,这就是"人类创造意义的方式。我们看见的世界是狂野……和混乱的。我们为事物强加这种结构……使其变得有序、有意义"。[53] 正如他在书中所写,"我们从故事中学到的东西最多,也是最好的"。[54] 他的研究向我解释了一些我从未完全理解的东西——为什么演员和名人的薪酬远远高于从事教育等社会重要工作的其他人。讲故事的人受到社会的高度重视,并因此获得高薪。

重要的是,戈特沙尔在他的演讲中指出,尽管我们的故事可能具有相同的基本结构,但我们看到的故事并不完全相同。[55] 为了理解彼此的故事,我们必须采纳彼此的观点。

生活和学习技能之观点采择

我将观点采择定义为理解自己的想法和感受与他人的想法和感受之间的异同。与所有基本的生活和学习技能一样,观点采择将你的社交、情感和认知能力结合在一起,通常是目标驱动的,并需要使用基本执行功能技能的四个组成部分。你需要:

- 运用自我控制来抑制自己的观点,以便理解他人的观点(抑制控制)。
- 灵活思考,在自己的观点和他人的观点之间转换(认知灵活性)。
- 利用你所知道的来平衡你先前的知识和你对当前情况的理解,从而把对正在发生的事情的理解汇总起来(工作记忆)。
- 反思,思考自己经历的意义。

哥伦比亚大学商学院的亚当·加林斯基研究观点采择已有二十多年。他半开玩笑地说,他之所以对这个课题感兴趣,是因为他的孪生兄弟个头更大、更强壮、跑得更快，而且"我必须善于观点采择，这样他才不会把我打得屁滚尿流"。[56]

观点采择的影响

亚当·加林斯基说："观点采择是我们人类最重要的技能之一。"

在世界范围内，无论你多大年纪，从事什么行业，或者有多聪明，如果你不是一个好的观点接受者，你就不会在生活中为自己和他人带来好的结果。

被誉为现代管理学之父的彼得·德鲁克把观点采择称为"由外而内的视角"——从客户的角度看待事物，并认为它推动了最成功新业务的发展。[57] 翻阅任何一年的最佳发明，你都会看到你——作为客户——可能希望存在的发明，比如最近的获奖发明——使文本转化为语音的技术、免系带鞋、变得容易的多语言会议、可以维修的笔记本电脑以及可重复使用的装运箱。[58]

在我为本书进行的"突破之年"研究访谈中，年轻人告诉我，他们希望成年人多听而不是多说，用青少年的心态去倾听，而不仅仅是用成年人的心态去倾听。这就是观点采择的本质。

根据亚当·加林斯基的说法，观点采择使我们能：
- 理解他人的期望
- 减少刻板印象
- 建立更好的人际关系，尤其是在一个多元化的世界中
- 有效沟通
- 建设性地处理冲突
- 规划未来

许多基于儿童视角的研究被称为心理理论研究：儿童正在创造关于他人想法的理论，也就是故事。

衡量观点采择能力

20 世纪 80 年代，加州大学伯克利分校的艾莉森·戈普尼克等人的研究表明，婴儿在 18 个月大左右开始形成心智理论，即理解他人观点的能力，并一直发展到童年期。[59] 在此后很长一段时间里，科学界似乎得出一个结论：在童年期，观点采择能力已经很好地形成了。

伦敦大学的神经科学家伊洛伊丝·杜蒙泰尔对此并不信服。[60] 她对青少年社交能力发展的研究表明，青少年的社交能力在不断发展，但没有一种很好的方法来测量这种能力。最终，杜蒙泰尔和她的同事们确定了"指导者任务"。与所有发育正常的青少年和成年人都能毫不费力地完成的幼儿任务相比，"指导者任务"即使对成年人来说也并不简单。这意味着，研究人员可以用它来更加精确地测试孩子们的观点采择能力是否会在童年后继续发展。

为了理解"指导者任务"，请想象一个书架，每个架子都被分成几个方格。[61] 有些是开放的，前后都没有挡板，其他的则在后面竖起了一块灰色面板。

该实验在电脑屏幕上进行。

杜蒙泰尔对实验的介绍如下：[62]

我们向参与者展示了书架，指导者站在书架后面。然后，我们告诉参与者，指导者会要求他们移动书架上的物品，但重要的是，指导者的视角与他们的视角不同。

然后，我们向他们展示书架另一侧的景象——指导者看到的景象。参与者可以看到，有些书架的背面有灰色的面板，这意味着指导者无法看到书架上的所有物品。我们告诉参与者，他们在执行指导者的指令时必须考虑到这一点。

为了确认参与者明白指导者有不同的视角，研究人员会问参与者："你能给我看一个指导者能看到的物体吗？"或者："你能给我看一个指导者看不到的物体吗?"所有参与者都能很容易地做到这一点,甚至连 7 岁的孩子也不例外。

然后实验开始了。在"关键试验"中,指导者(录音)可能会要求参与者将小眼镜移到左边。由于灰色面板挡住了指导者的视线,指导者无法看到下面最小的眼镜(称为干扰物),因此参与者需要从底部移动第二排眼镜。

这项任务要求参与者运用心理理论技能(思考指导者的视角以及他能看到哪些物体,因为他不会要求参与者移动他不知道位置的物体)和执行功能技能(抑制从自己的视角移动最小的眼镜的反应)。

在对照实验中,这种复杂性被消除了,因为分散注意力的物体被一个完全不同的物体所取代——例如,一辆卡车而不是眼镜。在这种情况下,指导者和参与者都能看到所有的眼镜。

在实验的下一部分(我认为这是关键部分),参与者被告知指导者必须离开房间。他们从录音中接收到与第一部分实验相同的指令,但没有指导者在场。在这些指令中,他们被告知只移动开放式方格中的物品,而忽略有灰色挡板的方格中的物品。换句话说,参与者不必考虑指导者的视角,而是必须遵守"忽略灰色挡板方格中的物品"的规则。

在这项针对 177 名 7~27 岁女性的研究中,杜蒙泰尔和她的同事们发现,在无指导者的情况下,即只须忽略有灰色挡板的方格中的物品,14~17 岁的青少年与成年人的准确率是一样的。但是,当任务中有指导者给出指示时,青少年比成年人犯的错误更多。[63] 仅仅考虑第三方的视角,就会使这项任务变得更加困难。这说明,在青春期及以后,"观点采择"这一生活和学习技能还会继续发展。

后来的研究发现,在这项任务中表现较好的青少年(即更多地从指导者的角度考虑问题)报告了更多的亲社会行为,[64] 并在多轮金融信任游戏中对亲社会行为表现出更大的信任,对消极的社会行为表现出更强的反应。[65] 这表明,在"指导者任务"中的表现会促进与日常社会行为相关的社会认知技能的发展。

这些研究结果有助于解释赞恩解决本问题的过程。虽然赞恩在中学时希望能够包容他人，也明白本偶尔的不良行为是他努力融入的过程中用力过猛的结果，但在这种情绪状态下，他更难将自己、本和朋友的多种观点结合起来。他确实拥有这种技能，但这种情绪和社交压力让他觉得不玩去年的（现在已经不酷了的）游戏显得更酷，因此这些因素在他解决问题时占据了优先地位。

高中时的赞恩回想起初中时的自己，不禁有些尴尬。他觉得自己好像在扮演一个过于简单化的角色：

> 我觉得自己很接近媒体对书呆子的描述，而这是一种负面的表达。

随着孩子们在思考自己的思维过程（元认知）方面的能力不断提高，他们的叙述往往会变得更加复杂。即便如此，我们仍然希望把人分成内群体和外群体——"我们与他们"。乔纳森·戈特沙尔写道："故事作为我们理解自己和世界的主要工具，存在着这种局限性。"

是的，故事一般都具有道德内涵，能够强化亲社会行为。但是，在它们对邪恶和正义情节的一味迷恋中，它们满足并强化了我们野蛮报复和道德伪善的本能。[66]

在赞恩的案例中，这并不是野蛮的报复，但如果媒体创作者能减少对年轻人的刻板印象，这将会有所帮助。这就是加州大学洛杉矶分校新成立的学者和创作者中心的目标。曾在米高梅和索尼担任电影高管的心理学家雅尔达·乌尔斯创立了这个中心，旨在成为"研究人员、内容创作者和年轻人之间的桥梁"。她的目标是让媒体制作更多能帮助青少年茁壮成长的故事，减少对青少年的刻板印象。[67]

到了高年级，当本再次要求加入这个团体时，赞恩更加坚定地支持他加入：

> 我就想，"想成为朋友的人，为什么不行呢？""也许我和本玩的游戏

不一样，但这并不意味着我们必须玩同样的游戏。"

赞恩告诉我，小组的其他成员也同意了。本也参加了这个小团队计划的毕业旅行。

发生了什么变化？

青少年沉迷于青少年主义——但像成年人一样，他们也可以远离它。

赞恩的转变始于拒绝将自己片面地描绘成书呆子：

不，我并不像媒体描述的那样简单、令人讨厌或无聊。

如果你担心自己被认为是讨厌的人，那你就很难愿意和一个被认为比你更讨厌的人交往。但现在，赞恩意识到，媒体对青少年的描述是"对高中生应该是什么样子的简单刻板印象"。成长带来了更全面的评估："你看到的人可能很复杂。"

有这种见解并不是因为赞恩长大了。他的生活经历告诉他，我们不应该给他人贴上整齐划一的标签。

你会从媒体上了解到，那些非常喜欢电子游戏的孩子不会出门，不会做像社区服务这样有意义的事情，也没有人生目标，他们只是在玩电子游戏。

他开始明白，他和他的朋友们并非如此。对运动员的描述也不一样（他们被视为以自我为中心的或愚蠢的）。他说，实际上，他的学校里参加体育运动的孩子都在超市做志愿者，为需要帮助的人打包装袋。

同样，他现在可以更全面地看待本，看到本身上更多的可取之处和迷人之处。

作为一名中学生，要把复杂的个体简单分类是比较困难的。现在，我试着去看看人们真正的自己。你不是被你所在的这个特定群体所定义的，或者没有酷和不酷之分。

赞恩运用了观点采择的技巧，他意识到自己并不完全由那些和他一起玩耍的朋友所定义，也不必喜欢朋友们的一切。他不再有"我们"与"他们"的概念之分。他的思维变得更加多维了。

正如"突破之年"研究显示的那样，许多青少年觉得刻板印象限制了他们。所以我问赞恩，是否可以更早一点得到这种理解。他认为，如果年轻人有更多与不同的人相处的经历，并有机会"看到自己不像媒体描述的和自认为的那样"，就可以做到这一点。

他还认为，社交媒体在创造和维持片面视角方面发挥了作用：

社交媒体鼓励一种非常简单、有限的观点。社交媒体的重要价值在于"把自己的想法传递给任何愿意倾听的人"。因此，你会做一些大家都认可的事情来获得粉丝或点赞——"我会炫耀我的财富，因为人们都想变得富有。"

是什么经历促使赞恩质疑他对自己和他人的看法？

首先，反思是一种家庭价值观。赞恩告诉我，在他申请大学和做出选择时，父母并没有告诉他该怎么想或怎么做。他们会问一些问题，帮助他明确自己的决策标准，比如"这所学校吸引你的地方是什么？"。

其次，高中每天都有一部分时间是用于促进学生之间的深入了解。他们有一个咨询程序——一个小型的学生团体，每天早上会面10分钟，每周会面45分钟，不是为了做作业，而是为了了解朋友之外的其他人。顾问们会问一些问题，比如"你认为高中生活中最美好的回忆是什么？"，或者"你在学校集会上有什么收获？"。赞恩说，这些讨论能帮助他"打开包袱"，"亲自了解其他朋友"。

此外，学校的一些课程旨在帮助学生思考对社会问题的不同视角。例如，在赞恩的世界宗教课上，会有不同宗教的代表到访并回答学生的问题。赞恩对他们的观点产生了兴趣，例如，宗教领袖相信绝对道德还是相对道德？他们认为堕胎总是错误的，还是在某些情况下是被允许的？如果允许，那是在什么情况下？

同时，社会也有责任促使年轻人摒弃刻板印象。加州大学洛杉矶分校的学者和创作者中心正在研究并帮助开展这项工作。

观点采择能减少刻板印象

亚当·加林斯基发现，刻板性思维可以被有意识地减少。他是在普林斯顿大学读研究生时对此有所领悟的。他说，当时有一种"政治正确"的文化，学生们竭尽全力地避免以任何偏见或歧视的方式行事。[68]当他正在寻找论文题目时，一篇文章论述了"政治正确"的弊端，即它是如何被自我强化的。这项研究发现，积极地试图抑制任何刻板印象或偏见的想法会让事情变得更糟。

"是的，"他自言自语道，"如果我们告诉别人'别去想白熊'，他们脑子里想的就都是白熊。""还有别的办法吗？"他想知道，换个角度看问题会有什么不同吗？

亚当·加林斯基和理海大学的戈登·莫斯科维茨为撰写论文进行了一项实验，将37名大学生参与者分为三组。他们被要求观看一张老人坐在报摊附近椅子上的照片，并写一篇关于老人一天生活的文章。[69]

亚当·加林斯基向其中一组人做了解释。

我们说："在你写文章的时候，不要对这个人有任何刻板印象。"

对于第二组，

我们说："当你写文章时，想象你就是那个人。就像通过他们的眼睛、穿上他们的鞋子来观察这个世界一样度过每一天。"[70]

第三组（对照组）的研究参与者除了写出老人生活中典型的一天，没有收到任何说明。

在完成一系列任务后，所有小组的参与者都被出示了一张非裔美国青少年的照片，并被要求写一篇关于他生活中典型一天的文章，没有其他说明。

研究人员分析了这些文章的内容，发现那些被要求把自己想象成写作对象的年轻人——即观点采择者——"与对照组相比，他们写的关于生活中的一天的刻板印象更少"。

在该系列的第二个实验中，研究人员对87名大学生进行了研究，发现观点采择者比对照组的人更能从照片中的人身上看到自己的影子。

在以40名大学生为对象的第三个实验中，研究人员得出结论：试图抑制差异感实际上会增加偏见（群体内和群体外思维），而观点采择则会减少偏见。虽然抑制有助于人们在文中避免刻板印象，但这增加了他们后来的内隐偏见。[71]

并非所有的观点采择都是相同的

天普大学的杰森·切恩、诺拉·纽科姆及其同事一直在研究不同类型的观点采择。

第一种更多基于认知（我说"更多"是因为我认为我们永远无法完全分离认知和情感）。正如切恩向我描述的那样，他说：

我想要了解你，埃伦，坐在那里看着我，我想知道你对这个世界、对我有什么看法，你在想什么，你对什么比较了解。[72]

这种换位思考的类型在艾莉森·戈普尼克进行的一个引人注目的名为"蜡笔和回形针"的实验中得到展示。他们给学龄前儿童展示了一盒蜡笔，当他们打开蜡笔盒子时，他们看到里面装着的是回形针，而不是蜡笔。然后，参与实验的儿童被问：其他人看到未打开的盒子时会想到什么？年龄较小的学龄前儿童更倾向于说"回形针"——他们认为自己现在知道的，别人也会知道——而年龄较大的学龄前儿童则更倾向于说"蜡笔"。[73]

认为别人知道我们所知道的并不会在学龄前就结束。我相信你一定能想到青少年和成年人也有过这种情况。

第二种更多基于情感。切恩继续说：

这侧重于同理心、情感和心智化。那么，埃伦，我怎么才能知道你的感受？你可能正在经历什么情绪？

此外，还有第三种观点采择方式：**基于位置的观点采择**。也就是：

从你的角度，从你所处的位置看，我的心理模型是什么？

此类型体现在前面所提到的"指导者任务"中。

对大脑活动的研究分析显示，不同的大脑区域分别支持不同类型的观点采择。

整体视角的重要性

但是，这些差异并不意味着不同类型的观点采择不能共同起作用。在最理想的情况下，它们能做到！

我永远不会忘记我帮助安排的一次会议，在阿斯彭创意节上，退休的美国国防部参谋长联席会议主席、我当时所在的家庭与工作研究所（Families and Work Institute）的董事会成员、海军上将迈克·马伦回答了来自年轻人的提问。当被问及"对你来说，什么样的领导技能是重要的？"，他谈到了观点采择。

他说，当他准备去一个国家（比如阿富汗）旅行时，他不想要关于历史事件的常规介绍。他希望能更好地了解他将见到的人——他们可能会怎么想，他们可能会有什么感受，他们可能会如何看待他们生活中的事件。他继续说，只有拥有了这种全面的了解，他才能尝试去理解他所接触的人，并寻找和平解决冲突的方法，而不是通过军事力量。

亚当·加林斯基从他的研究中也得出了类似的结论：[74]

我们发现，没有认知视角的共情会导致我所说的"受气包效应"。你成了受气包。你只是付出，付出，再付出。

另一种效应——我还没有进行太多的实验研究，但我深入思考过——我称之为"恶霸效应"。恶霸们真正擅长的是了解别人的观点，知道他们的弱点，然后针对这个弱点发起攻击，对这个人没有任何同情。

亚当·加林斯基说，认知和情感视角结合在一起会产生最好的结果：

我们需要结合心灵与思想去理解他人。同时，我们也需要足够的自我关注，这样我们就不会完全牺牲自己的立场。

赞恩的前进之路

当赞恩试图了解自己和他人时，他的前进之路变得更加清晰了。进入大学后，他计划学习政治专业。他并不想从政，但可能进入国际关系的领域。让赞恩感兴趣的问题是：

我们怎样才能从世界不同地区获取不同的观点，并让它们合作？

他还梦想着改变社交媒体如何影响年轻人对自己和他人的看法。他说，对年轻人来说，尝试理解他人和周围发生的事情是很自然的。但社交媒体会因为各种原因阻碍这种想法的实现。首先，社交媒体会阻碍人际交往：

和没有和你一起上过课的人交谈是很困难的——午餐时不再和朋友们坐在一起，而是走到他们的桌边，真正和他们坐在一起。而通过媒体做到这些很容易，"我只要打开手机，进入应用程序，关注他们，然后在社交软件上观察他们的生活"。

其次，他认为社交媒体限制了我们对生活的看法，因为社交媒体上的东西都是经过精心策划的——"是他们想放在互联网上的生活"，是为了吸引流量。

赞恩认为，一些年轻人会站出来，并带头改变社交媒体的一些弊端。他已经看到朋友们开始控制自己对社交媒体的使用，比如放弃 Instagram 和 Snapchat，或者创建自己的非公开在线讨论组，在那里他们可以更坦诚地分享他们对高中毕业的苦恼和喜悦。赞恩说，通过这些改变，他和他的朋友们感觉压力更小了，更自信了，对不同的观点也更开放了。

赞恩的观点——经常使用社交媒体和不使用社交媒体的年轻人看起来有所不同——与北卡罗来纳大学教堂山分校的伊娃·特尔泽在 2023 年进行的一项研究不谋而合。她和她的同事发现，查看社交媒体的频率实际上与大脑的纵向变化有关。[75] 特尔泽报告说，那些经常查看社交媒体的人的大脑"随着时间的推移，会对社交反馈越来越敏感"。[76] 虽然这项研究证实了社交媒体的使用和对社交反馈的敏感度之间建立了很强的相关性，但特尔泽补充说，这些发现并没有揭示哪个是因、哪个是果。

赞恩并没有等待更多的研究成果。他认为，变革应该尽快发生，年轻人应该帮助推动变革：

孩子们总是有一种直面社会问题并做得越来越好的动力。

这种情况已经在或大或小的范围内发生了。例如，布鲁克林的 17 岁少年洛根·莱恩因决定放弃智能手机并成立了一个由志同道合的年轻人组成的团体"卢德俱乐部"而成了新闻人物。[77] 在更大的范围内，艾丽西娅·科潘斯和艾玛·伦布克共同创立了一个名为"科技政治"的团体，她们在青少年时期曾无休止地沉迷于浏览他人完美的生活，用"点赞"来衡量自我价值，并因此患上进食障碍和心理健康问题。[78] 如今，他们已步入大学校门，与其他年轻人一起，为有关规范互联网影响年轻人方式的法律提供指导。[79] 他们的解决方案是与全国各地的立法者分享青少年关于互联网负面影响的真实故事。他们的倡导已经推动加利福尼亚州通过了一项法案，为18岁以下的青少年提供保障，以降低风险。[80]

促进观点采择能力

关于观点采择这一技能，我认为青少年和成年人都能找到很多机会来促进它。下面是一些可参考的例子：

- 放学时，你可以问老师今天过得怎么样。你为什么这么想？有什么线索？
- 当你在看电影时，你可以选择电影中的一个角色，问问你自己这个角色在想什么、有什么感受。你认为他们接下来会做什么？为什么？
- 当你和家人在一起时，你可以询问每个人对最喜欢的家庭故事的看法，看看他们的看法当中的相似和不同之处，然后试着找出原因。
- 当你在看世界上发生的大事时，你可以问世界各国领导人在做出某个决定时可能在想什么。他们为什么会这么想呢？
- 当你的青少年子女与朋友发生分歧时，你可以试着推测为什么孩子的朋友会那样做。提出几个想法，然后讨论每个想法的可能性。

生活和学习技能3：
沟通与合作

沟通是在理解自己和你想表达的内容的同时，通过思考你的表达如何被接受，进而做出调整，以便更好地被理解，同时也理解他人。合作则是考虑多方观点——包括你自己的和他人的——以便共同工作和生活，并解决出现的冲突。

实验：说出曲子的名字

在你生活中的青少年身上试一下这个实验。选择三首熟悉的曲子（如《祝你生日快乐》或《小星星》），用手敲打出来。

在敲击音乐键盘之前，试着猜测一下，如果在演奏厅里听到你的敲击声，在100名听众中有多少人能够说出这些曲子的名字。

你认为你的孩子能猜对吗？

现在，背靠背坐着，让孩子说出你敲击的每首曲子的名字。

好了，开始吧！

你的孩子猜到曲子了吗？当我在玩这个游戏时，我的孩子很少猜中。

现在换一下，由你来说出他们敲出的曲子。

在由斯坦福大学研究生伊丽莎白·牛顿于1990年进行的最初的实验中，[81]大多数敲击者表现得"极度自信"，估计"一半听众"会猜对，但实际上"听众只能从150首曲子中辨别出两首"。这是怎么回事呢？

在本书的这一部分，我们将讨论这个情况：为什么会出现沟通不良，以及可能导致沟通不良的认知倾向。接下来，我们将探讨生活和学习技能当中的合作，这在很大程度上取决于沟通，并讨论如何处理冲突。最后，我们将探讨学校的规则如何促进这一技能的发展。

生活和学习技能之沟通

沟通包括两个过程：理解自己和想要表达的内容（用语言、行为或艺术形式）；同时，思考你的沟通可能会被如何接受，做出调整，以便更好地被理解，同时也理解他人。

按照这样的定义，沟通需要基本执行功能技能的几个组成部分。

- 在想清楚自己想说什么以及如何让别人听懂的过程中，关注自己和他人（反思）。
- 在平衡当下事件的同时，利用你所知道的，借鉴在类似情况下学到的知识（工作记忆）。

- 灵活思考，并在出现沟通不畅时改变自己的行为（认知灵活性和抑制控制）。

它还建立在第一和第二个生活和学习技能的基础上，即设定目标和观点采择。

虽然将沟通作为一种基于执行功能技能的研究并不多，但有大量关于有效沟通的研究，尤其是在工作场所，它被视为工作成功的关键。[82] 在美国大学与雇主协会的年度就业前景调查中，沟通能力通常是雇主在招聘新员工时最看重的技能之一。[83]

为什么会沟通不良？

研究发现，有些障碍，甚至是认知倾向，会阻碍我们对他人的理解，妨碍有效沟通。

知识的诅咒

一旦我们知道了某些事情，这些知识就会让我们对别人可能不知道的事情视而不见。当你以为别人会听出你正在弹奏的曲子时，就会发生这种情况。这就是我在关于观点采择的最后一节中描述的实验中发生的事情，在这个实验中，孩子们看到蜡笔盒里面放的是回形针，然后就以为其他人也会这么想。当拥有丰富经验的成年人无法理解青少年如何看待世界时，也会出现这种情况。这种认知偏差被称为"知识的诅咒"，它阻碍了我们的沟通能力。

夜晚擦肩而过的船只

亚当·加林斯基用"夜晚擦肩而过的船只"来形容两个人在交流时，互相都认为自己采纳了对方的观点，但没有完全理解对方的想法和感受，从而导致沟通不良的情况。[84] 作为父母，我们可能会认为自己知道孩子提问的意思，因此在没有进一步了解的情况下就匆忙回答。

这种情况有时会发生在我身上，当我十几岁的女儿说她想做一些她实际上很矛盾的事情时，她会说（经常是挑衅地）："我想去参加高年级孩子的聚会"，或者"我想在这个新朋友家过夜"，或者"我想穿鼻环"。我陷入了用挑衅来回应她的挑衅的陷阱，直到我意识到她是矛盾的。当我学会停下来请她多说一些，告诉我好处和坏处时，她就会敞开心扉，说出自己的担忧：

- 高年级的男孩子们为聚会收费，这是个赚钱的计划。我觉得我们好像被骗了。
- 我不认识我朋友的父母，所以我真的希望你能来接我，但是会很晚。
- 如果我在鼻子上打孔并保留一年多，这个疤痕就会保留一辈子，这是我不想要的。

通过提问，我可以更理解她，我们之间的沟通也好多了。

沟通不良的含义

一位朋友收到儿子发来的一条短信，内容是关于他们的晚餐："这有点儿绝。"

虽然她不明白"这有点儿绝"是什么意思，但她认为这是积极的，因为他让她再安排一次！后来，她发现这句话的意思是，最初的晚餐比他预期的要好。

我们很容易误解词语中传达的情感含义，尤其是通过短信或电子邮件时。我记得我用大写字母回复了一位同事的电子邮件，因为我对此有强烈的感受，她以为我在生她的气——而这并不是我想强调的意思。

黄金法则还是白金法则？

黄金法则是"你们愿意人怎样待你们，你们也要怎样待人"（《马太福音》7：12）。这条规则对全世界的宗教道德行为都至关重要，但在当今世界，对此稍作修改就会有所帮助。

"你们愿意人怎样待你们，你们也要怎样待人"的假设前提是别人都和你一样，但事实并不一定如此，即使他们和你有着相同的背景和文化。

因为我们不是克隆人，所以白金法则（出自托尼·亚历山德拉和迈克·奥康纳的同名著作）[85]效果更好："**别人希望你怎样对待他们，你就怎样对待他们。**"

基本原则需要保持对他人的尊重，但具体细节则依赖于有效的观点采择。例如，亚当·加林斯基17岁时参加了美国的一个实地服务项目并在国外生活了一段时间，其间他了解到，吃完你面前的食物在不同国家有不同的含义。在一些国家，留些食物在盘子里是"尊重的表现，这意味着你吃饱了"；而在其他国家，习俗是"吃光盘子里的所有食物，因为留下食物是不尊重的表现，意味着食物不太好吃"。[86]

"我想要坦诚地沟通"

简是佛罗里达州的一位单身母亲，她发誓不再用自己成长过程中的沟通方式与女儿莉茜交流。

如果我对母亲说了她不想听的话，她就会打断我，我会被冷落好几天。我觉得自己永远做不好任何事。我不希望让我的女儿在成长过程中也有这种感觉。我希望我们之间有真诚的沟通。

莉茜出生后不久，简就离开了她的丈夫，他是一名演员，后来被诊断出患有双相情感障碍。简和她的母亲不同，她的母亲可以迅速地切断夫妻关系，而简则不想伤害孩子与前夫的关系，尽管前夫在确诊前，尤其是在服用帮助他控制情绪的药物之前，可能会情绪不稳定和伤人。

简在成长过程中没有学会沟通，但她想做得更好。这需要她从三个方面做出改变。

首先，她需要学会倾听，因为她从未被倾听过。所以，如果莉茜没做家庭作业,简必须忍住不做仓促的判断,而是听听女儿哪里出了问题。

其次,她需要学会如何在谈论前夫时不给女儿带来负担,尤其是当前夫没有按计划来看望她或是态度恶劣时。在前夫被确诊后,她意识到自己可以在双相情感障碍的背景下描述他的行为,而不会贬低他。她不希望莉茜认为父亲的行为是他个人的错,所以她把注意力集中在他们可以做些什么来改善探望过程,而不是他做错了什么。

她要学的第三件事是最难的。她说:"因为我妈妈是一个容易大吼大叫的人,所以我不是,但我不知道如何谈论我的感受。"

如果我生女儿的气,我很难把它说出来。我曾因表达了自己的感受而受到了惩罚,而女儿莉茜想要表达自己的感受。

我必须知道,向她表达我的感受是安全的。但我可能需要时间以我想要的方式来表达。我可能会说:"给我一个小时,然后我们再谈谈。"

通过使用这些指导原则——不带评判地倾听,专注于解决问题,以身作则地保持坦诚,同时小心地不让自己的愤怒给莉茜带来负担——简逐渐掌握了沟通的技巧。但是,当她开始发现女儿的饮食方式有些不太对劲时,她意识到,她要学的东西还很多。

莉茜经常不吃东西,或者吃一些热量很低甚至没有热量的食物,于是简让她称体重。莉茜照做了。

所以,我当时想,"好吧,这太低了"。

莉茜似乎也很担心,她愿意和医生谈谈,但医生打消了他们的顾虑,说:"你没事。你的体重正合适。继续做你正在做的事吧。"

简不确定那是不是对的,她注意到莉茜仍旧经常不吃东西。简让她再称称体重。

她瘦了，几天后又瘦了——我当时想，"好吧，这绝对是个问题"。

简通过朋友找到了一家厌食症治疗中心。令人惊讶的是，莉茜同意去了。简想知道为什么。

在治疗中心，他们有家长小组。很多家长都说他们的孩子不承认自己有问题。至于莉茜，她的朋友也注意到了她的情况，并对她说了些话，所以当我开始谈论这件事时，我想她一定已经准备好了。

对莉茜来说，愿意去看医生的一个更大的动机是她对自己的人生有梦想。和父亲一样，她想成为一名演员，但她想成为一名健康的演员。

她知道自己真的需要解决进食问题，这样才能演戏、上大学，做自己想做的事情。要做到这一点，必须保持身体健康。

虽然她们努力建立的坦诚沟通有助于莉茜与母亲交谈并寻求治疗，但简意识到，她一直在助长莉茜的问题。虽然她在谈论莉茜的父亲时很小心，但她在分享自己对暴饮暴食的担忧时却做不到这一点。

我有体重问题，所以我一直在注意自己的饮食，计算卡路里。

简不得不放松下来，不再说她吃得过多使她发胖了。她还必须明确表示，她的体重问题不是莉茜的体重问题。

最后我对她说："听着，我们的问题几乎是一样的——只是硬币的两面。你要时刻注意不要吃得太少，我也要时刻注意不要吃得太多。这将是我们一生中很长一段时间都要处理的事情。希望随着时间的推移，情况会有所好转。"

简正在考虑她们下一步的生活,她相信沟通将成为莉茜生活的中心,就像她一直以来的生活一样:

莉茜不会总是和我住在一起。她要上大学,要有室友,要学会如何与有着不同成长经历和观点的人相处。你能谈论的事情越多越好。

生活和学习技能之合作

与人相处包括沟通和合作。这项生活和学习技能需要考虑多方观点——你的和他人的观点——以便你和他人能够共同工作和生活,并解决出现的冲突。

与其他生活和学习技能一样,合作也是基于基本执行功能技能的几个组成部分。它包括:

- 为自己希望拥有的人际关系设定目标(目标设定)。
- 当冲突发生时,关注自己和他人(观点采择和反思)。
- 在考虑当下的信息时,利用你所知道的来回忆自己在处理类似情况时学到的知识(工作记忆)。
- 沟通,并在必要时修正自己的行为(认知灵活性和抑制控制)。

实验:画一个"E"

这里还有一个实验,你可以和你的孩子一起尝试。

你们面对面站立或坐着。要求孩子用右手食指尽快在额头上画一个大写的"E"。

你觉得他们的"E"看起来像什么?看起来像"E",还是反过来的:"Ǝ"?

如果他们画的"E"是为了让你看懂(从他们的角度看是"Ǝ"),那么他们是在关注他人——从你的角度看问题。如果他们画的是E,那就是以自我为中心,在你看来,它就是反着的。

你认为你俩之间的力量对比对他们画的"E"有影响吗？

"这就是权力！"

我想我们都有过这样的经历：比我们更有权力的人——医生、孩子的老师、我们的老板做出的决定看起来很愚蠢。

他们只是视而不见，还是说权力在某种程度上蒙蔽了他们的视线？

这是纽约大学的亚当·加林斯基和乔·马吉所做的一个经典 E 实验所探讨的问题。[87] 在实验中，研究人员将 57 名大学年龄段的参与者随机分配到"高权力"和"低权力"两组。高权力指的是控制他人获得自己想要的东西的能力，低权力指的是自己被置于依赖他人的位置。在这两种情况下，他们被要求记住并写下自己对他人拥有权力（高权力）或他人对自己拥有权力（低权力）的事件。[88] 接下来，

我们告诉那些"高权力"组的人："这里有 7 张彩票。你们可以把它们分给你和另一个组的人。你想拿多少就拿多少，剩余的分给别人。"这就是所谓的"独裁者游戏"。这个组的人决定另一个组的人能得到什么，包括他们自己。另一个组的人被告知："你们依赖于"高权力"组的人，他们将决定你们能得到多少彩票（如果有的话）。"[89]

奖品是一个 iPod。

事实证明，权力很重要。非常重要。在"独裁者游戏"结束之后，参与者被要求完成前面描述的"头顶上的 E"任务。"高权力"组的参与者画出以自我为中心的"E"的概率几乎是"低权力"组的参与者的三倍。正如亚当·加林斯基对我说的那样："这就是权力！"

在另一项研究中，亚当·加林斯基和同事发现，感觉拥有更多权力（这次是指社会地位）与前额叶皮质和前扣带回皮质的激活程度较低有关，而这些区域是大脑中与思考他人有关的部分。[90]

亚当·加林斯基说：

真正有趣的是，权力会减少观点采择！[91]

请注意，亚当·加林斯基谈到了他们的研究参与者是通过回忆拥有权力的时光来感受权力的。权力是一种地位（你拥有更大的权威或地位），也是一种态度（你感觉自己在掌控一切）。这两者都会影响你为了合作而考虑多方观点的程度。

团结能改善合作与协作吗？

20世纪50年代，哈佛大学心理学家戈登·奥尔波特提出了一种颇具影响力的理论——"接触假说"，该理论认为，增加历来关系不和的群体之间的个人接触可以缓解紧张关系。[92] 当时与奥尔波特一起工作的博士生托马斯·佩蒂格鲁写道，他们怀疑仅有接触是不够的。奥尔波特和佩蒂格鲁认为有四个关键因素可以减少群体冲突和偏见：（1）情境中同等的地位或权力（这又是权力的作用）；（2）受人尊敬的权威人士的支持；（3）共同的目标；（4）合作——一起做事，而不仅仅是交谈。[93]

"接触假说"已经以不同的名称渗透到职场文化中。许多商界领袖认为，除非员工真的并肩作战，否则就无法真正实现合作。这一观点在疫情期间以及全球经济形势下显得难以立足，因为团队都可以在世界不同地区工作。多年来，这种观点一直支撑着人们对工作场所灵活性的抵制。但越来越多的研究发现，肩并肩的工作并不足以减少冲突或促进合作，同样，灵活的工作也不妨碍同事之间建立良好的关系。[94]

那什么才能真正促进合作？

2006年，波士顿学院的佩蒂格鲁和琳达·特罗普从515项研究中收集了713个独立样本，发现，总体而言接触假说是有效的，他们写道："群体间的接触通常会减少群体间的偏见。"但情况更为复杂。他们发现，以上四个因素并不是减少冲突的必要条件，而且这些因素不能独立发挥作用，而是共同起作用。[95]

13岁时，莎拉安妮在学校里几乎不具备这四个因素中的任何一个。

在新泽西州市中心一所以天主教和新教为主的学校里,她是班里唯一的犹太学生,因此她屡屡受到欺负。她的母亲埃莉诺告诉我,这与宗教密切相关:

25个孩子中大概会有10个对她进行言语攻击,问她:"你为什么不相信我们相信的东西?你到底有什么问题?"

她的父亲理查德补充道:

他们告诉她,"你要下地狱了"。

莎拉安妮坚持自己的立场。她对他们说:"我不这么认为。"但这并没有阻止冲突的发生。当莎拉安妮尝试和班上的一个女孩交朋友时,另一个女孩试图阻止,据埃莉诺说,莎拉安妮遭到了辱骂:

第一次出现问题时,两个女孩都受到了惩罚,这是合理的。第二次出现问题时,我坚决向学校提出了要求。他们叫来了另一个女孩的母亲,那个女孩受到了非常严厉的口头警告,让她离我女儿远一点。

十几天后,这种虐待和冲突在体育课上再次爆发。另一个女孩推搡了莎拉安妮。

我女儿把她推开了。她说:"我受够了。"那天下午,这个女孩和她的一个朋友开了与纳粹有关的玩笑。这两个女孩都被停学了。

莎拉安妮在学校里没有表现出任何情绪,但当她回到家时,她表现出深深的悲伤。埃莉诺说:"我很担心我的女儿,因为她是一个非常敏感的人,但我要说的是,我很高兴看到她也有很坚强的一面。她每次都会坚持自己的立场。"

但她常常觉得自己不属于这里。她父亲告诉我：

她说了一句非常悲伤的话："我好孤独。"那是一种非常孤立的感觉，就像"我周围的每个人都有自己的语言，而我是唯一一个以这种特殊方式表达、拥有这样的外貌、秉持着这样信念的人"。

她的父母决定让她进入一所犹太教的周日学校学习。莎拉安妮的精神状态从此开始好转。理查德说：

她周围都是长得像她、说话像她、有同样信仰的人。她是集体中的一员，这让她很安心。

在这种情况下，单纯的接触显然是不够的（正如我在职场研究中发现的那样）。尽管莎拉安妮表现得好像自己很强大，但她却孤军奋战，面对众多的挑战。学校会对发生的事件有所反应，但并没有积极帮助来自不同背景的孩子学会沟通与合作。他们采用的是传统的具有排斥性的纪律措施——把家长叫来，把孩子们分开，停课处罚。这里的"纪律"不是为了教育，而是为了惩罚。

高度冲突

像这样的事件可能会升级，可能演变成记者阿曼达·里普利所说的"高度冲突"，她发现，这是一种神秘的力量，会让我们彻夜难眠，纠结于各种情况。它与"好的冲突"截然不同，后者能激励我们更好地思考，做得更好。在里普利的同名书《高度冲突》中，她是这样描述高度冲突的：

当冲突升级到一定程度后，冲突本身就会占据主导地位。原本导致争端的事实和力量会逐渐淡出人们的视线，取而代之的是"我们与他们"

的对立动态。⁹⁶

这就是在莎拉安妮和她的同学们身上开始发生的事情。"我们与他们"正在开始占据主导地位,合作与协作变得更不可能了。冲突中的小事可能会变成大事。要扭转这种局面,需要学校或家长发挥领导作用。

里普利本人就是在冲突的环境下长大的。虽然她生活在一个"食物丰富、充满爱和包容"的家庭中,但她的母亲却在抑郁症和焦虑症中挣扎,这些情绪很容易升级为愤怒和指责。里普利回忆说,她会坐在家里的楼梯上,看着父母争吵,而她的哥哥则用他的星球大战玩具来转移注意力。里普利回忆说,那时她曾希望通过倾听更好地理解正在发生的事情,甚至希望阻止它发生。如今,她的书正好实现了这一点——帮助我们理解冲突的本质以及如何缓和冲突。书中还提供了减少冲突、改善沟通与合作的策略。在本章后面的内容中,你将看到,其中的一些策略还是自我控制研究的核心。⁹⁷

- **避开火源——冲突的导火索**。当莎拉安妮的学校禁止她和袭击她的女孩接触时,就是这样做的。然而,这只是一个暂时的解决方案,因为她们仍然在同一个班级。
- **改变现状,减少情绪的影响**。也许老师们可以与这两名女孩一起列出一份清单,列出她们可以同意谈论的、不会激怒她们的事情。
- **练习有节奏地呼吸**。这种练习是由著名演员,同时也是出色的儿童倡导者歌蒂·韩为学校和家长创建的循证课程的核心内容,该课程于2003年推出,面向幼儿园至八年级的儿童(目前正在高中学生中试行)。韩写道,该项目名为"大脑提升",其目的是"帮助孩子们学习如何调节情绪,变得更有韧性,并了解他们的大脑是如何工作的,从而为他们提供一个走出绝望、获得更积极心态的路线图"。

在神经科学家、教师、积极心理学家和正念专家的共同努力下,全球48个国家的700多万儿童参加了"大脑提升"项目。他们现在也有一个教师培训计划。⁹⁸他们项目的一个主要特点是"让大脑得到休息"，方法是练习正念和呼吸技巧。[99]
- **分散注意力。**这意味着在冲突中有意将注意力集中在其他事情上。在情绪高涨的时候很难做到这一点，但如果之后你无法将冲突从脑海中抹去，这样做就会很有帮助。[100]
- **重新评估形势。**这包括重新构建你对当前情境的看法，类似于本书前面讨论的詹妮弗·西尔弗斯的研究。莎拉安妮的父母试图通过解释其他女孩没有学会处理冲突来帮助她做到这一点。她的母亲说："我们最后进行了一次关于无知的谈话。"其他孩子的父母和老师并没有积极教导学生如何与来自不同文化背景的人打交道，所以埃莉诺告诉莎拉安妮，其他孩子只知道被动应对，而不知道主动应对。
- **去阳台上。**在有一定心理距离的情况下，[101]退后一步，想象自己从远处站在一个冷静、自控的位置来看待这种情况。当我的孩子在公共场合发脾气时，我会想象自己在电视节目中表演并被拍摄。这有助于我更冷静地处理崩溃。这与假想有一定的相似性，这是应对挑战的一种非常有建设性的技巧。
- **观点采择。**想象对方是如何看待这种情况的，这可以增进理解。佩蒂格鲁和特罗普认为，观点采择是减少冲突的一个有效方式，新的研究应该朝此方向努力。[102]

2018年，普林斯顿大学的伊丽莎白·帕鲁克和她的同事对佩蒂格鲁和特罗普的结论进行了重新评估，评估标准更加明确。[103]他们收集了有关接触假说的研究，这些研究将人们随机分配到实验或控制条件下，并测量了实验随着时间推移产生的影响。他们总共收集了27项研究，其中大多数研究涉及的参与者是从中学到大学的年轻人。

总之，他们发现群体内外部的接触可以减少冲突和偏见，但某些类型的偏见比其他类型的偏见更容易消除，比如，"在减少对精神或身体残疾者偏见方面，接触似乎特别有效"。[104]

好奇的力量

应用洞察力冲突解决中心的梅根·普赖斯在处理冲突与合作时采取了不同的策略——这是她与父亲杰米·普赖斯一起学到的,杰米·普赖斯是一位著名的和平学者。他们研究了大脑对冲突的反应。

研究表明,冲突是对威胁的一种防御。[105]

正如我们在第一章中所讨论的,压力是一系列连锁反应的结果。当杏仁核感受到威胁时,下丘脑就会向血液中释放肾上腺素,以便进行自卫。[106]我们的心跳加快,呼吸加快,感官变得敏锐。这种反应使我们有可能通过**战斗**(具有攻击性)、**逃跑**(逃离威胁)、**僵住**(转移对自己的注意力)或**讨好**(卑躬屈膝或拍马屁)来抵御威胁。[107]

接着,皮质醇被释放出来,这样我们就可以继续保护自己,尽管它会抑制我们清晰思考的能力。随之而来的是一系列认知偏差:[108]

- **隧道视觉**,即我们只关注威胁的一个关键方面,无法关注其他信息。
- **选择性感知**,即我们只关注那些我们认为能够证实威胁存在的信息,而忽略了相反的信息。
- **确认偏差**,即我们坚信自己所相信的是真实的,并对任何可能否定我们结论的信息设置障碍。
- **自我中心**,即我们不考虑他人的观点。
- **归因偏差**,即我们将问题归咎于他人(他们有错,他们是浑蛋)。
- **敌对形象**,即我们在缺乏充分证据的情况下,对加害者特质进行概括性、片面性的认知。

这些偏见可能成为自我实现的预言,在这种情况下,我们越期望别人做出消极反应,他们就越有可能做出消极反应。

我们如何才能跨越这些将我们推向对立情境的认知障碍呢?这些障碍将我们推向对立面,让我们固执己见,分歧越来越大,形成"我们与他们"两个对立阵营。[109]这不仅是这个国家党派分歧的真实写照,也是莎拉安妮在学校经历的冲突的真实写照。不管她的父母和老师怎么说，莎拉安妮和她的同学们还是陷入了"我们与他们"的对立中，解决的办法似乎只有战斗或逃跑。

在思考如何减少这些倾向的过程中，普赖斯从思考本身找到了答案：好奇心。她发现，如果我们能对参与冲突时我们的大脑是如何运作的产生好奇，那么弥合"我们与他们"之间分歧的新的可能性就会出现。[110]

听起来确实很简单，甚至可以说是过于简单化。但你真的能用它来解决像国家间争端这样的国际问题、像党派分歧这样的国内问题，以及像警察办案或教师与学生的课堂冲突这样的问题吗？你真的能用好奇心促进更多的合作吗？

普赖斯对这些问题的回答是肯定的。她说，这种名为"洞察力"的方法与其他方法的不同之处在于，它立足于对我们如何在冲突中利用大脑做出决策的理解。好奇心可以改善我们做决定的方式，还可以通过激活大脑的奖励中心来改变大脑对冲突的反应。[111]这与我在开发可能性思维模式时的见解相似——好奇会让我们改变自己的行为。

正如普赖斯所定义的那样，好奇心是对知识的渴望。她写道：

> 多年来，人们一直认为它是一种共同的、与生俱来的人类特征，它迫使我们提出问题（包括隐含的和明确的）、寻求知识、获得理解并做出适当的决定。[112]

最终，普赖斯总结道，好奇心是我们探索天性的一部分。正如我们对威胁的反应是生存所必需的一样，探索也是如此。

还有谁比青少年们更有探索性呢？

普赖斯的大部分工作是与警方打交道，特别是帮助他们学习在执行任务遇到冲突时能够快速做出决定的方法。他们会通过追逐或射击来增加他们的力量，还是会问问题呢？[113]普赖斯说，他们教警察要有战略上的好奇心：

我们教警官们如何提出战略性的问题，深入了解对方的思维过程。公民希望通过他们的行为达到什么目的？他们担心发生什么？我们发现，激发好奇心不仅能很好地缓解事态的严重性或防止事态升级，还能打破理解的界限和障碍。[114]

这可能是对观点采择、沟通和合作的教科书式定义。

普赖斯说，警方对这种方法的反应非常积极，因为这与他们最初加入警察队伍的原因（他们最初的目的）有关：为了改善社区环境。这与杰森·奥科诺弗亚和格雷戈里·沃尔顿用在教师身上的理论很相似（详见第四章"尊重的需求"一节），研究人员将教师管理学生的实践与他们成为教师的初衷联系起来。

在我看来，青少年是这种干预的理想对象，因为他们渴望探索、渴望被理解，青少年也希望让世界变得更美好。普赖斯也想找出答案，于是她与哥伦比亚特区一所充斥着暴力和冲突的学校合作，看看这种方法能否在该校奏效。如果这种方法奏效，那么它是否可以成为"从学校到监狱"（那些因行为不端而受到停学和开除惩罚的孩子，最终绝大多数都会被送进少年司法系统，几乎没有逃脱的希望）这一持续存在的当代问题的一种解决模式？[115]

普赖斯写道，要"摒弃长达数十年的具有惩罚性的规则和纪律"[116]是"一项艰巨的任务"。对于在惩罚性纪律文化中长大的成年人来说，很容易重蹈覆辙。普赖斯继续说道：

这需要得到教职员工的广泛认同，他们中的许多人都相信对不良行为的严格惩罚是有效的，并依靠把孩子们赶出教室来维持课堂秩序。

普赖斯发现，唤起人们对成年人决策的关注具有深远的影响。这是教师们觉得特别有用的地方，也是他们在干预结束后进行反思的地方。普赖斯写道：

当我们变得好奇时……我们就能洞察自己和他人是如何思考的，从而让自己和他人能够提高表现，并尽可能多地想象各种行动的可能性，从而增加找到创造性而不是破坏性解决方案的可能性。[117]

难怪她的方法被称为"洞察法"！

从好奇到同情

共情——感受他人的感受，无论是快乐还是痛苦——通常被视为合作的基石，但事实并非完全如此。分担他人的痛苦会消耗你的精力，让你压力重重、精疲力竭，进而远离他人。

然而，还有一种情感建立在共情的基础上，但却是通向合作的更可靠的桥梁，那就是同情。德国柏林马克斯·普朗克学会的塔尼亚·辛格和日内瓦大学的奥尔加·克利梅基将同情定义为对他人的温暖、关心和关怀，以及改善他人福祉的强烈动机。[118]

辛格进行了一系列研究，以区分这些情感，并进行干预，以观察它们是如何起作用的。在辛格与克利梅基等人的一项研究中，成年参与者接受了为期一天的共情、同情或记忆训练（对照组）。[119] 在共情训练中，参与者被引导想象一个人（从自己开始，然后是他们认识的人，之后是陌生人，最后是全人类）正在遭受痛苦，并通过对自己说"我和你一样痛苦"之类的话来回应。同情训练的参与者则被引导按照相同的顺序、以仁爱之心去面对他人的痛苦。之后，三组人都观看了人类遭受苦难的视频，同时对他们的大脑进行了扫描。研究人员发现，接受共情训练的人感觉更消极，他们的扫描结果显示前脑岛和前扣带回皮质被激活。这两个区域与对痛苦的共情有关。那些接受同情训练的人体验到了更多的积极情绪，他们的扫描显示了一个不重叠网络的激活，包括腹侧纹状体和内侧眶额叶皮质。这些网络与积极情绪、奖励和社会联系有关。

在一项持续时间更长、规模更大的研究中，辛格和她的同事对成年参与者进行了为期9个月、每天20~30分钟的训练,训练内容包括"在场"(旨在培养注意力和正念)、"情感"(旨在培养情感上的同情和感恩之心)以及"观点"(旨在培养对自己和他人视角的认知理解)。[120] 这一训练特别结合了冥想,并且让参与者两人一组练习他们所学的内容。

他们的研究结果表明,练习的内容很重要。在"在场"模块之后,参与者的注意力技能和专注于当下的能力都得到了提高。此外,大脑中与注意力相关的脑区也发生了变化。在"情感"模块之后,参与者变得更富有同情心和亲社会性,与共情和同情相关的大脑边缘和旁边缘系统也发生了变化。在"观点"模块中,参与者更善于理解他人。在这些模块以及之后的分组练习中,参与者将所学内容应用于现实生活情景,在面对压力时展现出了较低的生理反应水平。[121] 虽然辛格的研究对象是成年人,但她的发现及威斯康星大学理查德·戴维森及其团队的研究结果[122]让我清楚地认识到,如果我们想促进青少年之间的合作,我们需要培养同情心及对他人观点的理解。重要的是,辛格强调,同情心增强了宽恕的能力,他补充说,这绝不是软弱,而是世上最具勇气的生活方式。[123]

促进沟通与合作

我们可以在帮助青少年的过程中,促进他们掌握生活和学习技能中的沟通技巧:
- 思考他们想要传达什么,然后考虑其他人会如何理解他们的观点。
- 了解可能阻碍沟通的偏见。他们是否假设其他人会知道他们所知道的(知识的诅咒),理解他们的意思(夜晚擦肩而过的船只),或者想要他们想要的(白金法则)?他们如何才能在沟通中融入他人的观点?

当我们帮助年轻人时,他们就能变得更善于合作:
- 思考与他们一起工作的人想要实现什么目标。他们的目标是什么?这些目标与自己的目标有何异同?
- 如果他们与他人发生冲突,保持好奇心。对他们自己和他人有什么威胁?他们如何才能将这种威胁转化为挑战，并找到解决之道？
- 对一些可能阻碍他们与他人合作的认知偏差保持好奇心，比如只关注能够证实自己理解的信息（确认偏差），不审视自己的角色就责怪他人（归因偏差），或者将世界分为"我们"和"他们"，而不尝试合作（敌对形象）。
- 对他人面临的问题怀有同情心。

我们都有权选择如何与他人沟通和合作。将遇到的挑战视为提升生活和学习技能的契机，有助于我们做出对自己和孩子都有益的选择。

生活和学习技能4：
问题解决

问题解决有四个步骤，每个步骤都涉及执行功能技能：（1）意义建构，即以具体和抽象的方式理解决策；（2）创造性思维，即思考新颖且有用的解决方法；（3）关系推理，即看到所有涉及的信息之间的联系；（4）批判性思维，即寻找有效且准确的信息，权衡利弊，解决问题。

由罗伯特·弗罗斯特创作的著名诗歌《未选择的路》的开篇句子是："黄色的树林里分出两条路，可惜我不能同时去涉足。"

这是一幅日常生活中的画面。你在散步时遇到一个岔路口，必须决定向哪个方向转弯，选择哪条路线。这似乎是一个微不足道的决定。你只是出来散步，而弗罗斯特诗中的两条路看起来相似，前方的风景并没有什么不同。[124]

我在青少年时期的英语课上发现了这首诗，一读便难以忘怀。在诗的结尾，诗人回顾选择哪条路的决定，写道："我选择了这条少有人走的路。"这是一个"改变了一切"的决定。

当我第一次读到这首诗时，于我而言，做出重大决定似乎是神秘而可怕的，可能是因为做决定的过程和后果都是未知的。高中应该选什么课程？应该和谁交朋友？我怎么知道自己是否陷入爱情了？有一个正式的男朋友与认识许多不同的人有什么区别？是该为考试而努力学习还是和朋友一起玩？应该上哪所大学？应该选什么专业？我怎么知道该走哪条路？我们做出的每一个决定和解决的问题都会累积成我们最终的生活。它们有时确实会"改变一切"。

问题解决是一种生活和学习技能，其背后有着科学的原理。在本节中，我们将探讨这种科学，首先是我们如何理解问题（意义建构），然后是如何提出可能的解决方法（创造性思维）、对这些方法进行推理（关系推理）、权衡利弊（批判性思维），最终解决问题。我们越了解这种科学，就越能帮助青少年学会成为更好的问题解决者。

"我该离开还是留下？"

布鲁克在九年级时遇到了一个大问题——她应该离开3岁起就开始学习的舞蹈机构，跟随一直教她的老师到另一个舞蹈机构，还是应该留下来？她老师的辞职既突然又让人惊讶：

她告诉我们，她最终想成为一名理疗医生。她的儿子要上一所昂贵的大学，所以她想，"我现在需要赚更多的钱，所以要换一份工作"。

更重要的是，布鲁克在舞蹈机构的朋友——其中有25个人——决定跟随这位老师："他们说，'跟我们一起走吧'。"

布鲁克刚刚进入一所新的高中，所以还没有交很多朋友。现在，她面临着失去舞蹈伙伴的困境：

我陷入了两难境地！！我应该离开，还是应该留下来？

我应该忠于从3岁就开始学习舞蹈的机构，还是跟随我信任的老师？

她的父母决定把选择权留给她：

这是我第一次必须自己做出重大决定，这让我感到非常恐惧。

我妈妈说："无论你做什么决定，我都支持你。"有她的支持很重要，因为每个人都在告诉我不同的事情。

布鲁克也意识到，解决这个问题可能是一个成长的机会。虽然她的父母并不是"超级控制狂"，但在此之前，他们也参与了她人生中大部分的重大决定。

布鲁克开始退一步，更仔细地审视各种选择。首先，她审视了自己与舞蹈老师的关系，开始意识到虽然老师很关心她，但从未真正给过她展示自我的机会：

我有点像生活在阴影中。我没有从她那里得到很多关注。也许是因为其他舞者比我年长一些，我从来没有机会在舞蹈当中站到前排。

相反，她意识到自己与舞蹈机构老板有着长期的联系。她也可以站在老板的角度思考：

我在那里待了12年。我对她很忠诚。她在我成长过程中确实发挥了重要作用。而现在，因为大家都离开了她，她损失了很多钱。

她还开始思考长久友谊关系的本质：

这些朋友真的是我的好朋友吗？他们会成为我一生的朋友吗？还是我选择拥有这样一个舞蹈机构的女性老板作为榜样？我愿意为了这些对

我并不总是很好的人离开她吗？我是依赖于和他们的友谊关系，还是我真的喜欢他们？

虽然她的母亲没有替布鲁克解决问题，但她问布鲁克的一些问题帮助布鲁克从现在的困境中脱离出来，促使她思考归属感的问题：

我妈妈说："你觉得自己属于哪里？接下来四年你觉得哪里会是你的家？"这让我真正地开始思考，"在整个高中生涯中，我想和谁在一起？哪些人更适合我？"

布鲁克开始意识到，也许是因为她舞蹈班的朋友们比她年长，或者是因为他们的性格，"说到底，他们认为他们比我更优秀，有点看不起我。我不认为他们是故意的，但事实确实是这样。"

生活和学习技能之意义建构

问题解决

意义建构
识别并定义问题

玛丽·海伦·伊莫迪诺－扬把意义建构作为研究课题，认为它是问题解决的第一步。一个主要问题推动了她的工作：

我们真正感兴趣的是了解青少年如何理解他们所学、所见和所经历的事情并从中获得意义。[125]

这就是**意义建构**的精髓——理解经历——它对解决问题至关重要。年轻人如何理解一个情境，是他们应对它的基础。

在 2017 年诺瓦（NOVA）电视台的一个关于伊莫迪诺－扬研究的特别节目中，展示了她的研究方法的一个关键方面，即向青少年播放视频短片，内容是关于其他青少年的，观看后会询问他们的反应。在她的实际研究中，视频短片描述的都是没有名气的青少年的故事，但为了电视节目的效果，伊莫迪诺－扬使用了众所周知的玛拉拉·尤萨夫扎伊的故事——这位巴基斯坦少女挺身而出，反对塔利班禁止女孩接受教育的法令。[126] 她首先向每位研究参与者——在诺瓦电视台的特别节目中，是一个名叫伊塞拉的女孩——介绍将要看的短片：视频讲述的是一个住在巴基斯坦的 12 岁女孩，她所在的城市被一个叫作塔利班的组织占领。然后，伊塞拉观看了一分钟片段。之后，伊莫迪诺－扬按照预定的提纲进行询问，并记录她们的交流过程[127]：

我低头说："她的故事让你们有什么感觉？"我告诉他们并让他们看着我把他们说的写下来。我将我的行为变得标准化，这样他们就不会担心我在想什么或做什么。[128]

伊塞拉情绪激动。她说："这个故事让我感到难过。"她总结了她所看到的内容——玛拉拉想成为医生并继续接受教育，伊塞拉感到难过，因为她知道玛拉拉接下来的过程将会很艰难。[129]

伊塞拉停顿了一下，然后开始谈论自己的生活及更多的事情，她告诉伊莫迪诺－扬：

这让我想起了我自己接受教育的旅程。我想上大学，并且希望有一天能成为一名科学家甚至能够拥有更高的成就。我觉得真正触动我的是，并不是每个人都能有这个机会去探索，去接受教育，或者去做他们想做的事情。我觉得这样的现状是不好的。

这个停顿是关键——它是现在的具体思维和抽象思维之间的桥梁。伊莫迪诺-扬称之为**两类意义建构**。

在这个案例中，**当下**的意义建构让伊塞拉感到难过，特别是塔利班禁止女孩接受教育，玛拉拉接受教育的过程会很不容易。

当她转向**更抽象**[①]的意义建构时，伊塞拉的思维在质量上和认知上都有了显著提高。她讨论的是一个阻止一部分人学习的社会，这激励她更加努力地学习。伊莫迪诺-扬进一步解释道：

突然之间，伊塞拉意识到这不仅仅是玛拉拉和她自己的事。它涉及世界是怎样的以及世界可能是怎样的。这些复杂的抽象概念实际上并没有在故事中说出来，而伊塞拉推断出了故事中更广泛的系统层面的意义。

你看到了这与布鲁克的意义建构的相似之处吗？最初，布鲁克专注于眼前的两难选择：留在原先的舞蹈机构还是和朋友及老师一起转到新的机构。之后，她也停顿了一下，转向了更抽象的诠释，她想和谁做朋友，什么样的行为能激发她的归属感和忠诚度，在不同的情况下，她可能会有什么样的未来。

脑部扫描研究显示，这两类意义建构以不同的方式影响着青少年的大脑发育。

意义建构的大脑基础

伊莫迪诺-扬在电视节目中使用的方案，与南加州大学正在进行的一项研究所使用的方案相同，该研究追踪了65名青少年，参与者在研究开始时的年龄为14~18岁。他们来自洛杉矶的社区，这些社区中的家庭主要

[①] 伊莫迪诺-扬将这种思维称为"超越"思维，因为它涉及超越当前的处境，并对自身和社会建构深刻的意义。

是移民家庭且收入较低。参与者们在学校表现良好，家庭情况稳定。[130]

在这项纵向研究开始时，参与者在实验室里度过了一天，他们接受了关于家庭和学校经历、身份认同以及未来理想的访谈，他们还进行了包括智商测试在内的标准化测试。正如诺瓦电视台节目中所展示的那样，参与者听了世界各地青少年真实的故事，然后观看了每个故事的一分钟视频剪辑，之后他们被邀请表达他们对这个故事的想法和感受。[131] 这样的故事总共有 40 个。

然后，伊莫迪诺－扬说：

我们让他们在功能性磁共振成像扫描下观看每个故事核心部分的 5 秒钟回顾片段。他们有几秒钟时间思考这个故事，然后使用按钮报告他们感受的强烈程度。为了保证统计学上的有效性，他们在两次不同的扫描过程中观看这些片段两次。[132]

在扫描仪下观看每个故事的回顾片段后，他们会被问及在故事中的情感投入程度：

我们进行静息态连接和其他扫描，这样我们可以观察大脑皮质厚度及其随时间的变化。同时，我们还测量心率，脚底出汗量，呼吸和胸腔容积变化。[133]

五个关于意义建构的重要发现

通过了解伊莫迪诺－扬的文章、演讲以及我对她的采访，我看到了五个对青少年发展具有重要意义的发现。

第一个重要发现是，这项研究提升了故事讲述在青少年发展中的重要性。在一篇写给教育工作者的文章中，伊莫迪诺－扬和银行街教育学院的道格拉斯·克内希特写道，这项工作的基本前提是人们"构建关于世界和他们在其中经历的叙事"。实际上，"人们讲述他们自己和他人的故事，讲述世界如何运作以及为什么这样运作"。[134] 这项研究采用了我们在西北大学的丹·麦克亚当斯的研究中探讨过的叙事和寻找叙事身份的方式,并研究了它对青少年及其大脑发育的影响。

第二个重要发现是,不同类型的意义建构涉及不同的大脑神经网络。这听起来可能不重要,但随着青少年的成长,你会发现这变得非常重要。

当参与者具体讲述他们的所见所感时,他们的执行功能网络(ECN)就被激活了。"他们向外关注,并专注于当下。"[135] 他们注意到事物、对事物有所回应并做出反应,工作记忆、认知灵活性和抑制控制等基本执行功能技能在这个过程当中都有所参与。

当故事中的问题对参与者有意义(即他们情感上投入)时,他们的执行功能网络会与突显网络(SN)产生连接:

这些大脑区域包括当你胃痛或心脏剧烈跳动时提醒你的区域,以及在你注意到某些你在乎的东西时让你感到兴奋的区域……突显网络权衡信息的相关性、感知的重要性和紧迫性,以促进进一步思考。[136]

然后是自发的停顿。研究参与者(其他研究中的成年人也是如此)倾向于转移视线或闭上眼睛,可能会说很多"嗯"和"啊",并在从事件的具体意义转向更深层的意义建构时放慢说话速度。

此时,他们的默认模式网络被激活。这种意义建构是着重于内在的,涉及更抽象的思维;参与者开始反思,思考什么能够启发他们并提升他们的心理能力。[137]

默认模式网络在反思、想象假设或可能的未来情境、回忆过去以及处理道德相关信息时会被激活。它对于概念理解、阅读理解、创造力、非线性和"跳出框架"的思维、构建自我意识以及感受灵感都是至关重要的。[138]

为了更清楚地了解这些思维过程如何影响青少年发展,研究人员控制了可能影响结果的因素,如青少年的智商、年龄和性别,以及他们家庭的社会经济状况,包括父母的教育水平。[139] 然而有趣的是,这些人口统计因素并不影响青少年意义建构的能力和水平。

第三个重要发现是，青少年能够进行这两种类型的意义建构。"这并不是说你拥有一个抽象得脱离现实的孩子或者十分具体、具有同理心的孩子。"伊莫迪诺－扬说。[140] 孩子们两者都可以做到，而且两者在他们的生活和学习中都很重要。

此外，每种意义建构方式都以不同的方式影响他们的发展。

> **重要发现**　在这项研究中，参与者在采访中越是具体地谈论，他们与同伴和老师的关系就越好。越是抽象地谈论，他们在理解和推理复杂问题时就越富有创造力，并具有对问题深思熟虑的能力。

第四个重要发现是，情感参与驱动深度思考。众所周知，情感和理性常被认为是一对相互竞争的力量——但这些研究表明事实并非如此。情感实际上是深度思考的驱动力。伊莫迪诺－扬总结道："在进行抽象、深入的思考时，情感具有组织大脑活动的作用。"

第五个重要发现尤其值得注意。当研究团队两年后回访研究参与者时，那时参与者的年龄是16~20岁，丽贝卡·戈特利布、伊莫迪诺－扬及其团队发现，抽象思维实际上是大脑的建设者。[141] 青少年越是抽象地谈论事情，他们在执行功能网络和默认模式网络之间的连接就越多。

> **重要发现**　这些网络之间的协调增长"预测了成年早期更好的个人和学术成就"。[142] 一项后续研究发现，这种神经增长还预测了更强的身份发展，同时也预测了五年后参与者的生活满意度（参与者对自己和人际关系的满意度）。作者写道："最终，'超越'思维对于青少年的心智和大脑就像锻炼对于身体一样：大多数人可以锻炼，但只有那些真正锻炼的人才能受益。"[143]

为了确保更多的青少年有机会锻炼其心智和大脑，伊莫迪诺－扬和她的团队设计了一个为期八周的故事讲述项目"智者与探索者"。[144] 该项目在社区的聚会场所进行，之所以叫这个名字，是因为每位高中生（探索者）会选择一位70多岁的老人（智者）一起工作，然后根据提问分享故事，比如："你收到过的最好建议是什么？""谁对你的影响最大？""你最重视朋友的什么品质？""你的人生有什么遗憾吗？"评估显示，分享故事增加了青少年的超越性意义建构，给他们自己的生活带来了更多的目标感。[145]

谁能想到，当你的孩子在具体思维和抽象思维之间切换时，就像布鲁克在决定是否离开她的舞蹈机构时那样，其实是在锻炼他们的大脑？这种看似平凡的过程能够达到不平凡的效果。这是问题解决和决策可以"起到决定性作用"的另一种方式。伊莫迪诺－扬强调这一点，说真正重要的不是他们做出的决定，而是他们如何做出决定。

生活和学习技能之创造性思维：从"是什么"到"可能是什么"

```
问题解决
  意义建构
  识别并定义问题
  创造性思维
  头脑风暴可能的解决方法
```

在决定该做什么时，布鲁克进行了具体和抽象的思考，这使她达到了另一种境界——创造性地思考。她超越了现实的限制，想到了不同的可能性。如果她留在原来的舞蹈机构，她可能有机会成为一名领导者：

在大家离开之后，我是工作室里最年长的。离开的 25 个人都比我大。我很害怕承担领导角色，因为这与我之前所做的事情相比是一个巨大的改变。

在解决问题的过程中，布鲁克开始创造性地思考，从而能从不同的角度提出可能的解决方案。与意义建构一样，创造性思维也是有效解决问题所必不可少的生活和学习技能。

创造力被定义为既新颖又有用的思考。 研究创新心理学和神经科学的宾夕法尼亚州立大学的罗杰·贝蒂表示，这一定义被广泛接受：

每篇关于创造力的论文的第一段都会说，创造力是新颖的、实用的，或者适当的、有效的。[146]

除非你正在思考抽象艺术，但抽象艺术也可以有用（我丈夫作为艺术家一直意图促进冥想的治疗状态，且越来越多的文献表明艺术与幸福感之间的联系）。[147]伊芙琳·克罗恩描述"新奇"思维为可行的、可用的、跳出框架的思维[148]，这正是布鲁克所做的。

创造性思维依赖于执行功能技能。要拆解并重组想法，你需要**工作记忆**；要提出新奇的想法，你会使用到**认知灵活性**；要拒绝维持现状，你需要**抑制控制**，同时你还需要抽象思维。

灵感遇到汗水：洞察力与分析力如何在创造力中合作

当你看到"跳出框架"这个短语时，你是否想到了灵感迸发的瞬间？这是对创造力的典型看法——一种"啊哈"时刻和天才所做的事情。天普大学的罗伯特·韦斯伯格多年来一直通过一系列细致的研究来质疑这些观点。[149]

一个实验：九点问题

这是韦斯伯格和杰森·切恩（在前面关于观点采择的章节中提到过他）进行的一个实验，你和你的青少年子女可以一起尝试。在一张纸上画三排圆点，每排三个，使其看起来像这样：

● ● ●

● ● ●

● ● ●

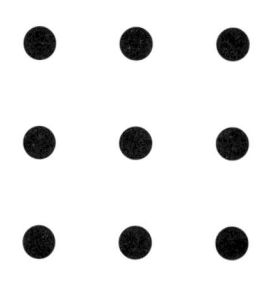

现在，用铅笔或钢笔，用直线穿过每一个点——不能用曲线或交叉线。一旦开始，你不能将铅笔或钢笔从纸上抬起。

你和你的孩子解决了吗？

如果你像我一样，我画出了一个 X 形图案，但错过了边角。其他人尝试了 N 形或 Z 形。

切恩说他看过很多人做这个实验，[150] 通常他们都会遇到困难：

你可能会尝试 100 次仍然无法解决这个问题。通常会发生的事情是，有些东西突然击中了你，然后你会从不同的角度看待问题。你会有一个灵感，然后你会解决这个问题。[151]

这是洞察力还是分析力？

切恩、韦斯伯格及其团队用"结婚的男人"问题来说明思维的跳跃：

我们镇上的一个男人和 20 个女人举行了婚礼。重婚在这里是非法的，但这个男人却没有违反任何法律，请解释这是为什么。[152]

大多数人对这个问题的理解是错误的，直到他们重新解释"举行婚礼"一词，不是指"他与 20 个女人结婚"，而是指他是一名牧师，为这些女人主持婚礼。然后他们"看到了"解决方案。

通过分析解决九个圆点问题，你会稳步地尝试各种解决方案。通过使用洞察力，答案会在你的意识之外突然出现。

以下是解决方案的提示：你需要在 9 个点所形成的隐含框之外画线。

然而切恩和韦斯伯格发现，即使给人们这个提示也不总是有效。他们怀疑还有"一个关键因素——前瞻性，即人们在工作记忆中想象执行各种操作的结果的能力。"[153]

> **重要发现** 在这些实验中，具有更好空间工作记忆的年轻人，即能够在工作记忆中保持空间解决方案的人，更有可能找到并更快解决九个圆点问题。

哦，对了，这里有一些解决方案：

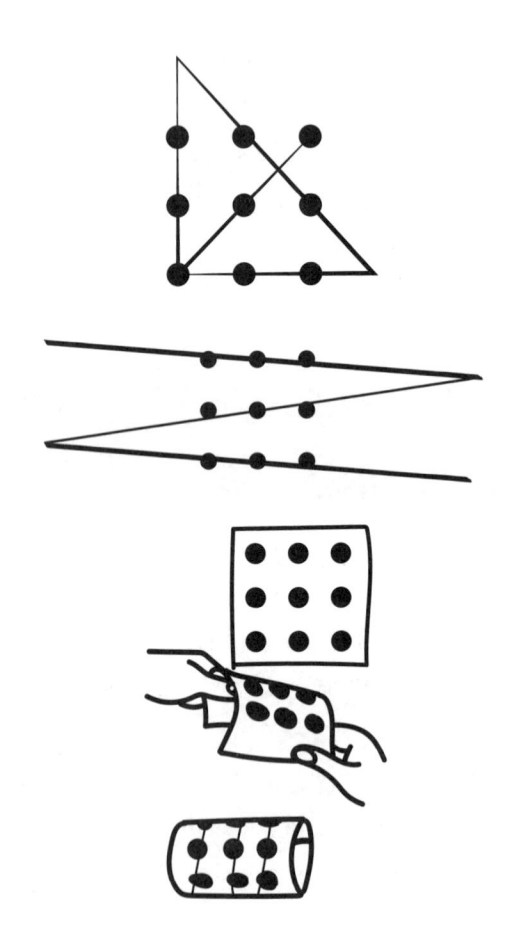

如果你解决了这个问题，你是一步步做的，还是靠瞬间的灵感？即使你是瞬间解决了这个问题，空间工作记忆技能也在你找到解决方案的过程中发挥了作用。

这就是空间工作记忆，那语言工作记忆呢？

一个实验：复合远程联想问题

"复合远程联想（CRA）问题"听起来有点绕口，但你可能玩过类似的游戏。实验者选择三个单词。你和你的青少年子女的任务是：在这些单词之前或之后，想出一个能与这三个单词组成复合词的词。

例如：如果我说"aid"（帮助）、"rubber"（橡胶）和"wagon"（货车），第四个词会是什么？

答案是"band"（乐队）——"Band-Aid"（邦迪创可贴）、"rubber band"（橡皮筋）和"bandwagon"（潮流）。

好，现在你和你的孩子试一下。以下是他们研究中的三个词："teeth"（牙齿）、"arrest"（逮捕）和"start"（开始）。你能想到一个能与这三个词搭配的词吗？

这并不容易，切恩说。[154] 研究人员让大学生参与者"出声思考"，在他们解决复合词谜题时讲出他们的想法。[155] 他们发现，尽管解题看似一个创造性行为，但实际上参与者之前在语言工作记忆和注意力控制方面的技能已经预示了他们解决这些词语问题的能力。

> **重要发现**　研究得出结论，我们通常认为找到答案要么靠洞察力，要么靠分析力[156]，暗示了解决问题的"非此即彼"态度，但实际上是二者兼有。[157]

我给你的问题的答案是"false"（假）：如"false teeth"（假牙）、"false arrest"（错误逮捕）和"false start"（错误的开始）。

"大脑当中没有创造力区域"：创造力的脑基础

罗杰·贝蒂自青少年时期就对创造力感兴趣，想了解他作为音乐家是如何创作的。[158]

在大学时，我上了罗伯特·韦斯伯格的一门关于创造力和创造性解决问题的课程。我发现可以用科学方法研究创造力，对我来说，这是一次大开眼界的体验。你可以研究著名创作者，也可以研究人们在日常生活中帮助他们解决问题的创造性思维。

虽然我们倾向于将创造力与"著名创作者"联系在一起，但贝蒂和韦斯伯格一样，强调日常生活中创造性思维的重要性，例如解决具有挑战性的问题。

贝蒂认为，仅仅研究大脑的特定区域并不能回答他关于创造的大脑过程以及"哪些特征能够区分出更有创造力与不那么有创造力的人"的问题：

我并不满足于传统的功能性磁共振成像激活类型研究——如研究显示某个脑区亮起或另一个脑区亮起。因为创造力并不是由一个单独的脑区负责。

这是一个重要声明！长久以来，人们一直在寻找掌管创造力的大脑区域。即使是误导性的左右脑理论——现在被认为是不准确的神经元理论——也是试图在大脑中定位一个特定的创造力区域。然而贝蒂认为，大脑的不同区域以不同方式促进创造性思维。他的探索目标是找到这些区域并了解它们如何协同工作。

他从细微处着手，就像大多数神经科学家一样。2015年，还在读研究生的他和他的团队给25名大学生参与者一个创造性思维任务，并在他们回应时对其进行脑区扫描。

由于"样本量非常小而且相关性有限"，他们随后用六倍的样本量进行了相同的研究。他们还采用了一种不同的方法来搜索整个大脑，目标是"看看我们能否不仅仅关联几个区域，而是找到一种在整个大脑中能预测创造力的模式"。[159]

贝蒂说，这几个月来他做的全部工作就是扫描大脑。

一个实验：替代用途任务

贝蒂用来衡量创造性（或发散性）思维的一个任务是替代用途任务（AUT）。[160] 你可以按照贝蒂的方法自己或与青少年子女一起尝试。

想象一只袜子。现在花两分钟时间，想出尽可能多的用途，并写下你的想法。

贝蒂报告说：

对于这只袜子，一个参与者建议用它来暖脚，而另一个参与者则建议用它作为水过滤系统。[161]

想继续吗？试试用附近的物品——一个杯子、一支笔或一根回形针。这对孩子们来说很有趣！替代用途任务有效的原因有两个：首先，因为任何人都可以成为日常物品常规用途的专家——但它也要求你超越已有的知识，想出新的或独创的用途；其次，替代用途任务评估的思维类型在一定程度上可以预测人们在艺术和科学领域的创造成就。[162]

在使用替代用途任务进行的一项后续研究中，贝蒂及其同事对评审员进行训练，他们要对163名参与者（大部分是本科生和研究生）答案的创造性、聪明度和独特性进行评估。[163]

如果你对自己的替代用途任务进行评分，你会认为自己做得如何？

高创造性网络

贝蒂告诉我，为了分析功能性磁共振成像扫描结果，他们使用了一种相对较新的机器学习工具，称为脑功能连接组预测模型，这使他们能够看到整个大脑网络的运行。和实验研究一样，三种网络出现了：默认模式网络、执行功能网络和突显网络。[164]

听起来很熟悉吗？是的，这些正是伊莫迪诺－扬研究中重要的三个网络。

| 重要发现 | 根据贝蒂的研究结果，创造性思维始于我们的想象力（默认模式网络）。当一个看起来有希望的想法出现时（由突显网络检测到），我们会转而对其有效性进行现实检查（使用执行功能网络），然后据此决定是展开还是放弃。 |

正如伊莫迪诺－扬发现的那样，默认模式网络和执行功能网络不是同时"开启"的。实际上，它们倾向于相互对立——这是这些发现的核心。

| 重要发现 | 要成为一个创造性思维者，你需要既能产生想法，又能评估想法。不同网络之间连接越强，人的想法就越有创造性。贝蒂及其团队将这种大脑特征称为"高创造性网络"，相比之下，"低创造性网络"之间的连接较少。 |

他们是否可以仅通过观察大脑网络的连接来预测个体的创造性，就像医生可以通过观察 X 光片、磁共振成像或血液检查来诊断疾病（基于大量数据的积累）？

他们联系了奥地利和中国的学者，这些学者共同拥有三个包括大脑扫描和创造力评估的数据集。尽管人群不同，但他们从中发现了"稳定"的相关性，表明一个人产生独创性想法的能力可以通过其大脑功能连接的强度可靠地预测出来。这表明"创造性思维能力具有独特的大脑连接特征"。[165]

训练创造力？

那么，有人可能会想，我们是否可以弄清楚哪种生活经验能够更好地建立这些网络之间的连接？贝蒂的第一步是与索朗日·德内尔沃合作，他们进行了一项研究，研究内容是比较在蒙台梭利教育项目和瑞士传统学校项目中受教育的儿童的大脑网络。德内尔沃曾是一名蒙台梭利培训教师，现在是洛桑大学医院的博士后研究员，她收集了 67 名儿童的数据，这些儿童在 5~14 岁分别在蒙台梭利和传统学校接受教育。两组儿童在年龄、性别和背景特征（包括社会经济地位和智力）上具有可比性。[166] 在研究中，孩子们完成了两项非言语创造性思维测试：[167]

- **聚合性思维**，即对一个问题想出一个创造性的解决方案（从八个抽象形状中选择三个并绘制结合这些形状的图画）。
- **发散性思维**，即想出彼此不同的创意（用一个抽象形式尽可能多地绘制图画）。

此外，他们还完成了一项**语言流利度**测试，要求在 60 秒内说出尽可能多的动物名称。

通过对儿童在语言流利度测试中的回答进行的语义网络分析使研究人员能够描绘出动物在儿童记忆中可能的组织方式。

> **重要发现**　与接受传统教育的儿童相比，接受蒙台梭利教育的儿童往往具有更"灵活"的语义网络结构，这意味着他们在动物概念之间往往表现出更多的连接和较短的路径。同时接受蒙台梭利教育的儿童在两项创造性思维测试中的得分也更高。

研究人员推测，与传统教育中的教师主导学习不同，

蒙台梭利课堂中的特定教学实践可能会促进更高的创造力技能，例如反复试验法（儿童需要自己解决问题）、混龄班级中的同伴辅导（更高

的社会多样性，不同的观点）、多感官教学材料（使用两个以上的感官进行学习和创造性工作）、没有时间压力（不间断的 3 小时工作时间）和基于项目的学习（自主探索）。[168]

不过，他们怀疑可能是这些因素或其他未知因素的综合作用，使儿童能够获得并训练他们的创造力。[169] 和往常一样，这还需要更多的研究，但我已经迫不及待地想看到他们的发现！

青少年：创造力的旺盛期

青少年具有独特的创造力。正如伊芙琳·克罗恩所说："任何有 iPad 的人都知道，一个 15 岁的孩子可以比成年人更快地弄明白它。"[170] 她这番话基于她与西斯克·克莱比克和卡斯滕·德·德勒在莱顿大学进行的一项研究。研究人员将 98 名参与者分为四个年龄组——12~13 岁、15~16 岁、18~19 岁和 25~30 岁——并进行了一系列测试，评估创造性洞察力和发散性思维。[171]

他们发现，在一项发散思维任务中，15~16 岁的青少年表现得最好，这项任务与视觉空间思维有关，参与者必须找到尽可能多的匹配图片（这是一项不依赖语言或知识储备的测量，因为通常情况下，年龄越大所了解的知识越多）。

为了验证这一发现的准确性，他们使用了其他测量方法，并继续发现 15~16 岁青少年较成年人表现得更好。下一步是扫描大脑的研究，结果发现"青少年表现出更多的前额皮质活动，并有更多的解决方案"。[172]

> **重要发现** 青少年可以在需要创造性思维的任务中胜过成年人。克罗恩说："这与我们在执行功能文献中看到的完全不同，在执行功能文献中，青少年的思维没有成年人活跃。"

如你所知，在大多数执行功能研究中，成年人的前额皮质活动表现得更活跃，这一发现得出了青少年的前额皮质发育不如成年人成熟的结论。但克罗恩认为问题可能在于**经验**，而不是成熟。克罗恩解释说，如果任务是从 A 到 B，成年人可能会比年轻人更擅长，因为我们经常做这种事情。但青少年可以跳出框架思考，找到不同的路径——一条"少有人走的路"。克罗恩说，虽然经验通常是一个优势，但有时并非如此：

这对青少年来说是有益的，因为他们不总是走那些从 A 到 B 的路。

鉴于她的实验室在成功、快速地训练执行功能技能（如工作记忆和抑制控制）方面的经验，他们认为，"我们可以训练创造力"。在一项为期两周的研究中，他们让 15~16 岁的青少年练习替代用途任务和其他非言语任务，并与接受规则转换练习的一组进行比较。

不幸的是，练习、练习、再练习并没有像预期那样奏效。[173] 尽管研究结果中有些许正向的结果。克罗恩仍然坚持：

我还没有放弃。也许在短时间内提高创造力是不可能的。我们知道执行功能对于创造力很重要，但创造力远远超出了这些功能。[174]

行动中的原创性

沃顿商学院教授、《离经叛道》一书的作者亚当·格兰特告诉我：

我们生活在一个世界，用不了多久，如果你不具有创造力，你将失去工作。我们即将达到一个阶段，几乎任何以可预测、可重复的方式完成的事情都很容易实现自动化或外包。但到目前为止，我们还没有特别擅长创造的机器。即使我们有，我认为人们也不会以同样的方式重视它。[175]

对创造力发展的研究（如罗杰·贝蒂和伊芙琳·克罗恩进行的研究）

仍在继续，但与此同时，我也发现亚当·格兰特的基于研究的建议既出人意料（或者说是原创的），又非常有用。

格兰特本身就是一个原创者，他是在沃顿商学院备受尊敬的研究人员和研究成果翻译者——但他也曾遭遇挫折。他在书的第一章中讲述了自己如何放弃了投资在线眼镜店沃比帕克的机会，却眼睁睁地看着这家初创公司取得了惊人的商业成功。[176] 他还告诉我另一个错失的机会：在脸书出现之前，他在哈佛创建了一个互联网网络——一个类似脸书的网络。

当格兰特申请哈佛并被录取时，他告诉我，他谁也不认识："我将要搬到美国的另一边，我很担心自己会没有朋友。"

当时，美国在线是每个人使用互联网的方式。我搜索了一下，看看能不能找到即将成为同学的人。我找到了几个，然后给他们发邮件。我当时想，"嘿，我们即将成为同学，如果能联系上就太好了"。[177]

最初在1月份联系到15~20名未来的同学。到了4月，人数增加到了100个，然后是200个。但他说："当我们上大学时，我们解散了这个小组。"

《哈佛深红报》后来写了一篇关于我们是哈佛大学第一个在线社交网络的文章。几年后，马克·扎克伯格在隔壁宿舍创立了脸书。

他是否对此感到遗憾？

我不认为我们会创建脸书。我不是程序员。我并没有预见到脸书的现状，但我也不认为脸书的联合创始人们预见到了。

不过他确实有些反思：

有的青少年有非常激动人心的想法——他们只是不知道如何实现这些想法，或者没有意识到这些想法的潜力，然后早早地放弃了他们的想法。这是很多创意消亡的原因。所以，我希望不要有人步我的后尘，因为我从那以后一直感到遗憾。

从某种意义上说，格兰特错过的个人机遇也成了我们的机遇，因为他一直在努力确保青少年能够将充满前途的想法付诸行动。他发现，与其狭隘地"训练"创造性思维，还不如通过全面、综合的教养和教学方法帮助青少年在解决问题时变得更善于运用创造性思维。

- **不要推动青少年专攻某一方面，要鼓励他们多方面的兴趣。**

格兰特看到，他接触到的许多父母担心他们的孩子会脱离高成就的轨道。因此，他们鼓励孩子专攻。

相反，格兰特认为重要的是"鼓励你的孩子追求不同的爱好和兴趣"。他引用的证据之一是一项研究，[178] 研究显示 1901—2005 年的诺贝尔奖获奖科学家拥有艺术爱好的可能性显著高于同龄人。[179]

- **不要认为所有练习都是一样的，要鼓励有吸引力的练习。**

在各自领域中表现出色的孩子在小学或中学阶段不一定是学霸。[180] 最重要的是人际关系（研究中的一个经久不衰的主题）。是教练、老师或家长让学习和练习变得有吸引力和有趣。

- **不要让练习变得机械，要提供积极冒险的机会。**

格兰特有一句贴切的话："练习使人完美，但无法创新。"[181]

你可以花费数小时或数年时间来学习如何演奏一首完美的莫扎特奏鸣曲，但你永远学不会如何创作自己的作品。你可以掌握国际象棋的规则，但永远学不会创造自己的游戏。

- **不要向孩子隐藏分歧，要帮助他们学会与观点讨论，而不是与人争论。**

在一篇专栏文章中，格兰特写道：

在生活中，能够热烈讨论而不生气——进行不涉及个人攻击的氛围良好的争论——是一项关键技能……我们想给孩子们一个稳定的家庭，所以我们会阻止兄弟姐妹之间的争吵，我们自己也会关起门来争论。然而，如果孩子们从未接触到分歧，我们最终会限制他们的创造力。[182]

- **不要拘泥于规则，要帮助青少年学会自己解决问题。**

根据多项研究，重要的是成人对孩子们的自主需求的支持——他们解释规则并讨论违反这些规则对他人的影响[183]，并强调价值观：**孩子们不是在帮忙，而是在成为帮助者；他们不是在分享，而是在成为分享者。**[184] 格兰特说：

你会看到，许多创造性强的孩子都是由对孩子进行纪律约束但不采用极端方式的父母养育的。他们通过解释进行教育；他们要求孩子反思为什么某种行为是错误的，以及它是如何伤害到其他人的。[185]

当使用这些方法时，儿童和青少年可以学会成为解决问题的创造性思考者。

这是布鲁克的父母在决定是否让她继续留在原先的舞蹈机构的问题上将决定权交给她的意图，但这并不意味着他们不参与。他们问了一些问题，帮助她从感觉像受害者转变为在各种假设情况下看到不同的可能性。她开始意识到，如果她跟随她的老师，那么可能还是会一样——她会像以前一样留在舞台的背景当中。

然而，如果她留下，那么她将是最年长的，可以进入领导角色。她当时只是九年级，成为最年长者和领导者是令人不安的。"我很害怕，"她说，"这与我以前做的事情有很大的不同。"她开始在困境中看到新的、创造性的可能。

生活和学习技能之关系推理

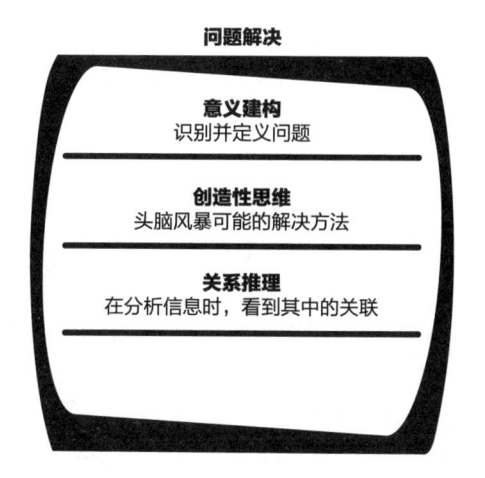

问题解决

- **意义建构** 识别并定义问题
- **创造性思维** 头脑风暴可能的解决方法
- **关系推理** 在分析信息时，看到其中的关联

在问题解决的生活和学习技能中，第三步是关系推理。

加州大学伯克利分校的西尔维亚·邦奇和埃琳娜·利布将关系推理定义为"比较或整合不同信息片段之间关系的能力"：

> 从概念上讲，关系推理是一种无所不能的认知能力，它使我们能够比较两个分数的大小，从一系列前提中得出合乎逻辑的结论，理解用于教授科学概念的类比方法，等等。[186]

这些例子是学术性的，比如分数、从前提中得出逻辑结论、科学中的类比，并且这种技能通常在学术背景下研究，但它也适用于在生活中不同信息片段之间建立联系。

邦奇的研究集中在关系推理上，因为它是学业和生活成就的重要预测因素，并且它可以得到改善。[187]

关系推理的实验

你何不与你的青少年子女一起试试这些来自瑞文渐进矩阵测验的非言语关系推理的例子呢？这些任务用于测量一般智力和抽象推理。[188] 在

REL-0中你们能找到匹配的答案吗?

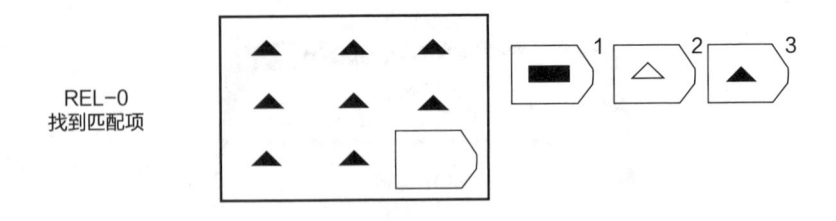

REL-0
找到匹配项

你们找到了吗？答案是3。

在REL-1中，你们能否使用横向或纵向信息找到匹配项？

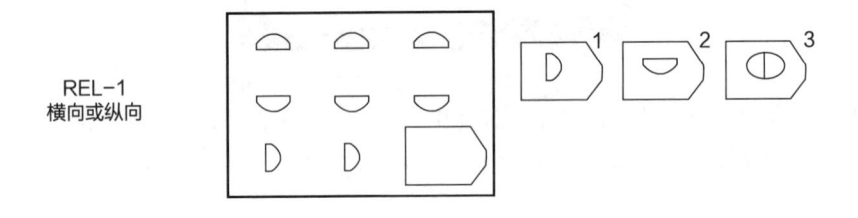

REL-1
横向或纵向

答案是1。

现在你们能结合纵向或横向信息找到匹配项吗？

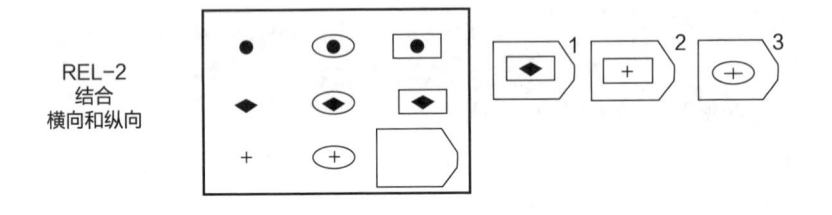

REL-2
结合
横向和纵向

答案是2。

当你做最后一个矩阵问题时，你正在使用关系推理，因为你正在整合横向和纵向的信息。

关系推理研究的一个主要问题是如何改善它。[189]当艾莉森·麦基在伯克利和邦奇一起做研究生时，她建议她们看看准备法学院入学考试（LSAT）是否是一种改善关系推理的途径。她一直在进行以学校为基础的研究，当时在一所学校的经历震撼了她，并一度让她考虑放弃她在读的研究生课程，转而进入法学院，这最终促成了一项研究。

我在等一个家长来接他的孩子。他在路上被枪杀了。我有一种恐慌，觉得科学发展得太缓慢了——这些孩子的生活变化如此剧烈、如此迅速。我开始考虑转入政策领域。

她收到了一份 LSAT 预备考试的通知并开始学习：

我注意到 LSAT 的问题非常类似于我们在实验室中做的推理问题。

事实上，大约 2/3 的 LSAT 考试内容明确集中在教授改进推理的策略上[190]。这个洞察让麦基意识到科学实际上是她前进的道路——她可以通过这种方式为孩子们做更多事情。

她想，也许她在伯克利的研究团队可以测试一下 LSAT 考试的练习会对大脑产生怎样的影响。如果有影响——而且很有可能有影响，因为在青春期进行干预会很有效果——也许他们对 20 多岁的年轻人的研究结果可以成为对更年轻的青少年进行干预的基础。

在他们的第一项研究中，他们比较了参加 LSAT 备考课程（包括 70 小时的推理训练）的预科学生与一组在年龄、智商、性别和其他因素方面相匹配的未参加课程的学生，从而控制了成熟和经验因素所导致的变量。[191]

当我们学习时，单个信息片段在大脑的顶叶中积累，这是处理来自外部世界的感官体验的大脑区域。然后，这些信息被传送到前额叶以便进行整合。麦基的团队假设，当学生学会更好地推理时，整合速度会更快，从而改变这些大脑不同区域连接的结构和功能。[192]

为了验证这一假设，他们使用了一种名为弥散张量成像的磁共振成像工具，该工具允许科学家标记大脑中的水分子并观察它们的分布。

麦基和她的同事们发现，随着学生在 LSAT 培训期间推理能力的提高，他们的大脑也发生了变化。

这本身就是一个重要的发现，但大脑如何发生变化同样重要。我们通常使用左脑进行推理，但当推理变得困难时，我们会调用右脑。[①]

> **重要发现** 参加 LSAT 备考课程后，学生的左侧和右侧前额叶皮质之间以及左侧和右侧顶叶皮质之间的连接更加紧密。

这与你在一项项研究中听到的主题相吻合：青春期是大脑各部分之间建立更好连接的黄金时期。麦基说，青少年正在构建一个更有组织性的大脑，以应对未来更难的问题。

初中生关系推理的实验

为了进一步了解我们是如何学习关系推理的，麦基在波士顿的一所新初中创建了一个真实世界实验。[193] 学校希望将心理学和神经科学纳入课程，便询问麦基是否可以让孩子们每天玩 20 分钟"脑力游戏"。[194]

研究团队明确了游戏项目：促进工作记忆、处理速度、任务转换（规则变化）和关系推理的纸牌游戏。对照组则玩促进打字和地理知识的游戏。

> **重要发现** 研究发现，每天仅玩 20 分钟纸牌游戏的学生在认知技能上的提升显著超过对照组，但两组学生的整体提高都很大。

这种整体提升或许与这所学校将学习科学纳入整体课程有关。有趣的是，研究团队确实发现，实验组中认知能力提高最大的学生在数学方

[①] 这再次表明了右脑负责创造性思维、左脑负责推理的观点是一个误解。我们用两个半球进行推理。正如我在关于创造性思维的章节中所写，大脑中并不存在专门的创造区域。

面的进步也最大。而对照组的情况并非如此，这使得麦基确信这些游戏可以以某种方式提高关系推理能力，并适用于其他学习领域。

她的长期目标是创建既能提高认知技能又能提高学习成绩的学校课程。为此，如果能在日常学校学习中、在具体学科或整个上学期间推广这些技能，而不仅仅是作为独立的游戏，效果会更好。[195]

这再次强调了一个观点——基于执行功能技能的生活和学习技能最好在日常情境中学习，因为在日常情境中有更多的机会注意和提高这些技能，并反思你所学的内容[196]。

生活和学习技能之批判性思维

关系推理是批判性思维的基石，即寻找有效和准确的知识为问题解决提供依据。[197]

问题解决

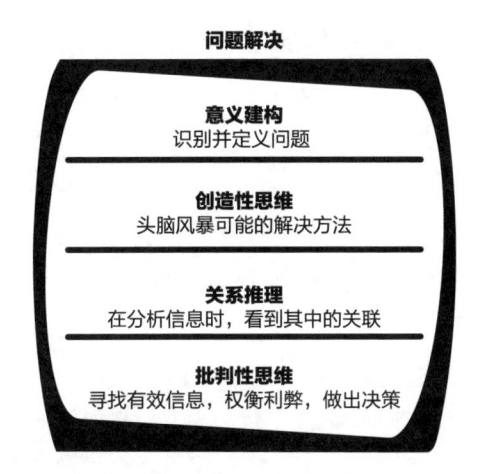

意义建构
识别并定义问题

创造性思维
头脑风暴可能的解决方法

关系推理
在分析信息时，看到其中的关联

批判性思维
寻找有效信息，权衡利弊，做出决策

艾莉森·麦基和她的同事指出，批判性分析思维对于评估论据的有效性非常重要，尤其是那些与自己信念或偏见相对立的论据。[198]

像所有问题解决的技能一样，批判性思维依赖于基本执行功能技能——使用你所知道的（工作记忆）、灵活思考（认知灵活性）、反思，并用自我控制阻止自己冲动行事（抑制控制）。正如你将看到的那样，它也需要调用默认模式网络。

批判性思维并非总是理性的：框架很重要

人们很容易将批判性思维视为理性认知，但事实并非如此，北卡罗来纳大学教堂山分校的罗莎·李在一次关于赌博的实验中明确指出了这一点。无论是你自己还是与青少年子女一起，都可以试试李使用的任务。

如果你得到了 20 美元，然后提供以下选项，你会选择哪个？[199]

1. 一定能保留一半，即 10 美元。

2. 掷硬币。正面：你保留全部 20 美元。反面：你失去全部 20 美元。

如果你像大多数人一样，你会选择第一个选项——保留一半，即 10 美元。

以下是第二种情景：

你仍然有 20 美元。你会选择哪个？

1. 一定会失去一半，即 10 美元。

2. 掷硬币。正面：你保留全部 20 美元。反面：你失去全部 20 美元。

你选择了哪个？

同样，如果你像大多数人一样，你会选择第二个选项——通过掷硬币投注。

如果你停下来思考一下，这两个情景是相同的。两个情景中的选项 1 让你保留一半的钱；选项 2 将决定权交给掷硬币。我们可以将每个情景中的选项 2 视为 50% 的机会没有损失（0 美元）和 50% 的机会失去 20 美元。不同的是框架：一个是赢或得的情景，另一个是败或失的情景。我们对这些框架的反应不同，正如李解释的那样：

> 如果你将某事框定为损失，它往往会推动人们冒险，而如果你将某事框定为收益，人们往往会不那么愿意冒险。[200]

这是否可以解释为情感可以压倒理性？赢感觉很好，输感觉糟糕，因此我们不使用批判性思维，做出非理性决定。[201]李怀疑可能没那么简单。正如她告诉我的那样：

> 神经科学家喜欢说，你在研究中看到的大脑活动只是冰山一角，水下还有整座冰山。[202]

李想探索水下的部分。她和她的同事假设框架效应本身就是一种决策捷径：因为我们喜欢赢，所以我们采用赢作为一种整体策略，通过节省我们对每个决策进行充分推理的时间和精力来减少我们的认知负担。

为了验证这一想法，她和她的同事选择了一个大样本（对于扫描研究来说）——143 名年龄在 18~31 岁的人，平均年龄 21.9 岁。这些青春期后期和成年早期的人一边接受扫描一边参与了 126 次赌博游戏。随后，研究人员使用了一种名为"Neurosynth"的工具，将他们的研究结果与 8000 多项神经影像学研究进行了比较。通过这个工具，他们不仅可以观察孤立的大脑区域，而且可以检查整个大脑[203]。

> **重要发现**　这项研究发现，当选择被框定为损失时，执行功能网络被激活；当选择被框定为赢时，默认模式网络（我们用于抽象思维、反思、想象的网络）被激活。赢是一个更省力的选择。

李解释道：

> 在某种程度上，个体在做决定时并没有经过深思熟虑，他们会选择看似正确的答案。他们在这个决定上花费的时间和认知努力更少。[204]

重要的是，这项研究表明，我们不能仅仅将决策视为理性与情感的较量，更重要的是问题如何被框定以及人们在解决问题过程中的参与程度。

布鲁克最初将她的决定与"失去"紧密联系——她正在失去她的朋

友和老师。但通过她所做的更深入的意义建构，她开始审视自己可能获得的东西。如果她留下来，她就能成为一名领导者。

批判性思维不是简单的理性：价值观更重要

这些发现与俄勒冈大学的詹妮弗·法伊弗和艾略特·伯克曼提出的青少年决策模型相吻合。像李一样，他们也采取了研究整个大脑的方法。他们认为青少年在做决策和解决问题时，会权衡各种选择与他们关于"我是谁"和"我想成为谁"的价值观之间的关系。问题解决是青少年寻求身份认同的过程。[205]

一个决定

当我们回顾布鲁克的成长过程时，我们可以清楚地看到，她是在考虑自己想成为什么样的人——一位领导者——的基础上做出选择的。这使她决定留在舞蹈机构，并自愿为低年级上课以及与他们的家长沟通，来扮演一名领导者的角色。

她还对自己想成为什么样的领导者有一个清晰的概念。她曾经见到过不同的领导者扮演正反面角色。坏的领导者利用各种机会为了自己服务，好的领导者则为他人服务。

我绝对想成为一个好领导者。当我在协助上舞蹈课时——如果他们真的年纪很小——我会尝试与他们的父母联系，询问他们有多少兄弟姐妹、他们成长得怎么样；对于和我比较亲近的孩子，我与他们都建立了个人联系，因为我希望他们都能以我为榜样，并知道我关心他们。

她并不希望低年级的学生像她年轻时那样感到被忽视。此外，当她不得不纠正他们的舞蹈动作时，她希望学弟学妹们知道她这样做是为了帮助他们，而不是批评他们。

在将所学应用于新环境（远程迁移）方面，一个很有说服力的例子是，她对自己作为领导者的看法开始超越舞蹈本身。这帮助她处理了高中时面临的一些棘手情况，尤其是在高三结束时，她曾经约会过的一位同学在一场车祸中丧生：

那是在放假后的几天。那很难熬，因为我们不在一起。所以当我们得知消息时，我和朋友们连续几晚都没有睡觉，感觉世界都停止了。

我们决定做点什么——开始为每个人制作友谊手链。我们熬了好几个通宵，给他的家人和朋友制作了数百条手链，然后又为整个高年级制作了手链。

布鲁克和她的朋友们还为这位同学组织了一场追思会，他的老师们在仪式上讲述了他的故事。她说那"非常困难，但我们挺过来了"。

在那段日子里，正值一场舞蹈即将演出。她应该去吗？她决定让年轻的学生们看到她，这对他们很重要。当她到达时，大家都伸出手安慰她，让她知道他们在那里支持她。布鲁克说："那时我知道我正在成为一名领导者！"

当她回想自己的高中生活时，布鲁克很感激她的父母在九年级时让她自己决定是否要离开舞蹈机构。

当我还是青少年的时候，问题解决似乎很神秘，但科学正在揭示其运作方式。当我们的青少年面临抉择时，我们可以帮助他们做出更有目的性的决定。无论他们选择的路是否少有人走，他们都可以开始做出决定并解决问题，这会产生重大影响。

促进问题解决

为了提高青少年的问题解决能力，我们可以：

- 将解决问题视为一种技能，并给年轻人学习这种技能的机会。布鲁克说得很好："决策是通过自己做决定来学习的一种技能。有些父母为已经读高中的孩子做所有决定，这让我很困惑。他们需要自己学习这种技能。你将来必须做出决定，所以学习如何做决定很重要！"

- 提出促使他们对解决问题进行意义建构的问题。在这些问题中，询问他们现在（此时此刻）和将来对某种情况的感受。通过这种方式，我们将建立大脑中的连接，促进他们进行更抽象的思考。
- 激发创造性思维。帮助年轻人对一个问题进行头脑风暴，想出许多解决方案。
- 促进关系推理和批判性思维。帮助他们评估各种选项的优缺点，看看某种损失实际上会带来什么好处，以及这些选项与他们的价值观是否契合。

生活和学习技能5：
迎接挑战

迎接挑战不仅仅是能够面对问题和具备韧性，还包括采取措施——比如使用自我控制策略——去尝试困难的事情并实现目标。在一个不断变化的世界里，我们需要既能面对挑战又能战胜挑战的年轻人。

凯莉在八年级突然出现心理健康问题，这很令人惊讶。不过现在回想起来，她的母亲凯特还是能够看到一些端倪。"她是一个开朗、善于沟通的孩子，"凯特在四年后回忆道，"我们一直关系很好，几乎没有矛盾和冲突。她总是和我谈论她的情况。这就是为什么这件事如此令人震惊。"

在小学和初中，有一群女孩是她人际关系的核心成员。我认为她们是一群非常好的、可靠的朋友。她们会一起过夜、一起滑冰等等。现在回想起来，我能记得一些关于某个女孩让她感到不舒服或者质疑她的穿着或外貌的对话。

凯特曾读过关于青春期女孩的书，并认为凯莉受到别人的评头论足是正常的，符合罗萨林德·怀斯曼在《女王蜂与跟屁虫》一书中描述的模式。这本书的智慧令人信服，就父母如何帮助女儿应对小团体、流言蜚语和约会提供了许多建议。[206]

我真的认为我给了她很好的建议，鼓励她为自己站出来并反击。但事实证明——而我真的不知道——她比我想象的要更深地内化了这些经历的影响。在八年级时，她开始表现出一些强迫症的迹象，必须以某种方式放置东西或者必须按照某种顺序做事。

最终，凯莉告诉她的母亲："我觉得这已经开始影响我的生活了，我想要寻求帮助。"

他们找到了一个治疗师，试图疏解开发生的事情，但在这个过程中，凯莉开始表达出深深的不安全感、自信心不足以及自杀的念头。然后她开始对上学产生恐慌，无法面对那些女孩。

明尼苏达大学的梅根·冈纳认为所有的孩子都会面临挑战，[207]"一个没有压力的童年不会让你为成年做好准备"。作为父母，她说："我们需要帮助我们的孩子应对挑战，而不是完全保护他们。"

但我们如何帮助青少年应对严重的挑战——如心理健康问题、吸毒、酗酒或辍学？父母和研究人员发现了一些可以帮助孩子应对挑战的策略。这就是我们将在这里探讨的内容，首先从心理健康开始。

面对心理健康挑战：一对父母的心路历程

因为工作的原因，凯特对社会服务系统还是非常了解的，但当涉及自己的孩子时情况就不同了。她必须努力找到合适的帮助，决定是否使用药物（如果是，应该用什么药物），如何应对女儿拒绝上学的情况，以及如何保护女儿不受伤害：

我们真的在努力让她继续上学。学校系统既有帮助又毫无帮助。我们花了很多时间在咨询上，但也花了很多时间被叫到学校，试图弄清楚发生了什么。我不断告诉他们，"我们在增加对她的干预措施，我们在努力为她提供更多的帮助"。

没有已知的路线图，凯特不知道接下来会发生什么，也不知道她可能采取的任何行动会产生什么结果。甚至用来描述凯莉行为的术语也是全新且令人困惑的。而这些帮助系统似乎深不可测。什么是正确的护理方式和护理水平？费用是多少？医疗保险覆盖什么，什么不覆盖？

"我们没有办法保护她的安全，我们真的没有办法"

在家中，凯特和她的丈夫杰伊正竭尽全力阻止凯莉伤害自己。

我们把所有锋利的东西——甚至耳环——都锁了起来，包括刀、工具、所有的药品和药丸。凯莉睡在我们房间的床垫上，或者我们中的一个人睡在她的房间里。24小时都有人监视她，从不让她一个人待着。

尽管如此，在他们最初寻求帮助四个月后，凯莉还是从割伤自己发展到了企图自杀的程度。凯特和杰伊认为他们不能再在家里保护她了，并做出了一个痛心的决定：把她送到附近的一家医疗机构。

他们让她在那里住了将近四周。她被安排在一个青少年病房，尽管她只有13岁。但在那里，她学到了很多其他自杀的方法。

凯莉在住院期间也学到了其他东西。她从一个善于沟通的人变得封闭。凯特和杰伊每晚都去看她，但凯莉经常拒绝见他们，后来她出院了。接下来的两个月里，凯特求助了当地的一系列机构。

她刚出来，然后要么再次企图自杀，要么有自杀的念头，需要住院治疗。我们基本上是在各种机构之间往返。

在住院期间，医生们开始尝试药物治疗。凯特说："他们把一大堆药物扔给了你。"

当你的孩子有心理健康问题并需要药物治疗时，这就像是一场化学实验。并非有了诊断就会有明确的医疗路径。其实医生也不清楚，因为每个人的身体反应不同。

护理也没有连续性。每次凯莉进入一个治疗机构，都有不同的精神科医生负责，每个医生的诊断和治疗计划都略有不同。这造成了一个两难境地：凯特和丈夫知道他们不能在家里保证凯莉的安全，但治疗似乎又给她带来了越来越多的创伤。

她的情况非但没有好转，反而越来越糟。她患上了精神病，这在患有严重焦虑症的孩子中很常见，她有精神病倾向。我们无法保证她的安全，我们真的做不到。

凯特不知道还能做什么，所以她转向了在孩子小时候帮助过她的人——她向很多其他父母寻求帮助。

通过家长的口口相传，我听说有一个寄宿机构。那是为数不多的既有13岁孩子床位，又接受保险的机构之一。

他们申请了这个机构和其他几个机构。凯特知道可能需要一个月或更长时间才能有床位，凯特担心在等待期间无法保证女儿的安全，所以他们把女儿留在了当地的住院机构。

在危机开始6个月后的一个星期五，凯特在工作中接到了凯莉主治医生的电话。医生告诉她,他们已经无能为力了,并将在当晚让她出院。凯特惊慌失措。"你需要给我时间去想出下一步的计划,因为这就是你们医疗机构应该做的。"对凯特来说,这就像她的女儿正在心脏病发作,但他们却把她赶到大街上。

她回到工作会议上,还在发抖,这时电话再次响起:

这是一个我不认识的号码打来的。我离开会议接了电话,因为在这个阶段,你必须接任何弹出的号码。这回是我们申请的寄宿机构。他们说:"我们有个人提前离开了,你能在周一早上到这里吗?"

当天晚上,凯特和杰伊开车去住院机构,办理了凯莉的出院手续,告诉她即将搬到寄宿机构,并回家打包行李。周一,他们坐上飞机前往1400多千米外的这个地方。"凯莉甚至是一个从未参加过宿营的孩子。"

当年轻人在与朋友交往中遇到困难时,大多数情况下不会引发像凯莉那样的严重心理健康问题。[208] 然而,已知大多数严重的心理健康疾病确实在青少年和成年早期首次出现。青春期大脑发育的可塑性使得这几年既是充满机遇的时期,也是展现脆弱的时期。[209]

虽然人的天性是想为问题寻找唯一的原因,比如基因,但几十年的研究表明,影响青少年心理健康的因素是多方面的。想象同心圆,个体在中心(他们的生理和心理),最里面一个圆环是家庭和亲密关系,然后是社区(包括与同龄人、老师、导师的关系以及其中的支持和压力)。社区圆环再被环境的圆环包围(例如,社区安全和环境健康)。最外面的圆环是社会。[210] 所有这些因素,以各种组合,影响着我们和孩子的幸福感。

有一门新的科学——表观遗传学——反驳了"遗传是不变的"这一传统观点,证明了我们无法将遗传和环境对个人健康和幸福的影响分开。[211] 即使是环境因素,通常也没有一个唯一的原因,比如社交媒体或父母。人际关系就是我所说的"摇摆票"因素。这里包括所有这些同心圆或系统中的重要人物,这些同心圆或系统都会对心理健康产生影响。

如果我们要优化青少年的心理健康，就需要在这些系统中促进牢固的关系。这一点正变得日益紧迫。2021 年 12 月，美国卫生局局长发布了一份建议——一份保护青少年心理健康的号召书，因为当今生活对青少年心理健康的影响是"毁灭性的"。[212] 正如我们所讨论的，美国疾病控制与预防中心最近的数据显示[213]：

- 42% 的高中生表示，他们在过去一年（2021）中经历了持续的悲伤或绝望情绪，以至于无法参加日常活动，而 2011 年这一比例为 28%。也就是说，每 5 名学生中就有两名以上的人感到悲伤或绝望，这个数字非常庞大！
- 22% 的学生称，他们在 2021 年曾认真考虑过自杀，而 2011 年这一比例为 16%。
- 2021 年，几乎每 5 个人中就有一人（18%）报告说在过去一年中制订了自杀计划，比 2011 年大幅上升了 13%。
- 2021 年，10% 的高中生试图自杀，而 2011 年这一比例为 8%。

疾病控制与预防中心的数据表明，相比于男孩，女孩在心理健康方面面临的挑战尤为严重。例如，在 2021 年，57% 的女孩报告说持续感到悲伤或绝望，而男孩的这一比例仅为 29%。有 30% 的女孩认真考虑过自杀，而男孩的这一比例为 14%。

突破之年研究发现

当我们在"突破之年"研究中对疫情期间的压力进行评估时，我们发现，在不考虑其他人口统计学因素的情况下，女孩比男孩所承受的压力更大，这并不令人惊讶。然而，当青少年报告说他们的基本心理需求在九个月前就已经在我们评估的每个情境（与家人、朋友、学校、校外活动和网络）中得到满足时，男女之间的压力差异就消失了！这一重要发现表明，当男孩和女孩之间存在差异时，关注并解决青少年在所有社会关系中获得的支持水平至关重要。

什么是迎接挑战？

当我写到生活和学习技能可以帮助我们和孩子迎接挑战时，我必须先声明，这种描述总让人觉得不够充分。这就像试图加固一辆汽车，并假设一切都会顺利，却没有考虑到可能会遇到难以逾越、荒凉或者危险的地带。作为个体，应对挑战必须成为个人成长的一部分，但改善支持学习和发展的社会系统的工作也必须同步进行。

"复原力"这一概念在当今备受关注，但我认为它还不够深入。对我来说，复原力就是应对所发生的一切。迎接挑战不仅仅是面对，还包括采取措施去尝试那些困难的事情。在这个不断变化的世界里，我们需要能够应对和克服挑战的年轻人。

迎接挑战是目标导向的，就像所有基于执行功能的生活和学习技能一样。它需要其他基本执行功能技能，因为它的核心是弄清自己想要实现什么目标以及如何实现目标。它侧重于自我调节——管理自己的专注力、思想、情绪和行为，以实现这些目标。因此，在很多方面，迎接挑战与自我控制息息相关。

宾夕法尼亚大学的安杰拉·达克沃思是"性格实验室"的创始人之一，她将自我控制定义为"使自己当前的行为、感受和想法与明天的意图和目标保持一致的能力"。[214] 这是一个非常明确的定义，因为它强调了我们现在所做和未来所想之间的差距，以及协调我们现在和未来的自我的必要性。她知道，努力解决这些冲突至关重要，因为自我控制在很大程度上预示着学业、财务和个人的成功，包括与他人建立更好的关系以及健康和幸福感。[215] 她说："老实说，我认为每个人都在与这种冲突做斗争。"

达克沃思在大学期间与孩子们一起工作，担任辅导员和暑期学校的老师，亲自目睹了这种冲突。她回忆说：

让我感到沮丧的部分原因是，我无法为这些孩子做得更多。我看到了他们的能力，但即使有我的指导，他们也不一定能实现自己的目标。[216]

大学毕业后，她做过很多工作，但她还是更渴望做与教学相关的工作，因为她相信这是社会发展的方向，所以她先后在纽约、旧金山和费城的公立学校担任数学老师。

作为一名教师，我每天都能在课堂上看到学生自控能力的缺失。当时，我还不知道自我控制是心理学研究中最广泛的课题之一，我也不知道执行功能技能。我只知道在我的课堂上，孩子们真实地、真正地想做对他们自己有益的事。他们其实很想回家学习、做作业，但第二天早上回来，作业还是没做完。

这种不和谐促使达克沃思成为一名心理学家。她希望了解更多，做更多的事情来帮助年轻人取得成功。

达克沃思和天普大学的拉里·斯坦伯格认为，自我控制可以归结为两个截然不同但又相互竞争的心理过程：有目的的行为（比如为了实现目标而规划行为）与冲动倾向（如屈服于即时奖励的诱惑）之间的冲突。[217] 她说：

这是一种在谈话中脱口而出和保持沉默之间的矛盾。就像"我该吃巧克力蛋糕还是苹果？"。[218]

为了帮助青少年学会自我控制，达克沃思接下来的工作之一就是与斯坦福大学的詹姆斯·格罗斯合作。达克沃思被格罗斯的自我控制模型所吸引，因为它解释了冲动是如何从微弱、渺小变得不可抗拒的。达克沃思认为，通过了解这一过程，研究人员可以开发出更有针对性的干预措施，以便"帮助青少年在生活中培养更多的自我控制能力"。而且不仅仅是青少年，这些策略也可以帮助所有人，包括凯特所面临的情况。

掌控自我：自我控制过程模型

达克沃思、耶鲁大学的塔玛尔·萨博·根德勒和格罗斯将格罗斯的过程模型组织成五种策略的序列。正如学术研究中常见的情况[219]，这些策略的名称并不容易记住。

1. **情境选择**。这涉及有意识地选择有利于自我控制并帮助我们实现目标的环境或与有利于自我控制的人相处。对于学生来说，这可能意味着选择在图书馆而不是在家里学习，或者找到自我控制能力更强的朋友作为榜样。
2. **情境修正**。由于我们无法总是选择自己的环境，有时我们必须改变我们所处的环境。这些策略包括有目的地改变物理或社会环境以加强自我控制。例如，我们可以关闭手机或将其放在看不到的地方。
3. **注意调配**。有时我们面对诱惑时无法选择或改变环境。在这些情况下，我们可以通过集中注意力来进行自我控制。如果我们难以集中注意力，可以转过身来不理会试图与我们交谈的人。或者，如果我们试图控制自己的脾气，可以远离激烈的冲突，深呼吸，或数到100。
4. **认知改变**。当无法选择或改变环境时，认知改变策略会发挥作用。我们可以通过改变对情境的看法来进行自我控制。例如，我们可以将错误视为学习的机会；将大型任务分解为更可行的小任务；或者退一步，从旁观者的角度来看待情境。
5. **反应调节**。当诱惑存在且无法避免时，最后的策略是必要的。我和其他人称之为意志力方法。当我们告诉孩子们"冷静下来"，"集中注意力"或"不要爆发"时，我们是在号召他们使用意志力。这个策略可能有效，但正如研究人员所说，这是"一种不愉快的体验""是所有自我控制策略中效率最低的"。[220]

你可以看到有一个策略的连续体，从改变我们的外部环境到改变我们构建挑战的方式，再到简单地面对直接挑战。你还可以看到，越早介入这个过程，成功的可能性越高。相反，越晚介入，就需要付出更多的努力来实现改变。

随后，研究人员想知道这些策略在现实生活中如何发挥作用，以及是否可以教授这些策略。达克沃思、格罗斯和他们的团队进行了几项调查。[221] 在一项研究中，他们要求577名高中生写下他们自我控制的具体事件——他们尝试做什么以及实际发生了什么。达克沃思报告说：

当问及他们自发地做了什么时，他们列出了所有在过程模型中的策略！[222]

这是对他们研究的极大肯定，尤其是据他们所知，这是"第一项关于高中生日常生活中自我控制的自然主义研究。"[223]

在接下来的一系列实验中，团队设立了一个干预措施。[224] 参与这项实验的126名高中生都被要求设定一个学术目标并制订实现它的计划。在一次干预中，参与者被告知使用"情境修正"策略，例如，"将诱惑移出视线而不是直接抵抗它们"。他们观看了一个关于相关研究的动画视频，听取了一位专家的意见，并被要求练习这个策略。第二个干预组遵循相同的过程，但这个组的策略是意志力方法。对照组只是设定了一个学习目标。

> **重要发现** 学习"情境修正"的学生比"意志力策略"组和对照组更成功地实现了他们的目标。

达克沃思知道自我控制和毅力（它是自我控制的表亲，因为它涉及实现长期目标的热情和毅力）不是灵丹妙药。[225] 但她也知道自我控制策略可以帮助年轻人应对他们生活中的挑战。她说，这是一项可以教授的技能，并且应该教授！

行动中的自我控制：有效的策略

正如达克沃思指出的，当被问及他们如何应对挑战时，高中生自发地提到了过程模型中的所有策略。同样，当我问凯特她如何应对凯莉的心理健康挑战时，她也确定了这些策略。

使用情境选择策略

对凯特来说，让她从焦虑转为安心的策略是情境选择——为凯莉找到一个好的寄宿机构。当他们到达时，凯特和杰伊告诉医生他们对女儿精神病的迹象感到恐慌，但医生消除了他们的顾虑。

医生说："哦，不是这样的，我们经常看到这种情况。她不是精神病。这是焦虑的表现。一旦我们控制住焦虑，它就会消失。"

该机构综合考虑了凯莉的治疗方法（主要通过改变认知）、食物和营养，并对凯莉的药物进行了测试和调整。这个机构使用的疗法包括认知行为疗法（帮助凯莉识别和改变她的思维扭曲）和辩证行为疗法（帮助她通过学习应对和情绪调节技能来改变她的行为）。凯莉还接受了暴露疗法。

凯特说：

暴露疗法可以帮助凯莉应对社交焦虑和总是被评判的感觉。他们会去当地的一所高中，她必须在里面走动并与人交谈，或者问他们一个她认为愚蠢的问题。

凯莉在寄宿机构住了九周。当她回家时，她的家人可以看到她在某些方面变好了，但在其他方面没有。

凯特说：

这很有挑战性——她仍然不得不回到她的生活中。她每天仍然不得不走进让她感觉自己像要燃烧起来的建筑（学校），并看到让她感到不安的人。

一回到家，凯特不得不再次为凯莉找到合适的治疗师（一个情境选择策略），这是一个试错的过程。凯特发现传统的治疗效果不太好，凯莉会有无法安抚的情绪爆发。

凯特说：

这个系统结构并不能很好地帮助你应对这种危机。在寄宿机构里，你是一直在那里的，但在家里，你必须等到下午三四点才能见到你的治疗师。

最终，她找到了合适的治疗方法，尽管很昂贵。对方是一个提供实时电话和在线支持的治疗师。

在青春期，如果你的孩子有心理健康问题，那些情绪会像过山车般急剧上升和下降。在这种情况下，实时支持非常有帮助。

凯特说最终起作用的治疗师不仅仅是谈话治疗。其他治疗师让凯莉谈论她脑海中的任何事情，并没有逼迫她去解决棘手的问题，但这个治疗师会挑战她。他还了解青少年的成长规律并帮助凯莉理解这一点。例如，当凯莉确定事情永远不会改变时，治疗师告诉她，她在成长和变化，她今天的感觉和将来会有所不同（正如詹妮弗·西尔弗斯的母亲在第一章对她所说的那样）。此外，这位治疗师帮助凯莉建立成长型思维模式，也就是可能性思维模式，这意味着她正在认识到变化是可能的，并且她有能力让改变发生。

当凯莉回到同一所学校和她的同龄人中时，每前进一步似乎都退了两步。

凯特可以看到凯莉班上的孩子们加入了不同的小团体，甚至当这种小团体不利于他们的成长时，他们也不知道如何离开，因为离开意味着在午餐室独自坐着，或者放学后或周末没有人一起玩。这所学校和许多学校一样，认为学习只是学术性的，并没有尝试创造一种让不同的青少年群体感到归属感和重要性的社会环境。

疫情对凯莉来说是一个福音。一年半的时间，她不必去那个有3000名学生的建筑；她可以通过笔记本电脑关掉摄像头上网课。她的成绩提高了。当面对面的课程重新开始时，有了足够的间隔，凯莉自己能够打造她需要的社交环境，这是一种情境修正策略。她不再和以前的朋友往来，她找到了一个比她小一岁的朋友，并加入了一个她现在帮助运营的青年心理健康俱乐部。

使用认知改变策略

对凯特来说，她发现必须改变她对凯莉病情的心理模式。起初，她把它看作一种身体疾病，描述它像心脏病发作。凯特意识到当你这样想时，那么你会认为如果你"做了X、Y和Z，这个人就会好起来"。但这并没有帮助。她意识到，"我需要学会认可她，而不是试图为她解决问题"。

好的一面是，我现在更能认可她，更能体谅她的感受。我们仍然非常亲密，但在某些方面，我觉得我现在不能成为她的治疗师。她需要和治疗师多沟通。

坏的一面是，凯特说，她很难给她的另一个女儿所需的时间和关注：

凯莉占据了我很多时间。很多事情会让她爆发。如何保证我的另一个孩子得到一些平衡的支持是一个挑战。这很难完美，但我们正在努力。

没有人能在没有支持的情况下独自应对挑战。凯特认识到她需要找到其他人来支持她，而不仅仅是她的丈夫：

> 如果我告诉他我担心什么，那么他只会有更多的担心，反之亦然。

凯特看到她的朋友们的婚姻因他们孩子的心理健康问题而破裂，她得出一个结论：你很难完全依靠你的伴侣，因为他们也在经历同样的情况，却担心不同的事情：

> 我试图找到一个支持系统，当我对这种疾病感到愤怒时，我可以依靠我的支持系统。非亲密关系是很有帮助的，他们可以听你谈如何处理情绪，同时又会保持适当的距离感。

嗑药、酗酒和几乎辍学：一个青少年的旅程

凯莉的问题在八年级时浮出水面，巧合的是，尼娜的问题也在同一时间出现。她是被收养的，以下是她告诉我的第一件事：

> 在我被收养之前，我妈妈作为一个考虑收养的单身女性，心里有些紧张和害怕。当她心存疑虑时，她会去公园，坐在一棵大树下。那是公园里最大的一棵树，非常古老，也非常漂亮。
>
> 从那以后，那棵树就成了我们的树。我们经常去那里，坐在那里，野餐，聊天。我们在那棵树下做很多很多事。我很感谢那棵树，因为有了它，才有了我的存在。

尼娜在成长过程中与她的妈妈劳拉关系非常亲密，她认为妈妈是她最好的朋友，尽管有时她觉得自己不得不比实际年龄更成熟一些。

> 这可能有些阻碍了我的身份认同，因为我需要成为一个并不真实的自己。我需要在那里和她谈论工作、财务、家庭以及每个人的情况。

作为一名来自东欧的被收养者,尼娜一直专注于弄清自己是谁,在八年级时,一场家庭危机使她的这种关注更加强烈。尼娜说,劳拉一直是一个很有亲和力的家长,但她突然很少回家了,"这并不是她自己的过错"。劳拉的姐姐生病去世了,劳拉有很多事情要做,包括照顾姐姐的孩子。

起初,我真的有闹过,我只是渴望得到关注,因为妈妈真的很忙,她没有关注我。

尼娜一直都是负责且成熟的,但最终她承受不住了:

你知道吗?我干脆决定去狂欢。我开始偷偷溜出家门,喝酒,吸很多种毒品。我甚至在学校里喝酒。然后我开始逃学。在很小的时候我就开始发生性行为。

回想起来,尼娜认为这是一种探索自我身份的方式:

我想我这样做的真正目的是找出什么对我来说是正确的。这成为一种试图寻找自我身份的方式,试图与过去长久以来充满责任心的生活方式划清界限。

尼娜说,她交了一个男朋友,他把她介绍给了很多"坏人",事情进一步恶化。她的学习成绩也直线下降。

尼娜告诉我,她妈妈劳拉第一次被敲响警钟是通过她所在公立学校的老师打来的电话,老师说尼娜的成绩不及格。老师问劳拉"发生了什么事",劳拉并不知道,但立即行动起来——询问朋友,寻找资源,给尼娜做测试。他们发现尼娜有注意缺陷多动障碍,这也导致了她的行为问题。

尽管劳拉回来了,尼娜说她还没有准备好不去参加朋友们的狂欢聚会:

我没有为自己的所作所为承担任何责任。我责怪每个人都不在我身边，或者对我做了什么。

她还将狂欢聚会视为一种逃避责任的方法。第二次警钟更糟糕。尼娜服用了太多的药物，她最终进了医院，差点服药过量。

这种情况开始反复发生，逃学也成了常态。劳拉会送尼娜去学校，尼娜等妈妈离开后，就会转身离开。

第三次警钟是学校安排的一次干预。这是一种具有威胁性的干预，虽然确实起到了作用，因为尼娜非常在乎她的母亲，但我不推荐这种方法，因为我强烈认为它会导致很多孩子陷入更大的麻烦。

学校告诉尼娜她缺课太多，并告诉劳拉他们无法确保她的女儿留在学校：

他们说如果我不回去上学，提高成绩，减少吸毒，他们会把我送进寄养家庭。他们告诉我，"我们可以把你从你妈妈那里带走。我们可以把你送进戒毒所。"他们确实给了我一个改过自新的机会。

行动中的自我控制：意识到后果并展望未来

让尼娜触动的是劳拉的表情：

是她在被告知我将被送到寄养家庭时的表情让我醒悟。我意识到我不想失去我的妈妈，她也不想失去我。那时我意识到，这不仅仅是我一个人在受影响，这个世界上最好的人也在被我的行为严重影响着。她在哭，我竟然这样对待她。

纪律执行者通常会考虑行为的后果——执行者通常是父母（"如果你这样做，那就会发生那样的事"）。尼娜并不在乎对她的影响，但她在乎对她母亲的影响。马丁·霍夫曼称之为他人导向的纪律，即你可以清楚地看到或被告知你的行为如何影响他人。[226]

"寄养家庭"这个概念让尼娜开始关注自己的未来。她意识到她现在的样子与她想成为的样子之间有差距,她必须做些不同的事情来成为未来的自己。她意识到自己有很多事情需要去做:

我有一个未来。我有这个特权。我有机会。我可以真正地为我自己的人生做些事情。

换句话说,尼娜使用了一种认知改变策略重新框架了她对挑战的看法。

心理抽离

密歇根大学的伊桑·克罗斯的研究表明,心理抽离这一认知改变策略在这种情况下非常有用。当克罗斯成长过程中遇到问题时,他的父亲会让他尝试理解并弄清楚自己的感受。克罗斯发现这种内省策略对他个人很有帮助,但当他上大学开始研究心理学时,他发现内省的研究结果恰恰相反:

那些研究表明,当发生不好的事情并要求一个人试图弄清楚为什么他们会有这样的感受时,他们试图解决自己问题的努力往往会让他们感觉更糟。这很令人困惑。[227]

多年来,克罗斯一直在尝试解决这个难题,[228] 这引导他走上了不同的道路,但最终他发现了自我抽离,就像在阳台上俯瞰你的情况一样看待发生的事情。在一系列研究中,克罗斯和他的研究团队测试了这个概念。例如,他们要求大学生用两种方式之一思考痛苦的经历[229]:
- 像平常一样理解这种经历,
  或者

- 退后一步，采用旁观者的视角。

克罗斯说：

我们发现，给人们这种心理空间就像给他们一个心理上的暂停。这让他们不再困在所有发生在他们身上的负面事情中，而是将注意力集中在更广泛的背景上，并对事件做出合理解释。[230]

这是否让你想起伊莫迪诺-扬的研究中在当下以及更抽象的背景下的意义建构？这是否也让你想起詹妮弗·西尔弗斯的研究中要求年轻人采用近距离或远距离视角的做法？这两种技术都利用了同样的心理策略：自我抽离。尽管自我抽离有用，但它提出了一个挑战，因为它需要相当多的时间、努力和精力来实施。

克罗斯开始寻找一种更容易实施的自我抽离策略。他告诉我，他和他的团队"偶然发现了一个想法"，一个非常简单的想法。他们发现，如果人们以名字（"艾伦会怎么做？"）或非第一人称代词（"她会怎么做？"）来思考自己，这有助于平息他们的情绪强度。

研究人员首先在实验室测试了这个想法。他们让大学生准备一场演讲以获得梦寐以求的工作，这是一项压力很大的任务！一些人被告知在准备过程中尽量使用第一人称代词，另一些人被告知使用他们的名字和其他非第一人称代词。

后续的脑部研究显示，与以第一人称思考自己相比，心理抽离导致的认知控制执行功能回路的激活程度较低。[231] 这是个好消息。正如克罗斯总结的那样，这是"一种相对轻松的自我控制工具"[232]。精神病学家兼作家丹尼尔·西格尔对这种方法提出了一个重要的警示：过度抽离会导致疏离感，让人觉得"这些不是我的真实感受"。他提醒我们保持平衡。当我们抽离时，我们也需要与我们的感觉、思想和情感保持联系。[233]

学校提供社交和学术支持

与凯特和凯莉在公立学校的斗争不同,劳拉和尼娜的经历总体上更为积极。劳拉帮助尼娜让她的学校进行了一些改变,使其更适合她(情境修正策略),为她的注意缺陷多动障碍制订个性化教育计划(法律规定的帮助学生管理缺陷的必要措施)。

尼娜说,劳拉一直密切关注着她:

她会问:"你的成绩怎么样?一切都好吗?"她会想看我做作业。在我开始我的个性化教育计划后,我有一个老师帮助我做到这一点。她和我妈妈说:"嘿,你不能再这样了。只要你停下来,她就能自己做了。"我妈妈确实做到了。

这是凯特学到的同样的教训——验证,但不要试图解决问题。

重新定义期望:最好≠完美

尼娜认为她的妈妈是"最好的妈妈",主要因为她坦率地承认自己的错误并努力纠正,就像尼娜一样。这也是我妈妈一直对我做的,对此我非常感激。她认为她们两个都在学习和成长。

尼娜还说,劳拉真的很善于倾听——她是孩子们想要在她身边的人。

我的所有朋友都说,"我妈妈很好,但尼娜的妈妈更好"。确实,我的朋友们都来找我妈妈。

这些动荡岁月给我们上了最重要的一课——**最好并不等于完美**,这是最关键的。尼娜说:

我想她一直认为我是个完美的小孩，而我确实——嗯，我曾经努力成为一个完美的小孩。现在她意识到我完全是一个不同的人，她学会了爱一个不同的我。

尼娜和她的母亲谈到了这些年的混乱和动荡。她告诉我：

我妈妈学到了很多作为母亲的知识和对我的责任，我也对自己有了更深入的了解。我认为其他的母亲和女儿不应该经历这样的事情，本来可以处理得更好，但最终我仍旧是非常感激的。

当尼娜需要写一篇大学申请时，她写了公园里那棵大树。

那棵树是我存在的原因，是让我坚持下去的动力，它是成长的象征。我想用我的经历激励自己成为一名行为经济学家，这样我就可以帮助低收入人群为他们的生活做出更好的决策。

同样，尽管凯特不希望任何人经历心理健康问题，但她意识到这种经历塑造了凯莉：

她想成为一名教师。如果可能的话，她想和有特殊需求的孩子一起工作。她将成为一个坚强的人，因为她正在处理我二三十岁时才开始面对的事情。她对这个世界看得更清楚了。她正在学习一些技能，这些技能可以帮助她渡过难关，并在早上找到起床的理由，成为最好的自己，帮助这个世界。

接纳压力

在前面的内容中，我写到了像尼娜和凯莉这样有严重心理健康问题的青少年。但是，大多数青少年面对的日常压力，如重要关系的破裂、被拒绝、学业压力或学习困难，他们又该怎么处理呢？我们非常需要一种方法来防止这种日常压力演变成危机。

我们社会面对屡创新高的心理健康挑战的反应似乎是远离压力。根据罗切斯特大学的杰里米·杰米逊、得州大学奥斯汀分校的戴维·耶格尔和他们同事的说法，"传统观点将压力主要描绘为一种需要避免或控制的不良因素"。他们称这种观点为"压力回避"心态，他们写道，这种心态"忽视了压力水平升高是青春期的一种正常现象，并且在很多方面甚至是理想的特征"。[234]

我们对日常压力接纳与否十分重要。回到梅根·冈纳对压力的定义：当对我们身体的要求或我们对这些要求的预期超出了我们处理能力时，[235]压力就会产生，我们就可以看到感知所扮演的关键角色。如果我们认为应该避免压力，我们会采取一种行动方式；但如果我们认为在困难情况下感到压力是积极的，我们就会采取不同的行动方式。

近年来，杰米逊和他的同事们一直在实验一种"压力优化"的方法。这种方法帮助人们重新定义压力，不是将其视为困扰或威胁，而是将其视为挑战。[236]正因为如此，我将这种技能称为"迎接挑战"，而不是应对压力或复原力。我和杰米逊一样，认为这是一种积极主动的行为，而不是被动的。

艾弗里，来自亚利桑那州的三个孩子的母亲，出于无奈，她开始采取一种积极的压力应对方法。作为母亲，她大部分时间都是独自一人，因为她的丈夫长时间在外工作。她发现如果水槽坏了而修理费用太高，她有能力自己学习如何安装新水槽。

她对待现在17岁的帕克也采用了这种方法。9个月大时，帕克从她的学步车里爬出来，然后就开始一直活动，爬上所有能爬的东西，做艾弗里称为"寻求刺激"的事情，这有时感觉非常吓人。

她是我的第一个孩子，所以我不明白她为什么会这样。我即使试图阻止她也做不到。她活在自己的世界里。我称之为帕克的世界。

随着她的成长，帕克开始觉得她的世界与其他孩子的世界不同。到她八九岁时，她回忆说：

我在学校里不专心，感觉一切都很无聊。我不能很好地集中注意力，我只是……在学校做任何事情都很困难。这对我影响很大。

于是，艾弗里带帕克看了很多医生，最终医生诊断她患有注意缺陷多动障碍，并给她开了药。第一种药物让她变得紧张不安，第二种药物让她感觉像个僵尸。

帕克说："我不再是我了。"艾弗里说："帕克的世界消失了。"

第三种药物效果较好，特别是他们降低剂量后。艾弗里学会了进入帕克的世界，帮助她认识到她该如何发挥最佳功能。帕克描述了一些她的策略：

如果我在学校需要记笔记，我会画图画，这样我就能记住他们在讲什么。我还可以在学校听音乐。因为我脑子里有太多事情，当有音乐播放时，我更容易集中注意力。

帕克的世界包括面对挑战：

我认为看到挑战肯定是第一步。你必须直面它，想想你可以用什么方式去做，以及你可以用什么不同的方式去挑战自己。

有时，这并不奏效：

如果你真的做不到某件事，你必须给自己放个假，知道那不是你的强项。但之后你可以试着找人帮忙，比如数学。

他们的生活并非没有挑战，比如有一次帕克在蹦床上割了一个洞，在愤怒之余，艾弗里看到她的孩子的头从蹦床中间探出来，觉得这正是帕克世界的完美写照。帕克非常感激她的妈妈能这样回应她，并鼓励她做自己感兴趣的事情：

我很高兴她让我做我自己，因为如果她不让我做我自己，我今天就不会是现在的我。

在一系列（6个）巧妙的实验中，耶格尔、杰米森和他们的同事们联手创建了一个30分钟的在线干预，测试艾弗里对她所有孩子使用的方法。这种压力优化干预以詹姆斯·格罗斯的认知改变策略为基础，利用两种思维模式来改变人们对压力的看法。[237]第一种是成长型思维模式，将正常但具有挑战性的压力源（如考试、演讲、完成课程作业）视为学习和自我提升的机会，而不是需要避免的危险。第二种是"压力可以有益"的思维模式，强调学习压力的生理症状（如心跳加速、呼吸急促、感到焦虑）可以是积极的，因为它们是我们身体调动能量以实现目标的方式。这两种思维模式是相辅相成的，都必须具备，才能使青少年有能力在未来迎接挑战。

在6个实验中，研究团队对4000多名高中生和大学生进行了测试，比较了接受干预的学生和对照组的表现。例如，在一个实验中，八到十二年级的学生被要求想象他们最有压力的课程的老师布置了一个要求很高的作业，但他们只有两天时间完成，然后向同学展示他们的作业。在另一个实验中，学生们参加了一次计时测验。在第三个实验中，学生们参与了特里尔社会压力测试（你可能记得这是冈纳研究的一部分），大学生被要求在两名同龄评估员面前就自己的个人优点和缺点发表演讲，这些评估员受过相应的培训，他们会提供负面的非言语反馈（如皱眉、叹气和交叉双臂），不提供任何正面的言语或非言语反馈。之后，学生们被要求做心理数学任务（从996开始以7为单位倒数）。研究人员评估的各种实验结果包括心血管反应、日常皮质醇水平、学业成绩、在疫情封锁期间的焦虑水平以及自尊水平（学生对自己的感觉好坏，这是焦虑和抑郁的前兆）。

研究结果表明，这种 30 分钟的自我管理在线培训是有效的，它帮助青少年认识到他们可以从压力中成长和学习，同时帮助他们将自己的身体压力反应从威胁重新定义为挑战。

研究人员希望这一干预可以成为一种可推广的、低成本的治疗方法，以防止青少年的日常压力加剧心理健康危机的发生。他们还希望这有助于重塑公众对青少年的看法，从视青少年为脆弱的人，转变为视他们为有能力的人：

我们的研究表明，我们不应该教导青少年说他们太脆弱，无法克服困难，相反，我们可以为他们提供所需的资源和指导，以释放他们的技能和创造力，解决重大问题。[238]

这些话再好不过地表达了我对本书的期望！

---------- **促进迎接挑战** ----------

我们可以帮助孩子们学习一些管理情绪、思想和行为的方法，以发展迎接挑战这一生活和学习技能。这些方法既可以帮助孩子们，也可以帮助我们自己。

- 为你想要达成的事情设定目标。生活和学习技能总是被目标驱动的。因此，当我们想要改变时，如果清楚我们做的事情为什么能够帮到自己，就能够更有效地应对挑战。
- 拥有可能性思维。即使在非常艰难的时候，凯特和劳拉也没有放弃她们的孩子。她们找到了一些方法来帮助孩子们，以免她们自暴自弃，并让她们认识到事情和自己都是可以改变的。
- 寻求合适的支持。当遇到挑战时，我们都需要从别人那里得到支持，尤其是那些愿意提供帮助、不加评判、能倾听我们的感受并帮助我们以新视角看待问题的人。这就是帮助的真正意义。
- 调整我们的期望。改变对困难的看法——例如，把错误当作学习的机会，或者接受父母和孩子都不可能完美的事实——是更好地应对挑战的开始。
- 运用自我抽离的策略。当我们从远处用第三人称或自己的名字来思考自己时，可以更轻松地应对挑战。
- 将困难转化为机遇。凯莉和尼娜都把自己在心理健康方面遇到的困难转化为机会，她们为像她们一样的人创造了一个更美好的世界。当我们面对生活中不可避免的挑战时，我们也可以做到这一点。

教育项目中的执行功能技能与生活和学习技能

到目前为止，你在本章中读到的大多数青少年都在独自，或在家人、教练、治疗师的帮助下努力提高自己的执行功能技能与生活和学习技能。他们中的一些人被告知，帮助促进这些技能的发展不是学校的职责。但假设——只是假设——这就是教育项目在学校和校外活动中的职责，考虑到这些技能对学业和生活中的成功至关重要，那么与这些技能划清界限，声称它们超出了我们将孩子托付的学校教育的范围，似乎是短视的、自暴自弃的，甚至是愚蠢的。这是我正在努力改变的观点。与此同时，家长和专业人士应该在当前的教育项目中寻找什么？有哪些有前景的实践？

幸运的是，阿黛尔·戴蒙德和达芙妮·凌在对一些干预研究的综述中找到了可靠的科学指南。戴蒙德和凌在2016年发表的第一篇综述中，为选取的干预措施设定了高科学标准。被选取的干预措施有以下几个特点：[239]

- 以英文发表在**同行评审期刊**上。
- 证明存在**因果效应**。因果关系是巨大的可交付成果。例如，如果一项研究简单地比较了两组学生，比如说，参加过管弦乐队的学生和没有参加过管弦乐队的学生，并得出结论，管弦乐队的同学有更好的执行功能技能，这仅是一个相关的发现，而不具备因果关系。从这一发现中，你无法知道这项研究中的管弦乐队学生是否碰巧有更多的"说走就走"（引用神经科学家迈克尔·加扎尼加的话）的机会，[240] 还是在管弦乐队中的一些体验真的提高了他们的认知技能。

- 包括一个对照组。为了显示因果效应，你需要通过提供证据来说明干预措施会让执行功能技能随着时间的推移而得到改善，即有足够多的被随机分配到对照组中的参与者在执行功能技能方面没有改善。[241]
- 考查了长期影响——也就是说，执行功能技能方面的改善会持续一段可测量的时间，而不是在刚刚干预后（例如，干预后一小时）。
- 证明实现了远程迁移——也就是说，干预显示了超越即时任务的效果。戴蒙德和凌写道："我们对……提高基本认知能力感兴趣，这种能力须适用于其他类似的任务。"[242]

截至 2016 年，他们找到 84 项符合这些严格标准的干预研究。2020 年，他们发表了第二篇综述，这是有史以来规模最大的一篇关于执行功能技能的综述，其中包括 193 篇论文中的 179 项研究。[243]

在 2020 年的综述中，戴蒙德和凌预测，能够最成功地提高执行功能技能的活动包含以下所有要素：

- 它们给执行功能技能带来一定压力，不断以新的、不同的方式挑战它们。
- 它们具有个人意义和相关性，激发（参与者）对活动本身，并也可能对活动中的他人的深度承诺和情感投入。
- 它们有一位坚信活动的有效性并具有支持性的（真诚地关心并坚定地相信每个参与者）导师或向导。
- 它们提供快乐，减少压力和孤独感，激发自信和自豪感。[244]

提升执行功能技能的原则

根据戴蒙德和凌的评论和结论，我们在他们的预测基础上得出了提升执行功能技能的 6 项原则。[①] 这些原则是我们可以用来判断教育项目是否能有效促进执行功能技能与生活和学习技能的一个视角。

原则1：目标导向，全面发展

该教育项目以目标为导向，以儿童发展的相关知识为基石，采用以资源为基础的、全面发展的取向（利用社会、情感和认知能力来追求目标），帮助儿童和青少年成为自主、投入的学习者。

由于我们使用执行功能技能来实现目标，因此需要围绕儿童和青少年的目标制订提高这些技能的计划。至关重要的是，这些目标要以儿童发展知识和学习的科学为依据。

此外，至关重要的是，教育的目标要以资源或优势为基础。换言之，它们要建立在儿童和青少年优势资源的基础上并加以扩展，而不是关注他们的"问题"。

既然执行功能技能是以目标为中心的，教育的方向应该包括帮助年轻人学会设定他们自己的目标。换言之，年轻人要成为自主、专注的学习者，成为有意识学习的主人。这也是为提高年轻人执行功能技能开发心智工具的黛布·梁的观点。[245]

原则2：对教育项目拥有坚定的信念

推进该教育项目的人对该项目的有效性，以及他们所服务的儿童和青少年深表信任和关心。

一项又一项研究发现，人际关系就是我所说的决定性因素。正如戴蒙德和凌所写："教练和孩子们之间的亲密联结会产生最好的结果。"[246]

[①] 特别感谢明尼苏达大学的菲利普·泽拉佐、《心智工具》的作者黛布·梁、家庭与工作研究所的艾琳·拉姆齐，他们的讨论促成了这些原则的形成。

原则3：真正致力于创建一个学习者社区

推动该项目的人本身就是不断学习的人，他们认为自己的角色是帮助孩子学习，激发对学习的承诺和投入，并让自己成为榜样。

在我自己的研究中，我发现最好的老师是不断学习的人。他们持续了解学生，学习课程，了解自己以及改进自己。[247] 教师们拥有学习学生所学内容的动机，有利于学生获得更好的学习体验。

原则4：有意识满足人的基本需求

教育项目中的人——包括教员和学生——有意识地创造一个可以满足人类基本需求以及培养积极心态的环境。这些基本需求包括归属、支持、自主、尊重、胜任、挑战、身份和目的。

戴蒙德和凌呼吁解决发展需求的重要性。例如，他们提到了"社会归属"和支持的重要性。[248] 他们强调："仅仅提供支持是不够的。一个重要的原则是，一个消极的行为，比如羞辱某人，可以抵消掉许多积极行为的好处。"[249] 他们进一步预测，自主性很重要，并指出：

个人所做的贡献（即使是像安排做事的先后顺序这样琐碎的事）已经被广泛证明可以在活动中激励更多的参与和进步。[250]

戴蒙德和凌提到了恰到好处的或可行的挑战，他们说："如果我们能为年轻人多提供一些既能完成又能不断突破他们的极限的挑战，这将会帮助他们树立自信和效能感。"[251] 他们还强调了心态的重要性："我们对做某事的期望，对我们是否成功有巨大影响。"[252]

原则5：相关的、具有挑战性的、反思性的学习环境

这些活动是有意义的、发生在现实世界的。它们能提供以新的、不同的方式了解、使用、反思和实践执行功能技能以及生活和学习技能的机会。

研究发现,总的来说,训练一种特定技能的教育项目可能会在相应情况下对该技能产生特定的改进,但不一定会影响其他情况下的技能使用(即远程迁移)。在现实世界的活动中持续练习和多样化地使用这些技能会带来"更好的长期表现"。[253]

此外,学生需要机会反思这些技能和他们的学习过程。泽拉佐说,学生需要"讨论已经学到了什么,它有什么好处,以及如何将其应用于新的环境"。[254]这包括提供暂停和反思的时间,[255]学习监控自己的进度,[256]并与他人分享他们的学习成果。[257]

原则6:以福祉为首要目标

教育项目及其人员、活动能促进所有相关人员的福祉,提供欢乐的时光,减少压力和孤独感,激发自信、自豪感和同情心。

戴蒙德和凌预测,人们在情感上的投入是一项活动能否促进执行功能技能提升的关键;[258]换言之,人们需要在这种活动中找到意义。他们还指出,"有一些证据表明,一项活动对执行功能技能的促进程度可能与该活动带来的快乐程度成正比"。事实上,意义和快乐在对提高执行功能技能的预测中是至关重要的因素。[259]他们指出,带来快乐的活动会刺激多巴胺的产生,多巴胺会影响前额叶皮质。而正如我们所知,前额叶皮质是负责执行功能的核心。带来快乐的活动也会激活伏隔核,这是感受快乐和在面对挑战时能坚持下去的关键。相反,压力会刺激皮质醇和其他神经递质的释放,这些神经递质会对前额叶皮质产生负面影响,并导致执行功能受损。[260]

执行功能技能还取决于饮食、锻炼、管理压力和睡眠。[261]锻炼和压力管理可以直接提高执行功能技能。在《新情商》一书中,[262]丹尼尔·戈尔曼(也是畅销书《情商》的作者)[263]和威斯康星大学的理查德·戴维森也阐述了冥想改进执行功能技能背后的科学——提高注意力和专注力,减少走神,增加抑制控制。[264]

在他们的延伸综述中,戴蒙德和凌问道:教育项目的类型和我们呈现它的方式哪一个更重要？他们预测，毫无疑问，最重要的不是你做什么，而是你如何做。[265]

学校的执行功能技能及生活和学习技能

由于我坚信，仅仅要求学生自己学习这些技能是不够的，我们需要将这些技能融入教育项目，因此我在本章结束时列举了两个学校的例子。他们推出的教育项目使用我刚刚概述的六个原则来促进学生的生活和学习技能。

实验室⟵⟶生活：山景中学

山景中学位于弗吉尼亚州的森特维尔，被州议会誉为该州最好的学校之一。它因其卓越的学术成就受到了费尔法克斯县监事会的表彰，并获得了《华盛顿邮报》颁发的阿格尼丝·迈尔杰出教师奖，以及费尔法克斯县提供的其他所有奖项。[266] 费尔法克斯县对山景中学的褒奖尤其令人印象深刻，因为该县有180名学生由于无法在普通中学顺利完成学业，而被安排或选择去山景中学就读。

校长乔·汤普森发现，在费尔法克斯县，通常情况下，高中老师都希望"其他人"（家长或小学、初中老师）已经教授过执行功能技能与生活和学习技能。他们说自己没有时间，声称学生数量太大，或者以各种其他理由证明这不是高中老师的责任。从他的经验来看，汤普森认为无论在哪个层面上，这就是学校的工作——不仅是为了本校的学生，也是为了所有学生。他还认为，这样的课程不应该是被塞入老师们紧张日程中的又一件事，相反，它应该是所有教育的一部分。因此，他和一群老师创建了一门名为"成功预科"的课程。

我们关心的是如何使这门课融入日常课程中。我想在每个教室、走廊和我们与学生交谈的任何地方看到它。[267]

团队成员起草了每一节课程（基于他们创建的早期课程），再由整个团队进行审查和修订。然后，他们在学生中试行了这门课，并再次进行了修订。他们的目标是创建一门任何学校的老师、辅导员和其他人都可以使用的课程。因此，课程还被发布在网上，任何学校都可以免费使用。[268]

学生们可以在电脑上远程学习，也可以在课堂小组中学习。杰夫·琼斯是该项目的设计者之一，也是物理实践课的老师。他说：

那些性格害羞，或想私下说些什么的学生都是通过电脑来交流的。我们也可以私下回复他们。[269]

成功预科是一门为期一年的含学分课程，并得到了县政府的批准。山景中学的每一位老师都会教授这门课程，时间定在每天的第三节课。第一学期侧重于执行功能技能，第二学期侧重于社会情感学习。

课程幻灯片从几张仅教师可见的专用幻灯片开始，希望教师"设定积极的基调，提供认可感，创造一个情感安全的地方，传达尊重，让学生知道他们很重要、受到欢迎"。换句话说，鼓励教师满足学生对归属感、尊重和支持的**基本心理需求**。

为了描述这门课程，我以计划模块为例。本模块的第一张幻灯片旨在让学生们**参与相关的情感挑战**。例如，当有人要求他们完成一个学校项目时，他们会被问及自己的想法。选项是一些精确又诙谐的表情包：

- 我不知道我在干什么（一只开飞机的狗）。
- 见"鸡"行事（一只卡通鸟）。
- 救命（一个写着"救命"的姓名牌）。
- 我有一个计划（《星际迷航》图片）。

下一张幻灯片询问，如果有人让他们计划一个派对，这些表情包中的哪一个代表了他们的感受。琼斯说：

我们想让学生们看到，他们可能真的有一种他们没有意识到的力量，他们只是还没有将其应用到学校。

这项活动建立在承认学生具有优势和资源的基础上。它假设青少年拥有一些能力，教师可以进一步培养，而不是弥补他们的不足。特殊教育系主任、该项目的创建者之一莫莉·弗拉说，多年来，学生们一直被告知要"要细心，要进步"。但如果学生们还没有学会这样做的技能，这些口号就没有什么意义了。山景中学的目标是将这些技能贯穿整个课程，向学生展示"你可以做到这一点"。

接下来的幻灯片介绍了学习计划的"卖点"或动机。学生们被要求思考他们是否愿意现在努力工作，但几乎没有回报。显然他们不会。通过一些其他练习，学生们了解到做计划是一种节省时间的方法。

接下来，向学生展示计划是一种他们可以在校外使用的技能。他们会被提示思考为了踢足球或赢得电子游戏所需的计划。正如琼斯所说，"计划就是在做之前知道该做什么"。

在详细介绍做计划的好处后（这节省了时间和精力），学生们会进行反思性写作练习。他们被问："当老师给你一个长期项目时，你的反应是什么？"然后被问："如果一个朋友告诉你，你最喜欢的乐队两个月后要演出，你会有什么反应？"第三个问题邀请他们比较这两个回答之间的差异。琼斯说：

比起必须完成学期论文，他们对提前拿到演唱会门票有更多点子吗？我们请他们强调这两件事之间的区别。

接着学生们被问道："你希望在生活中的哪些方面增进你的执行功能技能，为什么？"这旨在培养学生发展和使用这些技能的责任感。琼斯说：

我们不会仅仅通过谈论做计划来让他们成为更好的规划者。他们将不得不在自己身上付出一些努力。我们可以让他们意识到哪些地方可能需要改进，或者他们可以做些什么来改进，但最终是他们要去做这些！

英语老师兼联合创始人蒂姆·麦克尔罗伊表示，成功预科的首要目标是让学生变得更加独立——**成为自主、专注的学习者。**

在整个课程中，教师可以选择一些活动来强调要点。琼斯解释道：

简单地说，教师可以根据自己的课堂量身定制活动，因为教室与教室之间非常不同。十二年级的英语教室看起来一点也不像我的物理实践教室。

每个教室里都有一张海报（学生们可以用他们的手机拍照），描绘了课程中涉及的执行功能技能：工作记忆，抑制控制，情绪控制，注意力维持，任务启动，计划，组织，时间管理，认知灵活性，元认知，目标导向的坚持。还有一堂关于心态的入门课。这些特定执行功能技能的选择受到了《聪明却混乱的孩子》（*Smart but Scattered*）一书的启发。[270]

周一的课程会对本周要练习的内容进行概述，就像刚才关于做计划的课程一样。周二，学生们聚焦于错误思维——自我挫败的模式，如指责他人、感觉自己高人一等、感觉自己像受害者等。周三用于行政任务，而周四会进行对执行功能技能的辅导。

每周五都会有一次复习，老师们将这个时间用于暂停和反思。例如，在学习做计划的一周结束后，学生们会被问道："你花时间制订了在学校做某事的计划吗？"学生们会写下这种情况，包括他们对自己的计划能力有多满意，以及做计划是否有助于他们提高效率。老师还会将每项技能与韧性联系起来。学生们被要求记住，韧性是指从挫败中恢复的能力。关于学校想要向学生传递的信念，琼斯说：

如果你想在精神上、身体上变得坚强——在面对生活中的挫败时，能够重新振作起来，继续前进——做计划（或任何其他我们学习到的技能）会帮助你做到这一点。总而言之，我们这样做是因为我们希望你在生活中过得更好，而不仅仅是在学校！

执行功能技能：我们如何看待思维过程	工作记忆：将信息暂存在脑海中，并随时使用的能力	$Area = (a \times b) + 1/2(a \times c)$
	抑制控制：思考后再行动的能力	情绪控制：管理情绪的能力
注意力维持：对任务保持专注的能力		任务启动：开启任务的能力
	计划：将一个项目分步并排序的能力	组织：跟踪信息和材料的能力
时间管理：有效管理时间的能力		认知灵活性：可以更换活动或者采用不同的方法实现某事的能力
	元认知：对你的思维过程进行反思的能力	目标导向的坚持：向着一个目标努力的能力

校长乔·汤普森表示,他避免评估学生的执行功能技能:

简单的办法是,让学生对自己的技能水平进行自我评估,然后从老师那里收集反馈,但我认为这是一个陷阱。

我相信汤普森的谨慎是恰当的,但是外部评估可能也会有帮助。老师们确实看到了进步。自实施成功预科以来的两年里,学生们的违纪行为有所减少,学习成绩也有所改善。关于执行功能技能的讨论已经成为日常话题。一个遇到困难的学生可能会说"哇,我被困在电梯里了"(这是用来教授认知灵活性时用到的比喻),然后努力摆脱困境。

费尔法克斯县公立学校的前首席学术官金·多克里说,她每年在山景中学参加毕业典礼时,经常会遇到费尔法克斯其他学校的助理校长。他们来看那些在原来学校里没有成功毕业的学生如今以毕业生的身份离开山景中学。他们中有人告诉多克里:"我不知道我们为什么没在学校里做同样的事情。我看向一个又一个学生,原来他们都有希望和实力成功毕业。我们本来可以有所作为,但我们没有。"

实验室⟵⟶生活:EL 教育

几年前,科学老师奥罗拉·库尔什纳为她在马萨诸塞州春田市文艺复兴学校的高中生带来了一个项目。该项目的目标是对当地一个因环境原因而与公众隔离的潜鸟池进行专业的水质评估。学生们被要求回答这个问题:在什么条件下潜鸟池才能重新开放为公共娱乐区?一位名叫丹妮尔·卡西斯塔的学生回忆说,当她第一次听说潜鸟池项目时,她既怀疑又受到启发:

他们指望我们做什么?我们是 15 岁的学生。他们依赖我们来决定这个潜鸟池是否适合开放给公众,这还挺激励我们的。[271]

库尔什纳说,这个项目为她的学生提供了一个机会,在提供社区服务的同时，以符合严格的国家教育标准的方式学习科学内容。他们必须学会如何阅读环境标准、查找一手资料、进行实地研究、分析数据、撰写调查结果，并将其提交给学校和市长（这最终促成了潜鸟池的重新开放）。通过这个项目和他们的日常课堂学习，学生们学习了许多技能。这向我们展示了将生活和学习技能融入教育项目的第二种方式，它是一种从整体去影响学生的方式。

文艺复兴学校被评为春田市排名第一的公立高中，[272] 它同时是全国 EL（expeditionary learning，探索体验式学习）教育网络中的学校之一，该网络由 35 个州的 150 多所高水平小学、初中和高中组成，为 6 万名学生提供服务。

要了解 EL 教育及其教授生活和学习技能的方法，重要的是从了解它背后的梦想家罗恩·伯杰开始。在他成长的过程中，学校是一个他不惜一切代价保护自己的地方：

在学校里，我感觉自己带着一些我永远不想让学校里的其他人知道的东西。我想我们中的许多人都有这样的秘密，不论是家庭还是个人情况。[273]

尽管伯杰的家庭充满温情，但他的母亲仍在与精神健康问题做斗争。成年后，他成为马萨诸塞州一个乡村社区的六年级教师，在那里他认识到很多像他一样的孩子。

我教书已经超过 25 年了。我可以看到孩子们经受着我记忆中的痛苦。我知道，如果你觉得自己总是在保护自己，你就不能真正用心去学习。

这段经历最终促使他帮助创建了 EL 教育，就像他成年后参加拓展训练的经历一样，他看到了这种体验可以产生的改变。

一旦青少年参加了拓展训练，他们就会变成一个更好的人。[274]

作为一名六年级的老师，他为学生们创造了拓展训练类型的体验。在开学第一天，他会告诉学生们明天穿着最旧的衣服来学校，因为他们要去洞穴探险：

"你会感觉到害怕极了。你会陷入一片黑暗，不得不互相支持。在黑暗中，你不知道那个人是不是你的朋友，也不知道那个人是不是很酷。你只能向他们伸出手，他们也会向你伸出手。我们会从这儿出去的。在这一天结束时，我们会感觉自己就像《夺宝奇兵》的主角印第安纳·琼斯。"

想想学生们在这种积极的冒险经历中，能学到多少生活和学习技能！

洞穴探索成了 EL 教育的推动力，他们称之为"赛艇"，是他们在所有学校创建的一个结构，所有学生都会相互支持，没有人会真的被遗漏或落下。正如伯杰所说，这是一个重要的信息：每个人都能一起登上山顶。

EL 教育是在赢得 1991 年的联邦学校新愿景竞赛后创建的。这项提案是由哈佛大学教育研究生院（伯杰任教的地方）与哈佛大学的发展心理学家霍华德·加德纳和美国拓展协会共同提交的。[275] 在 800 个申请项目中，有 11 个项目获得了 100 万美元的奖金，其中包括已在 10 所学校推出的 EL 教育。

在许多方面，EL 教育学校看起来像大多数学校。在高中英语课上，学生们讨论他们读过的书；在科学课上，他们做实验。但仍有一些部分是不同的。如果学生们正在进行像潜鸟池这样的长期探索体验式项目，他们正在读的书可能会是关于水资源的，科学实验可能是关于水的纯度。这些学生将外出进行水质测试，采访当地居民，并准备一份关于如何对抗污染和将潜鸟池作为社区资源开放的演讲稿。他们的学习将有助于为社区做出贡献。

这种学习方法可以与工作坊模式加以对比。在工作坊里，教师向学生展示如何做某事，与学生一起练习，然后布置练习作业。相反，EL学习支持一种他们称之为"工作坊2.0"的模式，在该模式中，他们实施了五个"E"：参与（engage）、探索（explore）、解释（explain）、扩展（extend）和评估（evaluate）。[276] 教师从一个具有挑战性的问题开始，让学生参与进来。伯杰解释道：

> 学生们并不是走进数学课堂，等着老师给他们讲解方程式，而是会看见黑板上有一个非常有趣、具有挑战性的问题。[277]

正如你所看到的，以这种方式建立的学校使探索——青少年学习最重要的方式之一——成为学生学习并达标的门户。标准化和探索性学习相辅相成。

承担积极的风险对青少年的学习至关重要，对他们生活中的其他方面亦是如此。EL教育方法中包含了积极的风险。伯杰认为这很关键：

> 如果你不能在英语课、数学课、艺术课上冒险，你就无法学习。学习源于承担风险。[278]

在EL教育学校，每个班级每年都会进行1~3次探索体验式项目。他们通过为社区中的其他人做好事（即做出贡献）来培养学生的性格，而这是青少年的需求。

通常，成年人激励青少年的方式是告诉他们，在学业上取得好成绩将有助于他们找到工作、赚钱、养活自己，并在未来过上美好的生活。但是，在EL教育项目中，抓住当下为自己和他人做好事被视为学习的动力。

在这种学习态度的指引下，通过各类探索体验式项目，EL教育课程融合了社会情感和认知学习，将之作为学习的手段。他们并不要求价值观中立。伯杰继续说道：

第五章
我们喜欢学习生活和学习技能

我们感到要拥有勇气、同情、尊重和责任,这意味着你不能保持中立。我们不会说希望你有良好的沟通技巧;我们说的是,我们希望你有良好的沟通技巧,成为一个捍卫正义、捍卫所有人权利、接受和重视所有人的公民。[279]

对青少年来说,促进那些能为他们价值观服务的生活和学习技能真的很有吸引力,因为他们能从中敏锐地意识到真实性和公平性。

每所学校都会经过一个严谨的过程,在他们建立"毕业生画像"时,思考他们想要培养学生什么样的性格特征。因此,**每所学校的成年人和学生都在努力定义自己的价值观、生活和学习技能,在这个过程中,他们会"拥有"属于他们的价值观和技能。**

例如,芝加哥的一所特许学校——北极星学校,有450名从幼儿园到八年级的学生。他们的使命是"教育学生成为自我激励、富有创造力和批判性思维的人,最终目标是塑造终身学习者和具有强烈个人和公民责任感的公民。"[280] 北极星学校绘制了一个五角星来描绘这些价值观。他们的网站上展示了五名学生,每个人都穿着一件T恤,将自己的价值观印在上面。

在EL网络中的所有学校都有一些共性。例如,它们都认为成为一个自我导向、积极参与的学习者,为更大的利益做出贡献是教育的最终目标。

学生的声音也融入了他们的课程和文化。例如,从儿童早期到高中,家长-教师会议都是由学生领导的。加布里埃拉[281]是纽约一所K-12学前公立学校维尔史(WHEELS)的七年级学生,她在会议上向父亲展示了自己的学习成果,解释说她已经学会了将文字组织成段落,并用第一手资料加以证实。她还讨论了工作和学习习惯,以及她在学习过程中获得的生活和学习技能。

协作贯穿整个计划。正如我前面提到的,这个项目的名字叫"赛艇"。[282] 从这个名字就知道,所有人必须一起划船才能到达目的地。伯杰补充:

我们想:"如果学校就是一项团队运动,而不是一项个人运动呢,如果每个人在学校里都能互相照顾,会发生什么呢?"

你在"赛艇"团队里的工作是让每个人都登上山顶、渡过海洋或河流。超越和甩开大家不值得奖励。"赛艇"的理念是,你在照顾别人的同时,也在照顾自己。[283]

"赛艇"是一个以资源共享的方式进行诚信学术和个人对话的团队。如果一个学生没有完成家庭作业,其他学生会要求这个学生解释原因,但会这样说:"发生什么了?我们能帮你做什么?"

我认为"赛艇"提供了一个满足学生和成年人基本需求的结构。例如,南卡罗来纳州列克星敦,米德峡谷中学的八年级学生亨特谈到了挑战的必要性,他说,在"赛艇"中学生们"被推到了舒适区以外的地方,有点儿像在挑战区"。[284]

EL教育将生活和学习技能视为学生掌握知识和培养个性所需的工具,通过让学生们在现实世界的活动中不断以新的、多样化的方式使用他们的技能来得到锻炼。此外,老师们还指导儿童和青少年反思并说出他们用到的技能:"我在这里表现出了批判性思维,在那里表现出了心理韧性。"[285]

EL教育明确表示相信他们的计划的有效性,并相信孩子们的潜能。罗恩·伯杰呼吁老师们"相信每个孩子都是真正的天才"。[286]伯杰列举了一位数学老师的故事,这位老师说他不想成为团队的一员,并告诉伯杰,他来是当数学老师而不是当心理学家。伯杰回应说,尽管他听说这位老师教学很好,但打消了雇他来教书的想法。他说:"我们并不是让你来教书,而是帮助孩子们学习。"他继续说道:

"赛艇"是这样一个地方,它让你可以弄清楚为什么你的学生在数学方面表现不佳,为什么他们害怕冒险,为什么他们不敢在课堂上举手问你问题,为什么他们不愿意在黑板上回答问题。[287]

所以我们想和你一起工作,不仅因为我们知道你是一位出色的数学老师，更是因为我们需要你成为一名出色的团队领导者。[288]

EL 教育创建了一个学习系统，旨在帮助每个孩子茁壮成长，掌握生活和学习技能，包括那些像伯杰一样感到有必要保护自己的学生。伯杰希望学校成为这样一个地方，在那里，聚在一起学习的效果远远超过学生们隐藏在他们各自的保护壳里所能达到的。

重新思考青春期：从有益于我们到有益于他人

20 年来，我一直致力于为儿童、青少年和成年人分享有关生活和学习技能的信息。这给我提供了足够多的机会来了解如何使用这些知识（也包括被滥用的）。作为结尾的内容，我想分享我对这些技能的看法，同时提出五个强烈的警示。

1. **生活和学习技能与学习环境密不可分。**有关汽车的比喻很好地说明了这一点：即便我们知道如何开车，但如果道路坎坷不平或堵塞，那我们仍然走不快。这就是为什么满足基本需求与提高生活和学习技能必须齐头并进。只有当青少年所处的环境让他们觉得有归属感，受到支持和尊重，并有权做出适当的决定时，他们才能更好地学习生活和学习技能。
2. **我们需要从基本执行功能技能扩展到生活和学习技能。**正如我们在研究中看到的那样，许多训练执行功能技能的努力都未能产生"远程迁移"效应，学习者无法将所学应用于新的情况。我认为这部分是因为其中一些执行功能技能训练仅针对基本的技能，如工作记忆、抑制控制和认知灵活性。不列颠哥伦比亚大学的阿黛尔·戴蒙德和达芙妮·凌的综述告诉我们，能成功提高这些技能的活动应该以新的方式不断挑战学习者，对个人有意义和相关性，能产生快乐，激发自信心和自豪感。[289]
3. **提升生活和学习技能需要提供学习和反思的机会。**研究表明，为人们提供反思的时间，关注他们正在学习的内容和方式，对于使这些技能成为我们生活中有用的一部分至关重要。[290]正如黛布·梁在《心智工具》中所说，这种有意识的学习本身就能使我们能够更好地学习。[291]

4. **测量生活和学习技能以及执行功能技能绝不能成为又一个给孩子们的评分项。**几年前，我参加了一个关于执行功能技能的会议，一些科学家呼吁在学校测量这些技能。我们中的一些人，包括一些研究执行功能技能的顶尖学者，随后聚在一起表达了我们的担忧。我们都同意对生活和学习技能进行良好的评估，而且我们正在努力去做这一点。但这些结果应该用于告知和改进成年人的教学实践，而不是用来对学生进行评分或评判。

5. **提升生活和学习技能符合每个人的利益。**我永远记得近20年前的一次谈话，那时候我刚开始谈论如何缩小机遇和目标之间的差距。在我看来基于执行功能技能的生活和学习技能正是其中缺失的关键部分。"是的，"我的同事说，"但这些技能可以用来做好事，也可以用来做坏事。"我们可能都认识这样的人，所以我们必须思考如何利用生活和学习技能来帮助我们身边的每个人，乃至所有人。

回想一下，青少年和成年人都有一个基本的人类需求，那就是帮助他人，让世界变得更美好。加州大学洛杉矶分校的安德鲁·富利尼写道，"社交世界的不断扩展以及向成年人的过渡，让青少年产生了一种应用和发展自身能力为他人做贡献的基本需求"[292]——无论这些人是家人、朋友、邻居还是更大的世界。在青春期，为他人做出贡献对心理和身体健康的好处是多方面的。[293]

我们的文化非常注重个人。父母说他们重视相互关爱，但家庭中的孩子并没有看到这一点。哈佛大学关爱普及项目的研究人员发现，约80%的年轻人表示，他们的父母更关心自己的成就或幸福，而不是关心他人。[294]然而，具有讽刺意味的是，那些为他人造福的人往往更幸福。

这就是为什么，当我们推广生活和学习技能时，我们需要强调它们如何使我们身边人和所有人都受益。

结　语

给外孙的一封信

2015年夏天，我开始写这本书的时候你才两岁，现在你正在成为一个青少年。这些年来，我拥有了很少人会拥有的特权，即深入探索青春期，一个从童年到成年转变的时期。

在这个特权中，最特别的一点是能够和青少年亲自交谈，比如问他们对一本关于青少年的书有什么期待和想象，问他们我应该在访谈研究人员时问些什么。

你和我一起去了科罗拉多州，在那里我观察了17名高中生。他们被选中在阿斯彭创意节上度过一周，参加贝佐斯学者领导力计划。我知道你不记得其中一个学生对我说了什么。他说：

看看我们！

你不记得，是因为你在我们搭建的餐厅里忙于看一只凶巴巴的长毛绒美洲狮玩偶。但我永远不会忘记那个学生的话。他说的有关这群年轻人的事情，以及他们带来的变革的热情，挑战了人们对青少年的刻板印象。他重复道：

看看我们——当你让一个美国成年人想象典型的青少年形象时，你不会想到我们这样的。

当时,你的身高几乎还不到说话者的大腿。现在,你已经接近他的肩高了。现在,你可以看着他的眼睛,理解他的话的含义,因为你也知道青少年是被如何对待的。前几天晚上,你一个人去买冰激凌,排队的人一个接一个地从你身边挤过去,没有人愿意排在你后面。你说:"不就因为我是个孩子吗?"

这些年来,当我倾听青少年的声音,进行这些研究时,我的思绪一直在你身上。

我和每一位读过这本书的祖父母、父母和专业人士一样,心里总想着那个特别的人。对我来说,那就是你!我总是问自己:我对你有什么期望?我学到了什么可以改变你的生活的东西?或是改变你,我最关心的即将成为青少年的你?

我希望你能保持与生俱来的快乐。我想起了在阿斯彭的那一周,我能从我拍的每一张照片中看到,你是如何充满喜悦地伸手触摸那只令人生畏的长毛绒美洲狮。你爬上台球桌,制造了一场大混乱。你在山丘上奔跑,跑得比我们还快。事实上,在你这些年的大部分照片中,你都是快乐的。当然,也有眼泪。哭泣的日子有多么黑暗和混乱,欢笑的日子就会有多明亮。我希望这个世界和你就读的学校不要夺走你对生活的热情。

我希望你保持冒险精神。当我们时不时地去散步,我会开玩笑说,如果前面有一堵可以在上面走的石墙,有一块可以跳过的巨石,或者有一棵可以爬的大树,你一定会在那里或跑或跳或爬。我记得你还在幼儿园的时候,我去参加你学校的家长之夜。所有人都站在平台上,环绕着高耸的岩壁。当你爬到顶端,然后一点一点地翻越到另一边时,其他父母都倒吸了一口凉气。现在,你爱上了攀岩馆。

当你进入青少年时期,有些人可能会把你的高能量贴上寻求感官刺激的标签,但我不希望它被负面地看待。我希望你生活在一个人们会更少贬低青少年的世界里。在这个世界里,成年人明白拥有冒险意识是积极的，他们会帮助你培养探索学习冒险和积极风险的热情。

我理解你的冒险精神。我对冒险的热爱表面上看起来与你不同，但内心是一样的。对我来说，离开多年来舒适的工作去研究青春期，就像你在学校的岩壁上一样，既可怕又让人激动。

我希望你的心理需求得到满足。我希望在你去到的学校和参与的群体中，人们明白包括儿童、青少年、成年人在内的所有人都有基本的心理需求。作为成年人，我们的工作是创造这样一个环境。在这个环境中，满足这些需求不是锦上添花，而是一件必须做的事。我认为满足这些需求与满足我们对食物、水和住所的生理需求一样重要。

作为一个混血儿，你拥有引人注目的样貌。人们真的会在街上拦下你，欣赏你充满个性的发型、你展示自己的方式，以及你的个人风格。但我知道，当你变得更像一个十几岁的孩子时，你可能看起来不像小时候那么迷人，有些人甚至会觉得你很可怕。我知道这条路并不总是那么容易，但我希望你生活中的成年人能让你体会到归属感。我们应该让每个孩子，无论他们是哪个种族、拥有什么样的背景、什么样的能力和缺陷，都能体会到归属感，受到照顾和关爱。我希望他们能给你和其他人真正的机会来探索你们的身份。满足心理需求是你和其他所有孩子走向未来的关键，因此也是所有人走向未来的关键。

我希望你保持学习的动力。我将近100岁的母亲说："当你停止学习，你就停止了生活。"她是自己生活哲学的典范。她在70多岁的时候离开了一份她从来都不喜欢的工作，成了家乡报社的艺术评论家。她还帮助创办了一家艺术博物馆，以及帮助盲人阅读。事实上，在她去世15年后，我的家乡成立了以她的名字命名的读书俱乐部。她的一生总是在学习。

我小时候和青少年时期如饥似渴地读了许多传记和人物自传。我记忆中的那些故事讲述了许多克服生活中各种困难的人，因为他们有目标感，他们有一种为了能做更多的事情而学习的动力。当很多父母担心孩子的拼写、数学或科学能力时，我最担心的是你学习的动力不足。你一直动力满满，我希望在我们的文化中要求取得成功和成就的压力不会削弱你的精神。

我希望你获得生活和学习技能,并用它们来帮助自己和他人。在我自己的冒险中,我意识到这些技能无数次帮助了我。这些年来,我一直在琢磨其中的缘由。是因为它们帮助我们设定目标,然后努力实现这些目标吗?是因为它们帮助我们更好地了解我们生活的世界吗?是因为它们帮助我们做出更合理的决定,并解决困难的事情吗?这些都是。但更多的是,获得生活和学习技能有助于我们了解自己是如何学习的,这样我们就可以成为自主学习的主人。

我希望你能掌握这种技巧。**我希望你能运用这些技能为自己和他人服务。**

最重要的是,我希望,作为一个青少年,你能告诉成年人"看看我们",那是因为你知道你生活中遇到或未曾遇到的成年人都会理解你,并将这个时期视为真正的突破之年。

附录1
"突破之年"研究项目

公民科学

正如我一直做的,我的研究始于倾听研究对象的声音。通过公民科学方法,他们成为这项研究的共同创造者。公民科学强调科学家也作为公民,有责任利用科学评估和应对公民面临的问题,利用他们的生活经验和智慧,并在整个研究过程中进行合作。

焦点小组访谈

当我在2015年开始写《青春期的内心世界》时,我对来自全国各地和世界其他地区的38名14~18岁青少年进行了焦点小组访谈,询问他们想了解自己发展方面的什么内容,以及我应该向研究人员提出什么问题。

他们的回答出人意料。例如,他们建议我调查为什么青少年被如此负面地看待。他们还建议我问研究人员,他们会用什么词来描述刻板印象中的青少年和他们研究的典型青少年。事实上,关于社会如何看待青少年的研究并不多,所以如果我只是简单地遵循现有的青春期理论来写作,这本书就失去了它的特点。

青少年研究者访谈

我总共深入采访了超过45位顶尖的青少年研究人员。此外,我和我的团队进行了三项研究。

全国代表性研究

明尼苏达大学的布兰登·阿尔米和菲尔·泽拉佐与我一起创建了一个定量在线调查。由10位顶尖研究人员对其进行了审查，由研究公司益普索在2019年11月22日至2020年1月9日收集了基线数据，并对1666名青少年（9~18岁）及其父母进行了全国代表性抽样。

2020年8月14日至31日，我们对其中的1115名青少年及其父母进行了一项追踪研究，以了解这些年轻人及其父母在疫情期间的表现。

定性访谈

2020年，在基线研究和追踪研究期间，我采访了来自同样本的56名家长和52名自愿接受随访的青少年。这是公民科学方法的关键一步，即获取对我们在其他研究中的发现的反馈，并提出新的问题，例如"最重要的教养技能/策略是什么？"2021年和2022年，我通过在社交媒体上发布请求，与20名青少年和其中一些人的父母进行了第二轮互动。

执行功能与决策技能的行为研究

我们的团队还设计了一项行为研究，其中包括对执行功能和决策技能的评估。研究公司ICF于2019年11月21日至2020年1月9日对6个州（肯塔基州、新泽西州、亚利桑那州、华盛顿州、弗吉尼亚州和密苏里州）9所学校的223名年轻人（包括六年级、九年级和十二年级）进行了研究。

附录2
"突破之年"受访研究人员

尼古拉斯·艾伦（Nicholas Allen），博士，Ann Swindells 教授，俄勒冈大学数字心理健康中心主任。

罗杰·贝蒂（Roger Beaty），博士，宾夕法尼亚州立大学创造力认知神经科学实验室心理学助理教授兼首席研究员。

艾略特·伯克曼（Elliot Berkman），博士，俄勒冈大学自然科学院副院长兼心理学教授；俄勒冈大学转化神经科学中心联合主任。

安东尼·伯罗（Anthony Burrow），博士，康奈尔大学心理学系 Ferris Family 生命历程研究副教授、布朗芬布伦纳翻译研究中心主任。

杰森·切恩（Jason Chein），博士，天普大学心理学和神经科学教授、大脑研究与成像中心主任。

伊芙琳·克罗恩（Eveline Crone），博士，社会发展神经科学教授，荷兰鹿特丹伊拉斯姆斯大学 SYNC（社会、青年和神经科学连接）实验室主任。

罗纳德·达尔（Ronald Dahl），医学博士，加州大学伯克利分校人类发展研究所所长、公共卫生学院特聘教授、青少年发展中心创始主任。

威廉·达蒙（William Damon），又称比尔·达蒙，博士，斯坦福大学青少年研究中心主任、教育学教授，胡佛研究所高级研究员。

安杰拉·达克沃思（Angela Duckworth），博士，宾夕法尼亚大学

Rosa Lee and Egbert Chang 教授，沃顿商学院"行为向善"倡议联合主任，沃顿商学院人力分析联合主任，性格实验室联合创始人、首席科学家和董事会成员。

伊洛伊丝·杜蒙泰尔（Iroise Dumontheil），博士，伦敦大学伯贝克学院心理科学系认知神经科学教授。

菲利普·费希尔（Philip Fisher），博士，斯坦福大学教育研究生院卓越学习教授。

詹妮弗·弗雷德里克斯（Jennifer Fredricks），博士，联合学院心理学教授。

安德鲁·富利尼（Andrew Fuligni），博士，加州大学洛杉矶分校精神病学和生物行为科学系教授、心理学系教授、简和特里·塞梅尔神经科学与人类行为研究所高级科学家、青少年发展实验室主任、青少年发展中心联合执行主任。

亚当·加林斯基（Adam Galinsky），博士，哥伦比亚商学院负责多样性、公平性和包容性的副院长，Paul Calello 领导力与道德教授。

阿德里安娜·加尔万（Adriana Galván），博士，加州大学洛杉矶分校本科教导主任、心理学教授、发展神经科学实验室主任、青少年发展中心联合执行主任。

亚当·格兰特（Adam Grant），博士，沃顿商学院组织心理学家，《隐藏潜能》和《重新思考》的作者。

温迪·格罗尔尼克（Wendy Grolnick），博士，克拉克大学心理学教授。

梅根·冈纳（Megan Gunnar），博士，Regents 教授，McKnight 特聘教授，明尼苏达大学特聘教师学会会员。

伯纳·居罗格鲁（Berna Güroglu），博士，荷兰莱顿大学心理学研究所神经科学教授。

理查德·胡加尼尔（Richard Huganir），博士，约翰斯·霍普金斯大学医学院神经科学和心理与脑科学布隆伯格特聘教授、所罗门·斯奈德神经科学系主任。

玛丽·海伦·伊莫迪诺-扬（Mary Helen Immordino-Yang），博士，南加州大学Fahmy and Donna Attallah人文心理学主席，情感神经科学、发展、学习和教育中心（CANDLE）主任，罗西尔教育学院大脑与创造力研究所教育、心理学和神经科学教授。

伊桑·克罗斯（Ethan Kross），博士，密歇根大学心理学教授、罗斯商学院管理与组织教授、情绪与自控实验室主任。

理查德·勒纳（Richard Lerner），博士，塔夫茨大学Elliot Pearson儿童研究与人类发展系教授、伯格斯特罗姆应用发展科学主席、青年发展应用研究所所长。

罗莎·李（Rosa Li），博士，北卡罗来纳大学教堂山分校心理学与神经科学系助教。

比阿特丽斯·卢娜（Beatriz Luna），博士，斯汤顿精神病学和儿科特聘教授、心理学教授、磁共振研究中心科学主任，发展认知神经科学通量学会前任代理主席和创始人，《发展认知神经科学》杂志主编（该杂志由匹兹堡大学医学中心西方精神病医院神经认知发展实验室主办）。

艾莉森·麦基（Allyson Mackey），博士，宾夕法尼亚大学心理学系副教授、大脑变化实验室首席研究员。

丹·麦克亚当斯（Dan McAdams），博士，西北大学Henry Wade Rogers心理学教授、人类发展与社会政策教授。

凯特·米尔斯（Kate Mills），博士，俄勒冈大学心理学系副教授。

维尔玛·麦克布莱德·默里（Velma McBride Murry），博士，范德堡大学Lois Audrey Betts主席，研究与创新办公室副教务长，卫生政策、人力与组织发展系特聘教授。

加布里埃尔·厄廷根（Gabriele Oettingen），博士，纽约大学心理学教授。

杰森·奥科诺弗亚（Jason Okonofua），博士，加州大学伯克利分校心理学助理教授。

吉斯卡·佩珀（Jiska Peper），博士，荷兰莱顿大学心理学研究所发展与教育心理学系助理教授。

萨宾·彼得斯（Sabine Peters），博士，荷兰海牙社会研究所科学研究员。

詹妮弗·法伊弗（Jennifer Pfeifer），博士，俄勒冈大学心理学系教授，俄勒冈大学发展社会神经科学实验室主任，俄勒冈大学转化神经科学中心联合主任，俄勒冈大学文理学院副院长，国家青少年科学委员会联合主任。

梅根·普赖斯（Megan Price），博士，应用洞察力冲突解决中心主任。

瞿阳（Yang Qu），博士，西北大学人类发展与社会科学研究所助理教授，西北大学政策研究所副教授。

芭芭拉·施耐德（Barbara Schneider），博士，密歇根州立大学教育学院和社会学系约翰·汉纳特聘教授。

詹妮弗·西尔弗斯（Jennifer Silvers），博士，加州大学洛杉矶分校发展神经科学讲席教授、心理学系副教授。

劳伦斯·斯坦伯格（Laurence Steinberg），博士，天普大学心理学教授、杰出大学教授、Laura H.Carnell 心理学教授。

安娜·巴隆诺夫·苏莱曼（Ahna Ballonoff Suleiman），博士，独立的青少年发展和青年参与顾问。

伊娃·特尔泽（Eva Telzer），博士，北卡罗来纳大学教堂山分校心理学和神经科学教授，发展社会神经科学实验室主任，温斯顿国家技术使用、大脑和心理发展中心联合主任。

梅利娜·昂卡弗（Melina Uncapher），博士，AERDF（高等教育研究与发展基金）研发负责人；执行功能+M（一个AERDF项目）创始人和科学总监。

格雷戈里·沃尔顿（Gregory M.Walton），博士，斯坦福大学心理学教授、迈克尔·福尔曼大学本科教育研究员。

戴维·耶格尔（David Yeager），博士，得克萨斯大学奥斯汀分校雷蒙德·迪克森心理学百年教授。

菲利普·泽拉佐（Philip Zelazo），博士，明尼苏达大学儿童发展研究所 Nancy M. 和 John E.Lindahl 教授。

在这些访谈活动中，有 34 次是对研究人员的实验室的远程虚拟参观，并由 Mighty Egg Productions 的丽莎·莱因哈特和詹妮弗·汉布莱特拍摄他们的实验过程。此外，我还对这一领域和其他相关领域的思想领袖进行了访谈，并借鉴了我多年来为写作《心智在形成》和《问问孩子们》进行的其他采访。

注 释

引言

1. Richard M. Lerner and Laurence Steinberg, "The Scientific Study of Adolescent Development: Historical and Contemporary Perspectives," in *Handbook of Adolescent Psychology: Individual Bases of Adolescent Development*, ed. Richard M. Lerner and Laurence Steinberg (New York: John Wiley, 2009), 3–14, https://doi.org/10.1002/9780470479193.adlpsy001002.
2. Granville S. Hall, *Adolescence: Its Psychology and Its Relations to Physiology, Anthropology, Sociology, Sex, Crime, Religion, and Education*, 2 vols. (New York: Appleton, 1904).
3. National Academies of Sciences, Engineering, and Medicine, *The Promise of Adolescence: Realizing Opportunity for All Youth* (Washington, DC: National Academies Press, 2019), https://doi.org/10.17226/25388.
4. Lerner and Steinberg, "The Scientific Study of Adolescent Development."
5. National Academies of Sciences, Engineering, and Medicine, *The Promise of Adolescence*, 1.
6. Ibid., 59, 11, 35.
7. Adele Diamond and Daphne S. Ling, "Conclusions About Interventions, Programs, and Approaches for Improving Executive Functions That Appear Justified and Those That, Despite Much Hype, Do Not," *Developmental Cognitive Neuroscience* 18 (April 2016): 34–48, https://doi.org/10.1016/j.dcn.2015.11.005.
8. Jennifer Silvers, interview by Ellen Galinsky, May 5, 2017.
9. National Academies of Sciences, Engineering, and Medicine, *The Promise of Adolescence*.
10. Laurence Steinberg, *Age of Opportunity: Lessons from the New Science of Adolescence* (Boston: Houghton Mifflin Harcourt, 2014).
11. "Youth Risk Behavior Survey: Data Summary and Trends Report, 2011–2021," Centers for Disease Control and Prevention, 2023, https://www.cdc.gov/healthyyouth/data/yrbs/pdf/YRBS_Data-Summary-Trends_Report2023_508.pdf.
12. National Academies of Sciences, Engineering, and Medicine, *The Promise of Adolescence*, 44.
13. National Assessment of Educational Progress, "NAEP Long-Term Trend Assessment Results: Reading and Mathematics Scores Decline During COVID-19 Pandemic," The Nation's Report Card, accessed August 31, 2023, https://www.nationsreport

card.gov/highlights/ltt/2022/.
14. Annie Bernier, Stephanie M. Carlson, and Natasha Whipple, "From External Regulation to Self-Regulation: Early Parenting Precursors of Young Children's Executive Functioning," *Child Development* 81 (February 2010): 326–339, https://doi.org/10.1111/j.1467-8624.2009.01397.x; Rebecca Distefano et al., "Autonomy-Supportive Parenting and Associations with Child and Parent Executive Function," *Journal of Applied Developmental Psychology* 58 (July–September 2018): 77–85, https://doi.org/10.1016/j.appdev.2018.04.007; Alyssa S. Meuwissen and Stephanie M. Carlson, "An Experimental Study of the Effects of Autonomy Support on Preschoolers' Self-Regulation," *Journal of Applied Developmental Psychology* 60 (January 2019): 11–23, https://doi.org/10.1016/j.appdev.2018.10.001.
15. Wendy S. Grolnick et al., "Parental Provision of Academic Structure and the Transition to Middle School," *Journal of Research on Adolescence* 25, no. 4 (2015): 668–684, https://doi.org/10.1111/jora.12161.
16. Carol S. Dweck and David S. Yeager, "Mindsets: A View from Two Eras," *Perspectives on Psychological Science* 14, no. 3 (February 2019): 481–496, https://doi.org/10.1177/1745691618804166; Albert Bandura, "Self-Efficacy: Toward a Unifying Theory of Behavioral Change," *Psychological Review* 84, no. 2 (1977): 191–215, https://doi.org/10.1037/0033-295X.84.2.191.
17. David R. Williams et al., "Perceived Discrimination, Race and Health in South Africa," *Social Science and Medicine* 67, no. 3 (2008): 441–452, https://doi.org/10.1016/j.socscimed.2008.03.021.
18. Andrew Fuligni, interview by Ellen Galinsky, May 4, 2017; Angelina Majeno et al., "Discrimination and Sleep Difficulties During Adolescence: The Mediating Roles of Loneliness and Perceived Stress," *Journal of Youth and Adolescence* 47 (2018): 135–147, https://doi.org/10.1007/s10964-017-0755-8; Virginia W. Huynh et al., "Everyday Discrimination and Diurnal Cortisol During Adolescence," *Hormones and Behavior* 80 (April 2016): 76–81, https://doi.org/10.1016/j.yhbeh.2016.01.009.
19. Richard M. Ryan and Edward L. Deci, "Self-Determination Theory and the Facilitation of Intrinsic Motivation, Social Development, and Well-Being," *American Psychologist* 55, no. 1 (2000): 68–78, https://doi.org/10.1037/0003-066X.55.1.68; B. Bradford Brown of the University of Wisconsin as cited in Institute of Medicine and National Research Council Committee on the Science of Adolescence, *The Science of Adolescent Risk-Taking: Workshop Report* (Washington, DC: National Academies Press, 2011).
20. Richard M. Ryan and Edward L. Deci, "Brick by Brick: The Origins, Development, and Future of Self-Determination Theory," in *Advances in Motivation Science*, ed. A. J. Elliot (Cambridge, MA: Elsevier Academic Press, 2019), 111–156, https://psycnet.apa.org/doi/10.1016/bs.adms.2019.01.001.
21. Emily C. Hanno et al., "Developmental Trajectories of Children's Behavioral Health and Family Well-Being Prior to and Through the COVID-19 Pandemic," paper presented at the 2023 Society for Research in Child Development (SRCD) Biennial Meeting, Salt Lake City, Utah, March 23–25, 2023; Emily C. Hanno et al., "Changes in Children's Behavioral Health and Family Well-Being During the COVID-19 Pandemic," *Journal of Developmental and Behavioral Pediatrics* 43, no. 3 (April 2022): 168–175, https://doi.org/10.1097/DBP.0000000000001010.

第一章
1. Patrick Healy and Lulu Garcia-Navarro, "12 Teenagers on What Adults Don't Get About Their Lives," *New York Times*, March 24, 2022, https://www.nytimes.com/2022/03/24/opinion/teenagers-america.html.
2. Lawrence J. Stone and Joseph Church, *Childhood and Adolescence: A Psychology of the Growing Person* (New York: Random House, 1973), 425.
3. Granville S. Hall, *Adolescence: Its Psychology and Its Relations to Physiology,*

Anthropology, Sociology, Sex, Crime, Religion, and Education, 2 vols. (New York: Appleton, 1904).
4. Laurence Steinberg, "A Social Neuroscience Perspective on Adolescent Risk-Taking," Developmental Review 28, no. 1 (March 2008): 78–106, https://www.doi.org/10.1016/j.dr.2007.08.002; Laurence Steinberg, "A Dual Systems Model of Adolescent Risk-Taking," Developmental Psychobiology 52, no. 3 (March 2010): 216–224, https://www.doi.org/10.1002/dev.20445.
5. Elizabeth P. Shulman et al., "The Dual Systems Model: Review, Reappraisal, and Reaffirmation," Developmental Cognitive Neuroscience 17 (February 2016): 103–117, https://www.doi.org/10.1016/j.dcn.2015.12.010.
6. B. J. Casey, Rebecca M. Jones, and Leah Somerville, "Braking and Accelerating of the Adolescent Brain," Journal of Research on Adolescence 21, no. 1 (February 2011): 21–33, https://doi.org/10.1111/j.1532-7795.2010.00712.x.
7. Laurence Steinberg et al., "Around the World, Adolescence Is a Time of Heightened Sensation Seeking and Immature Self-Regulation," Developmental Science 21, no. 2 (March 2018): e12532, https://www.doi.org/10.1111/desc.12532.
8. Daniel Busso et al., "One Half of the Story: Media Framing of Adolescent Development," Research Report, FrameWorks Institute, December 2018, 8, https://www.frameworksinstitute.org/publication/one-half-of-the-story/.
9. Ibid., 16.
10. Ibid., 14.
11. Jennifer Silvers, interview by Ellen Galinsky, May 5, 2017.
12. Kevin N. Ochsner and James J. Gross, "The Cognitive Control of Emotion," Trends in Cognitive Sciences 9, no. 5 (May 2005): 242–249, https://doi.org/10.1016/j.tics.2005.03.010; Walter Mischel, The Marshmallow Test: Why Self-Control Is the Engine of Success (New York: Little, Brown, 2014).
13. Jennifer Silvers, interview by Ellen Galinsky, May 5, 2017.
14. Ibid.
15. Jason T. Buhle et al., "Cognitive Reappraisal of Emotion: A Meta-Analysis of Human Neuroimaging Studies," Cerebral Cortex 24, no. 11 (June 2013): 2981–2990, https://doi.org/10.1093/cercor/bht154.
16. Jennifer Silvers, interview by Ellen Galinsky, May 5, 2017.
17. Jennifer Silvers et al., "Concurrent and Lasting Effects of Emotion Regulation on Amygdala Response in Adolescence and Young Adulthood," Developmental Science 18, no. 5 (September 2015): 771–784, https://doi.org/10.1111/desc.12260.
18. Jennifer Silvers, interview by Ellen Galinsky, May 5, 2017.
19. Silvers et al., "Concurrent and Lasting Effects of Emotion Regulation."
20. Peter J. Lang, Margaret M. Bradley, and Bruce M. Cuthbert, International Affective Picture System (IAPS): Instruction Manual and Affective Ratings, Technical Report (Gainesville: University of Florida, 2001).
21. Jennifer Silvers, interview by Ellen Galinsky, May 5, 2017.
22. Jennifer Silvers et al., "Age-Related Differences in Emotional Reactivity, Regulation, and Rejection Sensitivity in Adolescence," Emotion 12, no. 6 (December 2012): 1235–1247, https://doi.org/10.1037/a0028297.
23. Ronald E. Dahl, interview by Ellen Galinsky, October 11, 2016.
24. National Academies of Sciences, Engineering, and Medicine, The Promise of Adolescence: Realizing Opportunity for All Youth (Washington, DC: National Academies Press, 2019), 43, https://doi.org/10.17226/25388.
25. Ibid., 59.
26. Richard Huganir, interview by Ellen Galinsky, September 8, 2017.
27. Beatriz Luna, interview by Ellen Galinsky, August 30, 2019.
28. Jennifer Silvers, interview by Ellen Galinsky, May 5, 2017.
29. "National Parent Survey Report," Zero to Three, June 6, 2016, https://www.zerotothree.org/resources/1425-national-parent-survey-report.

30. Adriana Galván, interview by Ellen Galinsky, May 3, 2017.
31. Adriana Galván, "Insight into the Teenage Brain," TEDxYouth, California Institute of Technology, Pasadena, February 12, 2013, https://www.youtube.com/watch?v=LWUkW4s3XxY.
32. Ibid.
33. Adriana Galván and Kristine M. McGlennen, "Enhanced Striatal Sensitivity to Aversive Reinforcement in Adolescents Versus Adults," *Journal of Cognitive Neuroscience* 25, no. 2 (2013): 284–296, https://doi.org/10.1162/jocn_a_00326.
34. Adriana Galván et al., "Earlier Development of the Accumbens Relative to Orbitofrontal Cortex Might Underlie Risk-Taking Behavior in Adolescents," *Journal of Neuroscience* 26, no. 25 (June 21, 2006): 6885–6892, https://doi.org/10.1523/JNEUROSCI.106206.2006.
35. Adriana Galván, interview by Ellen Galinsky, May 3, 2017.
36. Ronald E. Dahl, interview by Ellen Galinsky, October 11, 2016; Ronald E. Dahl, email message to Ellen Galinsky, August 31, 2022.
37. Wendy S. Grolnick, email message to Ellen Galinsky, September 2, 2022.
38. John A. Bargh, Peter M. Gollwitzer, and Gabriele Oettingen, "Motivation," in *Handbook of Social Psychology*, 5th ed., ed. Susan T. Fiske, Daniel T. Gilbert, and Gardner Lindzey (New York: John Wiley and Sons, 2018), 268.
39. National Scientific Council on the Developing Child, "Understanding Motivation: Building the Brain Architecture That Supports Learning, Health, and Community Participation," Working Paper 14, Center on the Developing Child at Harvard University, December 2018, 1, https://developingchild.harvard.edu/resources/understanding-motivation-building-the-brain-architecture-that-supports-learning-health-and-community-participation/.
40. Adriana Galván, interview by Ellen Galinsky, May 3, 2017.
41. Daniel Romer, Valerie F. Reyna, and Theodore D. Satterthwaite, "Beyond Stereotypes of Adolescent Risk Taking: Placing the Adolescent Brain in Developmental Context," *Developmental Cognitive Neuroscience* 27 (October 2017): 21, https://doi.org/10.1016/j.dcn.2017.07.007.
42. Juliet Y. Davidow et al., "An Upside to Reward Sensitivity: The Hippocampus Supports Enhanced Reinforcement Learning in Adolescence," *Neuron* 92, no. 1 (2016): 93–99, https://doi.org/10.1016/j.neuron.2016.08.031.
43. Adriana Galván, interview by Ellen Galinsky, May 3, 2017.
44. Wendy S. Grolnick, interview by Ellen Galinsky, October 27, 2017; Wendy S. Grolnick, email message to Ellen Galinsky, September 5, 2022.
45. Gabriele Oettingen, interview by Ellen Galinsky, October 23, 2015; Gabriele Oettingen, email message to Ellen Galinsky, September 4, 2022.
46. National Scientific Council on the Developing Child, "Understanding Motivation," 3.
47. Stacey D. Espinet, Jacob E. Anderson, and Philip D. Zelazo, "Reflection Training Improves Executive Function in Preschool-Age Children: Behavioral and Neural Effects," *Developmental Cognitive Neuroscience* 4 (April 2013): 3–15, https://doi.org/10.1016/j.dcn.2012.11.009.
48. Philip David Zelazo, interview by Ellen Galinsky, June 11, 2014.
49. Linda Wilbrecht, "Your Twelve-Year-Old Isn't Just Sprouting New Hair but Is Also Forming (and Being Formed by) New Neural Connections," in *Think Tank: Forty Neuroscientists Explore the Biological Roots of Human Experience*, ed. David J. Linden (New Haven, CT: Yale University Press, 2018), 46.
50. Adriana Galván, interview by Ellen Galinsky, May 3, 2017.
51. Laurence Steinberg, interview by Ellen Galinsky, October 3, 2017.
52. Laurence Steinberg, *Age of Opportunity: Lessons from the New Science of Adolescence* (Boston: Houghton Mifflin Harcourt, 2014).
53. Laurence Steinberg, interview by Ellen Galinsky, October 3, 2017.
54. Ibid.

55. Margo Gardner and Laurence Steinberg, "Peer Influence on Risk Taking, Risk Preference, and Risky Decision Making in Adolescence and Adulthood: An Experimental Study," *Developmental Psychology* 41, no. 4 (July 2005): 625–635, https://doi.org/10.1037/0012-1649.41.4.625.
56. Laurence Steinberg, interview by Ellen Galinsky, October 3, 2017.
57. Jason M. Chein et al., "Peers Increase Adolescent Risk Taking by Enhancing Activity in the Brain's Reward Circuitry," *Developmental Science* 14, no. 2 (December 2010): F1–F10, https://doi.org/10.1111/j.1467-7687.2010.01035.x.
58. Laurence Steinberg, "A Dual Systems Model of Adolescent Risk-Taking," *Developmental Psychology* 52, no. 3 (April 2010): 216–224, https://doi.org/10.1002/dev.20445; Leah H. Somerville, Rebecca M. Jones, and B. J. Casey, "A Time of Change: Behavioral and Neural Correlates of Adolescent Sensitivity to Appetitive and Aversive Environmental Cues," *Brain and Cognition* 72, no. 1 (February 2010): 124–133, https://doi.org/10.1016/j.bandc.2009.07.003; Elizabeth P. Shulman et al., "The Dual Systems Model: Review, Reappraisal, and Reaffirmation," *Developmental Cognitive Neuroscience* 17 (February 2016): 103–117, https://doi.org/10.1016/j.dcn.2015.12.010.
59. Laurence Steinberg, interview by Ellen Galinsky, October 3, 2017.
60. Steinberg et al., "Around the World, Adolescence Is a Time of Heightened Sensation Seeking and Immature Self-Regulation."
61. Eveline A. Crone and Ronald E. Dahl, "Understanding Adolescence as a Period of Social-Affective Engagement and Goal Flexibility," *Nature Reviews Neuroscience* 13, no. 9 (September 2012): 636–650, https://doi.org/10.1038/nrn3313; Jennifer H. Pfeifer and Nicholas B. Allen, "Arrested Development? Reconsidering Dual-Systems Models of Brain Function in Adolescence and Disorders," *Trends in Cognitive Sciences* 16, no. 6 (May 2012): 322–329, https://doi.org/10.1016/j.tics.2012.04.011; Romer, Reyna, and Satterthwaite, "Beyond Stereotypes of Adolescent Risk Taking."
62. Jennifer H. Pfeifer and Nicholas B. Allen, "The Audacity of Specificity: Moving Adolescent Developmental Neuroscience Towards More Powerful Scientific Paradigms and Translatable Models," *Developmental Cognitive Neuroscience* 17 (February 2016): 131–137, https://doi.org/10.1016/j.dcn.2015.12.012; Romer et al., "Beyond Stereotypes of Adolescent Risk Taking."
63. Steinberg, *Age of Opportunity: Lessons from the New Science of Adolescence*.
64. B. J. Casey and Kristina Caudle, "The Teenage Brain: Self Control," *Current Directions in Psychological Science* 22 (April 2013): 82, https://doi.org/10.1177/0963721413480170; Carl C. Bell and Dominica F. McBride, "Affect Regulation and Prevention of Risky Behaviors," *Journal of the American Medical Association* 304, no. 5 (2010): 565, https://doi.org/10.1001/jama.2010.1058.
65. Wilbrecht, "Your Twelve-Year-Old Isn't Just Sprouting New Hair but Is Also Forming (and Being Formed by) New Neural Connections," 45.
66. Philip David Zelazo, interview by Ellen Galinsky, June 26, 2017.
67. Philip David Zelazo and Stephanie M. Carlson, "Hot and Cool Executive Function in Childhood and Adolescence: Development and Plasticity," *Child Development Perspectives* 6, no. 4 (December 2012): 354–360, https://doi.org/10.1111/j.1750-8606.2012.00246.x.
68. Angela Prencipe et al., "Development of Hot and Cool Executive Function During the Transition to Adolescence," *Journal of Experimental Child Psychology* 108, no. 3 (March 2011): 621–637, https://doi.org/10.1016/j.jecp.2010.09.008.
69. Philip David Zelazo, interview by Ellen Galinsky, June 26, 2017.
70. Sarah-Jayne Blakemore, *Inventing Ourselves: The Secret Life of the Teenage Brain* (New York: PublicAffairs, 2018).
71. Ibid., 134.
72. Kathryn L. Mills et al., "The Developmental Mismatch in Structural Brain Maturation During Adolescence," *Developmental Neuroscience* 36, nos. 3–4 (2014): 147–160, https://doi.org/10.1159/000362328.

73. Kathryn L. Mills, interview by Ellen Galinsky, July 8, 2019.
74. Ibid.
75. Blakemore, *Inventing Ourselves*, 139.
76. Wim Meeus et al., "On Imbalance of Impulse Control and Sensation Seeking and Adolescent Risk: An Intra-Individual Developmental Test of the Dual Systems and Maturational Imbalance Models," *Journal of Youth and Adolescence* 50 (2021): 827–840, https://doi.org/10.1007/s10964-021-01419-x.
77. David. S. Yeager et al., "Declines in Efficacy of Anti-Bullying Programs Among Older Adolescents: Theory and a Three-Level Meta-Analysis," *Journal of Applied Developmental Psychology* 37 (March–April 2015): 37, https://doi.org/10.1016/j.appdev.2014.11.005; Matthew C. Farrelly et al., "Sustaining 'Truth': Changes in Youth Tobacco Attitudes and Smoking Intentions After 3 Years of a National Antismoking Campaign," *Health Education Research* 24, no. 1 (February 2009): 42–48, https://doi.org/10.1093/her/cym087; Matthew C. Farrelly et al., "The Influence of the National Truth Campaign on Smoking Initiation," *American Journal of Preventive Medicine* 36, no. 5 (May 2009): 379–384, https://doi.org/10.1016/j.amepre.2009.01.019.
78. Sibel Altikulaç et al., "The Teenage Brain: Public Perceptions of Neurocognitive Development During Adolescence," *Journal of Cognitive Neuroscience* 31, no. 3 (March 2019): 339–359, https://doi.org/10.1162/jocn_a_01332.
79. Steve Farkas et al., *Kids These Days: What Americans Really Think About the Next Generation* (New York: Public Agenda, 1997), https://www.ojp.gov/ncjrs/virtual-library/abstracts/kids-these-days-what-americans-really-think-about-next-generation.
80. Adolescents were asked how often they had experienced the following feelings in the past month: good, bad, happy, sad, afraid, brave, angry, calm, worried, joyful, and lonely. Adapted from Ed Diener, Derrick Wirtz, and William Tov, "New Measures of Well-Being: Flourishing and Positive and Negative Feelings," *Social Indicators Research* 39 (January 2010): 247–266.
81. 青少年被问及他们在上个月里有多少次有这样的感觉：（1）你无法控制你生活中重要的事情；（2）你对自己处理个人问题的能力很有信心；（3）事情都在朝着你期待的方向发展；（4）困难堆积得很高，你无法克服；（5）你感到紧张和有压力。改编自：Sheldon Cohen, Tom Kamarck, and Robin Mermelstein, "A Global Measure of Perceived Stress,"Journal of Health and .Social Behavior 24 (December 1983): 386 – 396, https://doi.org/10.2307/2136404.
82. 青少年被问及以下陈述是否适用于他们：（1）为了实现我的目标，我要不断尝试尽可能多的可能性；（2）我会深思熟虑，寻找完成心愿的最佳途径；（3）面对重要的事情，我会留意是否需要投入更多的时间和精力；（4）当某件事做得不像平时那么好时，我会看看别人是怎么做的；（5）在为自己设定目标时，我会思考什么对我来说是重要的。改编自：Steinunn Gestsdóttir and Richard M. Lerner, "Intentional Self–Regulation and Positive Youth Development in Early Adolescence: Findings from the 4-H Study of Positive Youth Development," Developmental Psychology 43, no. 2 (2007): 508 – 521, https: // doi . org /10.1037/0012–1649.43.2.508。
83. 青少年被问及他们在上个月有以下体验的频率：（1）在学校里，我觉得我充满了活力；（2）我可以持续学习很长一段时间；（3）我早上起床的时候想去上学；（4）我对学习充满热情；（5）我为学业所做的事情激励着我；（6）我发现我的功课充满了意义和目的；（7）当我集中精力做功课时，我感到很高兴；（8）当我在学校学习的时候，我忘记了周围的一切；（9）我学习的时候时间过得很快。改编自：Katariina Salmela– Aro and Katja Upadaya, "The Schoolwork Engagement Inventory: Energy, Dedication and Absorption (EDA)," European Journal of Psychological Assessment 28, no. 1 (2012): 60 – 67, https://doi.org/10 . 1027/ 1015-5759/ a000091。

84. 青少年被问及他们在上课时间做以下事情的频率：(1) 我在上课前做好了准备；(2) 我听从指挥；(3) 我马上就去完成功课，而不是等到最后一刻；(4) 即使有干扰，我也能集中注意力；(5) 我在独自学习时保持专注。Daeun Park et al., "A Tripartite Taxonomy of Character: Evidence for Intrapersonal, Interpersonal, and Intellectual Competencies in Children," Contemporary Educational Psychology 48 (October 2017): 16–27, https://doi.org/10.1016/j.cedpsych.2016.08.001.
85. Richard M. Lerner, interview by Ellen Galinsky, October 26, 2017.
86. Karen Pittman, interview by Ellen Galinsky, June 30, 2006.
87. Karen Pittman, email to Ellen Galinsky, February 2, 2023.
88. Richard M. Lerner, interview by Ellen Galinsky, October 26, 2017; Richard M. Lerner et al., "Positive Youth Development, Participation in Community Youth Development Programs, and Community Contributions of Fifth-Grade Adolescents: Findings from the First Wave of the 4-H Study of Positive Youth Development," *Journal of Early Adolescence* 25, no. 1 (2005): 17–71, https://doi.org/10.1177/0272431604272461; Edmond P. Bowers et al., "The Five Cs Model of Positive Youth Development: A Longitudinal Analysis of Confirmatory Factor Structure and Measurement Invariance," *Journal of Youth and Adolescence* 39, no. 7 (2010): 720–735, https://doi.org/10.1007/s10964-010-9530-9; Richard M. Lerner with Roberta Israeloff, *The Good Teen: Rescuing Adolescence from the Myths of the Storm and Stress Years* (New York: Three Rivers Press, 2007).
89. Richard M. Lerner, interview by Ellen Galinsky, October 26, 2017; Richard M. Lerner, email to Ellen Galinsky, February 4, 2023.
90. Lerner and Israeloff, *The Good Teen*, 35.
91. Richard M. Lerner et al., "Promoting Positive Youth Development in the Face of Contextual Change and Challenges: The Roles of Individual Strengths and Ecological Assets," *New Directions for Youth Development* 135 (Fall 2012): 119–128, https://doi.org/10.1002/yd.20034.
92. Richard M. Lerner, interview by Ellen Galinsky, October 26, 2017.
93. Lerner et al., "Promoting Positive Youth Development in the Face of Contextual Change and Challenges."
94. Richard M. Lerner et al., "The Positive Development of Youth: Comprehensive Findings from the 4-H Study of Positive Youth Development," December 2013, https://dunn.extension.wisc.edu/files/2018/04/4-H-Study-of-Positive-Youth-Development-Full-Report.pdf; Richard M. Lerner et al., "Individual and Contextual Bases of Thriving in Adolescence: Findings from the 4-H Study of Positive Youth Development," *Journal of Adolescence* 34, no. 6 (December 2011): 1107–1114, https://doi.org/10.1016/j.adolescence.2011.08.001; Edmond P. Bowers et al., "Special Issue Introduction: Thriving Across the Adolescent Years: A View of the Issue," *Journal of Youth and Adolescence* 43, no. 6 (June 2014): 859–868, https://doi.org/10.1007/s10964-014-0117-8.
95. Richard M. Lerner, interview by Ellen Galinsky, October 26, 2017; Richard M. Lerner, email to Ellen Galinsky, February 4, 2023.
96. Richard M. Lerner, "Taking the Boy Out of Brooklyn: Time, Place, and People in the Development of a Developmental Scientist," in *The Developmental Science of Adolescence: History Through Autobiography*, ed. Richard M. Lerner et al. (New York: Psychology Press, 2014), 277–308.
97. Andrew J. Fuligni, interview by Ellen Galinsky, May 4, 2017; Andrew J. Fuligni, email message to Ellen Galinsky, September 7, 2022.
98. Jennifer Silvers, interview by Ellen Galinsky, May 5, 2017.
99. Gabriele Oettingen, interview by Ellen Galinsky, October 17, 2016; Gabriele Oettingen, email message to Ellen Galinsky, September 4, 2022; Gabriele Oettingen, *Rethinking Positive Thinking: Inside the New Science of Motivation* (New York: Penguin Random House, 2014); "How Can I Practice WOOP?," WOOP My Life, accessed May 2022, https://woopmylife.org/en/practice.

第二章

1. Jennifer H. Pfeifer, interview by Ellen Galinsky, September 7, 2016.
2. Annie Murphy Paul, *The Extended Mind: The Power of Thinking Outside the Brain* (Boston: Houghton Mifflin Harcourt, 2021), 9.
3. Ibid., 17.
4. Daniel Stern, interview by Ellen Galinsky, October 12, 2001.
5. Ahna Suleiman and Ronald E. Dahl, "Parent-Child Relationships in the Puberty Years: Insights from Developmental Neuroscience," *Family Relations* 68, no. 3 (July 2019): 279, https://doi.org/10.1111/fare.12360.
6. Ibid., 281.
7. Eva H. Telzer, interview by Ellen Galinsky, July 17, 2017.
8. Ibid.
9. Eva H. Telzer, Nicholas T. Ichien, and Yang Qu, "Mothers Know Best: Redirecting Adolescent Reward Sensitivity Toward Safe Behavior During Risk Taking," *Social Cognitive and Affective Neuroscience* 10, no. 10 (October 2015): 1383–1391, https://doi.org/10.1093/scan/nsv026.
10. Eva H. Telzer, interview by Ellen Galinsky, July 19, 2017.
11. Ibid.
12. Telzer et al., "Mothers Know Best," 1389.
13. João F. Guassi Moreira and Eva H. Telzer, "Mother Still Knows Best: Maternal Influence Uniquely Modulates Adolescent Reward Sensitivity During Risk Taking," *Developmental Science* 21, no. 1 (January 2018): e12484, https://doi.org/10.1111/desc.12484.
14. Yang Qu et al., "Buffering Effect of Positive Parent-Child Relationships on Adolescent Risk Taking: A Longitudinal Neuroimaging Investigation," *Developmental Cognitive Neuroscience* 15 (October 2015): 26–34, https://doi.org/10.1016/j.dcn.2015.08.005.
15. Eva H. Telzer, interview by Ellen Galinsky, July 19, 2017.
16. Will M. Aklin et al., "Evaluation of Behavioral Measures of Risk Taking Propensity with Inner City Adolescents," *Behaviour Research and Therapy* 43, no. 2 (February 2005): 215–228, https://doi.org/10.1016/j.brat.2003.12.007; Carl W. Lejuez et al., "Evaluation of the Balloon Analogue Risk Task (BART) as a Predictor of Adolescent Real-World Risk-Taking Behaviours," *Journal of Adolescence* 26, no. 4 (August 2003): 475–479, https://doi.org/10.1016/S0140-1971(03)00036-8.
17. Qu et al., "Buffering Effect of Positive Parent-Child Relationships."
18. Eva H. Telzer, interview by Ellen Galinsky, July 19, 2017.
19. Ethan M. McCormick, Yang Qu, and Eva H. Telzer, "Adolescent Neurodevelopment of Cognitive Control and Risk-Taking in Negative Family Contexts," *NeuroImage* 124, part A (October 2015): 989–996, https://doi.org/10.1016/j.neuroimage.2015.09.063.
20. Judith Warner, *And Then They Stopped Talking to Me: Making Sense of Middle School* (New York: Crown, 2020), 10.
21. Ibid., xi.
22. Judith Warner, interview by Ellen Galinsky, May 15, 2020.
23. Nicholas B. Allen, interview by Ellen Galinsky, September 7, 2016.
24. Orli S. Schwartz et al., "Parental Behaviors During Family Interactions Predict Changes in Depression and Anxiety Symptoms During Adolescence," *Journal of Abnormal Child Psychology* 40, no. 1 (January 2012): 59–71, https://doi.org/10.1007/s10802-011-9542-2; Sarah Whittle et al., "Positive Parenting Predicts the Development of Adolescent Brain Structure: A Longitudinal Study," *Developmental Cognitive Neuroscience* 8 (April 2014): 7–17, https://doi.org/10.1016/j.dcn.2013.10.006.
25. Nicholas B. Allen, interview by Ellen Galinsky, September 7, 2016.
26. Sarah Whittle et al., "Role of Positive Parenting in the Association Between Neighbor-

hood Social Disadvantage and Brain Development Across Adolescence," *JAMA Psychiatry* 74, no. 8 (2017): 824–832, https://doi.org/10.1001/jamapsychiatry.2017.1558.
27. Nicholas B. Allen, interview by Ellen Galinsky, September 7, 2016.
28. Jessica Lahey, *The Gift of Failure: How the Best Parents Learn to Let Go So Their Children Can Succeed* (New York: Harper, 2016).
29. Jessica Lahey, interview by Ellen Galinsky, June 6, 2020.
30. Ellen Galinsky, *The Six Stages of Parenthood* (Cambridge, MA: Da Capo Press, 1987).
31. Velma McBride Murry, interview by Ellen Galinsky, June 12, 2020.
32. Thomas G. Gordon, *Parent Effectiveness Training* (New York: Harmony Books, 2019).
33. Kenneth R. Ginsburg, interview by Ellen Galinsky, August 17, 2021; Kenneth R. Ginsburg, email message to Ellen Galinsky, February 4, 2023.
34. Kenneth R. Ginsburg, *Congrats—You're Having a Teen! Strengthen Your Family and Raise a Good Person* (Itasca, IL: American Academy of Pediatrics, 2022), 179.
35. Kenneth R. Ginsburg, interview by Ellen Galinsky, August 17, 2021; Kenneth R. Ginsburg, email message to Ellen Galinsky, February 4, 2023.
36. National Academies of Sciences, Engineering, and Medicine, *The Promise of Adolescence: Realizing Opportunity for All Youth* (Washington, DC: National Academies Press, 2019), 11, https://doi.org/10.17226/25388; Gene H. Brody et al., "Protective Prevention Effects on the Association of Poverty with Brain Development," *JAMA Pediatrics* 171, no. 1 (January 2017): 46–52, https://doi.org/10.1001/jamapediatrics.2016.2988.
37. National Academies of Sciences, Engineering, and Medicine, *The Promise of Adolescence*, 70.
38. Megan R. Gunnar, interview by Ellen Galinsky, September 26, 2001.
39. Megan R. Gunnar, interview by Ellen Galinsky, July 27, 2017.
40. Megan R. Gunnar et al., "Neonatal Stress Reactivity: Predictions to Later Emotional Temperament," *Child Development* 66, no. 1 (1995): 1–13; Mary C. Larson et al., "Dampening of the Cortisol Response to Handling at 3 Months in Human Infants and Its Relation to Sleep, Circadian Cortisol Activity, and Behavioral Distress," *Developmental Psychobiology* 33, no. 4 (1998): 327–337; Erikson Institute, *Early Development and the Brain: Teaching Resources for Educators*, ed. Linda Gilkerson and Rebecca Klein (Washington, DC: Zero to Three Press, 2008).
41. Megan R. Gunnar, email message to Ellen Galinsky, February 14, 2023.
42. Megan R. Gunnar, interview by Ellen Galinsky, July 27, 2017.
43. Nicole B. Perry et al., "Associations Between Stress Reactivity and Behavior Problems for Previously Institutionalized Youth Across Puberty," *Development and Psychopathology* 32, no. 5 (December 2020): 1854, https://doi.org/10.1017/S0954579420001297.
44. Megan R. Gunnar, email message to Ellen Galinsky, May 10, 2019.
45. Esther Landhuis, "Puberty Can Repair the Brain's Stress Responses After Hardship Early in Life: Adolescence Could Be a Time to Reset the System That Helps People Cope with Stress," *Science News*, August 28, 2020, https://www.sciencenews.org/article/puberty-teens-brain-stress-responses-early-trauma.
46. Megan R. Gunnar, email message to Ellen Galinsky, May 10, 2019.
47. Nicole B. Perry et al., "Cortisol Reactivity and Socially Anxious Behavior in Previously Institutionalized Youth," *Research on Child and Adolescent Psychopathology* 50, no. 3 (March 2022): 375–385, https://doi.org/10.1007/s10802-021-00862-5.
48. Carrie E. DePasquale et al., "Cortisol and Parenting Predict Pathways to Disinhibited Social Engagement and Social Functioning in Previously Institutionalized Children," *Journal of Abnormal Child Psychology* 48 (March 2020): 797–808, https://doi.org/10.1007/s10802-020-00633-8.

49. Kalsea J. Koss, Jamie M. Lawler, and Megan R. Gunnar, "Early Adversity and Children's Regulatory Deficits: Does Postadoption Parenting Facilitate Recovery in Postinstitutionalized Children?," *Development and Psychopathology* 32, no. 3 (August 2020): 879–896, https://doi.org/10.1017/S0954579419001226.
50. Perry et al., "Cortisol Reactivity and Socially Anxious Behavior in Previously Institutionalized Youth."
51. Ibid.
52. Ibid.
53. Koss, Lawler, and Gunnar, "Early Adversity and Children's Regulatory Deficits."
54. Megan R. Gunnar, email message to Ellen Galinsky, May 10, 2019.
55. Megan R. Gunnar et al., "Pubertal Stress Recalibration Reverses the Effects of Early Life Stress in Postinstitutionalized Children," *Proceedings of the National Academy of Sciences* 116, no. 48 (November 2019): 23985, https://doi.org/10.1073/pnas.1909699116; Andrew P. Allen et al., "The Trier Social Stress Test: Principles and Practice," *Neurobiology of Stress* 6 (2016): 113–126, https://doi.org/10.1016/j.ynstr.2016.11.001.
56. Megan R. Gunnar, email message to Ellen Galinsky, May 10, 2019.
57. Ibid.
58. Megan R. Gunnar, interview by Ellen Galinsky, October 25, 2021.
59. Perry et al., "Associations Between Stress Reactivity and Behavior Problems," 1854–1863.
60. Philip Fisher, interview by Ellen Galinsky, July 10, 2017.
61. National Scientific Council on the Developing Child, "Young Children Develop in an Environment of Relationships," Working Paper No. 1, Center on the Developing Child at Harvard University, 2004, https://developingchild.harvard.edu/resources/WP1/.
62. Nicole R. Giuliani et al., "A Preliminary Study Investigating Maternal Neurocognitive Mechanisms Underlying a Child-Supportive Parenting Intervention," *Frontiers in Behavioral Neuroscience* 13, no. 16 (2019): https://doi.org/10.3389/fnbeh.2019.00016.
63. Ibid.
64. Philip Fisher, interview by Ellen Galinsky, July 10, 2017.
65. National Academies of Sciences, Engineering, and Medicine, *The Promise of Adolescence*; Brody et al., "Protective Prevention Effects on the Association of Poverty with Brain Development."
66. Velma McBride Murry, "Adolescent Development," Adolescent Virtual Speaking Series, Bezos Family Foundation, September 18, 2020; Velma McBride Murry, email message to Ellen Galinsky, February 16, 2023.
67. Velma McBride Murry, "Adolescent Development: Recovery and Repair," Adolescent Virtual Speaking Series, Bezos Family Foundation, March 2, 2021; Velma McBride Murry, email message to Ellen Galinsky, February 16, 2023.
68. Murry, "Adolescent Development" (2020).
69. Velma McBride Murry et al., "Intervention Induced Changes in Perceptions of Parenting and Risk Opportunities Among Rural African Americans," *Journal of Child and Family Studies* 23, no. 2 (February 2014): 422–436, https://doi.org/10.1007/s10826-013-9714-5; Murry, email message to Ellen Galinsky, February 16, 2023.
70. Velma McBride Murry, interview by Ellen Galinsky, October 15, 2021.
71. Gene H. Brody et al., "The Strong African American Families Program: Translating Research into Prevention Programming," *Child Development* 75, no. 3 (2004): 900–917, https://doi.org/10.1111/j.1467-8624.2004.00713.x.
72. Gene H. Brody et al., "A Family-Centered Prevention Ameliorates the Associations of Low Self-Control During Childhood with Employment Income and Poverty Status in Young African American Adults," *Journal of Child Psychology and Psychiatry* 61, no. 4 (2020): 425–435, https://doi.org/10.1111/jcpp.13139; Murry et al., "Intervention

Induced Changes"; Velma McBride Murry et al., "Longitudinal Study of the Cascading Effects of Racial Discrimination on Parenting and Adjustment Among African American Youth," *Attachment and Human Development* 24, no. 3 (2022): 322–338, https://doi.org/10.1080/14616734.2021.1976926.
73. Brody et al., "Protective Prevention Effects on the Association of Poverty with Brain Development."
74. Ibid.
75. Gregory E. Miller et al., "A Family-Oriented Psychosocial Intervention Reduces Inflammation in Low-SES African American Youth," *Proceedings of the National Academy of Sciences* 111, no. 31 (2014): 11287–11292, https://doi.org/10.1073/pnas.1406578111; Gene H. Brody et al., "Family-Centered Prevention Ameliorates the Association Between Adverse Childhood Experiences and Prediabetes Status in Young Black Adults," *Preventive Medicine* 100 (2017): 117–122, https://doi.org/10.1016/j.ypmed.2017.04.017. See also National Academies of Sciences, Engineering, and Medicine, *The Promise of Adolescence*, 91–92.
76. Dan Hurley, "Scientist at Work—Felton Earls; On Crime as Science (A Neighborhood at a Time)," *New York Times*, January 6, 2004, https://www.nytimes.com/2004/01/06/science/scientist-at-work-felton-earls-on-crime-as-science-a-neighbor-at-a-time.html.
77. Felton Earls, interview by Ellen Galinsky, October 18, 2001.
78. Robert J. Sampson, Stephen W. Raudenbush, and Felton Earls, "Neighborhoods and Violent Crime: A Multilevel Study of Collective Efficacy," *Science* 277, no. 5328 (August 1997): 918–924, https://doi.org/10.1126/science.277.5328.918.
79. Felton Earls and Stephen L. Buka, "Project on Human Development in Chicago Neighborhoods," Research and Technical Report, National Institute of Justice, March 1997; Felton Earls and Mary Carlson, *Voice, Choice, and Action: The Potential of Young Citizens to Heal Democracy* (Cambridge, MA: Harvard University Press, 2020).
80. Sampson, Raudenbush, and Earls, "Neighborhoods and Violent Crime."
81. Felton Earls, interview by Ellen Galinsky, October 18, 2001.
82. Robert J. Sampson, Stephen W. Raudenbush, and Felton Earls, "Neighborhood Collective Efficacy—Does It Help Reduce Violence?," National Institute of Justice, last modified April 1998, https://www.ojp.gov/pdffiles1/nij/184377NCJRS.pdf.
83. Sampson, Raudenbush, and Earls, "Neighborhoods and Violent Crime," 923.
84. Ibid.
85. Earls and Buka, "Project on Human Development in Chicago Neighborhoods."
86. Velma McBride Murry, interview by Ellen Galinsky, October 15, 2021.
87. Murry, "Adolescent Development: Recovery and Repair" (2021); Murry, email message to Ellen Galinsky, February 16, 2023.
88. Stephanie M. Carlson, interview by Ellen Galinsky, September 15, 2017. Some of the studies Carlson is referring to are summarized in an article we wrote as well as in the studies listed. See Ellen Galinsky et al., "Civic Science for Public Use: Mind in the Making and Vroom," *Child Development* 88 (July 2017): 1409–1418, https://doi.org/10.1111/cdev.12892. See also Brenna Hassinger-Das et al., "Domain-General Mediators of the Relation Between Kindergarten Number Sense and First-Grade Mathematics Achievement," *Journal of Experimental Child Psychology* 118 (February 2014): 78–92, https://doi.org/10.1016/j.jecp.2013.09.008; Megan M. McClelland et al., "Relations Between Preschool Attention Span-Persistence and Age 25 Educational Outcomes," *Early Childhood Research Quarterly* 28 (April 2013): 314–324, https://doi.org/10.1016/j.ecresq.2012.07.008; Terrie E. Moffitt et al., "A Gradient of Childhood Self-Control Predicts Health, Wealth, and Public Safety," *Proceedings of the National Academy of Sciences* 108 (February 2011): 2696, https://doi.org/10.1073/pnas.1010076108.
89. Moffitt et al., "A Gradient of Childhood Self-Control."
90. Annie Bernier, Stephanie M. Carlson, and Natasha Whipple, "From External Regu-

lation to Self-Regulation: Early Parenting Precursors of Young Children's Executive Functioning," *Child Development* 81 (February 2010): 326–339, https://doi.org/10.1111/j.1467-8624.2009.01397.x.
91. Stephanie M. Carlson, interview by Ellen Galinsky, September 15, 2017.
92. Julie C. Laurin and Mireille Joussemet, "Parental Autonomy-Supportive Practices and Toddlers' Rule Internalization: A Prospective Observational Study," *Motivation and Emotion* 41, no. 5 (2017): 562–575, https://doi.org/10.1007/s11031-017-9627-5.
93. Rebecca Distefano et al., "Autonomy-Supportive Parenting and Associations with Child and Parent Executive Function," *Journal of Applied Developmental Psychology* 58 (July–September 2018): 78, https://doi.org/10.1016/j.appdev.2018.04.007.
94. Ibid., 77.
95. Alyssa S. Meuwissen and Stephanie M. Carlson, "An Experimental Study of the Effects of Autonomy Support on Preschoolers' Self-Regulation," *Journal of Applied Developmental Psychology* 60 (January 2019): 11–23, https://doi.org/10.1016/j.appdev.2018.10.001.
96. Edward L. Deci and Richard M. Ryan, *Intrinsic Motivation and Self-Determination in Human Behavior* (New York: Plenum, 1985).
97. Wendy S. Grolnick, interview by Ellen Galinsky, October 27, 2017.
98. Richard M. Ryan and Edward L. Deci, "Self-Determination Theory and the Facilitation of Intrinsic Motivation, Social Development, and Well-Being," *American Psychologist* 55, no. 1 (2000): 68–78, https://doi.org/10.1037/0003-066X.55.1.68.
99. Wendy S. Grolnick, "Meeting Development Needs," Adolescent Virtual Speaking Series, Bezos Family Foundation, October 13, 2020.
100. Wendy S. Grolnick, interview by Ellen Galinsky, October 27, 2017; Grolnick, "Meeting Development Needs"; Wendy S. Grolnick, email message to Ellen Galinsky, February 4, 2023.
101. Grolnick, "Meeting Development Needs."
102. Ibid.
103. Wendy S. Grolnick et al., "Antecedents and Consequences of Mothers' Autonomy Support: An Experimental Investigation," *Developmental Psychology* 38, no. 1 (February 2002): 143, https://doi.org/10.1037/0012-1649.38.1.143.
104. Wendy S. Grolnick, email message to Ellen Galinsky, February 4, 2023.
105. Wendy S. Grolnick, interview by Lisa Rinehart, November 5, 2019.
106. Wendy S. Grolnick, interview by Ellen Galinsky, October 27, 2017; Wendy S. Grolnick, email message to Ellen Galinsky, February 4, 2023.
107. Katherine Reynolds Lewis, *The Good News About Bad Behavior: Why Kids Are Less Disciplined Than Ever—and What to Do About It* (New York: PublicAffairs, 2018), 5.
108. Ellen Galinsky, *The Six Stages of Parenthood* (Cambridge, MA: Da Capo Press, 1987).
109. Maya L. Rosen et al., "Promoting Youth Mental Health During the COVID-19 Pandemic: A Longitudinal Study," *PloS One* 16, no. 8 (August 2021): e0255294, https://doi.org/10.1371/journal.pone.0255294.
110. Daniel J. Siegel, interview by Ellen Galinsky, July 18, 2023.
111. Edward Z. Tronick, *The Neurobehavioral and Social-Emotional Development of the Infant* (New York: W. W. Norton, 2007).
112. Edward Z. Tronick, email message to Ellen Galinsky, August 26, 2009.
113. Carol S. Dweck and David S. Yeager, "Mindsets: A View from Two Eras," *Perspectives on Psychological Science* 14, no. 3 (2019): 481–496, https://doi.org/10.1177/1745691618804166; Albert Bandura, "Self-Efficacy: Toward a Unifying Theory of Behavioral Change," *Psychological Review* 84, no. 2 (1977): 191–215, https://doi.org/10.1037/0033-295X.84.2.191.
114. Murry et al., "Intervention Induced Changes in Perceptions of Parenting and Risk

Opportunities Among Rural African Americans," 429; Larissa G. Duncan et al., "A Model of Mindful Parenting: Implications for Parent-Child Relationships and Prevention Research," *Clinical Child and Family Psychology Review* 12, no. 3 (2009): 255–270, https://doi.org/10.1007/s10567-009-0046-3.
115. Jennifer H. Pfeifer, interview by Ellen Galinsky, July 8, 2019.
116. Shannon J. Peake et al., "Risk-Taking and Social Exclusion in Adolescence: Behavioral and Neural Evidence of Peer Influences on Decision-Making," *NeuroImage* 82 (November 2013): 23–34, https://doi.org/10.1016/j.neuroimage.2013.05.061.
117. Jennifer H. Pfeifer, interview by Ellen Galinsky, September 7, 2016.
118. Kipling D. Williams, Christopher K. T. Cheung, and Wilma Choi, "Cyberostracism: Effects of Being Ignored over the Internet," *Journal of Personality and Social Psychology* 79, no. 5 (November 2000): 748–762, https://doi.org/10.1037//0022-3514.79.5.748; Kipling D. Williams, "Ostracism," *Annual Review of Psychology* 58, no. 1 (January 2007): 425, https://doi.org/10.1146/annurev.psych.58.110405.085641.
119. Jack L. Andrews et al., "Expectations of Social Consequences Impact Anticipated Involvement in Health-Risk Behavior During Adolescence," *Journal of Research on Adolescence* 30, no. 4 (2020): 1008–1024, https://doi.org/10.1111/jora.12576.
120. Eva H. Telzer et al., "The Quality of Adolescents' Peer Relationships Modulates Neural Sensitivity to Risk Taking," *Social Cognitive and Affective Neuroscience* 10, no. 3 (March 2015): 389, https://doi.org/10.1093/scan/nsu064.
121. Ibid.
122. Eveline A. Crone, interview by Ellen Galinsky, September 1, 2017.
123. "Youth Risk Behavior Survey: Data Summary and Trends Report, 2011–2021," Centers for Disease Control and Prevention, 2023, https://www.cdc.gov/healthyyouth/data/yrbs/pdf/yrbs_data-summary-trends_report2023_508.pdf.
124. Ahna Suleiman et al., "Becoming a Sexual Being: The 'Elephant in the Room' of Adolescent Brain Development," *Developmental Cognitive Neuroscience* 25 (2017): 209–220, https://doi.org/10.1016/j.dcn.2016.09.004.
125. Ahna Suleiman, interview by Ellen Galinsky, October 11, 2016.
126. Kathy T. Do, Ethan M. McCormick, and Eva H. Telzer, "Neural Sensitivity to Conflicting Attitudes Supports Greater Conformity Toward Positive over Negative Influence in Early Adolescence," *Developmental Cognitive Neuroscience* 45 (October 2020): art. 100837, https://doi.org/10.1016/j.dcn.2020.100837.
127. Jack P. Shonkoff, interview by Ellen Galinsky and Dan Wuori, April 19, 2021.
128. Eva H. Telzer et al., "Neurobiological Sensitivity to Social Rewards and Punishments Moderates Link Between Peer Norms and Adolescent Risk Taking," *Child Development* 92, no. 2 (March 2021): 741, https://doi.org/10.1111/cdev.13466.
129. Ibid.
130. Kathy T. Do, Mitchell J. Prinstein, and Eva H. Telzer, "Neurobiological Susceptibility to Peer Influence in Adolescence," in *The Oxford Handbook of Developmental Cognitive Neuroscience*, ed. Kathrin Cohen Kadosh, online ed. (New York: Oxford University Press, 2020), https://doi.org/10.1093/oxfordhb/9780198827474.013.27.
131. Eva H. Telzer, "Parenting and Peer Relationships/Positive Risks," Adolescent Virtual Speaking Series, Bezos Family Foundation, February 11, 2021.
132. W. Thomas Boyce, *The Orchid and the Dandelion: Why Sensitive Children Face Challenges and How All Can Thrive* (New York: Vintage Books, 2020).
133. Jerome Kagan, "Temperament and the Reactions to Unfamiliarity," *Child Development* 68, no. 1 (1997): 139–143; Jerome Kagan, interview with Ellen Galinsky, February 20, 2003.
134. Jay Belsky, "Your Kid Is Probably Not an 'Orchid' or a 'Dandelion'—But Could Be Both," *Scientific American*, March 15, 2022, https://www.scientificamerican.com/article/your-kid-is-probably-not-an-orchid-or-a-dandelion-but-could-be-both/.
135. Ronald E. Dahl, "Adolescent Brain Development: A Period of Vulnerabilities and Op-

portunities. Keynote Address," *Annals of the New York Academy of Sciences* 1021, no. 1 (2004): 1–22, https://doi.org/10.1196/annals.1308.001.
136. Simon Ciranka and Wouter van den Bos, "Adolescent Risk-Taking in the Context of Exploration and Social Influence," *Developmental Review* 61, no. 2 (2021): 100979, https://psycnet.apa.org/doi/10.1016/j.dr.2021.100979.
137. Natasha Duell and Laurence Steinberg, "Positive Risk Taking in Adolescence," *Child Development Perspectives* 13, no. 1 (March 2019): 48–52, https://doi.org/10.1111/cdep.12310.
138. Adriana Galván, conversation with Ellen Galinsky, March 23, 2019.
139. Daniel J. Siegel, *Brainstorm: The Power and Purpose of the Teenage Brain* (New York: Penguin, 2013), 109.
140. Ronald E. Dahl, interview by Ellen Galinsky, October 11, 2017; Ronald E. Dahl, email message to Ellen Galinsky, January 24, 2023.
141. Jeffrey M. Spielberg et al., "Exciting Fear in Adolescence: Does Pubertal Development Alter Threat Processing?," *Developmental Cognitive Neuroscience* 8 (April 2014): 87, https://doi.org/10.1016/j.dcn.2014.01.004.
142. Valerie F. Reyna and Frank Farley, "Risk and Rationality in Adolescent Decision-Making: Implications for Theory, Practice, and Public Policy," *Psychological Science in the Public Interest* 7, no. 1 (2006): 1–44, https://doi.org/10.1111/j.1529-1006.2006.00026.x.
143. Abigail A. Baird, Jonathan A. Fugelsang, and Craig Bennett, "What Were You Thinking? An fMRI Study of Adolescent Decision Making," ResearchGate, January 2005, https://www.researchgate.net/profile/A_Baird/publication/268048958_What_were_you_thinking_An_fMRI_study_of_adolescent_decision_making/links/551a85680cf244e9a45882a5/What-were-you-thinking-An-fMRI-study-of-adolescent-decision-making.pdf.
144. Ronald E. Dahl, interview by Ellen Galinsky, October 11, 2017.
145. Spielberg et al., "Exciting Fear in Adolescence."
146. Ronald E. Dahl, interview by Ellen Galinsky, October 11, 2017.
147. Duell and Steinberg, "Positive Risk Taking in Adolescence," 49.
148. "Courage Is Resistance to Fear, Mastery of Fear, Not Absence of Fear: Mark Twain? Apocryphal?," Quote Investigator, November 26, 2019, https://quoteinvestigator.com/2019/11/26/courage-fear/.
149. Ronald E. Dahl, interview by Ellen Galinsky, October 11, 2017.
150. Eveline A. Crone, interview by Ellen Galinsky, September 1, 2017.
151. Barbara R. Braams et al., "Longitudinal Changes in Adolescent Risk-Taking: A Comprehensive Study of Neural Responses to Rewards, Pubertal Development, and Risk-Taking Behavior," *Journal of Neuroscience* 35, no. 18 (May 2015): 7226–7238, https://doi.org/10.1523/JNEUROSCI.4764-14.2015.
152. Ronald E. Dahl, interview by Ellen Galinsky, October 11, 2017; Ronald E. Dahl, email message to Ellen Galinsky, January 24, 2023.
153. Ronald E. Dahl, interview by Ellen Galinsky, October 11, 2017; David S. Yeager, Ronald E. Dahl, and Carol S. Dweck, "Why Interventions to Influence Adolescent Behavior Often Fail but Could Succeed," *Perspectives on Psychological Science* 13, no. 1 (2018): 101–122, https://doi.org/10.1177/1745691617722620.
154. "Youth Risk Behavior Surveillance System (YRBSS)," Centers for Disease Control and Prevention, accessed August 30, 2021, https://www.cdc.gov/healthyyouth/data/yrbs/index.htm.
155. "United States, High School Youth Risk Behavior Survey, 2017," Centers for Disease Control and Prevention, accessed February 26, 2023, https://nccd.cdc.gov/Youthonline/App/Results.aspx?TT=A&OUT=0&SID=HS&QID=QQ&LID=XX&YID=2017&LID2=&YID2=&COL=S&ROW1=N&ROW2=N&HT=QQ&LCT=LL&FS=S1&FR=R1&FG=G1&FA=A1&FI=I1&FP=P1&FSL=S1&FRL=R1&FGL=G1&FAL=A1&FIL=I1&FPL=P1&PV=&TST=False&C1=&C2=&QP=G&DP=1&

VA=CI&CS=Y&SYID=&EYID=&SC=DEFAULT&SO=ASC.
156. "Youth Risk Behavior Survey: Data Summary and Trends Report, 2011–2021."
157. Daniel Romer, Valerie F. Reyna, and Theodore D. Satterthwaite, "Beyond Stereotypes of Adolescent Risk Taking: Placing the Adolescent Brain in Developmental Context," *Developmental Cognitive Neuroscience* 27 (October 2017): 19–34, https://doi.org/10.1016/j.dcn.2017.07.007.
158. Eveline A. Crone, interview by Ellen Galinsky, September 1, 2017.
159. Jennifer H. Pfeifer and Nicholas B. Allen, "Arrested Development? Reconsidering Dual-Systems Models of Brain Function in Adolescence and Disorders," *Trends in Cognitive Sciences* 16, no. 6 (June 2012): 322, https://doi.org/10.1016/j.tics.2012.04.011.
160. Jennifer H. Pfeifer, interview by Ellen Galinsky, July 8, 2019.
161. Jennifer H. Pfeifer, interview by Ellen Galinsky, April 19, 2019.
162. Jennifer H. Pfeifer, interview by Ellen Galinsky, July 8, 2019.
163. Ibid.
164. Jennifer H. Pfeifer and Elliot T. Berkman, "The Development of Self and Identity in Adolescence: Neural Evidence and Implications for a Value-Based Choice Perspective on Motivated Behavior," *Child Development Perspectives* 12, no. 3 (September 2018): 160, https://doi.org/10.111/cdep.12279.
165. Elliot T. Berkman, interview by Ellen Galinsky, July 9, 2019.
166. Duell and Steinberg, "Positive Risk Taking in Adolescence," 48–52.
167. Ibid., 49.
168. Natasha Duell and Laurence Steinberg, "Differential Correlates of Positive and Negative Risk-Taking in Adolescence," *Journal of Youth and Adolescence* 49, no. 6 (June 2020): 1162–1178, https://doi.org/10.1007/s10964-020-01237-7.
169. "Adolescents Who Take Positive Risks Tend to Be Less Impulsive, More Connected to School, Suggests NIH-Funded Study," National Institutes of Health, May 22, 2020, https://www.nichd.nih.gov/newsroom/news/052220-adolescents-risk-taking.
170. Eva H. Telzer, "Dopaminergic Reward Sensitivity Can Promote Adolescent Health: A New Perspective on the Mechanism of Ventral Striatum Activation," *Developmental Cognitive Neuroscience* 17 (2016): 57–67, https://doi.org/10.1016/j.dcn.2015.10.010; Eva H. Telzer et al., "Ventral Striatum Activation to Prosocial Rewards Predicts Longitudinal Declines in Adolescent Risk Taking," *Developmental Cognitive Neuroscience* 3 (2013): 45–52, https://doi.org/10.1016/j.dcn.2012.08.004.
171. Eva H. Telzer, "Parenting and Peer Relationships/Positive Risks," Adolescent Virtual Speaking Series, Bezos Family Foundation, February 11, 2021.
172. Neeltje E. Blankenstein et al., "Behavioral and Neural Pathways Supporting the Development of Prosocial and Risk-Taking Behavior Across Adolescence," *Child Development* 91, no. 3 (2020): e665–e681, https://psycnet.apa.org/doi/10.1111/cdev.13292.
173. Eva H. Telzer, "The Developing Adolescent Brain," Adolescent Virtual Speaking Series, Bezos Family Foundation, September 18, 2020.
174. Katie Fitzgerald, "The Aspen Challenge at the Aspen Ideas Festival Opening Remarks," July 6, 2017, https://www.youtube.com/watch?v=GjPJg0QlUPA.
175. Ibid.
176. "How It Works," Aspen Challenge, accessed August 30, 2021, https://aspenchallenge.org/about/how-it-works/.
177. "Louisville Aspen Challenge Gives Us Hope," Aspen Challenge, accessed August 20, 2021, https://aspenchallenge.org/louisville-aspen-challenge-gives-us-hope/.
178. John D. Dugan, S. Patterson, and K. C. Skendall, *The Power of Youth: A 5-Year Analysis of the Impact of Aspen Challenge* (Washington, DC: Aspen Institute, 2022).
179. "Louisville Aspen Challenge Gives Us Hope."
180. Emily A. Vogels, Risa Gelles-Watnick, and Navid Massarat, "Teens, Social Media and Technology 2022," Pew Research Center, August 10, 2022, https://www.pewresearch.

org/internet/2022/08/10/teens-social-media-and-technology-2022/.
181. "The Common Sense Census: Media Use by Tweens and Teens," Common Sense Media, 2021, https://www.commonsensemedia.org/sites/default/files/research/report/8-18-census-integrated-report-final-web_0.pdf.
182. Mitchell J. Prinstein, Jacqueline Nesi, and Eva H. Telzer, "Commentary: An Updated Agenda for the Study of Digital Media Use and Adolescent Development—Future Directions Following Odgers & Jensen (2020)," *Journal of Child Psychology and Psychiatry* 61, no. 3 (2020): 350, https: doi.org/10.1111/jcpp.13219.
183. Kristen Purcell et al., "How Teens Do Research in the Digital World," Pew Research Center, November 1, 2012, https://www.pewresearch.org/internet/2012/11/01/how-teens-do-research-in-the-digital-world/.
184. Nellie Bowles, "Now Some Families Are Hiring Coaches to Help Them Raise Phone-Free Children," *New York Times*, June 6, 2019, https://www.nytimes.com/2019/07/06/style/parenting-coaches-screen-time-phones.html?searchResultPosition=1.
185. Diane Sawyer, "Screentime," ABC, accessed May 4, 2019, https://abc.go.com/movies-and-specials/screentime-diane-sawyer-reporting.
186. National Academies of Sciences, Engineering, and Medicine, *The Promise of Adolescence*, 40.
187. Amy Orben and Andrew K. Przybylski, "Screens, Teens, and Psychological Well-Being: Evidence from Three Time-Use-Diary Studies," *Psychological Science* 30, no. 5 (May 2019): 693, https://doi.org/10.1177/0956797619830329; Amy Orben and Andrew K. Przybylski, "The Association Between Adolescent Well-Being and Digital Technology Use," *Nature Human Behaviour* 3, no. 2 (February 2019): 177–178, https://doi.org/10.1038/s41562-018-0506-1.
188. Orben and Przybylski, "The Association Between Adolescent Well-Being and Digital Technology Use."
189. Vivek Murthy, "Social Media and Youth Mental Health: The U.S. Surgeon General's Advisory," U.S. Health and Human Services, accessed May 28, 2023, 4, https://www.hhs.gov/sites/default/files/sg-youth-mental-health-social-media-advisory.pdf.
190. Eva H. Telzer, interview by Ellen Galinsky, July 21, 2022.
191. Jacqueline Nesi, Eva H. Telzer, and Mitchell J. Prinstein, "Adolescent Development in the Digital Media Context," *Psychological Inquiry* 31, no. 3 (2020): 229, https://doi.org/10.1080/1047840x.2020.1820219.
192. Ibid.
193. "Facebook Knows Instagram Is Toxic for Teen Girls, Company Documents Show," *Wall Street Journal*, September 14, 2021, https://www.wsj.com/articles/facebook-knows-instagram-is-toxic-for-teen-girls-company-documents-show-11631620739.
194. Logan Lane, "The Teenager Leading the Smartphone Liberation Movement," interview by Lulu Garcia-Navarro, *New York Times*, February 2, 2023, https://www.nytimes.com/2023/02/02/opinion/teen-luddite-smartphones.html?showTranscript=1.
195. David Elkind and Robert Bowen, "Imaginary Audience Behavior in Children and Adolescents," *Developmental Psychology* 15, no. 1 (1979): 38–44, https://doi.org/10.1037/0012-1649.15.1.38.
196. Nesi, Telzer, and Prinstein, "Adolescent Development in Digital Media Context," 230.
197. Vogels, Gelles-Watnick, and Massarat, "Teens, Social Media and Technology 2022."
198. Christopher J. Bryan, David S. Yeager, and Cintia P. Hinojosa, "A Values-Alignment Intervention Protects Adolescents from the Effects of Food Marketing," *Nature Human Behaviour* 3, no. 6 (2019): 596–603, https://doi.org/10.1038/s41562-019-0586-6.
199. Nandita Vijayakumar et al., "Getting to Know Me Better: An fMRI Study of Intimate and Superficial Self-Disclosure to Friends During Adolescence," *Journal of Personality and Social Psychology* 118, no. 5 (2020): 885–899, https://doi.org/10.1037/

pspa0000182; Nandita Vijayakumar and Jennifer H. Pfeifer, "Self-Disclosure During Adolescence: Exploring the Means, Targets, and Types of Personal Exchanges," *Current Opinion in Psychology* 31 (2020): 135–140, https://doi.org/10.1016/j.copsyc.2019.08.005.
200. Jennifer H. Pfeifer, interview by Ellen Galinsky, July 9, 2019.
201. Yeager, Dahl, and Dweck, "Why Interventions to Influence Adolescent Behavior Often Fail but Could Succeed," 101–122.
202. Nesi, Telzer, and Prinstein, "Adolescent Development in Digital Media Context," 230.
203. Eva H. Telzer, interview by Ellen Galinsky, July 21, 2022.
204. Prinstein, Nesi, and Telzer, "Commentary: An Updated Agenda for the Study of Digital Media Use and Adolescent Development—Future Directions Following Odgers & Jensen (2020)," 350.
205. Ethan Kross, interview by Ellen Galinsky, January 17, 2018.
206. Ibid.
207. Ethan Kross, "Facebook Use Predicts Declines in Subjective Well-Being in Young Adults," *PLoS ONE* 8, no. 8 (August 14, 2013): e69841, https://doi.org/10.10.1371/journal.pone.0069841.
208. Ethan Kross, interview by Ellen Galinsky, January 17, 2018.
209. Philippe Verduyn et al., "Passive Facebook Usage Undermines Affective Well-Being: Experimental and Longitudinal Evidence," *Journal of Experimental Psychology: General* 144, no. 2 (2015): 480–488, https://doi.org/10.1037/xge0000057.
210. Ibid., 484.
211. Ethan Kross, interview by Ellen Galinsky, January 17, 2018.
212. "Youth Risk Behavior Survey: Data Summary and Trends Report, 2011–2021."
213. Jean M. Twenge, *iGen: Why Today's Super-Connected Kids Are Growing Up Less Rebellious, More Tolerant, Less Happy—and Completely Unprepared for Adulthood—and What That Means for the Rest of Us* (New York: Atria Books, 2017).
214. Greg Lukianoff and Jonathan Haidt, *The Coddling of the American Mind: How Good Intentions and Bad Ideas Are Setting Up a Generation for Failure* (New York: Penguin, 2018).
215. Jacqueline Nesi, "Does Social Media Cause Teen Mental Health Issues?," Techno Sapiens, posted January 30, 2023, https://technosapiens.substack.com/p/does-social-media-cause-teen-mental.
216. Patti M. Valenburg, Adrian Meier, and Ine Beyens, "Social Media Use and Its Impact on Adolescent Mental Health: An Umbrella Review of the Evidence," *Current Opinion in Psychology* 44 (April 2022): 58–68, https://doi.org/10.1016/j.copsyc.2021.08.017.
217. Murthy, "Social Media and Youth Mental Health: The U.S. Surgeon General's Advisory," 4.
218. "Health Advisory on Social Media Use in Adolescence," American Psychological Association, accessed June 1, 2023, 3, https://www.apa.org/topics/social-media-internet/health-advisory-adolescent-social-media-use.
219. Ibid., 7.
220. Ellen Galinsky, *Ask the Children: The Breakthrough Study That Reveals How to Succeed at Work and Parenting* (New York: Quill, 2000).
221. Eva H. Telzer, interview by Ellen Galinsky, July 22, 2022.
222. Betsy Sparrow, Jenny Liu, and Daniel M. Wegner, "Google Effects on Memory: Cognitive Consequences of Having Information at Our Fingertips," *Science* 333, no. 6043 (July 2011): 776–778, http://doi.org/10.1026/science.1207745.
223. Ibid., 777.
224. Kathryn L. Mills, "Effects of Internet Use on the Adolescent Brain: Despite Popular Claims, Experimental Evidence Remains Scarce," *Trends in Cognitive Sciences* 18, no. 8 (August 2014): 385–387, https://doi.org/10.1016/j.tics.2014.04.011; Kathryn L. Mills, "Possible Effects of Internet Use on Cognitive Development in Adolescence," *Media and Communication* 4, no. 3 (June 2016): 4–12, https://doi.org/10.17645/mac.

v4i3.516.
225. Kathryn L. Mills, interview by Ellen Galinsky, July 9, 2019.
226. Victoria Rideout and Michael B. Robb, *Social Media, Social Life: Teens Reveal Their Experiences* (San Francisco: Common Sense Media, 2018).
227. Melina R. Uncapher, interview by Ellen Galinsky, February 20, 2020; Melina R. Uncapher, email to Ellen Galinsky, March 11, 2023.
228. Melina R. Uncapher, "How Can Learning Engineering Be Applied in Schools?," keynote presentation, LearnLaunch Across Boundaries Conference, Boston, January 31, 2019, https://www.youtube.com/watch?v=__GbwKCV-GY.
229. Melina R. Uncapher, Monica K. Thieu, and Anthony D. Wagner, "Media Multitasking and Memory: Differences in Working Memory and Long-Term Memory," *Psychonomic Bulletin and Review* 23, no. 3 (2016): 483–490, https://doi.org/10.3758/s13423-015-0907-3.
230. Melina R. Uncapher et al., "Media Multitasking and Cognitive, Psychological, Neural, and Learning Differences," *Pediatrics* 140, suppl. 2 (November 2017): S62–S66, https://doi.org/10.1542/peds.2016-1758D.
231. Melina R. Uncapher and Anthony Wagner, "Minds and Brains of Media Multitaskers: Current Findings and Future Directions," *Proceedings of the National Academy of Sciences* 115, no. 40 (October 2018): 9889–9896, https://doi.org/10.1073/pnas.1611612115.
232. Uncapher, "How Can Learning Engineering Be Applied in Schools?"
233. John David Lorentz et al., "Media Multitasking, Executive Function, and Academic Achievement in Middle Childhood," poster, International Mind Brain and Education Society Conference, Los Angeles, September 28, 2018.
234. "About Us," Advanced Education Research and Development Fund, accessed September 15, 2022, https://aerdf.org/about-us/.
235. Laura M. Padilla-Walker et al., "The Protective Role of Parental Media Monitoring Style from Early to Late Adolescence," *Journal of Youth and Adolescence* 47, no. 2 (2018): 445–459, https://doi.org/10.1007/s10964-017-0722-4.
236. Ibid., 455.
237. James P. Steyer, *The Other Parent: The Inside Story of Media's Effect on Children* (New York: Atria Books, 2002).
238. Linda Burch, interview by Ellen Galinsky, August 11, 2021.
239. "About Us," Common Sense Media, accessed September 12, 2022, https://www.commonsensemedia.org.
240. Linda Burch, interview by Ellen Galinsky, August 11, 2021; Linda Burch, email message to Ellen Galinsky, February 21, 2023.
241. Linda Burch, email message to Ellen Galinsky, February 21, 2023.
242. "Health Advisory on Social Media Use in Adolescence," 3.
243. Murthy, "Social Media and Youth Mental Health: The U.S. Surgeon General's Advisory."
244. Tiffany Shlain, *24/6: The Power of Unplugging One Day a Week* (New York: Gallery Books, 2019).
245. Ellen Galinsky et al., *Leaders in a Global Economy: A Study of Executive Women and Men* (New York: Families and Work Institute, 2003).
246. Elizabeth Levy Paluck, Hana Shepherd, and Peter M. Aronow, "Changing Climates of Conflict: A Social Network Experiment in 56 Schools," *Proceedings of the National Academy of Sciences* 113, no. 3 (January 2016): 566, https://doi.org/10.1073/pnas.1514483113.
247. Sharon Brody and Paul Connearney, "What the 'Designated Driver' Campaign Could Teach Us About How to Handle the Pandemic," WBUR, February 7, 2021, https://www.wbur.org/news/2021/02/07/designated-driver-coronavirus-pandemic-public-health-campaign.
248. "Center for Health Communication," Harvard University, accessed September 1,

2021, https://www.hsph.harvard.edu/chc/.
249. Paluck, Shepherd, and Aronow, "Changing Climates of Conflict."
250. Elizabeth Levy Paluck and Hana Shepherd, "The Salience of Social Referents: A Field Experiment on Collective Norms and Harassment Behavior in a School Social Network," *Journal of Personality and Social Psychology* 103, no. 6 (September 2012): 899–915, https://doi.org/10.1030/a0030015.
251. Paluck, Shepherd, and Aronow, "Changing Climates of Conflict."
252. "Students with Influence over Peers Reduce School Bullying by 30 Percent," *Science Daily*, January 4, 2016, https://www.sciencedaily.com/releases/2016/01/160104163206.htm.
253. Ibid.
254. Paluck, Shepherd, and Aronow, "Changing Climates of Conflict."
255. Ibid.
256. Hope Shinderman, email message to Ellen Galinsky, December 22, 2021.
257. Walter Mischel, *The Marshmallow Test: Why Self-Control Is the Engine of Success* (New York: Little, Brown, 2014).
258. Ellen Galinsky, *Mind in the Making: The Seven Essential Life Skills Every Child Needs* (New York: HarperStudio, 2010), 64; Walter Mischel, interview by Hank O'Karma, June 8, 2006.
259. Celeste Kidd, Holly Palmeri, and Richard N. Aslin, "Rational Snacking: Young Children's Decision-Making on the Marshmallow Task Is Moderated by Beliefs About Environmental Reliability," *Cognition* 126 (October 2012): 109–114, https://doi.org/10.1016/j.cognition.2012.08.004.

第三章

1. Andrew N. Meltzoff, interview by Ellen Galinsky, February 25, 2015.
2. Andrew N. Meltzoff, "'Like Me': A Foundation for Social Cognition," *Developmental Science* 10, no. 1 (2007): 126–134, https://doi.org/10.1111/j.1467-7687.2007.00574.x.
3. Peter J. Marshall and Andrew N. Meltzoff, "Neural Mirroring Systems: Exploring the EEG Mu Rhythm in Human Infancy," *Developmental Cognitive Neuroscience* 1, no. 2 (April 2011): 110–123, https://doi.org/10.1016/j.dcn.2010.09.001; Peter J. Marshall, Thomas Young, and Andrew N. Meltzoff, "Neural Correlates of Action Observation and Execution in 14-Month-Old Infants: An Event-Related EEG Desynchronization Study," *Developmental Science* 14, no. 3 (May 2011): 474–480, https://doi.org/10.1111/j.1467-7687.2010.00991.x.
4. Andrew N. Meltzoff, interview by Ellen Galinsky, February 25, 2015; Andrew N. Meltzoff, email message to Ellen Galinsky, February 15, 2013.
5. Yair Bar-Haim et al., "Nature and Nurture in Own-Race Face Processing," *Psychological Science* 17, no. 2 (February 2006): 159–163, https://doi.org/10.1111/j.1467-9280.2006.01679.x; Chelsea Derlan Williams et al., "A Lifespan Model of Ethnic-Racial Identity," *Research in Human Development* 17, no. 2–3 (2020): 105–106, https://doi.org/10.1080/15427609.2020.1831882.
6. Naiqi G. Xiao et al., "Older but Not Younger Infants Associate Own-Race Faces with Happy Music and Other-Race Faces with Sad Music," *Developmental Science* 21, no. 2 (March 2018): e12537l, https://doi.org/10.1111/desc.12537; Naiqi G. Xiao et al., "Infants Rely More on Gaze Cues from Own-Race Than Other-Race Adults for Learning Under Uncertainty," *Child Development* 89, no. 3 (May/June 2018): e229–e244, https://doi.org/10.1111/cdev.12798.
7. Andrew N. Meltzoff, interview by Ellen Galinsky, January 17, 2017.
8. Allison L. Skinner, Andrew N. Meltzoff, and Kristina R. Olson, "'Catching' Social Bias: Exposure to Biased Nonverbal Signals Creates Social Bias in Preschool Children," *Psychological Science* 28 (December 2016): 216–224, https://doi.org/10.1177/0956797616678930.

注　释

9. Andrew N. Meltzoff, interview by Ellen Galinsky, January 17, 2017; Andrew N. Meltzoff, email message to Ellen Galinsky, February 15, 2013.
10. Allison Master, Sapna Cheryan, and Andrew N. Meltzoff, "Social Group Membership Increases STEM Engagement Among Preschoolers," *Developmental Psychology* 53, no. 2 (September 2016): 201–209, http://dx.doi.org/10.1037/dev0000195; Allison Master and Andrew N. Meltzoff, "Cultural Stereotypes and Sense of Belonging Contribute to Gender Gaps in STEM," *International Journal of Gender, Science and Technology* 12 (April 23, 2020): 152–198, https://genderandset.open.ac.uk/index.php/genderandset/article/view/674; Skinner, Meltzoff, and Olson, "'Catching' Social Bias."
11. Andrew N. Meltzoff, interview by Ellen Galinsky, January 17, 2017; Andrew N. Meltzoff, email message to Ellen Galinsky, February 15, 2013.
12. Isabel Wilkerson, *Caste: The Origins of Our Discontents* (New York: Penguin Random House, 2020), 17.
13. Ibid.
14. Ibid.
15. Ibid., 18.
16. James M. Jones, *Prejudice and Racism* (Reading, MA: Addison-Wesley, 1972), 117.
17. "Stereotype," American Psychological Association, accessed January 6, 2022, https://dictionary.apa.org/stereotype.
18. Charles Young, "Kennedy Visit Marked States Centennial," *Charleston Gazette-Mail*, June 20, 2013, https://www.wvgazettemail.com/news/kennedy-visit-marked-states-centennial/article_3b3bcfc4-9d4f-58cd-9758-b6ca0965fc00.html.
19. "Stereotype."
20. Christy M. Buchanan and Grayson N. Holmbeck, "Measuring Beliefs About Adolescent Personality and Behavior," *Journal of Youth and Adolescence* 27 (October 1998): 609–629, https://doi.org/10.1023/A:1022835107795.
21. Christy M. Buchanan and Johna L. Hughes, "Construction of Social Reality During Early Adolescence: Can Expecting Storm and Stress Increase Storm and Stress?," *Journal of Research on Adolescence* 19, no. 2 (May 2009): 261–285, https://doi.org/10.1111/j.1532-7795.2009.00596.x.
22. Yang Qu, interview by Ellen Galinsky, March 12, 2020; Yang Qu, email message to Ellen Galinsky, February 14, 2023.
23. Yang Qu et al., "Conceptions of Adolescence: Implications for Differences in Engagement in School over Early Adolescence in the United States and China," *Journal of Youth and Adolescence* 45 (July 2016): 1512–1526, https://doi.org/10.1007/s10964-016-0492-4.
24. Yang Qu, interview by Ellen Galinsky, March 12, 2020.
25. Qu et al., "Conceptions of Adolescence."
26. Yang Qu, interview by Ellen Galinsky, July 15, 2018.
27. Qu et al., "Conceptions of Adolescence."
28. Ibid., 1523.
29. Yang Qu, interview by Ellen Galinsky, March 12, 2020.
30. Yang Qu et al., "Youth's Conceptions of Adolescence Predict Longitudinal Changes in Prefrontal Cortex Activation and Risk Taking During Adolescence," *Child Development* 89, no. 3 (May 2018): 773–783, https://doi.org/10.1111/cdev.13017.
31. Yang Qu, interview by Ellen Galinsky, March 12, 2020.
32. Yang Qu, Eva M. Pomerantz, and Guohong Wu, "Countering Youth's Negative Stereotypes of Teens Fosters Constructive Behavior," *Child Development* 91, no. 1 (January–February 2020): 197–213, https://doi.org/10.1111/cdev.13156.
33. Joshua Aronson, Carrie B. Fried, and Catherine Good, "Reducing the Effects of Stereotype Threat on African American College Students by Shaping Theories of Intelligence," *Journal of Experimental Social Psychology* 38, no. 2 (March 2002): 113–125, https://doi.org/10.1006/jesp.2001.1491; Gregory M. Walton, "The New Science

of Wise Psychological Interventions," *Current Directions in Psychological Science* 23, no. 1 (February 2014): 73–82, https://doi.org/10.1177/0963721413512856.
34. Yang Qu, email message to Ellen Galinsky, February 14, 2023.
35. Qu, Pomerantz, and Wu, "Countering Youth's Negative Stereotypes."
36. Cari Gillen-O'Neel, Diane N. Ruble, and Andrew J. Fuligni, "Ethnic Stigma, Academic Anxiety, and Intrinsic Motivation in Middle Childhood," *Child Development* 82, no. 5 (August 2011): 1470–1485, https://doi.org/10.1111/j.1467-8624.2011.01621.x.
37. Virginia W. Huynh and Andrew J. Fuligni, "Discrimination Hurts: The Academic, Psychological, and Physical Well-Being of Adolescents," *Journal of Research on Adolescence* 20, no. 4 (2010): 916–941, https://doi.org/10.1111/j.1532-7795.2010.00670.x.
38. Ibid.
39. Andrew J. Fuligni, interview by Lisa Rinehart, August 21, 2018.
40. Andrew J. Fuligni, interview by Ellen Galinsky, May 4, 2017.
41. Huynh and Fuligni, "Discrimination Hurts."
42. Andrew J. Fuligni, interview by Ellen Galinsky, May 4, 2017.
43. David R. Williams et al., "Perceived Discrimination, Race and Health in South Africa," *Social Science and Medicine* 67, no. 3 (2008): 441–452, https://doi.org/10.1016/j.socscimed.2008.03.021.
44. Virginia W. Huynh et al., "Everyday Discrimination and Diurnal Cortisol During Adolescence," *Hormones and Behavior* 80 (April 2016): 76–81, https://doi.org/10.1016/j.yhbeh.2016.01.009.
45. Andrew J. Fuligni, interview by Ellen Galinsky, May 4, 2017.
46. Ibid.
47. Huynh et al., "Everyday Discrimination and Diurnal Cortisol During Adolescence."
48. Andrew J. Fuligni, interview by Ellen Galinsky, May 4, 2017.
49. Huynh et al., "Everyday Discrimination and Diurnal Cortisol During Adolescence," 79.
50. Ibid.
51. Andrew J. Fuligni, interview by Ellen Galinsky, May 4, 2017.
52. Huynh et al., "Everyday Discrimination and Diurnal Cortisol During Adolescence," 76–81.
53. Andrew J. Fuligni, interview by Ellen Galinsky, May 4, 2017.
54. Graham H. Diering et al., "Homer1a Drives Homeostatic Scaling-Down of Excitatory Synapses During Sleep," *Science* 355, no. 6324 (2017): 511–515, https://doi.org/10.1126/science.aai8355.
55. Richard Huganir, interview by Ellen Galinsky, September 8, 2017.
56. Andrew J. Fuligni, interview by Lisa Rinehart, August 21, 2018.
57. Angelina Majeno et al., "Discrimination and Sleep Difficulties During Adolescence: The Mediating Roles of Loneliness and Perceived Stress," *Journal of Youth and Adolescence* 47 (2018): 136, https://doi.org/10.1007/s10964-017-0755-8.
58. Andrew J. Fuligni, interview by Lisa Rinehart, August 21, 2018.
59. "Discrimination Can Compromise Health During Adolescence," Adolescent Development Lab at UCLA, 2018, http://adolescence.semel.ucla.edu/article/2018/4/1/discrimination-and-health-risk-during-adolescence.
60. Tracy R. Whitaker and Cudore L. Snell, "Parenting While Powerless: Consequences of 'The Talk,'" *Journal of Human Behavior in the Social Environment* 26, no. 3–4 (2016): 303–309, https://doi.org/10.1080/10911359.2015.1127736.
61. Williams et al., "Perceived Discrimination, Race and Health in South Africa," 441–452.
62. Xiao et al., "Infants Rely More on Gaze Cues from Own-Race Than Other-Race Adults for Learning Under Uncertainty," e229–e244.
63. Meltzoff, "'Like Me': A Foundation for Social Cognition," 126–134.
64. Skinner, Meltzoff, and Olson, "'Catching' Social Bias: Exposure to Biased Nonverbal Signals Creates Social Bias in Preschool Children," 216–224.
65. Master, Cheryan, and Meltzoff, "Social Group Membership Increases STEM Engage-

ment Among Preschoolers," 201–209; Master and Meltzoff, "Cultural Stereotypes and Sense of Belonging Contribute to Gender Gaps in STEM," 152–198.
66. David Rose, "Deeper Learning for EVERY Student: Neuroscience, Technology, and Universal Design for Learning," keynote speech, Learning and the Brain Conference, Boston, November 23, 2019; David Rose, briefing for the Bezos Family Foundation, June 22, 2021; David Rose, email message to Ellen Galinsky, February 15, 2023.
67. Wim Meeus et al., "On Imbalance of Impulse Control and Sensation Seeking and Adolescent Risk: An Intra-individual Developmental Test of the Dual Systems and Maturational Imbalance Models," *Journal of Youth and Adolescence* 50 (2021): 827–840, https://doi.org/10.1007/s10964-021-01419-x.
68. Sarah-Jayne Blakemore, *Inventing Ourselves: The Secret Life of the Teenage Brain* (New York: PublicAffairs, 2018), 139.
69. Richard M. Lerner, "Adolescent Development," Adolescent Virtual Speaking Series, Bezos Family Foundation, September 18, 2020.

第四章

1. Leo Lionni, *Fish Is Fish* (New York: Knopf Books for Young Readers, 1970).
2. Wendy S. Grolnick, "Meeting Development Needs," Adolescent Virtual Speaking Series, Bezos Family Foundation, October 13, 2020.
3. Richard M. Ryan and Edward L. Deci, *Self-Determination Theory: Basic Psychological Needs in Motivation, Development, and Wellness* (New York: Guilford Press, 2017). This book describes decades of research on Self-Determination Theory and the role it has played in parenting, social development, and mental health research.
4. Richard M. Ryan and Edward L. Deci, "Self-Determination Theory and the Facilitation of Intrinsic Motivation, Social Development, and Well-Being," *American Psychologist* 55, no. 1 (2000): 68–78, https://doi.org/10.1037/0003-066X.55.1.68; Institute of Medicine and National Research Council Committee on the Science of Adolescence, *The Science of Adolescent Risk-Taking: Workshop Report* (Washington, DC: National Academies Press, 2011).
5. Richard M. Ryan and Edward L. Deci, "Brick by Brick: The Origins, Development, and Future of Self-Determination Theory," in *Advances in Motivation Science*, ed. A. J. Elliot (Cambridge, MA: Elsevier Academic Press, 2019), 111–156, https://psycnet.apa.org/doi/10.1016/bs.adms.2019.01.001.
6. Wendy S. Grolnick, interview by Ellen Galinsky, October 27, 2017.
7. Andrew Garner et al., "Preventing Childhood Toxic Stress: Partnering with Families and Communities to Promote Relational Health," *Pediatrics* 148, no. 2 (2021): e2021052582, https://doi.org/10.1542/peds.2021-052582; David Willis, "Advancing a Family-Centered Community Health System: A Community Agenda Focused on Child Health Care, Early Relationships, and Equity," Center for the Study of Social Policy, accessed February 28, 2023, https://cssp.org/resource/advancing-a-fcchs/.
8. Erik H. Erikson, *Identity and the Life Cycle* (New York: W. W. Norton, 1980).
9. Ibid., 87.
10. David E. Hunt, "Person-Environment Interaction: A Challenge Found Wanting Before It Was Tried," *Review of Educational Research* 45, no. 2 (June 1975): 209–230, https://doi.org/10.2307/1170054.
11. Jacquelynne S. Eccles et al., "Development During Adolescence: The Impact of Stage-Environment Fit on Young Adolescents' Experiences in Schools and in Families," *American Psychologist* 48, no. 2 (1993): 90, https://doi.org/10.1037/0003-066X.48.2.90.
12. Ibid.
13. Ibid.
14. Lynn Shore, Jeanette Cleveland, and Diana R. Sanchez, "Inclusive Workplaces: A Review and Model," *Human Resource Management Review* 28, no. 2 (July 2017):

177, https://doi.org/10.1016/j.hrmr.2017.07.003; Roy F. Baumeister and Mark R. Leary, "The Need to Belong: Desire for Interpersonal Attachments as a Fundamental Human Motivation," *Psychological Bulletin* 117, no. 3 (1995): 497, https://doi.org/10.1037/00332909.117.3.497; "Diversity, Inclusion, Belonging and Equity Toolkit," Harvard University, accessed September 26, 2022, https://edib.harvard.edu/diversity-inclusion-belonging-equity-toolkit; Ipshita Pal, Ellen Galinsky, and Stacy Kim, "Employee Health and Well-Being After a Crisis—Reimagining the Role of Workplace Inclusion," *Community, Work and Family* 25, no. 1 (2022): 30–62, https://doi.org/10.1080/13668803.2021.1987859.

15. Kelly-Ann Allen et al., "What Schools Need to Know About Fostering School Belonging: A Meta-Analysis," *Educational Psychology Review* 30, no. 1 (2018): 1–34, https://doi.org/10.1007/s10648-016-9389-8; Jessica P. Montoro et al., "Coping with Discrimination from Peers and Adults: Implications for Adolescents' School Belonging," *Journal of Youth and Adolescence* 50, no. 1 (2021): 126–143, doi:10.1007/s10964-020-01360-5.

16. Ellen Galinsky and Kimberlee Salmond, *Youth and Violence: Students Speak Out for a More Civil Society* (New York: Families and Work Institute, 2002), https://cdn.sanity.io/files/ow8usu72/production/fc1cdf43e2ee4f396097ee12ebff187bdc26b2f6.pdf.

17. "The Children We Mean to Raise: The Real Messages Adults Are Sending About Values," Making Caring Common Project of the Harvard Graduate School of Education, July 2014, https://static1.squarespace.com/static/5b7c56e255b02c683659fe43/t/5bae774424a694b5feb2b05f/1538160453604/report-children-raise.pdf.

18. Brené Brown, *The Gifts of Imperfection: Let Go of Who You Think You're Supposed to Be and Embrace Who You Are* (Center City, MN: Hazelden, 2010), 25.

19. John Bowlby, *Attachment and Loss*, vol. 1, *Attachment*, 2nd ed. (New York: Basic Books, 1969); Mary D. Salter Ainsworth et al., *Patterns of Attachment: A Psychological Study of the Strange Situation* (Hillsdale, NJ: Erlbaum, 1978); L. Alan Sroufe, "Attachment and Development: A Prospective, Longitudinal Study from Birth to Adulthood," *Attachment and Human Development* 7, no. 4 (August 16, 2006): 349–367, https://doi.org/10.1080/14616730500365928; Marianne S. Wolff and Marinus H. van Ijzendoorn, "Sensitivity and Attachment: A Meta-Analysis of Parental Antecedents of Infant Attachment," *Child Development* 68 (1997): 571–591, https://doi.org/10.1111/j.1467-8624.1997.tb04218.x; Leah Matas, Richard Arend, and L. Alan Sroufe, "Continuity of Adaptation in the Second Year: The Relationship Between Quality Attachment and Later Competence," *Child Development* 49, no. 3 (September 1978): 547–556, https://doi.org/10.2307/1128221.

20. DYG Inc., "What Grown-Ups Understand About Child Development: A National Benchmark Survey," Civitas Initiative and Brio Corp., 2000, https://eric.ed.gov/?id=ED448909.

21. Jaana Juvonen et al., "Promoting Social Inclusion in Educational Settings: Challenges and Opportunities," *Educational Psychologist* 54, no. 4 (2019): 263, https://doi.org/10.1080/00461520.2019.1655645.

22. Susan Magsamen and Ivy Ross, *Your Brain on Art: How the Arts Transform Us* (New York: Random House, 2023).

23. Susan Magsamen, interview by Ellen Galinsky, April 22, 2022.

24. Elizabeth Levy Paluck, Hana Shepherd, and Peter M. Aronow, "Changing Climates of Conflict: A Social Network Experiment in 56 Schools," *Proceedings of the National Academy of Sciences* 113, no. 3 (January 2016): 566–571, https://doi.org/10.1073/pnas.1514483113.

25. Robert Pianta, interview by Amy McCampbell, August 3, 2006; Robert Pianta, email message to Ellen Galinsky, February 2, 2023.

26. Erik A. Ruzek et al., "How Teacher Emotional Support Motivates Students: The Mediating Roles of Perceived Peer Relatedness, Autonomy Support, and Compe-

tence," *Learning and Instruction* 42 (April 2016): 95–103, https://doi.org/10.1016/j.learninstruc.2016.01.004.
27. Robert Pianta, interview by Amy McCampbell, August 3, 2006; Robert Pianta, email message to Ellen Galinsky, February 2, 2023.
28. Juvonen et al., "Promoting Social Inclusion in Educational Settings," 250. These researchers make the point that meeting needs is a necessity.
29. Allen et al., "What Schools Need to Know About Fostering School Belonging."
30. Miguel E. Thornton et al., "Students Educating Each Other About Discrimination (SEED)," Ann Arbor (MI) Public Schools, 1993, https://eric.ed.gov/?id=ED376223.
31. Gregory M. Walton, interview by Ellen Galinsky, January 11, 2017.
32. Claude M. Steele, "Thin Ice: 'Stereotype Threat' and Black College Students," *Atlantic Monthly*, August 1999, 44–47, 50–54.
33. Claude M. Steele and Joshua Aronson, "Stereotype Threat and the Intellectual Test Performance of African Americans," *Journal of Personality and Social Psychology* 69, no. 5 (November 1995): 797–811, https://doi.org/10.1037//0022-3514.69.5.797.
34. Gregory M. Walton, interview by Ellen Galinsky, January 11, 2017.
35. Gregory M. Walton and Geoffrey L. Cohen, "A Brief Social-Belonging Intervention Improves Academic and Health Outcomes of Minority Students," *Science* 331, no. 6023 (March 2011): 1447–1451, https://doi.org/10.1126/science.1198364; Gregory M. Walton, email message to Ellen Galinsky, February 16, 2023.
36. Walton and Cohen, "A Brief Social-Belonging Intervention," 1448.
37. Gregory M. Walton, interview by Ellen Galinsky, January 11, 2017.
38. Lauren Eskreis-Winkler et al., "A Large-Scale Field Experiment Shows Giving Advice Improves Academic Outcomes for the Advisor," *Proceedings of the National Academy of Sciences* 116, no. 30 (July 2019): 14808–14810, https://doi.org/10.1073/pnas.1908779116.
39. Walton and Cohen, "A Brief Social-Belonging Intervention."
40. Ibid.
41. David S. Yeager et al., "Teaching a Lay Theory Before College Narrows Achievement Gaps at Scale," *Proceedings of the National Academy of Sciences* 113, no. 24 (May 2016): E3341–E3348, https://doi.org/10.1073/pnas.1524360113; Mary Murphy et al., "A Customized Belonging Intervention Improves Retention of Socially Disadvantaged Students at a Broad-Access University," *Science Advances* 6, no. 29 (2020): https://www.science.org/doi/10.1126/sciadv.aba4677.
42. Gregory M. Walton, interview by Ellen Galinsky, January 11, 2017; Gregory M. Walton, email message to Ellen Galinsky, February 16, 2023.
43. Shannon T. Brady et al., "A Brief Social-Belonging Intervention in College Improves Adult Outcomes for Black Americans," *Science Advances* 6, no. 18 (2020): eaay3689, https://doi.org/10.1126/sciadv.aay3689.
44. Gregory M. Walton, interview by Ellen Galinsky, January 11, 2017.
45. Ibid.
46. Dushiyanthini (Toni) Kenthirarajah and Gregory M. Walton, "How Brief Social-Psychological Interventions Can Cause Enduring Effects," in *Emerging Trends in the Social and Behavioral Sciences*, ed. Robert A. Scott and Stephen Michael Kosslyn (Hoboken, NJ: John Wiley and Sons, 2015).
47. Gregory M. Walton et al., "Two Brief Interventions to Mitigate a 'Chilly Climate' Transform Women's Experience, Relationships, and Achievement in Engineering," *Journal of Educational Psychology* 107, no. 2 (2015): 470, https://doi.org/10.1037/a0037461.
48. Gregory M. Walton and Timothy D. Wilson, "Wise Interventions: Psychological Remedies for Social and Personal Problems," *Psychological Review* 125, no. 5 (2018): 617–655, https://doi.org/10.1037/rev0000115.
49. Christina Bethel et al., "Positive Childhood Experiences and Adult Mental and Relational Health in a Statewide Sample: Associates Across Adverse Childhood Experiences Levels," *JAMA Pediatrics* 173, no. 11 (September 2019): e193007, https://doi.

org/10.1001/jamapediatrics.2019.3007.
50. Robert A. Karasek, "Job Demands, Job Decision Latitude, and Mental Strain: Implications for Job Redesign," *Administrative Science Quarterly* 24, no. 2 (1979): 285–308, https://doi.org/10.2307/2392498; Sean M. Collins, Robert A. Karasek, and Kevin Costas, "Job Strain and Autonomic Indices of Cardiovascular Disease Risk," *American Journal of Industrial Medicine* 48, no. 3 (2005): 182–193, doi:10.1002/AJIM.20204.
51. Ellen Galinsky, J. T. Bond, and Dana E. Friedman, *The Changing Workforce: Highlights from the National Study* (New York: Families and Work Institute, 1993); J. T. Bond, Ellen Galinsky, and Jennifer Swanberg, *The 1997 National Study of the Changing Workforce* (New York: Families and Work Institute, 1997); J. T. Bond et al., *Highlights of the National Study of the Changing Workforce* (New York: Families and Work Institute, 2003); Kerstin Aumann and Ellen Galinsky, *The State of Health in the American Workforce: Does Having an Effective Workplace Matter?* (New York: Families and Work Institute, 2009).
52. Wendy S. Grolnick, interview by Ellen Galinsky, October 27, 2017.
53. David S. Yeager, interview by Ellen Galinsky, April 4, 2017.
54. S. E. Hinton, *The Outsiders* (New York: Penguin, 1967).
55. David S. Yeager et al., "Declines in Efficacy of Anti-Bullying Programs Among Older Adolescents: Theory and a Three-Level Meta-Analysis," *Journal of Applied Developmental Psychology* 37 (March–April 2015): 37, https://doi.org/10.1016/j.appdev.2014.11.005.
56. Ibid., 36.
57. Ibid., 42.
58. Ibid.
59. Matthew C. Farrelly et al., "Sustaining 'Truth': Changes in Youth Tobacco Attitudes and Smoking Intentions After 3 Years of a National Antismoking Campaign," *Health Education Research* 24, no. 1 (February 2009): 42–48, https://doi.org/10.1093/her/cym087; Matthew C. Farrelly et al., "The Influence of the National Truth Campaign on Smoking Initiation," *American Journal of Preventive Medicine* 36, no. 5 (May 2009): 379–384, https://doi.org/10.1016/j.amepre.2009.01.019.
60. Wendy S. Grolnick et al., "Parental Provision of Academic Structure and the Transition to Middle School," *Journal of Research on Adolescence* 25, no. 4 (2015): 668, https://doi.org/10.1111/jora.12161.
61. Wendy S. Grolnick, interview with Ellen Galinsky, October 27, 2017.
62. Melanie S. Farkas and Wendy S. Grolnick, "Examining the Components and Concomitants of Parental Structure in the Academic Domain," *Motivation and Emotion* 34, no. 3 (September 2010): 266–279, https://doi.org/10.1007/s11031-010-9176-7.
63. Grolnick et al., "Parental Provision of Academic Structure," 668–684.
64. Ibid.
65. Madeline R. Levitt, Wendy S. Grolnick, and Jacquelyn N. Raftery-Helmer, "Maternal Control and Children's Internalizing and Externalizing Symptoms in the Context of Neighbourhood Safety: Moderating and Mediating Models," *Journal of Family Studies* 28, no. 4 (November 2020): 1543–1565, https://doi.org/10.1080/13229400.2020.1845779.
66. Rachel E. Lerner and Wendy S. Grolnick, "Maternal Involvement and Children's Academic Motivation and Achievement: The Roles of Maternal Autonomy Support and Children's Affect," *Motivation and Emotion* 44, no. 3 (June 2020): 378, https://doi.org/10.1007/s11031-019-09813-6.
67. Wendy S. Grolnick, email message to Ellen Galinsky, February 2, 2021.
68. Levitt, Grolnick, and Raftery-Helmer, "Maternal Control and Children's Internalizing and Externalizing Symptoms," 19.
69. Wendy S. Grolnick et al., "Parental Provision of Structure: Implementation and Cor-

relates in Three Domains," *Merrill-Palmer Quarterly* 60, no. 3. (July 2014): 377–378, https://doi.org/10.1353/mpq.2014.0016.
70. Wendy S. Grolnick, email message to Ellen Galinsky, February 2, 2021.
71. Lerner and Grolnick, "Maternal Involvement and Children's Academic Motivation and Achievement."
72. Wendy S. Grolnick, interview by Ellen Galinsky, October 27, 2017; Wendy S. Grolnick, email message to Ellen Galinsky, February 4, 2023.
73. David S. Yeager, Ronald E. Dahl, and Carol S. Dweck, "Why Interventions to Influence Adolescent Behavior Often Fail but Could Succeed," *Perspectives on Psychological Science* 13, no. 1 (January 2018): 101–122, https://doi.org/10.1177/1745691617722620.
74. Ibid., 101.
75. Ibid., 104.
76. David S. Yeager, interview by Ellen Galinsky, April 4, 2017.
77. Yeager, Dahl, and Dweck, "Why Interventions to Influence Adolescent Behavior Often Fail but Could Succeed," 104.
78. Megan R. Gunnar et al., "Developmental Changes in Hypothalamus-Pituitary-Adrenal Activity over the Transition to Adolescence: Normative Changes and Associations with Puberty," *Development and Psychopathology* 21, no. 1 (January 2009): 69–85, https://doi.org/10.1017/S0954579409000054.
79. Yeager, Dahl, and Dweck, "Why Interventions to Influence Adolescent Behavior Often Fail but Could Succeed," 106.
80. Jason A. Okonofua, interview by Ellen Galinsky, January 10, 2017.
81. Ibid.
82. "The Transformed CRDC: Data Summary," Office for Civil Rights, accessed March 23, 2012, https://www2.ed.gov/about/offices/list/ocr/data.html?src=rt, cited in Jason A. Okonofua and Jennifer L. Eberhardt, "Two Strikes: Race and the Disciplining of Young Students," *Psychological Science* 26, no. 5 (May 2015): 617–624, https://doi.org/10.1177/0956797615570365.
83. "About Jennifer Lynn Eberhardt," Stanford University, accessed November 28, 2021, https://web.stanford.edu/~eberhard/about-jennifer-eberhardt.html.
84. Okonofua and Eberhardt, "Two Strikes."
85. Jason A. Okonofua, interview by Ellen Galinsky, January 10, 2017.
86. Christine Koh, "The Adults Who Saved Me + What You Need to Know About ACEs," May 6, 2019, https://www.christinekoh.com/blog/2019/5/the-adults-who-saved-me-what-you-need-to-know-about-aces.
87. Shawn Ginwright, "The Future of Healing: Shifting From Trauma Informed Care to Healing Centered Engagement," Medium, May 31, 2018, https://ginwright.medium.com/the-future-of-healing-shifting-from-trauma-informed-care-to-healing-centered-engagement-634f557ce69c.
88. Pamela Cantor, interview by Ellen Galinsky and Dan Wuori, July 26, 2021.
89. Jason A. Okonofua, David Paunesku, and Gregory M. Walton, "Brief Intervention to Encourage Empathic Discipline Cuts Suspension Rates in Half Among Adolescents," *Proceedings of the National Academy of Sciences* 113, no. 19 (May 2016): 5221, https://doi.org/10.1073/pnas.1523698113.
90. Ibid.
91. Gregory M. Walton, interview by Ellen Galinsky, January 11, 2017.
92. Jason A. Okonofua, interview by Ellen Galinsky, January 10, 2017.
93. Gregory M. Walton, interview by Ellen Galinsky, January 11, 2017.
94. Jason A. Okonofua, interview by Ellen Galinsky, January 10, 2017.
95. Ibid.
96. Okonofua, Paunesku, and Walton, "Brief Intervention to Encourage Empathic Discipline," 5221–5226.
97. Jason A. Okonofua, interview by Ellen Galinsky, January 10, 2017.

98. Gregory M. Walton, interview by Ellen Galinsky, January 11, 2017.
99. Okonofua, Paunesku, and Walton, "Brief Intervention to Encourage Empathic Discipline," 5221–5226.
100. Gregory M. Walton, interview by Ellen Galinsky, January 11, 2017.
101. Jason A. Okonofua et al., "A Scalable Empathic-Mindset Intervention Reduces Group Disparities in School Suspensions," *Science Advances* 8, no. 12 (2022): eabj0691, https://10.1126/sciadv.abj0691.
102. Gregory M. Walton, interview by Ellen Galinsky, January 11, 2017.
103. Jason A. Okonofua, interview by Ellen Galinsky, January 10, 2017.
104. Martin Pinquart, "Associations of Parenting Styles and Dimensions with Academic Achievement in Children and Adolescents: A Meta-Analysis," *Educational Psychology Review* 28, no. 3 (2016): 475–493, https://psycnet.apa.org/doi/10.1007/s10648-015-9338-y; Martin Pinquart, "Associations of Parenting Dimensions and Styles with Internalizing Symptoms in Children and Adolescents: A Meta-Analysis," *Marriage and Family Review* 53, no. 7 (2017): 613–640, https://doi.org/10.1080/01494929.2016.1247761; Martin Pinquart, "Associations of Parenting Dimensions and Styles with Externalizing Problems of Children and Adolescents: An Updated Meta-Analysis," *Developmental Psychology* 53, no. 5 (2017): 873, https://doi.org/10.1037/dev0000295.
105. Barbara Schneider, interview by Ellen Galinsky, April 20, 2017.
106. Mihaly Csikszentmihalyi, *Flow: The Psychology of Optimal Experience* (New York: Harper Perennial, 2008).
107. Mihaly Csikszentmihalyi, "Flow, the Secret to Happiness," TED, February 2004, https://www.ted.com/talks/mihaly_csikszentmihalyi_flow_the_secret_to_happiness?language=en#t-20282.
108. Csikszentmihalyi, *Flow*, 3.
109. Ibid., 4.
110. Jennifer A. Fredricks, *Eight Myths of Student Engagement: Creating Classrooms of Deep Learning* (Thousand Oaks, CA: Corwin, 2014).
111. Barbara Schneider et al., "Investigating Optimal Learning Moments in U.S. and Finnish Science Classes," *Journal of Research in Science Teaching* 53, no. 3 (March 2016): 400–421, https://doi.org/10.1002/tea.21306.
112. Barbara Schneider, interview by Ellen Galinsky, April 20, 2017.
113. Schneider et al., "Investigating Optimal Learning Moments."
114. Ibid., 403.
115. Barbara Schneider, interview by Ellen Galinsky, April 20, 2017.
116. Anthony Doerr, *All the Light We Cannot See* (New York: Scribner, 2014).
117. Kalle Juuti et al., "A Teacher–Researcher Partnership for Professional Learning: Co-Designing Project-Based Learning Units to Increase Student Engagement in Science Classes," *Journal of Science Teacher Education* 32, no. 4 (March 2021): 1–17, https://doi.org/10.1080/1046560X.2021.1872207.
118. Joseph Krajcik, interview by Ellen Galinsky, April 20, 2017.
119. Juuti et al., "A Teacher–Researcher Partnership for Professional Learning."
120. Barbara Schneider, interview by Ellen Galinsky, April 20, 2017.
121. Katariina Salmela-Aro et al., "Integrating the Light and Dark Sides of Student Engagement Using Person-Oriented and Situation-Specific Approaches," *Learning and Instruction* 43, no. 3 (January 2016): 61–70, https://doi.org/10.1016/j.learninstruc.2016.01.001.
122. Barbara Schneider, interview by Ellen Galinsky, April 20, 2017.
123. Janna Inkinen et al., "High School Students' Situational Engagement Associated with Scientific Practices in Designed Science Learning Situations," *Science Education* 104, no. 4 (February 2020): 667–692, https://doi.org/10.1002/sce.21570.
124. Barbara Schneider, interview by Ellen Galinsky, April 20, 2017.
125. Jennifer A. Fredricks, interview by Ellen Galinsky, June 9, 2017; Jennifer A. Fred-

ricks, Phyllis C. Blumenfeld, and Alison H. Paris, "Potential of the Concept, State of the Evidence," *Review of Educational Research* 74, no. 1 (March 1, 2004): 59–109, https://doi.org/10.3102/00346543074001059; Fredricks, *Eight Myths of Student Engagement*; Jennifer A. Fredricks et al., "What Matters for Urban Adolescents' Engagement and Disengagement in School: A Mixed-Methods Study," *Journal of Adolescent Research* 34, no. 5 (September 2019): 491–527, https://doi.org/10.1177/0743558419830638.
126. Fredricks et al., "What Matters for Urban Adolescents' Engagement and Disengagement," 492.
127. Johnmarshall Reeve, "A Self-Determination Theory Perspective on Student Engagement," in *Handbook of Research on Student Engagement*, ed. Sandra L. Christenson, Amy L. Reschly, and Cathy Wylie (Boston: Springer, 2012), 149–172, https://doi.org/10.1007/978-1-4614-2018-7_7.
128. Yibing Li and Richard M. Lerner, "Trajectories of School Engagement During Adolescence: Implications for Grades, Depression, Delinquency, and Substance Use," *Developmental Psychology* 47, no. 1 (2011): 233–247, https://doi.org/10.1037/a0021307.
129. Ibid.
130. National Research Council, *How People Learn: Brain, Mind, Experience, and School: Expanded Edition* (Washington, DC: National Academies Press, 2000), https://doi.org/10.17226/9853.
131. National Academies of Sciences, Engineering, and Medicine, *How People Learn II: Learners, Contexts, and Cultures* (Washington, DC: National Academies Press, 2018), https://doi.org/10.17226/24783.
132. Ibid., 5.
133. Ibid., 109.
134. Wendy S. Grolnick, "Meeting Development Needs," Adolescent Virtual Speaking Series, Bezos Family Foundation, October 13, 2020.
135. Ibid.; Wendy S. Grolnick, interview by Ellen Galinsky, October 27, 2017; Wendy S. Grolnick, email message to Ellen Galinsky, February 4, 2023.
136. Wendy S. Grolnick, email message to Ellen Galinsky, September 5, 2022.
137. Wendy S. Grolnick, interview by Ellen Galinsky, October 27, 2017; Wendy S. Grolnick, briefing for the Bezos Family Foundation, October 12, 2020; Ryan and Deci, *Self-Determination Theory*; Deci, "Brick by Brick," 111–156.
138. Joseph P. Allen and Claudia Worrell Allen, "The Big Wait," *Educational Leadership: Journal of the Department of Supervision and Curriculum Development, N.E.A.* 68, no. 1 (September 2010): 22–26.
139. Andrew J. Elliot and Chris S. Hulleman, "Achievement Goals," in *Handbook of Competence and Motivation: Theory and Application*, 2nd ed., ed. Andrew J. Elliot, Carol S. Dweck, and David S. Yeager (New York: Guilford Press, 2017), 43–60.
140. Ibid.
141. Stéphane Duchesne and Simon Larose, "Academic Competence and Achievement Goals: Self-Pressure and Disruptive Behaviors as Mediators," *Learning and Individual Differences* 68 (December 2018): 42, https://doi.org/10.1016/J.LINDIF.2018.09.008.
142. Stéphane Duchesne and Catherine F. Ratelle, "Achievement Goals, Motivation, and Social and Emotional Adjustment in High School: A Longitudinal Mediation Test," *Educational Psychology: An International Journal of Experimental Educational Psychology* 40, no. 8 (June 2020): 1046, https://doi.org/10.1080/01443410.2020.1778641.
143. Beth Bye, interview by Ellen Galinsky and Dan Wuori, April 15, 2021.
144. Lisa Damour, *Under Pressure: Confronting the Epidemic of Stress and Anxiety in Girls* (New York: Ballantine Books, 2019).
145. Lisa Damour, *The Emotional Lives of Teenagers: Raising Connected, Capable, and*

Compassionate Adolescents (New York: Ballantine Books, 2023).
146. Julie Lythcott-Haims, *How to Raise an Adult: Break Free of the Overparenting Trap and Prepare Your Kid for Success* (New York: St. Martin's Griffin, 2016).
147. Office of the Surgeon General, *Protecting Youth Mental Health: The U.S. Surgeon General's Advisory 2021*, U.S. Department of Health and Human Services, https://www.hhs.gov/sites/default/files/surgeon-general-youth-mental-health-advisory.pdf.
148. Nicole Racine et al., "Global Prevalence of Depressive and Anxiety Symptoms in Children and Adolescents During COVID-19: A Meta-Analysis," *JAMA Pediatrics* 175, no. 11 (2021): 1142–1150, https://doi.org/10.1001/jamapediatrics.2021.2482.
149. Damour, *Under Pressure* and *The Emotional Lives of Teenagers*.
150. Richard S. Lazarus and Susan Folkman, *Stress, Appraisal, and Coping* (New York: Springer, 1984); Robert Karasek, "Low Social Control and Physiological Deregulation—The Stress-Disequilibrium Theory, Towards a New Demand-Control Model," *Scandinavian Journal of Work, Environment and Health Supplements* 6, no. 6 (January 2008): 117–135, https://www.sjweh.fi/show_abstract.php?abstract_id=1259.
151. Carol S. Dweck, *Mindset: The New Psychology of Success* (New York: Ballantine Books, 2007).
152. Carol S. Dweck and Daniel C. Molden, "Mindsets: Their Impact on Competence Motivation and Acquisition," in *Handbook of Competence and Motivation: Theory and Application*, 2nd ed., ed. Andrew J. Elliot, Carol S. Dweck, and David S. Yeager (New York: Guilford Press, 2017), 135.
153. Carol S. Dweck, *Self-Theories: Their Role in Motivation, Personality, and Development* (Philadelphia: Psychology Press, 1999).
154. David S. Yeager, Hae Yeon Lee, and Jeremy P. Jamieson, "How to Improve Adolescent Stress Responses: Insights from Integrating Implicit Theories of Personality and Biopsychosocial Models," *Psychological Science* 27, no. 8 (August 2016): 1078–1091, https://doi.org/10.1177/0956797616649604.
155. David S. Yeager, interview by Ellen Galinsky, April 4, 2017.
156. Yeager, Lee, and Jamieson, "How to Improve Adolescent Stress Responses."
157. Elliot and Hulleman, "Achievement Goals," 47.
158. David S. Yeager et al., "Breaking the Cycle of Mistrust: Wise Interventions to Provide Critical Feedback Across the Racial Divide," *Journal of Experimental Psychology: General* 143, no. 2 (2017): 804–824, https://doi.org/10.1037/a0033906.
159. Ibid., 804.
160. Lisa S. Blackwell, Kali H. Trzesniewski, and Carol Sorich Dweck, "Implicit Theories of Intelligence Predict Achievement Across an Adolescent Transition: A Longitudinal Study and an Intervention," *Child Development* 78, no. 1 (2007): 246–263, https://doi.org/10.1111/j.1467-8624.2007.00995.x.
161. Carol Dweck, interview by Ellen Galinsky, April 17, 2008, reported in Ellen Galinsky, *Mind in the Making: The Seven Essential Life Skills Every Child Needs* (New York: HarperStudio, 2010), 295–296.
162. Carol Dweck, interview by Ellen Galinsky, April 17, 2008.
163. Carol S. Dweck, "Praise the Effort, Not the Outcome? Think Again," Student Experience Research Network, March 23, 2016, https://studentexperiencenetwork.org/praise-the-effort-not-the-outcome-think-again/#.
164. Ibid.
165. Ellen Galinsky, *The Six Stages of Parenthood* (Boston: A Merloyd Lawrence Book, 1987).
166. Erik H. Erikson, *Childhood and Society* (New York: W. W. Norton, 1963), 147–174.
167. Sue Erikson Bloland, *In the Shadow of Fame: A Memoir by the Daughter of Erik H. Erikson* (New York: Penguin Books, 2006).
168. Lawrence J. Friedman, *Identity's Architect: A Biography of Erik H. Erikson* (New

York: Scribner, 1999), 147.
169. Kate C. McLean and Moin Syed, "The Field of Identity Development Needs an Identity: An Introduction to the *Handbook of Identity Development*," in *Oxford Handbook of Identity Development*, ed. Kate C. McLean and Moin Syed (New York: Oxford University Press, 2015), 1–10; Erikson, *Childhood and Society*; Erik H. Erikson, *Identity and the Life Cycle* (New York: W. W. Norton, 1980); Erik H. Erikson, *Identity: Youth and Crisis* (New York: W. W. Norton, 1968).
170. Erik H. Erikson, *Gandhi's Truth: On the Origins of Militant Nonviolence* (New York: W. W. Norton, 1969), 265–266.
171. McLean and Syed, "The Field of Identity Development Needs an Identity," 4.
172. Jacqueline Nesi, Sophia Choukas-Bradley, and Mitchell J. Prinstein, "Transformation of Adolescent Peer Relations in the Social Media Context: Part 1—A Theoretical Framework and Application to Dyadic Peer Relationships," *Clinical Child Family Psychology Review* 21, no. 3 (September 2018): 267–294, https://doi.org/10.1007/s10576-018-0261-x.
173. David Elkind, "Egocentrism in Adolescence," in *Readings in Developmental Psychology*, 2nd ed., ed. Judith Krieger Gardner and Ed Gardner (Boston: Little, Brown, 1967), 383–390; David Elkind, "Egocentrism in Adolescence," *Child Development* 38, no. 4 (1967): 1025–1033.
174. Jean Piaget, *Science of Education and the Psychology of the Child* (New York: Viking Press, 1970).
175. Dan P. McAdams and Claudia Zapata-Gietl, "Three Strands of Identity Development Across the Human Life Course: Reading Erik Erikson in Full," in *The Oxford Handbook of Identity Development*, ed. Kate C. McLean and Moin Syed (New York: Oxford University Press, 2015), 81–94.
176. Ibid., 83.
177. Erikson, *Identity: Youth and Crisis*, 23.
178. McAdams and Zapata-Gietl, "Three Strands of Identity Development," 83.
179. Ibid., 89.
180. McAdams and Zapata-Gietl, "Three Strands of Identity Development," 83; Dan P. McAdams and Bradley D. Olson, "Personality Development: Continuity and Change over the Life Course," *Annual Review of Psychology* 61 (January 2010): 517–542, https://doi.org/10.1146/annurev.psych.093008.100507.
181. Dan P. McAdams, interview by Ellen Galinsky, June 7, 2021.
182. "Student Reports of Bullying: Results from the 2017 School Crime Supplement to the National Crime Victimization Survey," National Center for Educational Statistics, July 2019, https://nces.ed.gov/pubs2019/2019054.pdf; "Youth Risk Behavior Survey: Data Summary and Trends Report, 2011–2021," Centers for Disease Control and Prevention, 2023, https://www.cdc.gov/healthyyouth/data/yrbs/pdf/YRBS_Data-Summary-Trends_Report2023_508.pdf.
183. Diane Hughes, "Context Matters—Parenting and Peer Relationships, Positive Risk," Adolescent Virtual Speaking Series, Bezos Family Foundation, February 11, 2021.
184. "How Did I Get Here: My Journey to Developmental Science," YouTube, posted by Society for Research in Child Development, January 10, 2020, https://www.youtube.com/watch?v=KZgCjlCf6cs.
185. Diane Hughes, "Teaching Race to Children and Adolescents," webinar, University-Based Child and Family Policy Consortium, in collaboration with SRCD, March 13, 2017, https://www.srcd.org/event/teaching-race-children-and-adolescents.
186. Hughes, "Context Matters."
187. Robert P. Jones et al., "Diversity, Division, Discrimination: The State of Young America," PRRI, January 2018, https://www.prri.org/wp-content/uploads/2018/01/PRRI-MTV-Survey-Report-FINAfL.pdf.
188. Hughes, "Context Matters"; Nancy Gagnier, "Talking to Children About Racism with Dr. Diane Hughes," Community Coalition on Race, September 1, 2020, https://

www.communitycoalitiononrace.org/talking_to_children_about_racism; Iheoma U. Iruka et al., "Effects of Racism on Child Development: Advancing Antiracist Developmental Science," *Annual Review of Developmental Psychology* 4, no. 1 (2022): 109–132, https://doi.org/10.1146/annurev-devpsych-121020-031339.
189. Diane Hughes et al., "Trajectories of Discrimination Across Adolescence: Associations with Academic, Psychological, and Behavioral Outcomes," *Child Development* 87, no. 5 (September–October 2016): 1348, https://doi.org/10.1111/cdev.12591.
190. Ethan Kross, *Chatter* (New York: Crown, 2021).
191. Yeager, Lee, and Jamieson, "How to Improve Adolescent Stress Responses," 1078–1091.
192. David S. Yeager, interview by Ellen Galinsky, April 4, 2017.
193. Deborah Rivas-Drake and Adriana J. Umaña-Taylor, *Below the Surface: Talking with Teens About Race, Ethnicity, and Identity* (Princeton, NJ: Princeton University Press, 2019), 54.
194. Ibid., 55 (the word "resolution" is italicized in the original).
195. Lara Galinsky with Kelly Nuxoll, *Work on Purpose* (New York: Echoing Green, 2011), 6.
196. Ibid., 8.
197. Shari Camhi, "The Road to Future-Driven Learning in Baldwin Union Free School District," Future-Driven Learning Summit, School Superintendents Association (AASA), Baldwin, New York, March 1–3, 2023.
198. Dan P. McAdams, interview by Ellen Galinsky, June 7, 2021.
199. Christopher Baldassano et al., "Discovering Event Structure in Continuous Narrative Perception and Memory," *Neuron* 95, no. 3 (August 2017): 709–721.e5, https://doi.org/10.1016/j.neuron.2017.06.041; James Somers, "The Science of Mind Reading," *New Yorker*, December 6, 2021, https://www.newyorker.com/magazine/2021/12/06/the-science-of-mind-reading.
200. Dan P. McAdams, interview by Ellen Galinsky, June 7, 2021.
201. Dan P. McAdams and Kate C. McLean, "Narrative Identity," *Current Directions in Psychological Science* 22, no. 3 (June 2013): 234, https://doi.org/10.1177/0963721413475622.
202. Ibid.
203. Robyn Fivush and Fayne A. Fromhoff, "Style and Structure in Mother-Child Conversations About the Past," *Discourse Processes* 11, no. 3 (1988): 337–355, https://doi.org/10.1080/01638538809544707; Robyn Fivush, Catherine A. Haden, and Elaine Reese, "Elaborating on Elaborations: Role of Maternal Reminiscing Style in Cognitive and Socioemotional Development," *Child Development* 77, no. 6 (2006): 1568–1588, http://www.jstor.org/stable/4139261.
204. FamilySearch, "The Science Behind Family Stories (Robyn Fivush Live)," YouTube, posted December 9, 2020, https://www.youtube.com/watch?v=VCCllVY4460&list=PLGng78LVGBHFHc43LeCqkdJ5O0Zmv7v_U&index=3; Jennifer G. Bohanek et al., "Narrative Interaction in Family Dinnertime Conversations," *Merrill-Palmer Quarterly* 55, no. 4 (October 2009): 488–515, https://doi.org/10.1353/mpq.0.0031.
205. Marshall P. Duke, Amber Lazarus, and Robyn Fivush, "Knowledge of Family History as a Clinically Useful Index of Psychological Well-Being and Prognosis: A Brief Report," *Psychotherapy Theory, Research, Practice, Training* 45, no. 2 (June 2008): 268–272, https://doi.org/10.1037/0033-3204.45.2.268.
206. "The Science Behind Family Stories."
207. Robyn Fivush and Widaad Zaman, "Gendered Narrative Voices: Sociocultural and Feminist Approaches to Emerging Identity in Childhood and Adolescence," in *The Oxford Handbook of Identity Development*, ed. Kate C. McLean and Moin Syed (New York: Oxford University Press, 2015), 33–52.
208. Kate C. McLean, Andrea V. Breen, and Marc Fournier, "Constructing the Self in

Early, Middle, and Late Adolescent Boys: Narrative Identity, Individuation, and Well-Being," *Journal of Research on Adolescence* 20, no. 1 (February 2010): 166–187, https://doi.org/10.1111/j.1532-7795.2009.00633.x.
209. Fivush and Zaman, "Gendered Narrative Voices."
210. McAdams and McLean, "Narrative Identity."
211. Joan B. Kelly, "Risk and Protective Factors Associated with Child and Adolescent Adjustment Following Separation and Divorce: Social Science Applications," in *Parenting Plan Evaluations: Applied Research for the Family Court*, ed. Kathryn Kuehnle and Leslie Drozd (New York: Oxford University Press, 2012), 49–84, https://doi.org/10.1093/med:psych/9780199754021.003.0003.
212. "The NeuroArts Blueprint: Advancing the Science of Arts, Health, and Wellbeing Initiative," NeuroArts Blueprint, November 2021, https://neuroartsblueprint.org/wp-content/uploads/2021/11/NeuroArtsBlue_ExSumReport_FinalOnline_spreads_v32.pdf.
213. Mary Catherine Bateson, *Composing a Life* (New York: Grove Press, 2001).
214. Dan P. McAdams, "Personal Narratives and the Life Story," in *Handbook of Personality: Theory and Research*, ed. Oliver P. John, Richard W. Robins, and Lawrence A. Pervin (New York: Guilford Press, 2008), 242–262.
215. Viktor E. Frankl, *Man's Search for Meaning* (Boston: Beacon Press, 2017).
216. Ibid., 77.
217. Ibid., 80.
218. William Damon, interview by Ellen Galinsky, March 15, 2015.
219. William Damon, "My Research Life and Times," in *The Developmental Science of Adolescence: History Through Autobiography*, ed. Richard M. Lerner et al. (New York: Psychology Press, 2014), 104.
220. William Damon, interview by Ellen Galinsky, March 15, 2015.
221. Damon, "My Research Life and Times," 104.
222. William Damon, interview by Ellen Galinsky, March 15, 2015.
223. "About," Search Institute, accessed September 28, 2022, https://searchinstitute.org/about.
224. William Damon, interview by Ellen Galinsky, March 15, 2015.
225. Ibid.
226. William Damon, *The Path to Purpose: How Young People Find Their Calling in Life* (New York: Free Press, 2008).
227. Ibid., 59–60.
228. William Damon, Jenni Menon, and Kendall Cotton Bronk, "The Development of Purpose During Adolescence," *Applied Developmental Science* 7, no. 3 (July 2003): 121, https://doi.org/10.1207/S1532480XADS0703_2.
229. Heather Malin, *Teaching for Purpose: Preparing Students for Lives of Meaning* (Cambridge, MA: Harvard Education Press, 2018), 59–61.
230. Anthony Burrow, interview by Ellen Galinsky, July 2, 2021.
231. Patrick L. Hill et al., "Sense of Purpose Moderates the Associations Between Daily Stressors and Daily Well-Being," *Annals of Behavioral Medicine* 52, no. 8 (2018): 724–729, https://doi.org/10.1093/abm/kax039.
232. Patrick L. Hill et al., "The Value of a Purposeful Life: Sense of Purpose Predicts Greater Income and Net Worth," *Journal of Research in Personality* 65 (December 2016): 41, https://doi.org/10.1016/j.jrp.2016.07.003.
233. Anthony L. Burrow and Patrick Hill, "Purpose as a Form of Identity Capital for Positive Youth Adjustment," *Developmental Psychology* 47, no. 4 (July 2011): 1196–1206, https://doi.org/10.1037/a0023818.
234. Anthony Burrow, interview by Ellen Galinsky, July 2, 2021.
235. Anthony L. Burrow et al., "Are All Purposes Worth Having? Integrating Content and Strength in Purpose Research," *Human Development* 65, no. 2 (June 2021): 101, https://doi.org/10.1159/000515176.

236. Lara Galinsky, "Core Principles," The Genuine, accessed January 7, 2021, https://thegenuine.org/core-principles.
237. Laurence Steinberg, *Age of Opportunity: Lessons from the New Science of Adolescence* (Boston: Houghton Mifflin Harcourt, 2014).
238. Bruce Feiler, *The Secrets of Happy Families: Everything You Need to Improve Your Mornings, Rethink Family Dinner, Fight Smarter, Go Out and Play, and Much More* (New York: William Morrow, 2013).
239. Stephen R. Covey, *The 7 Habits of Highly Effective Families: Creating a Nurturing Family in a Turbulent World* (New York: St. Martin's Griffin, 1997).
240. Bruce Feiler, "The Happy Families Toolkit: Everything You Need to Improve Your Mornings, Rethink Family Dinner, Fight Smarter, Go Out and Play, and Much More," October 2019, https://www.brucefeiler.com/wp-content/uploads/2019/10/Happy-Families-Toolkit-1.pdf.
241. Andrew J. Fuligni, "Adolescents Have a Fundamental Need to Contribute," The Conversation, February 15, 2019, https://theconversation.com/adolescents-have-a-fundamental-need-to-contribute-110424.
242. Andrew J. Fuligni, "The Need to Contribute During Adolescence," *Perspectives on Psychological Science* 14, no. 3 (May 2019): 331, https://doi.org/10.1177/1745691618805437.
243. Andrew J. Fuligni, interview by Ellen Galinsky, May 4, 2017.
244. Fuligni, "Adolescents Have a Fundamental Need to Contribute."
245. Andrew J. Fuligni, interview by Ellen Galinsky, May 4, 2017.
246. Eva H. Telzer and Andrew J. Fuligni, "Daily Family Assistance and the Psychological Well-Being of Adolescents from Latin American, Asian, and European Backgrounds," *Developmental Psychology* 45, no. 4 (July 2009): 1177–1189, https://doi.org/10.1037/a0014728.
247. Andrew J. Fuligni, interview by Ellen Galinsky, May 4, 2017.
248. Eva H. Telzer et al., "Gaining While Giving: An fMRI Study of the Rewards of Family Assistance Among White and Latino Youth," *Social Neuroscience* 5, nos. 5–6 (October 2010): 508–518, https//doi.org/10.1080/17470911003687913.
249. Eva H. Telzer et al., "Neural Regions Associated with Self Control and Mentalizing Are Recruited During Prosocial Behaviors Towards the Family," *NeuroImage* 58, no. 1 (September 2011): 242–249, https://doi.org/10.1016/neuroimage.2011.06.013.
250. Andrew J. Fuligni, interview by Ellen Galinsky, May 4, 2017.
251. Fuligni, "Adolescents Have a Fundamental Need to Contribute."
252. Gerard Senehi, interview by Ellen Galinsky, December 28, 2021; Gerard Senehi, email message to Ellen Galinsky, February 10, 2023.
253. Letter to Gerard Senehi from a student, "The Beauty That Is the QUESTion Project," sent to Ellen Galinsky, December 29, 2021.
254. Gerard Senehi, interview by Ellen Galinsky, December 28, 2021; Gerard Senehi, email message to Ellen Galinsky, February 10, 2023.
255. Gerard Senehi, email message to Ellen Galinsky, February 13, 2023.
256. Gerard Senehi, interview by Ellen Galinsky, December 28, 2021; Gerard Senehi, email message to Ellen Galinsky, February 10, 2023.
257. Heather Malin, "A Qualitative Impact Study of the QUESTion Project," Summary Report, Stanford Center for Adolescence, 2022.
258. "The QUESTion Project at BCSM, South Bronx," Open Future Institute, accessed January 17, 2023, https://openfutureinstitute.org/the-question-project-at-bcsm-south-bronx/.
259. Feiler, "The Happy Families Toolkit."
260. "Protecting Youth Mental Health: The U.S. Surgeon General's Advisory, 2021," U.S. Department of Health and Human Services, 2021, https://www.hhs.gov/sites/default/files/surgeon-general-youth-mental-health-advisory.pdf.

261. "U.S. Surgeon General Issues Advisory on Youth Mental Health Crisis Further Exposed by COVID-19 Pandemic," U.S. Department of Health and Human Services, December 7, 2021, https://www.hhs.gov/about/news/2021/12/07/us-surgeon-general-issues-advisory-on-youth-mental-health-crisis-further-exposed-by-covid-19-pandemic.html.
262. "Youth Risk Behavior Survey: Data Summary and Trends Report, 2011–2021."

第五章

1. Philip David Zelazo, interview by Ellen Galinsky, December 8, 2008.
2. Philip David Zelazo and Stephanie M. Carlson, "Hot and Cool Executive Function in Childhood and Adolescence: Development and Plasticity," *Child Development Perspectives* 6, no. 4 (December 2012): 354–360, https://doi.org/10.1111/j.1750-8606.2012.00246.x.
3. Akira Miyake et al., "The Unity and Diversity of Executive Functions and Their Contributions to Complex 'Frontal Lobe' Tasks: A Latent Variable Analysis," *Cognitive Psychology* 41, no. 1 (August 2000): 49–100, https://doi.org/10.1006/cogp.1999.0734.
4. Philip David Zelazo, interview by Ellen Galinsky, June 26, 2017.
5. Ellen Galinsky et al., "Civic Science for Public Use: Mind in the Making and Vroom," *Child Development* 88 (July 2017): 1410, https://doi.org/10.1111/cdev.12892.
6. Ibid.
7. Ibid.; Stephanie M. Carlson, Philip David Zelazo, and Susan Faja, "Executive Function," in *The Oxford Handbook of Developmental Psychology*, vol. 1, *Body and mind*, ed. Philip David Zelazo (New York: Oxford University Press, 2013), 706–743; Susan E. Gathercole et al., "Working Memory Skills and Educational Attainment: Evidence from National Curriculum Assessments at 7 and 14 Years of Age," *Applied Cognitive Psychology* 18, no. 1 (2004): 1–16, https://doi.org/10.1002/acp.934; Megan M. McClelland et al., "Self-Regulation: The Integration of Cognition and Emotion," in *Handbook of Life-Span Human Development: Cognition, Biology and Methods*, ed. Willis F. Overton and Richard Lerner (Hoboken, NJ: Wiley, 2010), 1: 509–553; M. Rosario Rueda et al., "Training, Maturation, and Genetic Influences on the Development of Executive Attention," *Proceedings of the National Academy of Sciences* 102, no. 41 (October 2005): 14931–14936.
8. Philip David Zelazo, Clancy B. Blair, and Michael T. Willoughby, *Executive Function: Implications for Education*, NCER 2017-2000 (Washington, DC: National Center for Education Research, Institute of Education Sciences, U.S. Department of Education, 2016), 6.
9. Adele Diamond and Daphne S. Ling, "Conclusions About Interventions, Programs, and Approaches for Improving Executive Functions That Appear Justified and Those That, Despite Much Hype, Do Not," *Developmental Cognitive Neuroscience* 18 (April 2016): 35, https://doi.org/10.1016/j.dcn.2015.11.005.
10. National Scientific Council on the Developing Child, "Building the Brain's 'Air Traffic Control' System: How Early Experiences Shape the Development of Executive Function," Working Paper No. 11, Center on the Developing Child at Harvard University, February 2011, https://developingchild.harvard.edu/resources/building-the-brains-air-traffic-control-system-how-early-experiences-shape-the-development-of-executive-function/.
11. Ibid., 4.
12. National Academies of Sciences, Engineering, and Medicine, *The Promise of Adolescence: Realizing Opportunity for All Youth* (Washington, DC: National Academies Press, 2019), https://doi.org/10.17226/25388.
13. Jennifer Silvers, interview by Ellen Galinsky, May 5, 2017.
14. Eveline A. Crone, *The Adolescent Brain: Changes in Learning, Decision-Making and Social Relations* (London: Routledge, 2017), 33.
15. Ibid., 25.

16. Daniel T. Willingham, "Ask the Cognitive Scientist: Students Remember . . . What They Think About," American Federation of Teachers, Summer 2003, https://www.aft.org/periodical/american-educator/summer-2003/ask-cognitive-scientist-students-rememberwhat; Daniel T. Willingham, *Why Students Don't Like School*, 2nd ed. (Hoboken, NJ: Jossey-Bass, 2021).
17. Thomas S. Hyde and James J. Jenkins, "Differential Effects of Incidental Tasks on the Organization of Recall of a List of Highly Associated Words," *Journal of Experimental Psychology* 82, no. 3 (1969): 472–482, https://doi.org/10.1037/h0028372.
18. Daniel Willingham, "Knowledge and Practice: The Real Keys to Critical Thinking," presentation at the Learning and the Brain Conference, Boston, Massachusetts, November 24, 2019, https://www.youtube.com/watch?v=mEOLYaoqcQQ; "Daniel Willingham's Top Tips for Students to Improve Their Memory," YouTube, posted by TesWorld, September 9, 2015, https://www.youtube.com/watch?v=mEOLYaoqcQQ.
19. Kurt Fischer, interview by Ellen Galinsky, August 31, 2006.
20. Crone, *The Adolescent Brain*, 29.
21. Zelazo, Blair, and Willoughby, *Executive Function*, 6.
22. Philip David Zelazo, interview by Ellen Galinsky, June 7, 2021.
23. Mary Helen Immordino-Yang, interview by Ellen Galinsky, April 3, 2022.
24. Zelazo and Carlson, "Hot and Cool Executive Function in Childhood and Adolescence."
25. Miyake et al., "The Unity and Diversity of Executive Functions."
26. Zelazo, Blair, and Willoughby, *Executive Function*.
27. National Scientific Council on the Developing Child, "Building the Brain's 'Air Traffic Control' System," 1.
28. Jennifer Silvers, interview by Ellen Galinsky, May 5, 2017.
29. Crone, *The Adolescent Brain*, 35.
30. Peter C. Brown, Henry L. Roediger III, and Mark A. McDaniel, *Make It Stick: The Science of Successful Learning* (Cambridge, MA: Belknap Press of Harvard University Press, 2014).
31. Daniel J. Siegel, *Brainstorm: The Power and Purpose of the Teenage Brain* (New York: Penguin, 2013), 113.
32. Michele Borba, *Thrivers: The Surprising Reasons Why Some Kids Struggle and Others Shine* (New York: G. P. Putnam's Sons, 2021).
33. Ellen Galinsky, *The Six Stages of Parenthood* (Cambridge, MA: Da Capo Press, 1987).
34. Gabriele Oettingen, *Rethinking Positive Thinking: Inside the New Science of Motivation* (New York: Penguin Random House, 2014).
35. Gabriele Oettingen, interview by Ellen Galinsky, October 17, 2016.
36. Gabriele Oettingen, email message to Ellen Galinsky, February 15, 2023.
37. Oettingen, *Rethinking Positive Thinking*, 36.
38. Ibid., 27.
39. Gabriele Oettingen, email message to Ellen Galinsky, February 15, 2023.
40. Galinsky, *The Six Stages of Parenthood*.
41. Shawn Bryant, interview by Ellen Galinsky, February 4, 2022.
42. Gabriele Oettingen, interview by Ellen Galinsky, October 17, 2016; Gabriele Oettingen, email message to Ellen Galinsky, February 15, 2023.
43. Barb Lunnemann, interview by Ellen Galinsky, February 4, 2022.
44. Gabriele Oettingen, interview by Ellen Galinsky, October 17, 2016; Gabriele Oettingen, email message to Ellen Galinsky, February 15, 2023.
45. Gabriele Oettingen et al., "Mental Contrasting and Goal Commitment: The Mediating Role of Energization," *Personality and Social Psychology Bulletin* 35, no. 5 (February 2009): 609, https://doi.org/10.1177/0146167208330856; Peter M. Gollwitzer and Gabriele Oettingen, "Goal Attainment," in *The Oxford Handbook of Human Motivation*, 2nd ed., ed. Richard M. Ryan (New York: Oxford University

Press, 2019), 247–268.
46. Gabriele Oettingen, email message to Ellen Galinsky, February 15, 2023.
47. Peter M. Gollwitzer, "Implementation Intentions: Strong Effects of Simple Plans," *American Psychologist* 54, no. 7 (1999): 493–503, https://doi.org/10.1037/0003-066X.54.7.493; Peter M. Gollwitzer and Gabriele Oettingen, "Implementation Intentions," in *Encyclopedia of Behavioral Medicine*, ed. Marc Gellman and J. Rick Turner (New York: Springer Verlag, 2013), 1043–1048.
48. Gabriele Oettingen, email message to Ellen Galinsky, February 15, 2023.
49. Jonathan Gottschall, "The Story Paradox: How Stories Can Affect Our Brains, Bind Us Together or Circumvent Rational Thought," presentation at the Learning and the Brain Conference, New York, April 3, 2022.
50. Fritz Heider and Marianne Simmel, "Animation" (1944), YouTube, posted by Kenjirou, July 26, 2010, https://www.youtube.com/watch?v=VTNmLt7QX8E.
51. Gottschall, "The Story Paradox."
52. Fritz Heider and Marianne Simmel, "An Experimental Study in Apparent Behavior," *American Journal of Psychology* 57, no. 2 (1944): 243–259, https://doi.org/10.2307/1416950; Adrianna Ratajska, Matt I. Brown, and Christopher F. Chabris, "Attributing Social Meaning to Animated Shapes: A New Experimental Study of Apparent Behavior," *American Journal of Psychology* 133, no. 3 (January 2020): 295–312, https://doi.org/10.5406/amerjpsyc.133.3.0295; Ami Klin, "Attributing Social Meaning to Ambiguous Visual Stimuli in Higher-Functioning Autism and Asperger Syndrome: The Social Attribution Task," *Journal of Child Psychology and Psychiatry* 41, no. 7 (2000): 831–846, https://doi.org/10.1111/1469-7610.00671.
53. Gottschall, "The Story Paradox."
54. Jonathan Gottschall, *The Story Paradox: How Our Love of Storytelling Builds Societies and Tears Them Down* (New York: Basic Books, 2021), 27.
55. Gottschall, "The Story Paradox."
56. Adam Galinsky, interview by Ellen Galinsky, December 9, 2016.
57. Elizabeth Haas Edersheim, *The Definitive Drucker* (New York: McGraw-Hill, 2007), 45.
58. "The Best Innovations of 2021: 100 Innovations Changing How We Live," *Time*, https://time.com/collection/best-inventions-2021/.
59. Betty M. Repacholi and Alison Gopnik, "Early Reasoning About Desires: Evidence from 14- and 18-Month-Olds," *Developmental Psychology* 33, no. 1 (1997): 12–21, https://doi.org/10.1037/0012-1649.33.1.12; Alison Gopnik and Janet W. Astington, "Children's Understanding of Representational Change and Its Relation to the Understanding of False Belief and the Appearance-Reality Distinction," *Child Development* 59, no. 1 (1988): 26–37, https://doi.org/10.1111/j.1467-8624.1988.tb03192.x; Alison Gopnik and Virginia Slaughter, "Young Children's Understanding of Changes in Their Mental States," *Child Development* 62, no. 1 (1991): 98–110, https://doi.org/10.1111/j.1467-8624.1991.tb01517.x.
60. Iroise Dumontheil, interview by Ellen Galinsky, September 21, 2017.
61. Iroise Dumontheil, Ian A. Apperly, and Sarah-Jayne Blakemore, "Online Usage of Theory of Mind Continues to Develop in Late Adolescence," *Developmental Science* 13, no. 2 (2010): 331–338, https://doi.org/10.1111/j.1467-7687.2009.00888.x.
62. Iroise Dumontheil, interview by Ellen Galinsky, September 21, 2017; Iroise Dumontheil, email message to Ellen Galinsky, January 28, 2023.
63. Dumontheil, Apperly, and Blakemore, "Online Usage of Theory of Mind."
64. Christian K. Tamnes et al., "Social Perspective Taking Is Associated with Self-Reported Prosocial Behavior and Regional Cortical Thickness Across Adolescence," *Developmental Psychology* 54, no. 9 (2018): 1745–1757, https://doi.org/10.1037/dev0000541.
65. Anne-Kathrin J. Fett et al., "Trust and Social Reciprocity in Adolescence: A Matter of Perspective-Taking," *Journal of Adolescence* 37, no. 2 (2014): 175–184, https://doi.

org/10.1016/j.adolescence.2013.11.011.
66. Gottschall, *The Story Paradox*, 13.
67. "About Us," Center for Scholars and Storytellers, accessed September 30, 2022, https://www.scholarsandstorytellers.com/.
68. Adam Galinsky, interview by Ellen Galinsky, December 9, 2016.
69. Adam D. Galinsky and Gordon B. Moskowitz, "Perspective-Taking: Decreasing Stereotype Expression, Stereotype Accessibility, and In-Group Favoritism," *Journal of Personality and Social Psychology* 78, no. 4 (2000): 708–724, https://doi.org/10.1037/0022-3514.78.4.708.
70. Adam Galinsky, interview by Ellen Galinsky, December 9, 2016.
71. Adam Galinsky, interview by Ellen Galinsky, December 9, 2016; Adam Galinsky, email message to Ellen Galinsky, February 21, 2023.
72. Jason Chein, interview by Ellen Galinsky, April 22, 2022.
73. Gopnik and Astington, "Children's Understanding of Representational Change"; Gopnik and Slaughter, "Young Children's Understanding of Changes in Their Mental State"; Alison Gopnik, interview by Ellen Galinsky, November 29, 2001.
74. Adam Galinsky, interview by Ellen Galinsky, December 9, 2016; Adam Galinsky, email message to Ellen Galinsky, February 21, 2023.
75. Maria T. Maza et al., "Association of Habitual Checking Behaviors on Social Media with Longitudinal Functional Brain Development," *JAMA Pediatrics* 177, no. 2 (2023):160–167, https://doi.org/10.1001/jamapediatrics.2022.4924.
76. Madeline Holcombe, "For Adolescents, Social Media Might Be a Brain-Changer, Researchers Say," CNN, January 4, 2023, https://www.cnn.com/2023/01/03/health/social-media-checking-teen-development-wellness/index.html.
77. Logan Lane, "The Teenager Leading the Smartphone Liberation Movement," interview by Lulu Garcia-Navarro, *New York Times*, February 2, 2023, https://www.nytimes.com/2023/02/02/opinion/teen-luddite-smartphones.html?showTranscript=1.
78. Brit McCandless Farmer, "Meet the Teens Lobbying to Regulate Social Media," CBS News, December 11, 2022, https://www.cbsnews.com/news/social-media-regulation-lobby-60-minutes-2022-11/.
79. "About," Tech(nically) Politics, accessed January 17, 2023, https://www.technicallypolitics.org.
80. Farmer, "Meet the Teens Lobbying to Regulate Social Media."
81. Elizabeth L. Newton, "The Rocky Road from Actions to Intentions," Ph.D. diss., Stanford University, 1990, ix.
82. Mike Allen, ed., *The SAGE Encyclopedia of Communication Research Methods*, 4 vols. (Thousand Oaks, CA: SAGE Publications, 2017), https://dx.doi.org/10.4135/9781483381411.
83. "The Attributes Employers Want to See on College Students' Resumes," National Association of Colleges and Employers, accessed June 12, 2023, https://www.naceweb.org/talent-acquisition/candidate-selection/as-their-focus-on-gpa-fades-employers-seek-key-skills-on-college-grads-resumes/.
84. Adam Galinsky, interview by Ellen Galinsky, December 9, 2016.
85. Tony Alessandra and Michael J. O'Connor, *The Platinum Rule: Discover the Four Basic Business Personalities and How They Can Lead You to Success* (New York: Grand Central Publishing, 1998).
86. Adam Galinsky, interview by Ellen Galinsky, December 9, 2016.
87. Adam Galinsky and Maurice Schweitzer, *Friend and Foe* (New York: Crown Business, 2015), 51.
88. Adam Galinsky et al., "Power and Perspectives Not Taken," *Psychological Science* 17, no. 12 (December 2006): 1068–1074, https://doi.org/10.1111/j.1467-9280.2006.01824.x.
89. Adam Galinsky, interview by Ellen Galinsky, December 9, 2016.

90. Keely A. Muscatell et al., "Social Status Modulates Neural Activity in the Mentalizing Network," *NeuroImage* 60, no. 3 (April 2012): 1771–1777, https://doi.org/10.1016/j.neuroimage.2012.01.080.
91. Adam Galinsky, interview by Ellen Galinsky, December 9, 2016.
92. Gordon W. Allport, *The Nature of Prejudice* (Cambridge, MA: Addison-Wesley, 1954).
93. Thomas F. Pettigrew, "Advancing Intergroup Contact Theory: Comments on the Issue's Articles," *Journal of Social Issues* 77, no. 1 (2021): 258–273, https://doi.org/10.1111/josi.12423.
94. Stacy S. Kim, Ellen Galinsky, and Ipshita Pal, "One Kind Word: Flexibility in the Time of COVID-19," Families and Work Institute, April 2020, https://cdn.sanity.io/files/ow8usu72/production/e09f06cb1ed14ae25da4753f60a942668f9dc269.pdf.
95. Thomas F. Pettigrew and Linda R. Tropp, "A Meta-Analytic Test of Intergroup Contact Theory," *Journal of Personality and Social Psychology* 90, no. 5 (May 2006): 766, https://doi.org/10.1037/0022-3514.90.5.751.
96. Amanda Ripley, *High Conflict: Why We Get Trapped and How We Get Out* (New York: Simon and Schuster, 2021), 9.
97. Ibid., 188–189.
98. Goldie Hawn, conversation with Ellen Galinsky, May 13, 2022.
99. "The MindUP Program," MindUP, accessed June 2022, https://mindup.org/mindup-program/.
100. Ripley, *High Conflict*, 189–191.
101. Rachel E. White and Stephanie M. Carlson, "What Would Batman Do? Self-Distancing Improves Executive Function in Young Children," *Developmental Science* 19, no. 3 (2016): 419–426, https://doi.org/10.1111/desc.12314.
102. Pettigrew and Tropp, "A Meta-Analytic Test of Intergroup Contact Theory," 751–783.
103. Elizabeth Levy Paluck, Seth A. Green, and Donald P. Green, "The Contact Hypothesis Re-Evaluated," *Behavioural Public Policy* 3, no. 2 (2019): 129–158, https://doi.org/10.1017/bpp.2018.25.
104. Ibid., 153.
105. Megan Price, interview by Ellen Galinsky, April 26, 2022.
106. Megan Price, "Change Through Curiosity in the Insight Approach to Conflict," *Revista de Mediación* 11, no. 1 (2018): e3, 1–7.
107. Megan Price and Jamie Price, "Insight Policing and the Role of the Civilian in Police Accountability," *Clearinghouse Review*, August 2015, 4.
108. Megan Price, "When Students Misbehave: Student Discipline from the Insight Approach," Ph.D. diss., George Mason University, 2016.
109. Megan Price, conversation about the Insight approach with Ellen Galinsky and others, March 31, 2022.
110. Price, "Change Through Curiosity in the Insight Approach to Conflict."
111. Megan Price, email message to Ellen Galinsky, February 11, 2023.
112. Price, "Change Through Curiosity in the Insight Approach to Conflict," 2.
113. Megan Price, email message to Ellen Galinsky, February 11, 2023.
114. Megan Price, conversation about the Insight approach with Ellen Galinsky and others, March 31, 2022; Megan Price, email message to Ellen Galinsky, February 11, 2023.
115. Price, "When Students Misbehave," x.
116. Ibid., 26.
117. Ibid., 108.
118. Tania Singer and Olga M. Klimecki, "Empathy and Compassion," *Current Biology* 24, no. 18 (September 2014): R875–R878, https://doi.org/10.1016/j.cub.2014.06.054.

119. Olga M. Klimecki et al., "Differential Pattern of Functional Brain Plasticity After Compassion and Empathy Training," *Social Cognitive and Affective Neuroscience* 9, no. 6 (June 2014): 873–879, https://doi.org/10.1093/scan/nst060.
120. Fynn-Mathis Trautwein et al., "Differential Benefits of Mental Training Types for Attention, Compassion, and Theory of Mind," *Cognition* 194 (2020): Article 104039, https://doi.org/10.1016/j.cognition.2019.104039.
121. Tania Singer and Veronika Engert, "It Matters What You Practice: Differential Training Effects on Subjective Experience, Behavior, Brain and Body in the ReSource Project," *Current Opinion in Psychology* 28 (August 2019): 151–158, https://doi.org/10.1016/j.copsyc.2018.12.005; Malvika Godara et al., "Investigating Differential Effects of Socio-Emotional and Mindfulness-Based Online Interventions on Mental Health, Resilience and Social Capacities During the COVID-19 Pandemic: The Study Protocol," *PloS One* 16, no. 11 (November 2021): e0256323, https://doi.org/10.1371/journal.pone.0256323.
122. Helen Y. Weng et al., "Compassion Training Alters Altruism and Neural Responses to Suffering," *Psychological Science* 24, no. 7 (May 2013): 1171–1180, https://doi.org/10.1177/0956797612469537.
123. The Compassionate Mind Foundation, "Interview with Tania Singer: Creating a Compassionate World," YouTube, posted March 10, 2023, https://www.youtube.com/watch?v=lbWG2ItNtsk.
124. Robert Frost and Louis Untermeyer, *The Road Not Taken: A Selection of Robert Frost's Poems* (New York: Henry Holt, 1991).
125. Mary Helen Immordino-Yang, "Learning and the Brain," Adolescent Virtual Speaking Series, Bezos Family Foundation, December 9, 2020.
126. *NOVA*, "School of the Future: How Can the Science of Learning Help Us Rethink the Future of Education for All Children?," PBS, aired September 14, 2016.
127. Rebecca Gotlieb, Xiao-Fei Yang, and Mary Helen Immordino-Yang, "Default and Executive Networks' Roles in Diverse Adolescents' Emotionally Engaged Construals of Complex Social Issues," *Social Cognitive and Affective Neuroscience* 17, no. 4 (2022): 421–429, https://doi.org/10.1093/scan/nsab108.
128. Mary Helen Immordino-Yang, interview by Ellen Galinsky, April 3, 2022.
129. Mary Helen Immordino-Yang, "Building Meaning Builds Teens' Brains," Harvard Graduate School of Education, Next Level Lab Distinguished Speaker Series, April 13, 2022; Gotlieb, Yang, and Immordino-Yang, "Default and Executive Networks' Roles."
130. Immordino-Yang, "Building Meaning Builds Teens' Brains"; Gotlieb, Yang, and Immordino-Yang, "Default and Executive Networks' Roles."
131. Mary Helen Immordino-Yang, email message to Ellen Galinsky, February 14, 2023.
132. Mary Helen Immordino-Yang, interview by Ellen Galinsky, April 3, 2022; Gotlieb, Yang, and Immordino-Yang, "Default and Executive Networks' Roles."
133. Immordino-Yang, "Building Meaning Builds Teens' Brains"; Mary Helen Immordino-Yang, email message to Ellen Galinsky, February 14, 2023.
134. Mary Helen Immordino-Yang and Douglas R. Knecht, "Building Meaning Builds Teens' Brains," ASCD, May 1, 2020, https://www.ascd.org/el/articles/building-meaning-builds-teens-brains.
135. Mary Helen Immordino-Yang, interview by Ellen Galinsky, April 3, 2022.
136. Immordino-Yang and Knecht, "Building Meaning Builds Teens' Brains."
137. Immordino-Yang, "Building Meaning Builds Teens' Brains"; Xiao-Fe Yang et al., "Looking Up to Virtue: Averting Gaze Facilitates Moral Construals via Posteromedial Activations," *Social Cognitive and Affective Neuroscience* 13, no. 11 (November 2018): 1131–1139, https://doi.org/10.1093/scan/nsy081.
138. Immordino-Yang and Knecht, "Building Meaning Builds Teens' Brains"; Mary Helen Immordino-Yang, email message to Ellen Galinsky, February 14, 2023.

139. Immordino-Yang and Knecht, "Building Meaning Builds Teens' Brains"; Immordino-Yang, email message to Ellen Galinsky, February 14, 2023.
140. Mary Helen Immordino-Yang, interview by Ellen Galinsky, April 3, 2022.
141. Immordino-Yang, "Building Meaning Builds Teens' Brains."
142. Immordino-Yang and Knecht, "Building Meaning Builds Teens' Brains"; Mary Helen Immordino-Yang, email message to Ellen Galinsky, February 14, 2023.
143. Rebecca Gotlieb, Xiao-Fei Yang, and Mary Helen Immordino-Yang, "Diverse Adolescents' Transcendent Thinking Predicts Young Adult Psychosocial Outcomes via Brain Network Development," *PsyArXiv* (May 2023): 11, https://doi.org/10.31234/osf.io/cj6an.
144. "About Us," *Sages and Seekers*, accessed October 23, 2023, https://www.sagesandseekers.org/about.html.
145. Rodrigo Riveros et al., "Sages and Seekers: The Development of Diverse Adolescents' Transcendent Thinking and Purpose Through an Intergenerational Storytelling Program," *PsyArXiv* (June 1), https://doi.org/10.31234/osf.io/5e4bu.
146. Roger E. Beaty, interview by Ellen Galinsky, June 29, 2022.
147. Susan Magsamen and Ivy Ross, *Your Brain on Art: How the Arts Transform Us* (New York: Random House, 2023).
148. Eveline A. Crone, interview by Ellen Galinsky, September 1, 2017.
149. Robert W. Weisberg, *Creativity: Genius and Other Myths* (New York: W. H. Freeman, 1986).
150. Jason M. Chein et al., "Working Memory and Insight in the Nine-Dot Problem," *Memory and Cognition* 38, no. 7 (2010): 883–892, https://doi.org/10.3758/MC.38.7.883.
151. Jason M. Chein, interview by Ellen Galinsky, April 22, 2022.
152. Chein et al., "Working Memory and Insight in the Nine-Dot Problem," 883.
153. Ibid., 884.
154. Jason M. Chein, interview by Ellen Galinsky, April 22, 2022; Jason Chein, email message to Ellen Galinsky, February 20, 2023.
155. Jason M. Chein and Robert W. Weisberg, "Working Memory and Insight in Verbal Problems: Analysis of Compound Remote Associates," *Memory and Cognition* 42, no. 1 (January 2014): 67–83, https://doi.org/10.3578/s13421-013-0343-4.
156. Ibid., 78.
157. Ibid., 79.
158. Roger E. Beaty, interview by Ellen Galinsky, June 29, 2022.
159. Ibid.
160. Joy Paul Guilford et al., *Alternative Uses Manual* (Orange, CA: Sheridan Supply Company, 1960).
161. Roger E. Beaty, "New Study Reveals Why Some People Are More Creative Than Others," *Interalia Magazine*, March 2018, https://www.interaliamag.org/articles/roger-beaty-new-study-reveals-people-creative-others/.
162. Roger E. Beaty et al., "Robust Prediction of Individual Creative Ability from Brain Functional Connectivity," *Proceedings of the National Academy of Sciences* 115, no. 5 (January 2018): 1087–1092, https://doi.org/10.1073/pnas.1713532115.
163. Ibid.
164. Beaty, "New Study Reveals Why Some People Are More Creative"; Roger E. Beaty, interview by Ellen Galinsky, June 29, 2022.
165. Beaty et al., "Robust Prediction of Individual Creative Ability," 1087.
166. Roger E. Beaty, interview by Ellen Galinsky, June 29, 2022.
167. Solange Denervaud et al., "Education Shapes the Structure of Semantic Memory and Impacts Creative Thinking," *npj Science of Learning* 6, no. 35 (2021): 1–7, https://doi.org/10.1038/s41539-021-00113-8.
168. Ibid., 4.
169. Ibid.
170. Eveline A. Crone, interview by Ellen Galinsky, September 1, 2017.

171. Sietske W. Kleibeuker, Carsten K.W. De Dreu, and Eveline A. Crone, "The Development of Creative Cognition Across Adolescence: Distinct Trajectories for Insight and Divergent Thinking," *Developmental Science* 16, no. 1 (2013): 2–12, https://doi.org/10.1111/j.1467-7687.2012.01176.x.
172. Eveline A. Crone, interview by Ellen Galinsky, September 1, 2017.
173. Sietske W. Kleibeuker et al., "Training in the Adolescent Brain: An fMRI Training Study on Divergent Thinking," *Developmental Psychology* 53, no. 2 (February 2017): 353–365, https://doi.org/10.1037/dev0000239; Claire E. Stevenson et al., "Training Creative Cognition: Adolescence as a Flexible Period for Improving Creativity," *Frontiers in Human Neuroscience* 8 (2014): 827, http://dx.doi.org/10.3389/fnhum.2014.00827.
174. Eveline A. Crone, interview by Ellen Galinsky, September 1, 2017.
175. Adam Grant, interview by Ellen Galinsky, November 29, 2017.
176. Adam Grant, *Originals: How Non-Conformists Move the World* (New York: Viking, 2016).
177. Adam Grant, interview by Ellen Galinsky, November 29, 2017.
178. Grant, *Originals*, 46–47; Robert Root-Bernstein et al., "Arts Foster Scientific Success: Avocations of Nobel, National Academy, Royal Society, and Sigma Xi Members," *Journal of Psychology of Science and Technology* 1, no. 2 (2008): 51–63, https://doi.org/10.1891/1939-7054.1.2.51.
179. Adam Grant, interview by Ellen Galinsky, November 29, 2017.
180. Ellen Winner, "Child Prodigies and Adult Genius: A Weak Link," in *The Wiley Handbook of Genius*, ed. Dean Keith Simonton (Malden, MA: Wiley-Blackwell, 2014), https://onlinelibrary.wiley.com/doi/10.1002/9781118367377.ch15.
181. Adam Grant, interview by Ellen Galinsky, November 29, 2017.
182. Adam Grant, "Kids, Would You Please Start Fighting?," *New York Times,* November 4, 2017, https://www.nytimes.com/2017/11/04/opinion/sunday/kids-would-you-please-start-fighting.html.
183. Martin L. Hoffman, "Parent Discipline and the Child's Consideration for Others," *Child Development* 34, no. 3 (1963): 573–588, https://doi.org/10.2307/1126753.
184. Christopher J. Bryan, Allison Master, and Gregory M. Walton, "'Helping' Versus 'Being a Helper': Invoking the Self to Increase Helping in Young Children," *Child Development* 85, no. 5 (2014): 1836–1842, https://doi.org/10.1111/cdev.12244.
185. Adam Grant, interview by Ellen Galinsky, November 29, 2017.
186. Silvia A. Bunge and Elena R. Leib, "How Does Education Hone Reasoning Ability?," *Current Directions in Psychological Science* 29, no. 2 (2020): 167, https://doi.org/10.1177/0963721419898818.
187. Ibid., 167–173.
188. Eveline A. Crone et al., "Neurocognitive Development of Relational Reasoning," *Developmental Science* 12, no. 1 (2009): 55–66, https://doi.org/10.1111/j.1467-7687.2008.00743.x.
189. Bunge and Leib, "How Does Education Hone Reasoning Ability?"
190. Ibid.
191. Allyson P. Mackey, Alison T. Miller Singley, and Silvia Bunge, "Intensive Reasoning Training Alters Patterns of Brain Connectivity at Rest," *Journal of Neuroscience* 33, no. 11 (2013): 4796–4803, https://doi.org/10.1523/JNEUROSCI.4141-12.2013.
192. Allyson P. Mackey, interview by Ellen Galinsky, November 30, 2017.
193. Allyson P. Mackey et al., "A Pilot Study of Classroom-Based Cognitive Skill Instruction: Effects on Cognition and Academic Performance," *Mind, Brain, and Education* 11, no. 2 (2017): 85–95, https://doi.org/10.1111/mbe.12138.
194. Allyson P. Mackey, interview by Ellen Galinsky, November 30, 2017.
195. Mackey et al., "A Pilot Study of Classroom-Based Cognitive Skill Instruction."
196. Allyson P. Mackey, interview by Ellen Galinsky, November 30, 2017.
197. Ibid.

198. Donald J. Bolger et al., "The Role and Sources of Individual Differences in Critical-Analytic Thinking: A Capsule Overview," *Educational Psychology Review* 26, no. 4 (2014): 496, https://psycnet.apa.org/doi/10.1007/s10648-014-9279-x.
199. "Mental Shortcuts, Not Emotion, Guide Irrational Decisions," *Neuroscience News*, March 31, 2017, https://neurosciencenews.com/irrational-decisions-mental-shortcuts-6319/.
200. Rosa Li, interview by Ellen Galinsky, June 27, 2022; Rosa Li, email message to Ellen Galinsky, February 7, 2023.
201. Rosa Li et al., "Reason's Enemy Is Not Emotion: Engagement of Cognitive Control Networks Explains Biases in Gain/Loss Framing," *Journal of Neuroscience* 37, no. 13 (March 2017): 3588–3598, https://doi.org/10.1523/JNEUROSCI.3486-16.2017.
202. Rosa Li, interview by Ellen Galinsky, June 27, 2022.
203. Li et al., "Reason's Enemy Is Not Emotion."
204. Rosa Li, interview by Ellen Galinsky, June 27, 2022.
205. Jennifer Pfeifer, interview by Ellen Galinsky, July 8, 2019.
206. Rosalind Weisman, *Queen Bees and Wannabes: Helping Your Daughter Survive Cliques, Gossip, Boyfriends, and the New Realities of Girl World* (New York: Harmony Books, 2009, 2016).
207. Megan Gunnar, interview by Ellen Galinsky, September 26, 2001.
208. National Academies of Sciences, Engineering, and Medicine, *The Promise of Adolescence: Realizing Opportunity for All Youth* (Washington, DC: National Academies Press, 2019), 44, https://doi.org/10.17226/25388.
209. Laurence Steinberg, *Age of Opportunity: Lessons from the New Science of Adolescence* (New York: Houghton Mifflin Harcourt, 2014).
210. Office of the Surgeon General, *Protecting Youth Mental Health: The U.S. Surgeon General's Advisory* (Washington, DC: U.S. Department of Health and Human Services, 2021), https://www.hhs.gov/sites/default/files/surgeon-general-youth-mental-health-advisory.pdf.
211. National Academies of Sciences, Engineering, and Medicine, *The Promise of Adolescence*, 59.
212. Office of the Surgeon General, *Protecting Youth Mental Health: The U.S. Surgeon General's Advisory*, 3.
213. "Youth Risk Behavior Survey: Data Summary and Trends Report, 2011–2021," Centers for Disease Control and Prevention, 2023, https://www.cdc.gov/healthyyouth/data/yrbs/pdf/YRBS_Data-Summary-Trends_Report2023_508.pdf.
214. Angela L. Duckworth, interview by Ellen Galinsky, October 6, 2017.
215. Angela L. Duckworth, Tamar Szabó Gendler, and James J. Gross, "Self-Control in School-Age Children," *Educational Psychologist* 49, no. 3 (2014): 199–217, https://doi.org/10.1080/00461520.2014.926225.
216. Angela L. Duckworth, interview by Ellen Galinsky, October 6, 2017.
217. Angela L. Duckworth and Laurence Steinberg, "Unpacking Self-Control," *Child Development Perspectives* 9, no. 1 (2015): 32–37, https://doi.org/10.1111/cdep.12107.
218. Angela L. Duckworth, interview by Ellen Galinsky, October 6, 2017.
219. Duckworth, Gendler, and Gross, "Self-Control in School-Age Children."
220. Ibid., 211.
221. Angela L. Duckworth et al., "A Stitch in Time: Strategic Self-Control in High School and College Students," *Journal of Educational Psychology* 108, no. 3 (2016): 329–341, https://doi.org/10.1037/edu0000062.
222. Angela L. Duckworth, interview by Ellen Galinsky, October 6, 2017.
223. Duckworth et al., "A Stitch in Time."
224. Ibid.
225. Angela L. Duckworth, interview by Ellen Galinsky, October 6, 2017.
226. Martin L. Hoffman, "Parent Discipline and the Child's Consideration for Others," *Child Development* 34, no. 3 (1963): 573–588, https://doi.org/10.2307/1126753.

227. Ethan Kross, interview by Ellen Galinsky, January 17, 2018; Ethan Kross, email message to Ellen Galinsky, February 1, 2023.
228. Jiyoung Park, Ozlem Ayduk, and Ethan Kross, "Stepping Back to Move Forward: Expressive Writing Promotes Self-Distancing," *Emotion* 16, no. 3 (October 2016): 349, https://doi.org/10.1037/emo0000121; Rachel E. White, Ethan Kross, and Angela L. Duckworth, "Spontaneous Self-Distancing and Adaptive Self-Reflection Across Adolescence," *Child Development* 86, no. 4 (2015): 1272–1281, https://doi.org/10.1111/cdev.12370.
229. Ethan Kross et al., "Self-Talk as a Regulatory Mechanism: How You Do It Matters," *Journal of Personality and Social Psychology* 106, no. 2 (2014): 304, https://doi.org/10.1037/a0035173.
230. Ethan Kross, interview by Ellen Galinsky, January 17, 2018.
231. Jason S. Moser et al., "Third-Person Self-Talk Facilitates Emotion Regulation Without Engaging Cognitive Control: Converging Evidence from ERP and fMRI," *Scientific Reports* 7, no. 4519 (July 2017): https://doi.org/10.1038/s41598-017-04047-3.
232. Ethan Kross, interview by Ellen Galinsky, January 17, 2018.
233. Daniel J. Siegel, interview by Ellen Galinsky, July 20, 2023.
234. David Yeager et al., "A Synergistic Mindsets Intervention Protects Adolescents from Stress," *Nature* 607 (July 2022): 512, https://doi.org/10.1038/s41586-022-04907-7.
235. Megan R. Gunnar, interview by Ellen Galinsky, September 26, 2001.
236. Jeremy P. Jamieson et al., "Optimizing Stress Responses with Reappraisal and Mindset Interventions: An Integrated Model," *Anxiety, Stress & Coping* 31, no. 3 (February 2018): 245–261, https://doi.org/10.1080/10615806.2018.1442615.
237. David Yeager et al., "A Synergistic Mindsets Intervention," 512.
238. Ibid., 519.
239. Diamond and Ling, "Conclusions About Interventions, Programs, and Approaches," 34–48.
240. Michael Gazzaniga, interview by Ellen Galinsky, April 21, 2009.
241. Diamond and Ling, "Conclusions About Interventions, Programs, and Approaches."
242. Ibid., 35.
243. Adele Diamond and Daphne S. Ling, "Review of the Evidence on, and Fundamental Questions About, Efforts to Improve Executive Functions, Including Working Memory," in *Cognitive and Working Memory Training: Perspectives from Psychology, Neuroscience, and Human Development*, eds. Jared M. Novick et al. (Oxford Scholarship online, 2020), 1–572, https://doi.org/10.1093/oso/9780199974467.001.0001.
244. Ibid., 501.
245. Deb Leong, email message to Ellen Galinsky, February 21, 2022.
246. Diamond and Ling, "Review of the Evidence," 506.
247. Susan Kontos et al., *Quality in Family Child Care and Relative Care* (New York: Teachers College Press, 1995).
248. Diamond and Ling, "Review of the Evidence," 511.
249. Ibid., 508.
250. Ibid., 505.
251. Ibid., 509.
252. Ibid.
253. Ibid., 502.
254. Philip David Zelazo, interview by Ellen Galinsky, February 12, 2022.
255. Stacey D. Espinet, Jacob E. Anderson, and Philip David Zelazo, "Reflection Training Improves Executive Function in Preschool-Age Children: Behavioral and Neural Effects," *Development Cognitive Neuroscience* 4 (April 2013): 3–15, https://doi.org/10.1016/j.dcn.2012.11.009.
256. Lauren V. Hadley, Frantzy Acluche, and Nicolas Chevalier, "Encouraging Performance Monitoring Promotes Proactive Control in Children," *Developmental Science*

23, no. 1 (January 2020): e12861, https://doi.org/10.1111/desc.12861.
257. Yusuke Moriguchi et al., "Teaching Others Rule-Use Improves Executive Function and Prefrontal Activations in Young Children," *Frontiers of Psychology* 6 (June 2015): art. 894, https://doi.org/10.3389/fpsyg.2015.00894.
258. Diamond and Ling, "Review of the Evidence," 503.
259. Ibid., 501.
260. Ibid., 504.
261. Adele Diamond, interview by Ellen Galinsky, October 4, 2008.
262. Daniel Goleman and Richard J. Davidson, *Altered Traits: Science Reveals How Meditation Changes Your Mind, Brain, and Body* (New York: Avery, 2017), 17.
263. Daniel Goleman, *Emotional Intelligence: Why It Can Matter More Than IQ* (New York: Bantam Books, 1995).
264. Goleman and Davidson, *Altered Traits*, 138–140.
265. Diamond and Ling, "Review of the Evidence," 512–513.
266. "About," Mountain View High School, accessed February 2022, https://mountainviewhs.fcps.edu/about.
267. Mountain View EF Team and Kim Dockery, interview by Ellen Galinsky, February 14, 2022 (Mountain View EF Team: Joe Thompson, Tim McElroy, Molly Flatley, Pete Garvey, and Jeff Jones).
268. "Practical Classroom Lessons for Building Resilient Minds," Executive Function in the Classroom, http://www.efintheclassroom.net/.
269. Mountain View EF Team and Kim Dockery, interview by Ellen Galinsky, February 14, 2022.
270. Peg Dawson and Richard Guare, *Smart but Scattered* (New York: Guilford Press, 2009).
271. "Water Quality and the Future Use of Loon Pond: Illuminating Standards Video Series," EL Education, https://modelsofexcellence.eleducation.org/resources/water-quality-and-future-use-loon-pond-illuminating-standards-video.
272. "High Schools in Springfield Public Schools District," *U.S. News and World Report*, https://www.usnews.com/education/best-high-schools/massachusetts/districts/springfield-public-schools-107767.
273. Ron Berger, interview by Ellen Galinsky, February 16, 2022.
274. Ron Berger, interview by Ellen Galinsky, February 7, 2022.
275. "History," EL Education, https://eleducation.org/who-we-are/history.
276. Ron Berger et al., *Learning That Lasts: Challenging, Engaging, and Empowering Students with Deeper Instruction* (San Francisco: Jossey-Bass, 2016).
277. Ron Berger, interview by Ellen Galinsky, February 16, 2022.
278. Ron Berger, interview by Ellen Galinsky, February 7, 2022.
279. Ron Berger, interview by Ellen Galinsky, February 7, 2022.
280. "About Us," Polaris Charter Academy, https://www.pcachicago.org/about/.
281. "Middle School Student-Led Conference," EL Education, https://eleducation.org/resources/middle-school-student-led-conference.
282. "The Power of Crew—Short Version," EL Education, https://eleducation.org/resources/the-power-of-Crew-short-version.
283. Ron Berger, interview by Ellen Galinsky, February 7, 2022.
284. "Identity and Belonging in Crew," EL Education, https://eleducation.org/resources/identity-and-belonging-in-Crew.
285. Ron Berger, interview by Ellen Galinsky, February 7, 2022.
286. Ibid.
287. Ron Berger, interview by Ellen Galinsky, February 16, 2022.
288. Ron Berger, interview by Ellen Galinsky, February 7, 2022.
289. Diamond and Ling, "Review of the Evidence."
290. Espinet, Anderson, and Zelazo, "Reflection Training Improves Executive Function"; Joan Paul Pozuelos et al., "Metacognitive Scaffolding Boosts Cognitive and Neural

Benefits Following Executive Attention Training in Children," *Developmental Science* 22, no. 2 (2019): e12756, https://doi.org/10.1111/desc.12756; Loren Marie Marulis, Sara T. Baker, and David Whitebread, "Integrating Metacognition and Executive Function to Enhance Young Children's Perception of and Agency in Their Learning," *Early Childhood Research Quarterly* 50, part 2 (2020): 46–54, https://doi.org/10.1016/j.ecresq.2018.12.017; Hadley, Acluche, and Chevalier, "Encouraging Performance Monitoring Promotes Proactive Control in Children," e12861; Moriguchi et al., "Teaching Others Rule-Use."

291. Deb Leong, email message to Ellen Galinsky, February 21, 2022.
292. Fuligni, "The Need to Contribute During Adolescence," 332.
293. Ibid.
294. Making Caring Common Project, "The Children We Mean to Raise: The Real Messages Adults Are Sending About Values," Harvard Graduate School of Education, July 2014, https://mcc.gse.harvard.edu/reports/children-mean-raise; https://static1.squarespace.com/static/5b7c56e255b02c683659fe43/t/5bae774424a694b5feb2b05f/1538160453604/report-children-raise.pdf.